Οδήγησέ μας στο Φως

Οδήγησέ μας στο Φως

Μια συλλογή διδασκαλιών της
Σρι Μάτα Αμριτάνανταμαΐ

Mata Amritanandamayi Center, San Ramon
Καλιφόρνια, Ηνωμένες Πολιτείες

Οδήγησέ μας στο Φως

Μια συλλογή διδασκαλιών της Μάτα Αμριτάνανταμαΐ Ντέβι

Επιμέλεια: Σουάμι Τζναναμριτανάντα

Εκδόθηκε από το:
Mata Amritanandamayi Center
P.O. Box 613
San Ramon, CA 94583
Ηνωμένες Πολιτείες

——————— *Lead us to the Light (Greek)* ———————

Πρώτη Ελληνική έκδοση του Κέντρου ΜΑ: Απρίλιος 2016

Σχετικές ιστοσελίδες στα ελληνικά:
www.amma-greece.org
http://ammahellas.wordpress.com/

Ιστοσελίδες στην Ινδία:
www.amritapuri.org
www.embracingtheworld.org

Ηλεκτρονική Διεύθυνση:
inform@amritapuri.org

Ω Υπέρτατο Ον,

Οδήγησέ μας από το ψέμα στην αλήθεια,

Από το σκοτάδι στο φως,

Και από τον θάνατο στην αθανασία,

Ομ, ειρήνη, ειρήνη, ειρήνη.

Μπρίχα Νταρανιάκα Ουπανισάδ (1:3:28)

Περιεχόμενα

Πρόλογος

Το παρόν βιβλίο είναι μια συλλογή διδασκαλιών της Άμμα, με μορφή ερωτήσεων και απαντήσεων, οι οποίες δημοσιεύτηκαν αρχικά στο περιοδικό Ματρουβάνι.

Κάθε λέξη της Άμμα σκορπά το φως της γνώσης και απομακρύνει τα πέπλα της άγνοιας και της σύγχυσης από το νου των παιδιών της. Μερικές συζητήσεις επικεντρώνονται σε κάποιο συγκεκριμένο θέμα. Σε κάποιες άλλες, οι συνομιλητές εκφράζουν τις αμφιβολίες και τις απορίες τους στην Άμμα. Εκείνη, δίνει τις κατάλληλες απαντήσεις σε όλους. Μοναδικός της στόχος είναι η πνευματική πρόοδος όλων των παιδιών της.

Η ύπαρξη ερωτήσεων και αποριών είναι ένδειξη της διαδικασίας ωρίμανσης του νου μας. Αν όμως οι απορίες αυτές δεν επιλύονται, μπορεί να καθυστερήσουν την πνευματική μας πρόοδο. Γι αυτό, είναι σημαντικό να επιλύονται άμεσα με τον κατάλληλο τρόπο. Μόνο τότε το ταξίδι μας στο πνευματικό μονοπάτι μπορεί να συνεχιστεί απρόσκοπτα. Τα λόγια ενός Μαχάτμα (μεγάλης ψυχής) έχουν τη δύναμη να διαλύσουν τη σύγχυση από το νου εκείνων που διψούν για πνευματική γνώση.

Κάθε λέξη της Άμμα φωτίζει το μονοπάτι μας. Στις σελίδες που ακολουθούν, μπορούμε να διαβάσουμε τις απαντήσεις της σε ερωτήσεις και αμφιβολίες που βασανίζουν τους ανθρώπους της σύγχρονης εποχής. Πρόκειται για απαντήσεις που πηγάζουν από την πνευματική της δύναμη και την τεράστια εμπειρία της από τα εκατομμύρια των ανθρώπων που έχει αγκαλιάσει και παρηγορήσει τις τελευταίες δεκαετίες.

Σουάμι Τζναναμριτανάντα
Αμριταπουρί, 24 Αυγούστου 2000

Κεφάλαιο πρώτο

Μια βραδιά με την Άμμα στην όχθη της λιμνοθάλασσας

Η ώρα ήταν δύο το πρωί, όταν ο ήχος του κοχυλιού αντήχησε σημαίνοντας το τέλος του Ντέβι Μπάβα ντάρσαν[1]. Καθ' όλη τη διάρκεια της προηγούμενης μέρας, οι κάτοικοι του άσραμ[2] ήταν πολύ απασχολημένοι κουβαλώντας άμμο. Προσπαθούσαν να επεκτείνουν την όχθη της λιμνοθάλασσας, επιχωματώνοντας ένα τμήμα της. Και η ίδια η Άμμα συμμετείχε επίσης στις εργασίες, γεγονός που προκάλεσε ενθουσιασμό σε όλους τους παρευρισκόμενους. Εκείνη την ημέρα, το ντάρσαν έγινε στη μεγάλη καλύβα, και δύο ώρες μετά, κατά τις πέντε το απόγευμα, η Άμμα ήρθε ξανά για να τραγουδήσει λατρευτικούς ύμνους και να διεξάγει το Ντέβι Μπάβα ντάρσαν. Όταν αυτό είχε ολοκληρωθεί, μετά από πολλές ώρες, η Άμμα σηκώθηκε από τη θέση της έχοντας δώσει ντάρσαν σε όλους τους πιστούς.

Αλλά, αντί να πάει στο δωμάτιο της, η Άμμα κατευθύνθηκε προς την όχθη της λιμνοθάλασσας. Η ποσότητα της άμμου, που είχε μεταφερθεί εκεί, δεν είχε ακόμα χρησιμοποιηθεί όλη για την επιχωμάτωση. Το πρωί θα έφτανε μια ακόμα μαούνα φορτωμένη

---

[1] Οι δημόσιες εμφανίσεις της Άμμα κατά τις οποίες δέχεται και ευλογεί κάθε άνθρωπο που έρχεται να την συναντήσει (συνήθως χιλιάδες άνθρωποι καθημερινά) ονομάζονται ντάρσαν. Το Ντέβι Μπάβα είναι η κατάσταση στην οποία η Άμμα αποκαλύπτει την ενότητα και ταυτότητά της με τη Θεϊκή Μητέρα.
[2] Πνευματική κοινότητα, στην οποία ζουν πνευματικοί αναζητητές που ασκούνται υπό την καθοδήγηση κάποιου πνευματικού δασκάλου ή αγίου.

9

με άμμο. Οι πιστοί και οι κάτοικοι του άσραμ έσπευσαν να την βοηθήσουν στο κουβάλημα της άμμου.

Για εκείνους που γνωρίζουν την Άμμα έστω και λίγο, τέτοια κοπιαστική εργασία εκ μέρους της χωρίς τροφή και ύπνο, δεν είναι κάτι το ασυνήθιστο. Αλλά ο Μαρκ, ο οποίος μόλις είχε έρθει από τη Γερμανία για να συναντήσει για πρώτη φορά την Άμμα, δεν μπορούσε να αντέξει αυτό το θέαμα. Πολλές φορές προσπάθησε να της αρπάξει το σακί με την άμμο από τα χέρια. Αλλά υπήρχε ποτέ περίπτωση η Άμμα να κάνει πίσω;

Ξαφνικά, κάνοντας ένα μικρό διάλλειμα από την εργασία, η Άμμα έγνεψε στον Μαρκ να πάει κοντά της. Τα μάτια του γέμισαν με δάκρυα μόλις αντίκρισαν το λαμπερό πρόσωπό της.

«Γιε μου, η Άμμα[3] μέχρι τώρα δεν είχε την ευκαιρία να σου μιλήσει, μήπως είσαι στενοχωρημένος γι' αυτό;», τον ρώτησε.

«Δεν είμαι στενοχωρημένος γιατί δεν μου μίλησες. Λυπάμαι γιατί βλέπω εσένα και τα παιδιά σου να εργάζονται τόσο σκληρά» είπε. «Άμμα, θα σου παραχωρήσω όλη την περιουσία μου, αν μου δώσεις την ευλογία σου. Θέλω να ξεκουράζεσαι αντί να δουλεύεις έτσι νύχτα και μέρα!».

Η Άμμα γέλασε με την απάντηση του Μαρκ.

Άμμα: Γιέ μου, εδώ είναι άσραμ και όχι τόπος διακοπών. Είναι ένα μέρος για εκείνους που ασκούνται στην αυταπάρνηση. Οι κάτοικοι του άσραμ πρέπει να εργάζονται σκληρά για την επίτευξη των ιδανικών τους. Εδώ είναι παράδεισος για εκείνους που έχουν κλίση στη πνευματική ζωή. Τα παιδιά αυτά εργάζονται σκληρά εδώ για πολύ καιρό, αλλά δεν πτοούνται από τις κακουχίες. Η Άμμα τους είπε όταν πρωτοήρθαν εδώ, ότι η ζωή τους θα πρέπει να είναι σαν του κεριού, που αφήνει τον εαυτό του να λιώνει για να δώσει το φως στους άλλους. Παρομοίως, η αυταπάρνησή μας είναι το φως του κόσμου, το φως του Εαυτού.

---

[3] Η Άμμα αναφέρεται συχνά στον εαυτό της στο τρίτο πρόσωπο.

Σκέψου πόσοι άνθρωποι υποφέρουν σ' αυτό τον κόσμο. Σκέψου όλους τους άρρωστους, εξαθλιωμένους ανθρώπους που πονούν χωρίς να διαθέτουν χρήματα για φάρμακα ή θεραπεία. Αμέτρητοι συνάνθρωποί μας είναι άποροι και παλεύουν απεγνωσμένα για την επιβίωση, χωρίς να έχουν τη δυνατότητα να εξασφαλίσουν ούτε ένα γεύμα την ημέρα. Και υπάρχουν επίσης *πολλά παιδιά που αναγκάζονται να διακόψουν τις σπουδές τους, γιατί οι οικογένειές τους δεν μπορούν να αντέξουν το κόστος της μόρφωσής τους*. Μπορούμε να χρησιμοποιήσουμε ό,τι περισσεύει από το εισόδημά μας για να βοηθήσουμε εκείνους που έχουν ανάγκη. Στο ορφανοτροφείο μας φιλοξενούνται πεντακόσια παιδιά. Πρέπει να είμαστε πρόθυμοι να βοηθάμε τους άλλους, ακόμα κι αν αυτό σημαίνει ότι θα χρειαστεί να υπομείνουμε ορισμένες κακουχίες.

Όλοι θέλουν να δουλεύουν καθισμένοι σε μια καρέκλα γραφείου. Κανείς δεν είναι διατεθειμένος να κάνει την εργασία που κάνουμε εδώ. Δεν οφείλουμε εμείς να δίνουμε το παράδειγμα στους άλλους; Ο Κύριος δεν είπε στην *Μπαγκαβάτ Γκιτά*[4] «Η αταραξία αποκαλείται γιόγκα[5]»; Πρέπει να αντιμετωπίζουμε κάθε είδος εργασίας σαν λατρεία προς το Θεό. Εάν αυτά τα παιδιά δουν σήμερα την Άμμα να κάνει αυτή την εργασία, αύριο δεν θα διστάσουν να κάνουν οποιαδήποτε άλλη εργασία. Ο Εαυτός είναι αιώνιος. Για να γνωρίσεις τον Εαυτό πρέπει να αποβάλλεις ολοκληρωτικά την ιδέα ότι είσαι το σώμα. Αυτό όμως είναι δυνατό μόνο μέσω της απάρνησης. Εκείνοι που ζουν χωρίς εγωισμό

---

[4] Η διδασκαλία που έδωσε ο Κρίσνα στον μαθητή του Αρτζούνα, στο πεδίο της μάχης Κουρουκσέτρα, στην αρχή του έπους της Μαχαμπαράτα. Η διδασκαλία αυτή αποτελεί έναν πρακτικό οδηγό για την καθημερινή ζωή και περιέχει την πεμπτουσία της διδασκαλίας των Βεδών (των αρχαίων γραφών της Ινδίας).
[5] Γιόγκα γενικά σημαίνει «ένωση» της ατομικής ψυχής με το Απόλυτο. Η γιόγκα περιλαμβάνει μια σειρά από μεθόδους, μέσω των οποίων το άτομο μπορεί να φθάσει σε αυτή την ενότητα, τη «φώτιση».

11

μπορούν να μετασχηματίσουν οποιαδήποτε κατάσταση από αρνητική σε θετική.

Γιε μου, ποιος είναι ικανός να κάνει πνευματική άσκηση εικοσιτέσσερις ώρες το εικοσιτετράωρο; Ο χρόνος που απομένει μετά την πνευματική άσκηση πρέπει να χρησιμοποιείται σε καλές πράξεις. Αυτό θα βοηθήσει να μειωθούν οι σκέψεις στο νου σου. Αυτός ο κόσμος που βλέπεις είναι πραγματικά το σώμα του δασκάλου. Αγάπη προς το δάσκαλο σημαίνει να ζει κανείς σύμφωνα με τις οδηγίες του. Η ανιδιοτελής εργασία είναι επίσης μια μορφή πνευματικής άσκησης. Εκείνοι που έχουν εξαλείψει πλήρως τον εγωισμό από τη ζωή τους, δεν χρειάζονται καμία επιπλέον πνευματική άσκηση. Γιε μου, μόνο μέσω της απάρνησης μπορείς να φτάσεις στην αθανασία.

Ερώτηση: Ο Θεός δεν είναι που μας έδωσε αυτό το σώμα και δημιούργησε τα αντικείμενα του κόσμου για να τα απολαμβάνουμε και να ζούμε ευτυχισμένοι;

Άμμα: Αν οδηγείς το αυτοκίνητό σου όπως θέλεις αγνοώντας τους κανόνες οδικής κυκλοφορίας, τότε πιθανότατα θα έχεις κάποιο ατύχημα και μπορεί ακόμα και να πεθάνεις. Υπάρχουν κανόνες για την κυκλοφορία στους δρόμους, οι οποίοι πρέπει να ακολουθούνται. Παρομοίως, ο Θεός όχι μόνο δημιούργησε τα πάντα στο κόσμο, αλλά έθεσε επίσης και τους νόμους που τα διέπουν. Εμείς οφείλουμε να ζούμε σύμφωνα με αυτούς τους νόμους, αλλιώς θα το μετανιώσουμε.

Να τρως μόνο ό,τι σου είναι απαραίτητο. Να κοιμάσαι μόνο όσο χρειάζεσαι. Να περνάς το υπόλοιπο της ημέρας κάνοντας καλές πράξεις. Μην σπαταλάς ούτε μια στιγμή στη ζωή σου. Προσπάθησε να κάνεις τη ζωή σου ωφέλιμη και για τους άλλους.

Αν φας όση σοκολάτα σου κάνει κέφι, θα καταλήξεις να έχεις πόνους στο στομάχι. Υπερβολική ποσότητα από οτιδήποτε θα δημιουργήσει προβλήματα. Πρέπει να κατανοήσουμε ότι η εγκόσμια ευτυχία μετατρέπεται σε πόνο.

Ερώτηση: Ο Θεός δεν είναι που τα κάνει όλα μέσα από εμάς;

Άμμα: Ο Θεός μας έχει προικίσει με νοημοσύνη και εμείς οφείλουμε να τη χρησιμοποιούμε για να πράττουμε με διάκριση. Ο Θεός δημιούργησε επίσης και το δηλητήριο, κανείς όμως δεν το πίνει χωρίς λόγο. Σε τέτοια ζητήματα δεν διστάζουμε καθόλου να χρησιμοποιήσουμε τη διάκρισή μας. Πρέπει όμως να ζυγίζουμε κάθε πράξη μας με τον ίδιο τρόπο.

Ερώτηση: Άμμα, εκείνοι που παραδίνονται σε ένα πνευματικό δάσκαλο δεν είναι άνθρωποι με αδύναμη θέληση;

Άμμα: Όταν πατήσεις το κουμπί στην ομπρέλα σου τότε εκείνη ξεδιπλώνεται. Παρομοίως, χαμηλώνοντας το κεφάλι σου μπροστά σε ένα πνευματικό δάσκαλο, ο νους σου μπορεί να μετασχηματιστεί και να ενωθεί με τον Παγκόσμιο Νου. Αυτή η υπακοή και η ταπεινότητα δεν είναι σημάδια αδυναμίας. Όπως ένα φίλτρο που καθαρίζει το νερό, έτσι και ο δάσκαλος εξαγνίζει το νου σου εξαλείφοντας το εγώ. Οι άνθρωποι γίνονται σκλάβοι του εγώ τους σε κάθε κατάσταση χωρίς να μπορούν να αντιδράσουν. Δεν ενεργούν με διάκριση.

Μια νύχτα ένας κλέφτης τρύπωσε σε ένα σπίτι, αλλά έγινε αντιληπτός από τους κατοίκους του και τότε έτρεξε να ξεφύγει. Εκείνοι άρχισαν να τον καταδιώκουν φωνάζοντας «κλέφτης! νάτος τρέχει να ξεφύγει, πιάστε τον!». Καθώς γρήγορα συγκεντρώθηκε ένα πλήθος ανθρώπων, ο ίδιος ο κλέφτης μπήκε μέσα σ' αυτό και άρχισε να τρέχει μαζί με τον κόσμο φωνάζοντας κι εκείνος με όλη του τη δύναμη «κλέφτης!, κλέφτης!». Με τον ίδιο τρόπο, το εγώ σε κάθε ευκαιρία προσποιείται ότι είναι με το μέρος μας. Ακόμα κι όταν ο Θεός μας δίνει τρόπους να απαλλαγούμε απ' αυτό, εμείς το προστατεύουμε και το κάνουμε φίλο μας.

Σπάνιοι είναι οι άνθρωποι που προσπαθούν να το εξαλείψουν ασκούμενοι στη ταπεινότητα. Στις μέρες μας, ο νους των ανθρώπων είναι ευάλωτος, σαν ένα φυτό που μεγαλώνει μέσα σε γλάστρα. Εάν κάποιος δεν το ποτίσει μια μέρα, τότε αυτό την επόμενη θα έχει μαραθεί. Το ίδιο συμβαίνει και με το νου σου. Χωρίς πειθαρχία και συγκεκριμένους κανόνες δεν μπορείς να τον θέσεις υπό τον έλεγχό σου. Για όσο καιρό δεν έχεις γίνεις κύριος του νου σου, θα πρέπει να υπακούς σε ορισμένους κανόνες και περιορισμούς σύμφωνα με τις οδηγίες του δασκάλου σου. Μόλις κατακτήσεις το νου σου, δεν υπάρχει τίποτα να φοβηθείς, γιατί τότε η δύναμη της διάκρισης θα αφυπνιστεί μέσα σου και θα σε καθοδηγεί πάντοτε.

Κάποτε, ένας άντρας αναζητούσε έναν πνευματικό δάσκαλο. Ήθελε να βρει όμως κάποιον που θα τον καθοδηγούσε σύμφωνα με τις προσωπικές του επιθυμίες. Κανείς δάσκαλος βέβαια δεν ήταν διατεθειμένος να το κάνει αυτό και ο άντρας αυτός δεν δεχόταν τις οδηγίες που του έδιναν. Στο τέλος κουράστηκε και ξάπλωσε σε έναν αγρό να αναπαυτεί. Σκέφτηκε τότε: «Δεν υπάρχει κανένας δάσκαλος που να μπορεί να με καθοδηγήσει με τον τρόπο που θέλω. Αρνούμαι να γίνω σκλάβος κάποιου άλλου! Έτσι κι αλλιώς ό,τι κι αν κάνω, ο Θεός δεν είναι που το κάνει μέσα από μένα;» Γύρισε τότε το κεφάλι του και πρόσεξε μια καμήλα που καθόταν κοντά του κουνώντας το κεφάλι της. «Α να, υπάρχει κάποιος που είναι κατάλληλος να γίνει δάσκαλός μου!» σκέφτηκε. «Καμήλα θέλεις να γίνεις ο δάσκαλός μου;» τη ρώτησε. Η καμήλα κούνησε το κεφάλι της.

Έτσι λοιπόν δέχτηκε την καμήλα ως πνευματικό του δάσκαλο. «Δάσκαλε, μπορώ να σε πάρω σπίτι;» τη ρώτησε. Η καμήλα κούνησε ξανά το κεφάλι της. Την πήρε λοιπόν στο σπίτι του και την έδεσε σ' ένα δέντρο. Μετά από λίγες μέρες τη ρώτησε: «Δάσκαλε είμαι ερωτευμένος με μια κοπέλα, μπορώ να την παντρευτώ;» Η καμήλα κούνησε το κεφάλι της. «Δάσκαλε, δεν έχω παιδιά» είπε μετά από καιρό. Η καμήλα κούνησε ξανά το κεφάλι της και ο άντρας αργότερα απέκτησε παιδιά.

Οι ερωτήσεις συνεχίστηκαν: «Μπορώ να πίνω λίγο αλκοόλ με τους φίλους μου;» Η καμήλα κούνησε ξανά το κεφάλι της. Ο άντρας σύντομα έγινε μέθυσος κι άρχισε να καυγαδίζει με τη γυναίκα του. «Δάσκαλε, η γυναίκα μου έχει γίνει βάρος, μπορώ να τη σκοτώσω;» ρώτησε κάποια μέρα την καμήλα κι εκείνη του έγνεψε ξανά καταφατικά. Δολοφόνησε λοιπόν τη γυναίκα του, η αστυνομία ήρθε και τον συνέλαβε και πέρασε το υπόλοιπο της ζωής του στη φυλακή.

Γιε μου, αν βρεις έναν πνευματικό δάσκαλο που θα σε αφήνει να κάνεις ό,τι θέλεις, ή αν ζεις ακολουθώντας τις ορέξεις σου, τότε θα καταλήξεις να ζεις κάτω από δεσμά. Ο Θεός χάρισε σε όλους μας διάνοια με την ικανότητα της διάκρισης. Οφείλουμε να τη χρησιμοποιούμε στις πράξεις μας. Πρέπει ν' ακολουθούμε τα λόγια του δασκάλου. Ένας αληθινός δάσκαλος ζει μόνο για το καλό των μαθητών του.

Μόνο η ενότητα είναι αληθινή. Αλλά αυτό δεν είναι κάτι που μπορεί να εξηγηθεί με λέξεις. Είναι η ίδια η ζωή, είναι ένα βίωμα. Είναι κάτι που πρέπει να πηγάζει από μέσα μας. Όταν το λουλούδι ανθίσει, το άρωμά αναδύεται αυτόματα από μέσα του.

Ερώτηση: Δεν καταλαβαίνω ποιο είναι το λάθος όταν απολαμβάνουμε τα αντικείμενα των αισθήσεων που δημιούργησε ο Θεός. Εκείνος δεν μας έδωσε σε τελική ανάλυση τις αισθήσεις για να τα απολαμβάνουμε;

Άμμα: Όπως ήδη είπε η Άμμα, σε όλα υπάρχουν κανόνες και όρια και πρέπει να ζούμε σε αρμονία με αυτά. Τα πάντα έχουν τη δική τους φύση. Ο Θεός δεν έδωσε στους ανθρώπους μόνο τις αισθήσεις, αλλά και την ικανότητα της διάκρισης. Εκείνοι που δεν ασκούν αυτή την ικανότητα, αλλά τρέχουν αδιάκριτα πίσω από τα αντικείμενα των αισθήσεων σε αναζήτηση απόλαυσης, δεν θα βρουν ποτέ γαλήνη ή ευτυχία. Στο τέλος πάντοτε θα υποφέρουν. Ένας ταξιδιώτης έφτασε κάποτε σε μια ξένη χώρα. Ήταν η πρώτη του επίσκεψη εκεί και δεν γνώριζε απολύτως κανέναν. Δεν γνώριζε επίσης τη γλώσσα και δεν ήταν εξοικειωμένος ούτε με τα έθιμα αλλά και ούτε με τις διατροφικές συνήθειες των κατοίκων. Περπατούσε στους δρόμους και παρατηρούσε ό,τι συνέβαινε γύρω του, μέχρι που έφτασε σε μια συνωστισμένη αγορά. Υπήρχε μια μεγάλη ποικιλία φρούτων διαφορετικών μεγεθών και χρωμάτων, τα περισσότερα από τα οποία δεν τα είχε ξαναδεί ποτέ. Πρόσεξε ότι πολλοί άνθρωποι αγόραζαν ένα συγκεκριμένο φρούτο. Φαντάστηκε ότι θα ήταν πολύ γλυκό και ζουμερό, εφόσον είχε τέτοια ζήτηση, οπότε αγόρασε μια ολόκληρη σακούλα. Κάθισε κάτω από ένα δέντρο, πήρε ένα από τα φρούτα και το δάγκωσε. Αυτό όμως δεν ήταν καθόλου γλυκό, απεναντίας έκαιγε σαν φωτιά! Δοκίμασε μετά το εσωτερικό του φρούτου, αλλά ήταν κι αυτό πολύ καυτερό. Σκέφτηκε ότι στην άλλη του πλευρά το φρούτο θα ήταν σίγουρα γλυκό, αλλά όταν το δάγκωσε διαπίστωσε ότι ήταν κι εκεί το ίδιο καυτερό. Δοκίμασε κι άλλο φρούτο, αλλά κι αυτό ήταν το ίδιο. Μετά σκέφτηκε ότι τουλάχιστον ένα από τα φρούτα στη σακούλα θα έπρεπε να είναι γλυκό, οπότε δοκίμασε κι άλλο. Κι αυτό ήταν επίσης καυτερό και καθόλου γλυκό. Ο άνθρωπος αυτός όμως αρνήθηκε να το βάλει κάτω. Δάκρυα έτρεχαν από τα μάτια του, αλλά εκείνος με πείσμα συνέχισε να τρώει τα φρούτα το ένα μετά το άλλο, ελπίζοντας να βρει τουλάχιστον ένα που θα ήταν γλυκό και ζουμερό, μέχρι που στο τέλος τα έφαγε όλα. Ο ταλαίπωρος άνθρωπος ήταν σε άθλια κατάσταση! Λαχταρούσε τη γλυκιά γεύση, αλλά αυτό που γεύτηκε ήταν σκέτη φωτιά. Τα φρούτα που πέρασε για γλυκά και ζουμερά, ήταν στη πραγματικότητα ώριμες πιπεριές τσίλι! Δεν θα είχε κανένα πρόβλημα αν, έχοντας γευτεί μια ή δυο απ' αυτές, διαπίστωνε πόσο καυτερές ήταν και τις άφηνε στην άκρη.

Δεν υπήρχε λόγος να υποφέρει τόσο πολύ. Εξαιτίας όμως της ελπίδας του να βρει τη γλυκιά γεύση, που τόσο λαχταρούσε σε κάποια απ' αυτές, συνέχισε να τις τρώει μέχρι την τελευταία και γι' αυτό υπέφερε τόσο πολύ. Οι πιπεριές τσίλι είναι από τη φύση τους πολύ καυτερές. Η μόνη ικανοποίηση που πήρε ο άνθρωπος απ' αυτές, ήταν το να θαυμάζει την εξωτερική τους όψη. Οι άνθρωποι ψάχνουν για ικανοποίηση σε πράγματα, τα οποία από τη φύση τους δεν περιέχουν ίχνος ευτυχίας. Τρέχουν από το ένα αντικείμενο στο άλλο. Το να νομίζει κανείς ότι μπορεί να βρει ικανοποίηση σε οποιοδήποτε εξωτερικό αντικείμενο, είναι απλά μια ψευδαίσθηση του νου. Στην πραγματικότητα, δεν υπάρχει καμία ευτυχία σε οτιδήποτε εξωτερικό. Η ευτυχία που λαχταράς βρίσκεται μέσα σου. Ο Θεός μας έδωσε σώμα, αισθήσεις και διάνοια για να μπορέσουμε να εμπεδώσουμε αυτό το μάθημα και να αναζητήσουμε την πραγματική πηγή της ευδαιμονίας. Αν χρησιμοποιούμε τις αισθήσεις μας αδιάκριτα, θα βιώνουμε μονάχα πόνο αντί για την ευτυχία που αναζητούμε.

Το σώμα και οι αισθήσεις μπορούν να χρησιμοποιηθούν με δυο διαφορετικούς τρόπους. Εάν αγωνιστούμε για να γνωρίσουμε το Θεό, μπορούμε να απολαύσουμε την αιώνια ευδαιμονία. Αν όμως τρέχουμε πίσω από τις απολαύσεις των αισθήσεων, η εμπειρία μας θα είναι ίδια με εκείνη του ταξιδιώτη που έψαχνε τη γλυκιά γεύση στις καυτερές πιπεριές τσίλι.

Αν αναζητάμε τις αισθησιακές απολαύσεις παραβλέποντας το γεγονός ότι από τη φύση τους προκαλούν πόνο, θα είμαστε αναγκασμένοι να υποστούμε τη δυστυχία που προκαλείται απ' αυτές. Αν όμως κατανοήσουμε τη φύση των εξωτερικών αντικειμένων, ο πόνος δεν θα μας αγγίζει.

Τα κύματα του ωκεανού τη μια στιγμή υψώνονται από την επιφάνεια της θάλασσας και την άλλη διαλύονται στην ακτή. Δεν μπορούν να διατηρήσουν τη μορφή τους. Παρομοίως, ο άνθρωπος που πρόθυμα αναζητά τα εξωτερικά αντικείμενα, ελπίζοντας να βρει σ' αυτά την ευτυχία, μοιραία κάποια στιγμή βιώνει τη δυστυχία. Ο νους περιπλανιέται αναζητώντας την ικανοποίηση, αλλά δεν βρίσκει αληθινή ευτυχία, μονάχα πόνο. Απ' αυτό μπορούμε να καταλήξουμε στο συμπέρασμα ότι η ευτυχία δεν βρίσκεται στον εξωτερικό κόσμο.

Η αναζήτηση της ευτυχίας στον υλικό κόσμο είναι η αιτία που οι άνθρωποι υποφέρουν και δεν μπορούν να βρουν την εσωτερική ειρήνη. Αυτή η κατάσταση δεν επηρεάζει μόνο τα άτομα ξεχωριστά, αλλά και την κοινωνία ως σύνολο. Εξαιτίας της εμμονής της ανθρωπότητας ν' αναζητά την ευτυχία σε υλικά αντικείμενα, η αληθινή αγάπη έχει εξαφανιστεί. Η οικογενειακή ζωή δεν συνοδεύεται πια από χαρά και ειρήνη. Οι άνθρωποι έχουν χάσει την ικανότητά τους ν' αγαπούν και να υπηρετούν τους άλλους μ' ανοιχτή καρδιά. Οι σύζυγοι επιθυμούν άλλες γυναίκες κι εκείνες άλλους άντρες. Η κατάσταση έχει προχωρήσει τόσο μακριά, που ορισμένοι άντρες, στην υπερβολική επιθυμία τους για απόλαυση, ξεχνούν ότι οι θυγατέρες τους είναι θυγατέρες τους. Ακόμα και η σχέση μεταξύ αδερφού και αδερφής καταρρέει. Αμέτρητα παιδιά δολοφονούνται. Η αιτία για όλο αυτό το κακό που βλέπουμε σήμερα στο κόσμο, είναι η απολύτως λανθασμένη πεποίθηση ότι η ευτυχία είναι δυνατό να προέλθει από τον υλικό κόσμο.

Η Άμμα δεν υποστηρίζει ότι πρέπει να αρνείστε στον εαυτό σας κάθε ευχαρίστηση, αλλά ότι θα πρέπει ν' αναγνωρίζετε την αληθινή της φύση. Τίποτα δεν πρέπει να γίνεται σε υπερβολικό βαθμό. Ποτέ μην εγκαταλείπετε το ντάρμα[6] και πάντοτε να αποφεύγετε το αντάρμα.

---

[6] Στα σανσκριτικά ντάρμα σημαίνει «εκείνο που στηρίζει (τη Δημιουργία)». Συνήθως αναφέρεται σε ό,τι συμβάλλει στη διατήρηση της αρμονίας στο σύμπαν. Το ντάρμα έχει πολλές σημασίες, συμπεριλαμβανομένου του Θεϊκού νόμου, του νόμου της ύπαρξης, της ορθότητας, της θρησκείας, του καθήκοντος, της ευθύνης, της αρετής, της δικαιοσύνης, της καλοσύνης και της αλήθειας. Το ντάρμα αναφέρεται στις εσωτερικές αρχές της θρησκείας. Σύμφωνα με έναν γνωστό ορισμό, το ντάρμα είναι εκείνο που συμβάλλει στην πνευματική

Για εκείνους που επιθυμούν αποκλειστικά και μόνο εγωιστικές απολαύσεις και ζουν χωρίς όρια, το αποτέλεσμα θα είναι η καταστροφή. Είναι φυσικό να εμφανίζονται στο νου επιθυμίες και συναισθήματα, αλλά είναι απαραίτητο να τίθενται κάποια όρια. Είναι φυσικό να αισθανόμαστε πείνα, αλλά δεν καταβροχθίζουμε οτιδήποτε φαγώσιμο συναντήσουμε στο δρόμο μας, γιατί θα αρρωστήσουμε. Κατά τον ίδιο τρόπο, η υπερβολική επιθυμία για απολαύσεις καταλήγει σε πόνο. Οι άνθρωποι δεν συνειδητοποιούν αυτό το γεγονός. Η απόλαυση που αποσπούν από τις αισθήσεις, στην πραγματικότητα προέρχεται από μέσα τους. Εκείνοι όμως κυνηγούν μανιωδώς την εξωτερική ευτυχία, μέχρι να καταρρεύσουν σε μια κατάσταση πόνου και απελπισίας. Μετά, επαναλαμβάνουν την ίδια συμπεριφορά μέχρι να καταρρεύσουν ξανά. Αν επιδιώκεις μόνο τις εξωτερικές απολαύσεις, δεν θα βρεις ποτέ γαλήνη στη ζωή σου. Πρέπει να μάθεις να κοιτάς μέσα σου, γιατί εκεί βρίσκεται η αληθινή ευδαιμονία. Αλλά δεν θα βρεις αυτή την ευδαιμονία, μέχρι να ησυχάσει ο νους σου και να σταματήσει η ροπή του προς τα εξωτερικά αντικείμενα. Στα βάθη του ωκεανού δεν υπάρχουν κύματα. Παρομοίως, θα ανακαλύψεις ότι ο νους σου αυτομάτως γαληνεύει καθώς εισέρχεσαι στα βάθη του. Εκεί υπάρχει μόνο ευδαιμονία.

Ερώτηση: Οι πνευματικοί δάσκαλοι φαίνεται να δίνουν μεγαλύτερη σημασία στη καρδιά παρά στο νου. Μήπως όμως ο νους είναι πιο σημαντικός; Πως είναι δυνατό να πετύχει κάποιος οποιοδήποτε στόχο χωρίς το νου;

Άμμα: Ο νους είναι απαραίτητος. Η Άμμα ποτέ δεν λέει ότι δεν τον χρειάζεσαι. Αλλά όταν ο άνθρωπος πρέπει να κάνει μια καλή πράξη, ο νους συχνά δεν τον βοηθά. Είναι ο εγωισμός που έρχεται στο προσκήνιο και όχι ο νους με την ικανότητα της διάκρισης.

εξύψωση και τη γενική ευημερία όλων των όντων της *Δημιουργίας*. Το *αντάρμα* είναι το αντίθετο του *ντάρμα*.

19

Η καρδιά κι ο νους δεν είναι δυο ξεχωριστά πράγματα. Όταν διαθέτεις νου προικισμένο με την ικανότητα της διάκρισης, τότε αυτόματα οι ορίζοντες σου ανοίγουν και αποκτάς αυθόρμητα αρετές όπως η αθωότητα, το πνεύμα συνεργασίας και η ταπεινότητα. Η λέξη «καρδιά» περιγράφει αυτή την κατάσταση της δεκτικότητας. Ακόμα κι όταν απλά προφέρουμε τη λέξη «καρδιά» αισθανόμαστε μια γλυκύτητα που μας ανακουφίζει. Εντούτοις, ο νους των περισσότερων ανθρώπων σήμερα δεν διαθέτει την ικανότητα της διάκρισης και κυριαρχείται από το εγώ. Το εγώ είναι η αιτία για όλα τα δεινά της ζωής. Καθώς το εγώ αναπτύσσεται, οι ορίζοντες του ανθρώπου στενεύουν και το πνεύμα της προσφοράς εξαφανίζεται. Ο άνθρωπος χωρίς αυτές τις αρετές δεν μπορεί να πετύχει ούτε στην πνευματική αλλά ούτε και στην εγκόσμια ζωή.

Άφησε την Άμμα να σε ρωτήσει κάτι γιε μου. Ας υποθέσουμε ότι βάζεις κανόνες στην οικογένειά σου: «Η γυναίκα μου θα πρέπει να ζει, να μιλάει και να συμπεριφέρεται κατ' αυτό τον τρόπο, γιατί μου ανήκει». Θα υπάρχει νομίζεις ειρήνη στο σπίτι σου αν επιμένεις να ακολουθεί τέτοιους κανόνες; Όχι βέβαια. Ας υποθέσουμε ότι επιστρέφεις σπίτι από το γραφείο. Δεν λες ούτε λέξη στη σύζυγο ή στα παιδιά σου, πηγαίνεις απευθείας στο δωμάτιό σου και συνεχίζεις τη δουλειά, σαν να εξακολουθείς να είσαι ο υπάλληλος του γραφείου. Θα είναι ευχαριστημένη η οικογένεια σου; Αν δηλώσεις απλά ότι αυτός είσαι, θα μπορέσουν να το δεχτούν; Θα υπάρχει οικογενειακή θαλπωρή;

Αν αντίθετα κουβεντιάσεις εγκάρδια με τη σύζυγό σου όταν μπεις στο σπίτι και αφιερώσεις λίγο χρόνο στα παιδιά σου, αν είσαι διατεθειμένος να προσφέρεις κάτι από τον εαυτό σου και να μην είσαι τόσο μονομερής, όλοι θα είναι ευχαριστημένοι. Όταν ανέχεται και συγχωρεί ο ένας τα σφάλματα και τις αδυναμίες του άλλου, τότε θα υπάρχει ειρήνη και ευτυχία στην οικογένεια. Χάρη στην αγάπη που τρέφεις για τη σύζυγό σου, παραβλέπεις τις αδυναμίες της. Ακόμα κι όταν κάνει λάθη, εσύ συνεχίζεις να την αγαπάς. Δεν δίνεις μεγαλύτερη σημασία στη καρδιά σ' αυτή την περίπτωση; Δεν είναι επειδή οι δυο σας αισθάνεστε τις καρδιές σας σαν μία που μπορείτε να μοιραστείτε τη ζωή σας; Αυτή είναι η κατάσταση την οποία η Άμμα αποκαλεί «καρδιά».

Όσον αφορά τα παιδιά μας, θα ήταν πρακτικό να επιμένουμε να ακολουθούμε μια σειρά αυστηρών κανόνων στη συμπεριφορά μας απέναντί τους; Τα παιδιά θα συμμορφώνονται στις προτιμήσεις και στις αποστροφές μας; Δεν θα αντιδρούν με πείσμα; Χάρη στην αγάπη που τρέφουμε για τα παιδιά μας, ανεχόμαστε τα λάθη τους και τα μεγαλώνουμε με τον καλύτερο τρόπο. Επομένως, η καρδιά είναι ξανά πιο σημαντική από το νου, έτσι δεν είναι; Όταν έχουμε αυτή τη στάση, βιώνουμε ευτυχία κάθε στιγμή που περνάμε με τα παιδιά μας και τα κάνουμε και εκείνα ευτυχισμένα.

Στην οικογενειακή ζωή, οι άνθρωποι βρίσκουν την ευτυχία μόνο όταν η καρδιά τους είναι ανοιχτή απέναντι στα μέλη της οικογένειάς τους. Αν αφήσουμε το νου να αναλάβει το ρόλο της καρδιάς, δεν θα υπάρχει ευτυχία. Μπορούμε να χρησιμοποιήσουμε το νου στην αγορά ή στο χώρο εργασίας μας, γιατί εκεί απαιτείται να το κάνουμε. Αλλά με την οικογένειά μας αυτό δεν ενδείκνυται. Ακόμα και στο γραφείο χρειάζεται σε κάποιο βαθμό το πνεύμα ανεκτικότητας και καλής θέλησης. Αν το αγνοήσουμε, θα υπάρχει μόνο διχόνοια και δυστυχία.

Όταν παραχωρούμε στη καρδιά τη θέση που της αρμόζει στη ζωή μας, τότε, με τη δύναμη της διάκρισης, γεννιέται αυτόματα μέσα μας το πνεύμα της συνεργασίας, της αμοιβαιότητας και της ανεκτικότητας. Στις μέρες μας, ο νους των ανθρώπων κινείται αποκλειστικά στα στενά όρια του εγωκεντρισμού. Η αρετή της διάκρισης δεν έχει αναπτυχθεί, κι αυτό αποτελεί μεγάλη έλλειψη στη ζωή των ανθρώπων. Το πνεύμα της συνεργασίας οδηγεί στην ειρήνη, χωρίς αυτό είναι πολύ δύσκολο να προοδεύσει η κοινωνία.

Ακριβώς όπως μια σκουριασμένη μηχανή χρειάζεται γράσο για να δουλέψει σωστά, έτσι και η ταπεινότητα και το πνεύμα συνεργασίας είναι απαραίτητα για να υπάρξει σταθερή πρόοδος στη ζωή μας. Αλλά αυτές οι αρετές θα γεννηθούν μέσα μας μόνο αν καλλιεργήσουμε την καρδιά μας. Υπάρχουν περιστάσεις όπου ο νους είναι απαραίτητος, αλλά μόνο σ' αυτές θα πρέπει να του δίνουμε προτεραιότητα. Όποτε χρειάζεται να βρίσκεται στο προσκήνιο η καρδιά, δεν θα πρέπει να διστάζουμε να της παραχωρούμε τη θέση αυτή.

Όταν χτίζουμε ένα σπίτι, όσο βαθύτερα είναι τα θεμέλια τόσο ψηλότερο μπορεί να γίνει το κτίριο. Κατά τον ίδιο τρόπο, η ταπεινότητα και η ανοιχτή καρδιά αποτελούν τα θεμέλια της προόδου μας. Όταν δίνουμε στην καρδιά πρωταρχική θέση στη ζωή μας, η ταπεινότητα και το πνεύμα συνεργασίας αναπτύσσονται ελεύθερα μέσα μας. Οι σχέσεις μας θα είναι θετικές και ειρηνικές.

Ο σκοπός της πνευματικότητας περιλαμβάνει επίσης το άνοιγμα της καρδιάς, γιατί μόνο οι ανοιχτόκαρδοι άνθρωποι μπορούν να γνωρίσουν τον Θεό. Η ουσία του Εαυτού βρίσκεται πέρα από τη λογική και το νου. Όση ζάχαρη κι αν έχεις φάει, δεν μπορείς να εξηγήσεις ακριβώς τι είναι η γλυκιά γεύση σε κάποιον που δεν την έχει γευτεί ποτέ. Δεν υπάρχουν λόγια για να περιγράψουν την απεραντοσύνη του ουρανού. Δεν μπορείς να μετρήσεις το άρωμα ενός λουλουδιού. Η πνευματικότητα βρίσκεται πέρα από τις λέξεις, αποτελεί βίωμα. Δεν μπορείς να γευτείς τη γλυκύτητά της, χωρίς να προχωρήσεις πέρα από το νου στο βασίλειο της καρδιάς.

Υπάρχει μια ιστορία για ένα φτωχό χωρικό που μια μέρα καθόταν έξω από την καλύβα του, όταν είδε ένα πλήθος ανθρώπων να περνούν από εκεί. Όταν τους ρώτησε πού πήγαιναν, εκείνοι απάντησαν: «Θα γίνει μια τριήμερη διάλεξη σχετικά με την Μπαγκαβάτ Γκιτά εδώ κοντά. Όλοι πηγαίνουμε εκεί». Ο αγρότης θέλησε να ακούσει κι εκείνος τη διάλεξη, οπότε ακολούθησε το πλήθος. Όταν έφτασε εκεί, ο χώρος ήταν ήδη γεμάτος από κόσμο. Οι περισσότεροι από τους παρευρισκόμενους ήταν ευκατάστατοι και φορούσαν ακριβά ρούχα και κοσμήματα. Ο αγρότης ήταν βρώμικος από τη δουλειά του και φορούσε παλιά και κουρελιασμένα ρούχα. Οι άνθρωποι που ήταν στη πόρτα αρνήθηκαν να τον αφήσουν να μπει. Ο αγρότης στεναχωρήθηκε πολύ και προσευχήθηκε στο Θεό: «Κύριε, ήρθα εδώ να ακούσω την ιστορία σου, αλλά αυτοί οι άνθρωποι δεν με αφήνουν να μπω. Είμαι τόσο ανάξιος που δεν επιτρέπεται ούτε καν να ακούσω για σένα; Είμαι τόσο αμαρτωλός; Αν αυτό είναι το θέλημα Σου, ας γίνει έτσι λοιπόν. Θα καθίσω έξω και θα ακούω την ιστορία Σου από εδώ». Κάθισε λοιπόν κάτω από ένα δέντρο μάγκο και άκουγε από τα μεγάφωνα τη διάλεξη που γινόταν μέσα στην αίθουσα. Δεν καταλάβαινε όμως τίποτα, γιατί η διάλεξη γινόταν στα σανσκριτικά. Ο φτωχός άνθρωπος ήταν συντετριμμένος και φώναξε στο Θεό: «Κύριε, δεν μπορώ να καταλάβω ούτε τη γλώσσα Σου! Είμαι τόσο μεγάλος αμαρτωλός;» Εκείνη τη στιγμή, τα μάτια του έπεσαν σε μια μεγάλη εικόνα που βρισκόταν μπροστά στην αίθουσα. Η εικόνα έδειχνε τον Κύριο Κρίσνα[7] πάνω στο άρμα Του να κρατά στο ένα χέρι τα χαλινάρια του αλόγου, καθώς έδινε τη διδασκαλία της *Μπαγκαβάτ Γκιτά* στον Αρτζούνα[8], ο οποίος καθόταν πίσω Του. Ο αγρότης έμεινε ακίνητος κοιτά-

---

[7] Σύμφωνα με την ινδουιστική παράδοση, ο Κρίσνα είναι η κύρια ενσάρκωση του Θεού Βίσνου. Γεννήθηκε σε βασιλική οικογένεια, αλλά δόθηκε να ανατραφεί σε ανάδοχη οικογένεια για να γλυτώσει από τον θείο του Κάμσα που ήθελε να τον εξοντώσει. Μεγάλωσε σαν βοσκός στην πόλη Βριντάβαν, μαζί με τις γκόπι και τους γκόπα (τα βοσκόπουλα της περιοχής που τον υπεραγαπούσαν). Αργότερα έγινε βασιλιάς της πόλης Ντβάρακα. Ήταν φίλος και καθοδηγητής των ξάδερφων του, των Πάνταβα, και κυρίως του Αρτζούνα, στον οποίον μετέδωσε τη διδασκαλία του, στη μορφή της Μπαγκαβάτ Γκιτά.
[8] Ο τρίτος από τους πέντε αδερφούς της δυναστείας των Πάνταβα. Δεινός τοξότης και πολεμιστής, ένας από τους ήρωες του έπους της Μαχαμπαράτα. Ο Αρτζούνα ήταν φίλος και μαθητής του Κρίσνα και έγινε αποδέκτης της διδασκαλίας της Μπαγκαβάτ Γκιτά.

ζοντας το πρόσωπο του Κυρίου. Τα μάτια του γέμισαν δάκρυα. Δεν κατάλαβε πόσος χρόνος πέρασε καθώς βρισκόταν σ' αυτή τη θέση. Όταν τελικά γύρισε το βλέμμα του αλλού, η διάλεξη είχε τελειώσει και οι ακροατές έφευγαν. Ο αγρότης γύρισε σπίτι του. Την επόμενη μέρα πήγε ξανά στο μέρος αυτό. Δεν μπορούσε να σκεφτεί τίποτα άλλο εκτός από το πρόσωπο του Κυρίου. Ήθελε μόνο να καθίσει ξανά κάτω από το δέντρο και να κοιτά την εικόνα αυτή. Την τρίτη ημέρα της ομιλίας, πήγε ξανά και κάθισε κάτω από το δέντρο κοιτάζοντας μαγεμένος την εικόνα. Τα δάκρυα κυλούσαν από τα μάτια του. Τότε βίωσε τη μορφή του Κυρίου να ακτινοβολεί έντονα μέσα του. Έκλεισε τα μάτια του και κάθισε εκεί αντικρίζοντας τον Κύριο Κρίσνα, έχοντας ξεχάσει τον εαυτό του.

Το πλήθος διαλύθηκε μετά το τέλος της εκδήλωσης εκείνη την ημέρα. Όταν ο λόγιος που είχε κάνει τη διάλεξη βγήκε έξω, είδε τον αγρότη να κάθεται ακίνητος κάτω από το δέντρο μάνγκο. Τα δάκρυα κυλούσαν στα μάγουλα του αγρότη. Ο λόγιος έμεινε έκπληκτος. «Γιατί αυτός ο άντρας κάθεται εδώ και κλαίει μετά το τέλος της ομιλίας μου; Συγκινήθηκε τόσο πολύ απ' αυτήν;» σκέφτηκε. Πλησίασε τον αγρότη που καθόταν ακίνητος σαν άγαλμα. Από την έκφραση του προσώπου του, ήταν φανερό ότι βρισκόταν σε μια κατάσταση τέλειας ευδαιμονίας. Η ατμόσφαιρα γύρω του ήταν απόλυτα γαλήνια. Ο λόγιος σκούντησε τον αγρότη και τον ρώτησε: «Τόσο πολύ σου άρεσε η ομιλία μου;».

Ο αγρότης απάντησε: «Δεν κατάλαβα ούτε λέξη απ' αυτά που είπατε τις τρεις τελευταίες μέρες κύριε! Δεν γνωρίζω σανσκριτικά. Αλλά όταν σκέφτομαι τη στάση στην οποία στεκόταν ο Κύριος νιώθω ανείπωτη θλίψη. Όλα αυτά τα λόγια δεν τα είπε ο Κύριος κοιτάζοντας προς τα πίσω; Ο ώμος Του θα πρέπει να πονούσε τόσο πολύ καθώς κρατούσε το κεφάλι Του συνεχώς γυρισμένο έτσι προς τα πίσω! Αυτός είναι ο λόγος που κλαίω». Λέγεται ότι ο αγρότης φωτίστηκε καθώς πρόφερε τα λόγια αυτά.

Η συμπόνια και η αθωότητα του αγρότη τον έκαναν ικανό να φθάσει στη φώτιση. Καθώς άκουγε τα λόγια του αγρότη, ο λόγιος ένιωσε δάκρυα να κυλούν απ' τα μάτια του και βίωσε και εκείνος μια γαλήνη που ποτέ μέχρι τότε δεν είχε νιώσει. Ο άνθρωπος που έκανε τη διάλεξη ήταν πολύ μορφωμένος. Και οι άνθρωποι στο ακροατήριο είχαν επίσης καλή μόρφωση. Αλλά ήταν εκείνος ο φτωχός, αθώος αγρότης που μπόρεσε να γευτεί τη γλυκύτητα της αφοσίωσης και να ωριμάσει τόσο, ώστε να φθάσει στη φώτιση. Ήταν ένα παράδειγμα ανιδιοτελούς συμπόνιας. Η θλίψη του δεν ήταν για τον εαυτό του, αλλά για τις κακουχίες που πίστευε ότι πέρασε ο Κύριος.

Όταν οι άνθρωποι επισκέπτονται ένα ναό, συχνά προσεύχονται ως εξής: «Σε παρακαλώ Θεέ μου δώσε μου αυτό ή εκείνο». Αλλά ο αγρότης βίωσε μια συμπόνια πέρα απ' όλα αυτά. Δεν υπήρχε αίσθηση του εγώ μέσα του. Συνήθως, είναι δύσκολο να απαλλαγεί κανείς από το εγώ, αλλά εκείνος, χάρη στην αθωότητά του υπερέβη την ατομικότητά του και βίωσε την *παραμπάκτι* (υπέρτατη αφοσίωση). Αυτή είναι η υπέρτατη κατάσταση. Είχε τις προϋποθέσεις να φτάσει σ' αυτήν διότι, σε αντίθεση με τους άλλους που λειτουργούσαν με το νου τους, εκείνος ακολουθούσε την καρδιά του. Κατ' αυτό τον τρόπο, απορροφήθηκε αυθόρμητα και χωρίς προσπάθεια στην ευδαιμονία, και επιπλέον ήταν ικανός να ακτινοβολεί ένα μέρος αυτής της γαλήνης που βίωνε, σε όσους βρίσκονταν δίπλα του. Πρέπει λοιπόν να προσπαθούμε να γνωρίσουμε το Θεό μέσω της καρδιάς, γιατί εκεί ακτινοβολεί το φως του Θεού. Ο Θεός ζει στην καρδιά μας.

Τα λόγια της Άμμα επιβραδύνθηκαν και συγχωνεύθηκαν σε μια θάλασσα σιωπής. Τα μάτια της, τα οποία μέχρι τώρα ήταν γεμάτα από δάκρυα ευδαιμονίας, σιγά σιγά έκλεισαν. Το πρόσωπό της, με τα δάκρυα να κυλούν στα μάγουλά της, ακτινοβολούσε συμπόνια. Μια μικρή ομάδα πιστών κάθονταν γύρω της. Όλοι ήταν σιωπηλοί και ο Μαρκ έκλεισε κι εκείνος τα μάτια

25

βυθιζόμενος σε διαλογισμό. Όσοι βρίσκονταν εκεί κοντά σταμάτησαν τη δουλειά τους και ήρθαν να καθίσουν κοντά στους υπόλοιπους γύρω από την Άμμα. Σ' αυτή την ατμόσφαιρα καθαρής ευδαιμονίας, οι σκέψεις τους επιβραδύνθηκαν και σταμάτησαν ολοκληρωτικά. Ο νους τους απορροφήθηκε σε μια υπέρτατη εμπειρία, πέρα από λόγια. Αργότερα, η συζήτηση συνεχίστηκε.

Ερώτηση: Αν η επιθυμία ενός ανθρώπου να υπηρετεί τον πνευματικό δάσκαλο είναι μεγαλύτερη από την επιθυμία του για φώτιση, ο δάσκαλος θα είναι μαζί του στις μελλοντικές ζωές του;

Άμμα: Αν αυτή είναι η επιθυμία ενός μαθητή που έχει παραδοθεί πλήρως στο δάσκαλο, τότε εκείνος θα είναι σίγουρα μαζί του. Αλλά ο μαθητής δεν θα πρέπει να σπαταλά ούτε δευτερόλεπτο. Θα πρέπει να είναι σαν το θυμίαμα που καίγεται για να μεταδώσει το άρωμά του στους άλλους, να υπηρετεί με την κάθε του αναπνοή τον κόσμο, να έχει την ακλόνητη πίστη ότι η κάθε του πράξη αποτελεί υπηρεσία προς το δάσκαλο. Ένας μαθητής που έχει παραδοθεί απόλυτα στο πνευματικό δάσκαλο δεν χρειάζεται να ζήσει περισσότερες ζωές, εκτός αν η ψυχή του γεννιέται ξανά σύμφωνα με το θέλημα του δασκάλου.

Υπάρχουν όμως πολλές κατηγορίες πνευματικών δασκάλων. Υπάρχουν εκείνοι οι δάσκαλοι που δίνουν οδηγίες έχοντας μελετήσει τις γραφές και τις Πουράνα (αρχαίες ινδικές γραφές). Στις μέρες μας όμως, άνθρωποι που έχουν διαβάσει οποιοδήποτε βιβλίο και υποστηρίζουν οποιαδήποτε θεωρία, θεωρούνται κι αυτοί δάσκαλοι. Ο φωτισμένος δάσκαλος όμως είναι πολύ διαφορετικός. Είναι κάποιος που έχει συνειδητοποιήσει την αλήθεια μέσω της πνευματικής άσκησης και της απάρνησης, και έχει άμεσα βιώσει την υπέρτατη κατάσταση που περιγράφεται στις γραφές. Εξωτερικά, μπορεί να μην φαίνεται διαφορετικός από τους άλλους, αλλά τα οφέλη που αποκομίζεις από έναν τέτοιο δάσκαλο δεν μπορεί να στα προσφέρει κάποιος που παριστάνει το δάσκαλο. Εκείνοι που φαίνονται εξωτερικά μεγαλοπρεπείς μπορεί να μην διαθέτουν εσωτερική λάμψη. Δεν θα ωφεληθείς πολύ αν προσκολληθείς σε αυτούς. Η διαφορά ανάμεσα σε εκείνους και έναν αληθινό δάσκαλο μοιάζει με τη διαφορά ανάμεσα σε μια λάμπα των δέκα βατ και μια λάμπα των χιλίων βατ. Η παρουσία και μόνο ενός πραγματικού δασκάλου θα σε γεμίσει ευδαιμονία και θα εξασθενίσει τα βασάνα⁹ στο νου σου. Η διδασκαλία των φωτισμένων δασκάλων δεν περιορίζεται στα λόγια τους. Τα λόγια τους αντανακλώνται στις πράξεις τους. Στη ζωή τους μπορείς να δεις τον ζωντανό λόγο των γραφών. Αν μελετήσεις τη ζωή τους, δεν είναι απαραίτητο να μελετήσεις τις γραφές. Οι αληθινοί δάσκαλοι είναι απόλυτα ανιδιοτελείς. Μπορούν να συγκριθούν με μια μορφή που είναι φτιαγμένη από σοκολάτα ή ζαχαρωτό, γιατί μόνο καθαρή γλυκύτητα πηγάζει από αυτούς και τίποτα δεν είναι περιττό. Οι φωτισμένοι δάσκαλοι γεννιούνται μόνο για να εξυψώσουν τον κόσμο. Δεν είναι απλά άτομα, αντιπροσωπεύουν ένα ιδανικό. Εμείς χρειάζεται μόνο να ακολουθούμε το μονοπάτι τους. Οι μεγάλοι δάσκαλοι αφυπνίζουν τη σοφία μέσα μας και απομακρύνουν το σκοτάδι.

Ο Θεός είναι πανταχού παρών, αλλά είναι ο φωτισμένος δάσκαλος εκείνος που διορθώνει τα λάθη μας και μας εξυψώνει στο βασίλειο του Θεού. Γι' αυτό λέγεται ότι ο δάσκαλος είναι ο Μπράχμα, ο Βίσνου και ο Μαχέσβαρα¹⁰. Για τον μαθητή ο δάσκαλος σημαίνει περισσότερα κι απ' το Θεό. Όταν βρεις έναν φωτισμένο δάσκαλο, δεν χρειάζεται να σκέφτεσαι πια τη φώτιση, ούτε πρέπει να ανησυχείς για την επαναγέννηση. Αυτό που πρέπει να κάνεις είναι ν' ακολουθείς το μονοπάτι του δασκάλου

---

⁹ Οι τάσεις και οι επιθυμίες που έχουν δημιουργηθεί στο νου από παλιότερες εμπειρίες και εντυπώσεις και οι οποίες εκδηλώνονται σε πράξεις και συνήθειες. Τα βασάνα έχουν τη ρίζα τους στον υποσυνείδητο νου.
¹⁰ Στον Ινδουισμό ο τριαδικός Θεός αποτελείται από τον Μπράχμα (Δημιουργό), τον Βίσνου (Συντηρητή του σύμπαντος) και τον Σίβα ή Μαχέσβαρα (Καταστροφέα).

σου. Όπως ένα ρυάκι που έχει ενωθεί με τον ποταμό συγχωνεύεται τελικά με τη θάλασσα, έτσι κι εσύ μόλις προστρέξεις στο δάσκαλο έχεις φθάσει στο μέρος που πρέπει να βρίσκεσαι. Ο δάσκαλος θα φροντίσει για τα υπόλοιπα και θα σε οδηγήσει στο στόχο. Αυτό που πρέπει να κάνει ο μαθητής είναι να παραδοθεί ολόκαρδα στα πόδια του δασκάλου. Εκείνος δεν θα εγκαταλείψει ποτέ το μαθητή.

Ερώτηση: Άμμα, ποιο μονοπάτι είναι το καταλληλότερο στην εποχή μας για να φθάσει κανείς στη φώτιση;

Άμμα: Η φώτιση δεν είναι κάτι που βρίσκεται κάπου μακριά μας. Σύμφωνα με τον Κύριο Κρίσνα, η «αταραξία αποκαλείται γιόγκα». Θα πρέπει να είμαστε ικανοί να βλέπουμε τα πάντα ως τη Θεϊκή Συνειδητότητα. Μόνο τότε μπορούμε να φτάσουμε στη τελειότητα. Θα πρέπει να βλέπουμε σε όλα μονάχα το καλό. Η μέλισσα αναζητά μόνο το νέκταρ στο λουλούδι και απολαμβάνει τη γλυκύτητα του. Μόνο εκείνοι που βλέπουν πάντοτε την καλή πλευρά σε όλα, είναι ικανοί να φτάσουν στη φώτιση.

Αν πραγματικά επιθυμούμε τη φώτιση, θα πρέπει να ξεχάσουμε το σώμα εντελώς. Η πεποίθηση μας ότι είμαστε ο Εαυτός θα πρέπει να είναι ακλόνητη. Ο Θεός δεν κατοικεί σε κάποιο ιδιαίτερο μέρος, ο Θεός κατοικεί στη καρδιά μας. Θα πρέπει να απαλλαγούμε από τις προσκολλήσεις και την ταύτιση με το σώμα. Αυτό μόνο χρειάζεται για να κατανοήσουμε σε βάθος ότι ο Εαυτός δεν γνωρίζει γέννηση ή θάνατο, ευτυχία[11] ή θλίψη. Όλοι οι φόβοι θα εξαφανιστούν τότε και θα γεμίσουμε με ευδαιμονία.

Ο αναζητητής θα πρέπει να μάθει να καλωσορίζει κάθε κατάσταση με υπομονή. Αν το μέλι ανακατευτεί με αλάτι, η αλμυρή γεύση μπορεί να απομακρυνθεί προσθέτοντας συνεχώς κι άλλο μέλι. Κατά τον ίδιο τρόπο, πρέπει να εξαλείψουμε κάθε ίχνος εχθρότητας και αίσθησης του «εγώ» από μέσα μας. Αυτό γίνεται

---

[11] Σ.τ.μ. Η πρόσκαιρη ευτυχία του κόσμου που μετατρέπεται εύκολα σε θλίψη.

καλλιεργώντας τις θετικές σκέψεις. Όταν ο νους μας εξαγνιστεί, θα είμαστε ικανοί να καλωσορίζουμε οποιαδήποτε κατάσταση με χαρά. Έτσι, θα προοδεύουμε πνευματικά, αν και μπορεί να μην συνειδητοποιούμε αυτή την πρόοδο. Στην κατάσταση της φώτισης βλέπουμε τους άλλους σαν τον Εαυτό μας. Αν σκοντάψουμε σε κάτι και χτυπήσουμε το πόδι μας, δεν θα κατηγορήσουμε τα μάτια μας που ήταν απρόσεκτα και δεν θα τα καταστρέψουμε για τιμωρία! Θα προσπαθήσουμε να ανακουφίσουμε το πόδι μας. Αν το αριστερό μας χέρι είναι πληγωμένο, το δεξί χέρι προσπαθεί να το γιατρέψει. Παρομοίως, φώτιση σημαίνει να συγχωρούμε αυτούς που διαπράττουν σφάλματα, διότι βιώνουμε τον ίδιο μας τον Εαυτό σε εκείνους.

Για εκείνον που έχει φτάσει στη φώτιση, τίποτα δεν είναι ξέχωρο από τον Εαυτό. Αλλά όταν δεν έχουμε φτάσει σε αυτή την κατάσταση, κάθε συζήτηση για την φώτιση είναι απλά λόγια, τα οποία δεν είναι εμποτισμένα με τη δύναμη της εμπειρίας. Χωρίς τη βοήθεια ενός φωτισμένου δασκάλου, είναι αδύνατο να φθάσει κανείς σε αυτό το επίπεδο συνείδησης και εμπειρίας. Αυτό που χρειάζεται να κάνει ο αναζητητής είναι να ακολουθεί τα λόγια του δασκάλου.

Η φώτιση δεν είναι κάτι που μπορείς να βρεις και να αγοράσεις. Πρέπει να αλλάξει η στάση σου απέναντι στη ζωή, αυτό είναι όλο. Οι άνθρωποι διατηρούν την ψευδαίσθηση ότι τα δεσμά τους είναι πραγματικά. Υπάρχει μια ιστορία σχετικά με μια αγελάδα που ήταν συνήθως δεμένη μέσα στο στάβλο. Μια μέρα, την είχαν αφήσει λυτή μέσα στο στάβλο με την πόρτα κλειστή. Το σκοινί της βρισκόταν στο πάτωμα. Την επόμενη μέρα, όταν ο ιδιοκτήτης της άνοιξε την πόρτα του στάβλου για να την βγάλει έξω, η αγελάδα έμεινε ακίνητη. Την έσπρωξε, αλλά εκείνη πάλι αρνήθηκε να κουνηθεί. Μετά την σκούντησε μ' ένα ραβδί, αλλά και πάλι η αγελάδα στεκόταν ακίνητη. Τότε ο ιδιοκτήτης της σκέφτηκε: «Συνήθως λύνω το σκοινί όταν μπαίνω μέσα,

29

αλλά χθες βράδυ δεν την έδεσα. Τι θα γίνει αν προσποιηθώ ότι τη λύνω;» Σήκωσε λοιπόν την άκρη του σκοινιού σαν να έλυνε την αγελάδα από τη θέση της. Εκείνη τότε αμέσως προχώρησε και βγήκε από το στάβλο. Οι άνθρωποι σε μεγάλο βαθμό μοιάζουν μ' αυτή την αγελάδα. Δεν είναι δεμένοι, αλλά παρόλα αυτά πιστεύουν ότι είναι δέσμιοι. Πρέπει να αποβάλλεις αυτή την ψευδαίσθηση. Πρέπει να συνειδητοποιήσεις ότι στην πραγματικότητα είσαι απολύτως ελεύθερος. Αλλά χωρίς τη βοήθεια ενός πραγματικού δασκάλου, δεν θα μπορέσεις να αλλάξεις αυτή τη λαθεμένη αντίληψη. Αυτό δεν σημαίνει ότι ο δάσκαλος σου δίνει την φώτιση. Ο ρόλος του δασκάλου είναι να σε πείσει ότι δεν είσαι δέσμιος. Μόνο αν ήσουν στην πραγματικότητα δέσμιος, θα έπρεπε αυτά τα δεσμά να λυθούν.

Όταν τα κύματα καταλαγιάσουν, μπορούμε να δούμε τον αντικατοπτρισμό του ήλιου στο νερό. Παρομοίως, μόνο όταν οι κυματισμοί του νου υποχωρήσουν, μπορούμε να διακρίνουμε τον Εαυτό. Δεν χρειάζεται να δημιουργήσουμε εμείς κάποια εικόνα. Το μόνο που πρέπει να κάνουμε είναι να καταλαγιάσουμε τις διακυμάνσεις του νου και η εικόνα του Εαυτού θα αποκαλυφθεί.

Σε ένα καθαρό, διαφανές γυαλί δεν μπορείς να δεις καμιά αντανάκλαση, παρά μόνο αν ή μια πλευρά του καλυφθεί με κάποιο χρώμα. Κατά τον ίδιο τρόπο, μόνο όταν το χρώμα της ανιδιοτέλειας καλύψει τον εσωτερικό μας κόσμο θα μπορέσουμε να δούμε το Θεό.

Για όσο καιρό διατηρούμε το εγώ, δεν μπορούμε να είμαστε ανιδιοτελείς. Ο δάσκαλος οδηγεί τον μαθητή μέσω διαφόρων καταστάσεων που είναι απαραίτητες για την εξάλειψη του εγώ. Ο μαθητής μαθαίνει να αποβάλλει σταδιακά το εγώ. Χάρη στη παρουσία και την καθοδήγηση του δασκάλου, ο μαθητής καλλιεργεί την αρετή της υπομονής, χωρίς καν να το αντιλαμβάνεται. Ο δάσκαλος τοποθετεί τον μαθητή σε καταστάσεις, οι οποίες ενδέχεται να προκαλέσουν το θυμό του και δοκιμάζουν την υπομονή του. Για παράδειγμα, του ανατίθεται κάποιο είδος εργασίας το οποίο αντιπαθεί. Ο μαθητής μπορεί να θυμώσει και να παρακούσει τις οδηγίες. Τότε ο δάσκαλος θα ενθαρρύνει το μαθητή να στοχαστεί πάνω σ' αυτή τη κατάσταση. Ο μαθητής θα βρει μέσα του το σθένος που χρειάζεται για να υπερβεί δύσκολες συνθήκες. Ο δάσκαλος χρησιμοποιεί διαφορετικές καταστάσεις για να εξαλείψει τις αδυναμίες του μαθητή και να τον κάνει δυνατό. Έτσι ο μαθητής αποκτά την ικανότητα να υπερβαίνει το εγώ. Η εξάλειψη του εγώ είναι άλλωστε ο λόγος για τον οποίο αναζητάμε καταφύγιο στα πόδια ενός δασκάλου.

Το κοχύλι, μόνο όταν είναι κενό, παράγει ήχο όταν το φυσήξουμε. Έτσι και εμείς, μόνο όταν απαλλαγούμε από τα δεσμά του εγώ, μπορούμε να εξυψωθούμε πνευματικά και να φτάσουμε στο στόχο μας. Όταν παραδοθούμε πλήρως στο Θεό, δεν υπάρχει πια καμιά αίσθηση του «εγώ», υπάρχει μόνο ο Θεός. Η κατάσταση αυτή δεν μπορεί να περιγραφεί με λόγια.

Αν έχεις βρει κάποιο δάσκαλο, αλλά εξακολουθείς να ανησυχείς για το πότε θα φτάσεις στη φώτιση, αυτό σημαίνει ότι δεν του έχεις παραδοθεί ολοκληρωτικά. Η πίστη σου σε εκείνον δεν είναι πλήρης. Από τη στιγμή που θα έρθεις στο δάσκαλο, πρέπει να ακολουθείς κατά γράμμα τις οδηγίες του, αποβάλλοντας κάθε άλλη σκέψη. Αυτό μόνο πρέπει να κάνει ο μαθητής. Ο αληθινός μαθητής παραδίδει στο δάσκαλο ακόμα και την επιθυμία για φώτιση. Ο μοναδικός στόχος του είναι η πλήρης υπακοή σε εκείνον. Ο δάσκαλος είναι η ίδια η τελειότητα. Δεν υπάρχουν λόγια για να περιγράψει κανείς την αγάπη και το σεβασμό που ο μαθητής τρέφει προς το δάσκαλο.

Ερώτηση: Αν αποτύχουμε παρόλο που ζούμε κοντά σε ένα δάσκαλο, θα είναι αυτός παρών στην επόμενη ζωή μας για να μας σώσει;

Άμμα: Πάντα να ακολουθείς τα λόγια του δασκάλου. Αφιέρωσε τον εαυτό σου ολοκληρωτικά στην υπηρεσία του και αντιμετώπιζε τα πάντα ως θέλημα του. Σαν μαθητής δεν θα πρέπει ούτε καν να σκέφτεσαι την πιθανότητα της αποτυχίας. Αυτό φανερώνει αδυναμία, σημαίνει ότι δεν έχεις πραγματική πίστη στον εαυτό σου. Αν δεν πιστεύεις στον εαυτό σου, πώς θα έχεις πίστη στο δάσκαλο; Εκείνος δεν θα εγκαταλείψει ποτέ τον μαθητή που προσεύχεται σε αυτόν με ειλικρίνεια. Ο μαθητής θα πρέπει να αναζητά καταφύγιο ολοκληρωτικά στο δάσκαλο.

Ερώτηση: Τι σημαίνει να υπηρετεί κανείς αληθινά τον δάσκαλο;

Άμμα: Όταν μιλάμε για έναν αληθινό δάσκαλο, δεν αναφερόμαστε απλά σε έναν άνθρωπο, αλλά στην ίδια τη Θεϊκή Συνείδηση, την Αλήθεια. Η συνειδητότητα του δασκάλου διαπερνά ολόκληρο το σύμπαν. Πρέπει να το καταλάβουμε αυτό, γιατί μόνο τότε θα προοδεύσουμε πνευματικά. Ο μαθητής δεν πρέπει ποτέ να είναι προσκολλημένος στο φυσικό σώμα του δασκάλου. Πρέπει να διευρύνουμε τόσο τους ορίζοντες μας, ώστε να αντιμετωπίζουμε κάθε έμψυχο και άψυχο ον όπως το δάσκαλο και να υπηρετούμε τους άλλους με αφοσίωση. Η σύνδεσή μας με το δάσκαλο θα μας επιτρέψει να φτάσουμε σε αυτή την κατάσταση. Ο νους ενός μαθητή, που ωριμάζει ακούγοντας τα λόγια και παρακολουθώντας τις πράξεις του δασκάλου, εξυψώνεται σε αυτό το επίπεδο χωρίς ο μαθητής να το συνειδητοποιεί. Από την άλλη πλευρά, η υπηρεσία που προσφέρεται από ένα μαθητή, που επιθυμεί να βρίσκεται κοντά στο σώμα του δασκάλου για καθαρά εγωιστικούς λόγους, δεν είναι πραγματική υπηρεσία προς εκείνον.

Η σύνδεση του μαθητή με το δάσκαλο θα πρέπει να είναι τόσο δυνατή, ώστε να είναι αδύνατο να βρίσκεται μακριά του έστω και για μια στιγμή. Την ίδια στιγμή, θα πρέπει να είναι τόσο ανοικτός και δεκτικός ώστε να υπηρετεί τους άλλους σε σημείο που να ξεχνά τον εαυτό του. Πρέπει να υπηρετεί τους άλλους με τη πεποίθηση ότι υπηρετεί το δάσκαλο. Αυτή είναι η στάση του αληθινού μαθητή που έχει αφομοιώσει την πραγματική ουσία της διδασκαλίας. Ο δάσκαλος θα βρίσκεται πάντοτε μαζί με έναν τέτοιο μαθητή. Όταν βλέπουμε ένα δέντρο μάνγκο, η προσοχή μας στρέφεται στα φρούτα και όχι στη φυλλωσιά. Εντούτοις, δεν παραμελούμε τη φροντίδα του δέντρου. Κατά τον ίδιο τρόπο, παρόλο που ο μαθητής γνωρίζει καλά ότι ο δάσκαλος δεν είναι το σώμα, αλλά η Συνείδηση που διαπερνά τα πάντα, θεωρεί το σώμα του δασκάλου πολύτιμο και την προσωπική υπηρεσία σε εκείνον πολυτιμότερη κι από την ίδια τη ζωή. Ως αληθινός μαθητής, θα συνειδητοποιήσεις ότι είσαι έτοιμος να θυσιάσεις ακόμα και τη ζωή σου στην υπηρεσία του δασκάλου. Όμως, δεν περιορίζεις την έννοια του δασκάλου στο φυσικό του σώμα. Βλέπεις το δάσκαλό σου σε όλα τα όντα. Κατά συνέπεια, συνειδητοποιείς ότι η υπηρεσία προς τον οποιονδήποτε είναι υπηρεσία προς το δάσκαλο. Ο αληθινός μαθητής αντλεί ικανοποίηση και ευτυχία από την υπηρεσία αυτή.

Ερώτηση: Αν ο δάσκαλος δεν είναι φωτισμένος, ποιο το όφελος να του παραδοθεί κανείς; Δεν θα παραπλανηθεί ο μαθητής; Πως μπορούμε να προσδιορίσουμε αν ένας πνευματικός δάσκαλος είναι φωτισμένος ή όχι;

Άμμα: Αυτό είναι δύσκολο να το προσδιορίσουμε. Όλοι θέλουν να μοιάσουν στο πιο δημοφιλές αστέρι της τηλεόρασης και θα κάνουν οτιδήποτε για να το πετύχουν. Δοκιμάζουν κάθε μορφή μίμησης. Παρομοίως, υπάρχουν πολλοί άνθρωποι που παριστάνουν τους δασκάλους μόλις δουν τις τιμές και το σεβασμό που αποδίδονται σε ένα πνευματικό δάσκαλο. Αν φτιάχναμε έναν κατάλογο με τα χαρακτηριστικά ενός τέλειου δασκάλου, θα ήταν ευκολότερο να τον μιμηθούν εκείνοι που είναι πρόθυμοι να παίξουν αυτό το ρόλο. Οι κοινοί άνθρωποι θα ξεγελιούνταν εύκολα από τα καμώματά τους. Γι' αυτό είναι καλύτερο να μην συζητάμε δημόσια σχετικά με τη φύση ενός φωτισμένου δασκάλου. Στις γραφές υπάρχουν συγκεκριμένες περιγραφές των χαρακτηριστικών ενός δασκάλου. Παρόλα αυτά, είναι δύσκολο να χρησιμοποιήσουμε τα χαρακτηριστικά ενός δασκάλου ως κριτήριο, όταν προσπαθούμε να εξετάσουμε αν κάποιο άλλο άτομο είναι πραγματικός δάσκαλος. Κάθε δάσκαλος ενεργεί με το δικό του τρόπο. Όσο κι αν έχεις μελετήσει τις γραφές, είναι δύσκολο να βρεις έναν τέλειο δάσκαλο, αν δεν έχεις αγνή καρδιά. Η απάρνηση, η αγάπη, η συμπόνια και η ανιδιοτέλεια, είναι γενικά χαρακτηριστικά που απαντώνται σε όλους τους δασκάλους. Αλλά ένας δάσκαλος αναλαμβάνει πολύ διαφορετικούς ρόλους για να δοκιμάσει τους μαθητές του. Όταν ο αναζητητής διαθέτει αγνή καρδιά και λαχταρά πραγματικά να γνωρίσει το Θεό, ο πραγματικός δάσκαλος θα έρθει σε αυτόν. Αλλά θα δοκιμάσει όμως το μαθητή.

Ακόμα κι αν ένας αναζητητής με αγνή καρδιά πέσει στα χέρια ενός ψεύτικου δασκάλου, η αθωότητά του θα τον οδηγήσει στο στόχο. Ο Θεός θα του υποδείξει το μονοπάτι που απαιτείται γι' αυτό.

Αντί να σπαταλάς χρόνο δοκιμάζοντας και συγκρίνοντας δασκάλους, είναι προτιμότερο να προσευχηθείς στο Θεό να σε βοηθήσει να γίνεις ένας τέλειος μαθητής και να σε οδηγήσει σε έναν τέλειο δάσκαλο. Μόνο όταν ο νους και η καρδιά συγχωνευθούν, μπορεί ο μαθητής να αναγνωρίσει πραγματικά έναν τέλειο δάσκαλο.

Ερώτηση: Άμμα, με ποιους τρόπους δοκιμάζει ο δάσκαλος τους μαθητές του;

Άμμα: Δεν υπάρχουν κάποιοι γενικοί κανόνες, όπως οι οδηγίες που δίνονται για την επιτυχία σε ένα διαγώνισμα. Ο δάσκαλος καθοδηγεί το μαθητή σύμφωνα με τα βασάνα που αυτός έχει αποκτήσει σε πολλές ζωές. Ακόμα και σε παρόμοιες καταστάσεις, ο δάσκαλος μπορεί να συμπεριφερθεί με τελείως διαφορετικό τρόπο σε διαφορετικούς μαθητές. Η συμπεριφορά του μπορεί μην έχει κανένα νόημα για σένα. Μόνο ο δάσκαλος θα γνωρίζει το λόγο. Ο δάσκαλος αποφασίζει ποιες μεθόδους θα χρησιμοποιήσει για να καταπολεμήσει τα βασάνα ενός συγκεκριμένου μαθητή και να τον οδηγήσει στο στόχο. Ο καθοριστικός παράγοντας που θα βοηθήσει τον μαθητή στην πνευματική του πρόοδο, είναι η παράδοσή του στις αποφάσεις του δασκάλου.

Όταν δύο μαθητές διαπράξουν το ίδιο σφάλμα, ο δάσκαλος μπορεί να θυμώσει με τον ένα και να φανεί πολύ στοργικός με τον άλλο, σαν να μην είχε συμβεί τίποτα. Ο δάσκαλος γνωρίζει το επίπεδο νοητικής δύναμης και ωριμότητας του κάθε μαθητή. Οι θεατές αυτών των καταστάσεων, λόγω της άγνοιας τους, μπορεί να ασκήσουν κριτική στο δάσκαλο. Βλέπουν μόνο ό,τι συμβαίνει εξωτερικά. Δεν διαθέτουν τη διορατικότητα που απαιτείται για να διακρίνουν τις εσωτερικές αλλαγές που συμβαίνουν στους μαθητές.

Το δέντρο δεν μπορεί να ξεπηδήσει από το σπόρο αν δεν σπάσει το περίβλημά του. Παρομοίως, δεν μπορείς να γνωρίσεις την Αλήθεια αν δεν εξαλειφθεί ολοκληρωτικά το εγώ. Ο δάσκαλος θα δοκιμάσει το μαθητή με διάφορους τρόπους, για να εξακριβώσει αν αυτός ήρθε κοντά του από κάποιο παροδικό ενθουσιασμό, ή από την αγάπη του για τον πνευματικό στόχο. Αυτές οι δοκιμασίες μοιάζουν με τα αιφνιδιαστικά διαγωνίσματα που βάζουν οι καθηγητές στο σχολείο, γιατί γίνονται χωρίς προειδοποίηση. Είναι καθήκον του δασκάλου να διαπιστώσει πόση υπομονή, απάρνηση και συμπόνια διαθέτει ο μαθητής, και να εξακριβώσει αν δείχνει αδυναμία απέναντι σε συγκεκριμένες καταστάσεις, ή αν έχει τη δύναμη να τις υπερβεί. Οι μαθητές θα γίνουν πνευματικοί ηγέτες για τον κόσμο κάποια μέρα στο μέλλον. Χιλιάδες άνθρωποι μπορεί να προστρέξουν σε αυτούς και να τους εμπιστευτούν ολοκληρωτικά για πνευματική καθοδήγηση. Οι μαθητές πρέπει να διαθέτουν αρκετή εσωτερική δύναμη, ωριμότητα και συμπόνια για να ανταπεξέλθουν στο ρόλο αυτό. Αν ένας μαθητής βγει στο κόσμο χωρίς να διαθέτει αυτές τις αρετές και την απαραίτητη εσωτερική αγνότητα, η συμπεριφορά του θα αποτελέσει τη χειρότερη προδοσία. Εκείνος που προορίζεται να προστατέψει τον κόσμο, μπορεί δυνητικά να γίνει ο χειρότερος εχθρός του. Ο δάσκαλος περνά το μαθητή από διαφορετικές δοκιμασίες για να διαπλάσει κατάλληλα το χαρακτήρα του. Κάποτε, ένας δάσκαλος έδωσε μια πέτρα στο μαθητή του και του ζήτησε να σμιλέψει μια μορφή πάνω σ' αυτήν. Ο υπάκουος μαθητής στρώθηκε στη δουλειά, σμιλεύοντας την πέτρα χωρίς φαγητό και ύπνο. Όταν τελείωσε, έφερε το γλυπτό στο δάσκαλο και το πρόσφερε στα πόδια του. Στάθηκε στο πλάι ταπεινά, με ενωμένες τις παλάμες και κατεβασμένο κεφάλι. Ο δάσκαλος κοίταξε το γλυπτό, το σήκωσε και το πέταξε μακριά. Εκείνο έσπασε σε πολλά κομμάτια. «Αυτός είναι ο τρόπος για να σμιλέψεις τη πέτρα;» του φώναξε θυμωμένα. Ο μαθητής κοίταξε τα σπασμένα κομμάτια και σκέφτηκε: «Δεν είπε ούτε μια καλή κουβέντα, παρόλο που δούλεψα τόσο σκληρά για μέρες χωρίς φαγητό και ύπνο!» Γνωρίζοντας τις σκέψεις του, ο δάσκαλος του έδωσε άλλη πέτρα και του ζήτησε ν' αρχίσει ξανά τη δουλειά και να ετοιμάσει ένα νέο γλυπτό. Ο μαθητής πήρε τη πέτρα και σμίλεψε μια νέα μορφή, ωραιότερη από την πρώτη. Πλησίασε ξανά το δάσκαλο, με τη σιγουριά ότι αυτή τη φορά εκείνος θα έμενε ευχαριστημένος με το αποτέλεσμα. Αλλά μόλις ο δάσκαλος αντίκρισε το γλυπτό, το πρόσωπό του κοκκίνισε από θυμό: «Μήπως με κοροϊδεύεις; Αυτό είναι χειρότερο από το πρώτο!» φώναξε και αμέσως έσπασε και το δεύτερο γλυπτό. Τότε κοίταξε το μαθητή που στεκόταν εκεί ταπεινά με το κεφάλι χαμηλωμένο. Αυτή τη φορά όμως, ο μαθητής δεν ένιωθε πικρία για τη συμπεριφορά του δασκάλου, αλλά ήταν ωστόσο λίγο στεναχωρημένος. Ο δάσκαλος του έδωσε μια άλλη πέτρα και του ζήτησε ξανά να τη δουλέψει. Ο μαθητής σμίλεψε με πολύ φροντίδα ένα νέο γλυπτό, ένα πραγματικό έργο τέχνης και το έφερε στα πόδια του δασκάλου. Αλλά εκείνος το άρπαξε πάλι μονομιάς και το έκανε κομμάτια, επιπλήττοντας με σφοδρότητα το μαθητή. Αυτή τη φορά ο μαθητής δεν ένιωσε ούτε θυμό ούτε στενοχώρια. «Αν αυτή είναι η θέληση του δασκάλου μου, ας γίνει έτσι. Ό,τι κάνει, το κάνει για το καλό μου» σκέφτηκε. Σε αυτό το βαθμό παράδοσης είχε φτάσει εκείνη τη στιγμή. Παρόλα αυτά, ο δάσκαλος του έδωσε κι άλλη πέτρα. Ο μαθητής τη δέχτηκε με χαρά και ετοίμασε άλλη μια εξαιρετική πέτρινη μορφή. Ο δάσκαλος την έσπασε ξανά, αλλά αυτή τη φορά δεν υπήρξε η παραμικρή αλλαγή στη διάθεση του μαθητή. Ο δάσκαλος ήταν πολύ ευχαριστημένος. Ακούμπησε τα χέρια του στο κεφάλι του μαθητή και τον ευλόγησε. Κάποιος που θα παρατηρούσε τις πράξεις του δασκάλου, θα μπορούσε ενδεχομένως να σκεφτεί ότι ήταν απάνθρωπος, ή ακόμα και τρελός. Μόνο ο δάσκαλος και ο μαθητής που του παραδόθηκε ολοκληρωτικά, μπορούσαν να γνωρίζουν τι γινόταν πραγματικά. Ο δάσκαλος, κάθε φορά που κομμάτιαζε την πέτρινη μορφή που του έφερνε ο μαθητής, σμίλευε μια άλλη πραγματική στην καρδιά του μαθητή. Αυτό που γινόταν κομμάτια ήταν το εγώ του μαθητή. Μόνο ένας φωτισμένος δάσκαλος μπορεί να το κάνει αυτό, και μόνο ένας πραγματικός μαθητής μπορεί να γευτεί την ευδαιμονία που ακολουθεί τη διάλυση του εγώ.

Ο μαθητής πρέπει να καταλάβει ότι ο δάσκαλος γνωρίζει πολύ καλύτερα από τον ίδιο τι είναι καλύτερο και τι χειρότερο γι' αυτόν και τι χρειάζεται, ή δεν χρειάζεται. Ποτέ δεν πρέπει να πλησιάζεις ένα δάσκαλο αναζητώντας δόξα, ή κάποια περίοπτη θέση κοντά του. Βρίσκεις καταφύγιο σε ένα δάσκαλο, γιατί επιθυμείς να του παραδώσεις τον εαυτό σου. Αν αισθάνεσαι θυμό ή δυσαρέσκεια όταν ο δάσκαλος δεν επαινεί εσένα ή τις πράξεις σου, τότε δεν πληροίς τις προϋποθέσεις που απαιτούνται για να γίνεις μαθητής. Προσευχήσου για να καταλαγιάσει ο θυμός σου. Συνειδητοποίησε ότι η κάθε πράξη του δασκάλου είναι για το καλό σου.

Μερικοί άνθρωποι σκέφτονται: «Είμαι τόσα χρόνια κοντά στο δάσκαλο και εκείνος συνεχίζει να μου φέρεται έτσι;» Αυτό δείχνει την έλλειψη παράδοσης. Μόνο εκείνοι που παραδίδουν τον εαυτό τους, όχι μόνο για μερικά χρόνια, αλλά για ολόκληρες ζωές στα πόδια του δασκάλου, είναι πραγματικοί μαθητές. Για όσο καιρό παραμένει η πεποίθηση «είμαι το σώμα και ο νους», ο θυμός, η αποστροφή κι ο εγωισμός ξεπηδούν μέσα στο νου. Ο αναζητητής καταφεύγει στον πνευματικό δάσκαλο για να απαλλαγεί από τέτοιες αρνητικές τάσεις. Ο μόνος τρόπος για να υπερβούμε αυτά τα ελαττώματα, είναι η ολοκληρωτική παράδοση στο δάσκαλο. Η πεποίθηση ότι όλες οι πράξεις του δασκάλου είναι για το καλό μας, πρέπει να ριζώσει βαθιά μέσα μας. Ποτέ δεν θα πρέπει να επιτρέψουμε στο νου να κρίνει τις πράξεις του δασκάλου.

Παιδιά μου, κανείς δεν μπορεί να προβλέψει τι μορφή θα πάρουν οι δοκιμασίες του δασκάλου. Η πλήρης παράδοση είναι ο μόνος τρόπος για να περάσει κανείς αυτές τις δοκιμασίες. Στην πραγματικότητα, αυτές είναι απόδειξη της συμπόνιας του δασκάλου για το μαθητή. Ο σκοπός τους είναι να αποδυναμώσουν τα βάσανα στο νου του μαθητή. Μονάχα μέσω της παράδοσης μπορείς να κερδίσεις τη χάρη του δασκάλου.

Ένας νέος πλησίασε κάποτε ένα δάσκαλο και του ζήτησε να τον δεχθεί ως μαθητή του. Ο δάσκαλος του είπε: «Γιε μου, δεν διαθέτεις τη νοητική ωριμότητα που απαιτείται για να αφοσιωθείς ολοκληρωτικά στη πνευματική ζωή. Έχεις ακόμα πράραμπντα[12] κάρμα που πρέπει να εξαντληθεί. Περίμενε λίγο ακόμα».

Αλλά ο νεαρός αρνήθηκε να υποχωρήσει και ο δάσκαλος, εξαιτίας της επιμονής του, τον δέχτηκε τελικά ως μαθητή. Μετά

---

[12] Οι καρποί των πράξεων του παρελθόντας, από παλαιότερες ζωές μέχρι την τωρινή, οι οποίοι θα εμφανιστούν σε αυτή τη ζωή.

από καιρό, ο δάσκαλος έδωσε τη μύηση της σαννυάσα[13] σε όλους τους μαθητές του εκτός από αυτόν. Ο νεαρός μαθητής δεν μπόρεσε να το αντέξει και θύμωσε πολύ με το δάσκαλο. Δεν εκδήλωσε εξωτερικά το θυμό του, αλλά άρχισε να μιλά αρνητικά για το δάσκαλο στους επισκέπτες που έρχονταν στο άσραμ. Ο δάσκαλος το γνώριζε, αλλά δεν είπε τίποτα. Μετά από λίγο καιρό, ο μαθητής άρχισε να ασκεί την κριτική του ακόμα και όταν εκείνος ήταν παρών. Ο δάσκαλος γνώριζε πολύ καλά τη φύση του μαθητή. Ήξερε ότι, όσες συμβουλές κι αν του έδινε, εκείνος δεν θα άλλαζε. Θα μπορούσε να μάθει μονάχα μέσω της εμπειρίας. Έτσι λοιπόν παρέμενε σιωπηλός.

Εκείνη την εποχή, ο δάσκαλος αποφάσισε να οργανώσει μια μεγάλη γιάγκνια (τελετή φωτιάς με προσφορές) για την ευημερία του κόσμου. Κατά τη διάρκεια της τελετής χρειάζονταν πολλές προσφορές, τις οποίες προσφέρθηκε να δωρίσει μια οικογένεια που έμενε κοντά στο άσραμ. Στο νεαρό μαθητή ανατέθηκε το καθήκον να μεταφέρει τις προσφορές αυτές κατά τη διάρκεια της τελετής. Μια νεαρή γυναίκα της οικογένειάς του τις έδινε καθημερινά. Την πρώτη φορά που την είδε, ο μαθητής ένιωσε έλξη γι' αυτήν και τα συναισθήματά του δυνάμωναν μέρα με τη μέρα. Κάποια μέρα δεν μπόρεσε να ελέγξει το νου του και της έπιασε το χέρι. Η γυναίκα δεν δίστασε ούτε στιγμή, άρπαξε ένα ραβδί από το έδαφος και τον χτύπησε στο πρόσωπο.

Μόλις ο δάσκαλος είδε τον μαθητή να έρχεται με το πρόσωπο καλυμμένο, αμέσως κατάλαβε τι είχε συμβεί και του είπε: «Καταλαβαίνεις τώρα γιατί δεν ήθελα να σε δεχτώ σαν μαθητή στην αρχή και γιατί μετά δεν σε έκανα σαννυάσιν (μοναχό); Σκέψου τι ντροπιαστικό θα ήταν, αν είχες φερθεί έτσι φορώντας τα πορτοκαλιά ράσα! Κάτι τέτοιο θα ήταν μεγάλη προδοσία του κόσμου και της παράδοσης των σαννυάσιν. Πήγαινε και ζήσε στον κόσμο για ένα χρονικό διάστημα γιε μου. Θα σε καλέσω

---

[13] Σ.τ.μ. Μύηση σε μοναχικό τάγμα.

όταν έρθει η ώρα». Μόνο τότε ο μαθητής κατάλαβε το λάθος του και υποκλίθηκε στα πόδια του δασκάλου. Δεν γίνεσαι ένας πρώτης τάξεως γιατρός αποφοιτώντας απλά από την ιατρική σχολή. Πρέπει επίσης να υπηρετήσεις σαν βοηθός κάποιου πεπειραμένου γιατρού και να αποκτήσεις εμπειρία στη θεραπεία διαφόρων ασθενειών. Μόνο μέσα από τη σκληρή δουλειά και τη συνεχή πρακτική είναι δυνατόν να γίνεις ένας πραγματικά άριστος γιατρός. Παρομοίως, όσο κι αν μελετήσεις τις γραφές, υπάρχουν μαθήματα ανεκτίμητης αξίας που μαθαίνεις πηγαίνοντας στον κόσμο και δουλεύοντας συνεχώς με τους ανθρώπους. Αυτός είναι ο σπουδαιότερος τρόπος μάθησης. Ο δάσκαλος θα φροντίσει να δημιουργηθούν οι κατάλληλες συνθήκες για την πρόοδο του μαθητή που αναζητεί πνευματική καθοδήγηση από εκείνον. Τα βασάνα σου δεν θα εξαλειφθούν αν απλά κάθεσαι σε στάση διαλογισμού με κλειστά τα μάτια. Οι νοητικές σου ακαθαρσίες θα εξουδετερωθούν αν έχεις ακλόνητη πίστη στο δάσκαλο κι αν διαθέτεις την ταπεινότητα και την ευρύτητα του νου που απαιτούνται για να του παραδοθείς ολοκληρωτικά. Η παράδοση στο δάσκαλο είναι σαν το απορρυπαντικό που αφαιρεί τους λεκέδες από τα ρούχα σου. Η παράδοση εξουδετερώνει τις νοητικές ακαθαρσίες και τα βασάνα. Αντίθετα με ότι πιστεύει ο κόσμος, η παράδοση στο δάσκαλο δεν είναι μια μορφή σκλαβιάς. Είναι η πύλη προς την αληθινή ανεξαρτησία και ελευθερία.

Όποιοι κι αν είναι οι πειρασμοί, ο νους του μαθητή πρέπει να παραμένει σταθερός, αυτή είναι η πραγματική παράδοση στο δάσκαλο. Αυτή η νοητική στάση δεν εξαγοράζεται με κανένα χρηματικό ποσό, πρέπει να καλλιεργηθεί με φυσικό τρόπο. Όταν ο μαθητής έχει αναπτύξει αυτό τον τύπο παράδοσης, είναι ολοκληρωμένος απ' όλες τις πλευρές.

Ερώτηση: Εφόσον ο πνευματικός δάσκαλος καταλαβαίνει τη φύση του μαθητή μόλις τον βλέπει, γιατί τότε τον υποβάλλει σε όλες αυτές τις δοκιμασίες;

Άμμα: Ο δάσκαλος γνωρίζει τη φύση του μαθητή καλύτερα κι από τον ίδιο. Ο μαθητής είναι εκείνος που πρέπει να συνειδητοποιήσει τις αδυναμίες του. Μόνο τότε θα μπορέσει να τις υπερβεί και να προοδεύσει.

Στις μέρες μας, είναι δύσκολο να βρει κανείς μαθητές που να υπακούουν πραγματικά τον πνευματικό τους δάσκαλο και να διαθέτουν πραγματική επίγνωση του στόχου τους. Ζούμε σε μια εποχή όπου οι πνευματικοί δάσκαλοι κατακρίνονται αν δεν ενδώσουν στις εγωιστικές επιθυμίες των μαθητών. Παρόλα αυτά, χάρη στην απεριόριστη συμπόνια τους, οι δάσκαλοι θα κάνουν ό,τι είναι δυνατό για να φέρουν τους μαθητές στο σωστό δρόμο. Σε παλαιότερες εποχές, ο μαθητής περίμενε υπομονετικά μπροστά στο δάσκαλο. Σήμερα, ο δάσκαλος είναι εκείνος που περιμένει μπροστά στο μαθητή. Ο μοναδικός στόχος του δασκάλου είναι να οδηγήσει το μαθητή στην υπέρτατη κατάσταση με όποιο μέσο χρειαστεί. Ο δάσκαλος είναι διατεθειμένος να υποστεί οποιαδήποτε θυσία γι' αυτό.

Μπορεί να ρωτήσεις: «Δεν είναι σκλαβιά να υπακούει κανείς σε κάθε λέξη του δασκάλου;» Αυτή η «σκλαβιά» όμως δεν βλάπτει το μαθητή με κανένα τρόπο. Αντιθέτως, θα του χαρίσει παντοτινή ελευθερία! Βοηθά να ξυπνήσει ο Εαυτός μέσα στο μαθητή. Ένας σπόρος πρέπει να χωθεί πρώτα μέσα στη γη, για να εξελιχθεί αργότερα σε μεγαλοπρεπές δέντρο.

Αν σπαταλάμε τους σπόρους τρώγοντάς τους, αυτό θα ικανοποιήσει την πείνα μας για λίγο. Είναι όμως πολύ πιο ωφέλιμο να τους φυτέψουμε και να τους αφήσουμε να γίνουν δέντρα. Αυτά θα δώσουν αρκετούς καρπούς για να χορταίνουν οι άνθρωποι για πολλά χρόνια. Θα προσφέρουν επίσης σκιά στους διαβάτες που αναζητούν καταφύγιο από τον καυτό ήλιο. Ακόμα κι όταν κάποιος κόβει ένα δέντρο, εκείνο εξακολουθεί να του προσφέρει τη σκιά του.

Θα πρέπει να παραδινόμαστε στο δάσκαλο αντί να ενδίδουμε στο εγώ. Αν το κάνουμε αυτό, θα είμαστε ικανοί να ανακουφίσουμε αργότερα τον πόνο αμέτρητων ανθρώπων. Η παράδοση και η υπακοή στο δάσκαλο δεν είναι ποτέ σκλαβιά, αντίθετα είναι ένδειξη θάρρους. Ένας αληθινά θαρραλέος άνθρωπος παραδίνεται στον πνευματικό δάσκαλο για να εξαλείψει το εγώ του.

Εμείς οι άνθρωποι, περικλείουμε ένα μικρό κομμάτι γης μ' ένα φράχτη, προσκολλούμαστε σε αυτό και το αποκαλούμε «δικό μας». Εξαιτίας αυτής της προσκόλλησης, αποποιούμαστε της κυριότητάς μας σ' ολόκληρο το σύμπαν. Χρειάζεται μόνο να απαλλαγούμε από την αίσθηση του «εγώ». Τότε, και οι τρεις κόσμοι[14] θα γονατίσουν μπροστά μας. Στις μέρες μας, η μεγαλύτερη δυσκολία για ένα δάσκαλο, είναι να βρει άξιους μαθητές. Πολλοί από τους σημερινούς μαθητές, είναι άνθρωποι που περνούν λίγο χρόνο με το δάσκαλο και μετά, θέλουν να αποκτήσουν το δικό τους άσραμ και να παριστάνουν τους δασκάλους. Αν βρεθούν δύο άνθρωποι να υποκλιθούν μπροστά τους, οι μαθητές αυτοί φουσκώνουν από υπερηφάνεια. Ο δάσκαλος, γνωρίζοντάς τα όλα αυτά, προσπαθεί να εξουδετερώσει ολοκληρωτικά το εγώ των μαθητών. Να θυμάσαι ότι, κάθε κατάσταση που δημιουργεί ο τέλειος δάσκαλος είναι ένα δώρο της χάρης του, που αποσκοπεί στην εξάλειψη του εγώ, το οποίο παραμορφώνει την προσωπικότητα του μαθητή, καθώς και στην αποκάλυψη της ομορφιάς του Εαυτού που βρίσκεται μέσα του. Αυτό είναι το μονοπάτι προς την υπέρτατη ελευθερία, τη θεϊκότητα και την αιώνια ειρήνη.

14 Σ.τ.Μ. Σύμφωνα με την ινδουιστική παράδοση υπάρχουν τρεις κόσμοι: το υλικό σύμπαν (Μπου Λόκα), ο λεπτοφυής αστρικός κόσμος (Άνταρ Λόκα) όπου ζουν πνεύματα διαφόρων επιπέδων εξέλιξης και το ανώτερο αιτιατό επίπεδο (Μπράχμα Λόκα), η αλλιώς το πνευματικό σύμπαν των θεών και των υψηλά εξελιγμένων ψυχών.

Κεφάλαιο δεύτερο

Συνεντεύξεις με την Άμμα

Συνέντευξη που παραχώρησε η Άμμα σε ένα αγγλόφωνο περιοδικό.

Ερώτηση: Ποιο είναι το μήνυμα της ζωής της Άμμα;

Άμμα: Η ζωή της Άμμα είναι το μήνυμά της, κι αυτό είναι αγάπη.

Ερώτηση: Άμμα, εκείνοι που σε έχουν συναντήσει δεν σταματούν ποτέ να εξυμνούν την αγάπη σου. Ποιος είναι ο λόγος που γίνεται αυτό;

Άμμα: Η Άμμα δεν κάνει σκόπιμα καμία διάκριση στην αγάπη που δείχνει απέναντι σε οποιονδήποτε άνθρωπο. Η αγάπη απλά ρέει, φυσικά και αυθόρμητα. Η Άμμα δεν μπορεί να αντιπαθήσει κανέναν. Γνωρίζει μόνο μια γλώσσα, κι αυτή είναι η γλώσσα της αγάπης. Είναι η γλώσσα που όλοι καταλαβαίνουν. Η μεγαλύτερη φτώχεια που αντιμετωπίζει σήμερα ο κόσμος είναι η έλλειψη ανιδιοτελούς αγάπης.

Όλοι οι άνθρωποι μιλούν για αγάπη και λένε ότι αγαπούν ο ένας τον άλλον. Αλλά αυτή δεν μπορεί να θεωρηθεί αληθινή αγάπη. Η υποτιθέμενη αγάπη των ανθρώπων της εποχής μας είναι νοθευμένη από τον εγωισμό. Μοιάζει με φθηνό, επιχρυσωμένο κόσμημα. Μπορεί να μοιάζει όμορφο όταν το φοράει κανείς, αλλά είναι κακής ποιότητας και δεν θα αντέξει για πολύ καιρό.

Υπάρχει μια ιστορία για ένα κοριτσάκι που αρρώστησε και χρειάστηκε να νοσηλευτεί σε νοσοκομείο. Όταν ήρθε η ώρα να επιστρέψει στο σπίτι, είπε στον πατέρα του: «Μπαμπά, οι άνθρωποι εδώ είναι τόσο καλοί μαζί μου! Εσύ με αγαπάς όσο αυτοί; Ο γιατρός και οι νοσοκόμες με φροντίζουν συνέχεια, όλοι με

43

αγαπούν τόσο πολύ! Ρωτούν πώς αισθάνομαι, ικανοποιούν όλες τις ανάγκες μου, φτιάχνουν το κρεβάτι μου, φέρνουν το φαγητό πάντα στη σωστή ώρα και ποτέ δεν με μάλωσαν. Εσύ και η μαμά συνέχεια με μαλώνετε!». Εκείνη τη στιγμή ένας υπάλληλος του νοσοκομείου έδωσε ένα χαρτί στον πατέρα. Το κορίτσι τον ρώτησε τι ήταν και ο πατέρας απάντησε: «Εσύ δεν μου έλεγες πόσο σ' αγαπούν αυτοί οι άνθρωποι; Ήρθε λοιπόν κι ο λογαριασμός αυτής της αγάπης!»

Παιδιά μου, η ιστορία αυτή δείχνει τη ποιότητα της αγάπης που βρίσκουμε σήμερα στο κόσμο. Πάντα κάποια μορφή εγωισμού κρύβεται πίσω από την αγάπη που βλέπουμε. Η νοοτροπία του πάρε-δώσε που χαρακτηρίζει τις οικονομικές συναλλαγές, έχει τρυπώσει και στις προσωπικές σχέσεις. Η πρώτη σκέψη που περνάει από το νου των ανθρώπων όταν συναντούν κάποιον, είναι τι κέρδος μπορούν να αποκομίσουν από αυτόν. Εάν δεν υπάρχει κέρδος, δεν μπαίνουν καν στο κόπο να δημιουργήσουν κάποια σχέση μαζί του. Κι όταν υπάρχει κάποια σχέση, μόλις το κέρδος μειωθεί, η σχέση φθίνει ανάλογα. Σ' αυτό το επίπεδο εγωισμού έχει φτάσει ο νους των ανθρώπων. Το αποτέλεσμα είναι ότι η ανθρωπότητα σήμερα υποφέρει.

Στις μέρες μας, αν για παράδειγμα, υπάρχουν τρία μέλη σε μια οικογένεια, είναι σαν να ζουν σε τρία ξεχωριστά νησιά. Ο κόσμος έχει παρακμάσει σε τέτοιο βαθμό, που οι άνθρωποι δεν γνωρίζουν πλέον τι σημαίνει αληθινή ειρήνη και αρμονία. Αυτή η κατάσταση πρέπει να αλλάξει. Αντί για τον εγωισμό πρέπει να καλλιεργηθεί η ανιδιοτέλεια. Οι ανθρώπινες σχέσεις πρέπει να σταματήσουν να μοιάζουν με παζάρι. Η αγάπη είναι η πνοή της ίδιας της ζωής, κι όχι άλλος ένας κρίκος της αλυσίδας που κρατά δέσμιους τους ανθρώπους. Αυτή είναι η επιθυμία της Άμμα.

Όταν εδραιώσουμε την πεποίθηση ότι «είμαι αγάπη, είμαι η προσωποποίηση της αγάπης», τότε δεν θα χρειάζεται να περιπλανιόμαστε σε αναζήτηση της ειρήνης, γιατί εκείνη θα έρθει να μας βρει. Σ' αυτή την κατάσταση του νου που αγκαλιάζει τα πάντα, όλες οι συγκρούσεις εξαφανίζονται, ακριβώς όπως η ομίχλη διαλύεται όταν ανατέλλει ο ήλιος.

Ερώτηση: Κάποιος έχει πει: «Αν θέλεις να ξέρεις πως θα έμοιαζε η αγάπη αν έπαιρνε ανθρώπινη μορφή, το μόνο που πρέπει να κάνεις είναι να κοιτάξεις την Άμμα!». Μπορεί η Άμμα να σχολιάσει αυτή τη δήλωση;

Άμμα (γελώντας): Αν έχεις εκατό ρουπίες και δώσεις δέκα σε κάποιον, θα σου μείνουν ενενήντα. Αλλά η αγάπη είναι διαφορετική. Όση κι αν δώσεις, αυτή δεν εξαντλείται ποτέ. Όση περισσότερη δίνεις, τόση περισσότερη έχεις, σαν μια ανεξάντλητη πηγή που ρέει στο πηγάδι καθώς αντλείς το νερό. Η Άμμα γνωρίζει μόνο αυτό: η ζωή της πρέπει να είναι ένα μήνυμα αγάπης. Αυτή είναι η μόνη έγνοια της Άμμα. Οι άνθρωποι γεννιούνται για να αγαπηθούν. Ζουν για την αγάπη, αλλά αυτή είναι δυσεύρετη στις μέρες μας. Ο κόσμος υποφέρει από έναν «λοιμό» αγάπης.

Ερώτηση: Η Άμμα παρηγορεί όλους τους ανθρώπους που έρχονται σε εκείνην, κρατώντας τους στην αγκαλιά της. Δεν είναι αυτό κάτι ασυνήθιστο για την Ινδία;

Άμμα: Οι μητέρες δεν σηκώνουν τα παιδιά τους και τα κρατούν στην αγκαλιά τους; Η χώρα μας πάντοτε τιμούσε τη σχέση μητέρας και παιδιού. Η Άμμα δεν βλέπει τους ανθρώπους που έρχονται σε εκείνην σαν διαφορετικούς ή ξεχωριστούς από τον εαυτό της. Αν πονάει κάπου το σώμα σου, το χέρι θα κινηθεί ενστικτωδώς προς τα εκεί για να το ανακουφίσει. Για την Άμμα, η θλίψη και ο πόνος των άλλων είναι δικά της προβλήματα. Μπορεί μια μητέρα που βλέπει το παιδί της να κλαίει από πόνο να κάθεται και να το κοιτάει ατάραχη;

Ερώτηση: Άμμα, αγαπάς τους φτωχούς και τους απόκληρους περισσότερο από τους υπόλοιπους ανθρώπους;

Άμμα: Η Άμμα δεν γνωρίζει καμιά μεροληψία στην αγάπη της. Αν υπάρχει μια λάμπα αναμμένη μπροστά σ' ένα σπίτι, όσοι πλησιάσουν θα λάβουν ίση ποσότητα φωτός, ούτε περισσότερη ούτε λιγότερη από κάποιον άλλο. Αλλά αν κρατήσεις τις πόρτες κλειστές και μείνεις μέσα, θα συνεχίσεις να βρίσκεσαι στο σκοτάδι. Το να παραμένεις στο σκοτάδι και μετά να κατηγορείς το φως δεν έχει κανένα νόημα. Αν θέλεις το φως, πρέπει να ανοίξεις τις πόρτες της καρδιάς και να βγεις έξω.

Ο ήλιος δεν χρειάζεται το φως του κεριού. Μερικοί άνθρωποι πιστεύουν ότι ο Θεός είναι κάποιος που κατοικεί κάπου στους ουρανούς. Ξοδεύουν χρήματα αφειδώς για να ευχαριστήσουν το Θεό. Αλλά η χάρη του Θεού δεν εξασφαλίζεται απλά ξοδεύοντας χρήματα. Η υπηρεσία προς τους φτωχούς είναι αρεστή στο Θεό περισσότερο απ' οτιδήποτε άλλο. Ο Θεός ευχαριστείται πραγματικά όταν βλέπει ένα φτωχό να λαμβάνει βοήθεια και παρηγοριά, και όχι όταν εκατομμύρια ξοδεύονται επιδεικτικά σε κάποια θρησκευτική τελετή. Η χάρη του Θεού ρέει όταν σε βλέπει να σκουπίζεις τα δάκρυα μιας ψυχής που υποφέρει. Ο Θεός σπεύδει να κατοικήσει σε έναν τέτοιο αγνό νου. Μια συμπονετική καρδιά είναι ένας πολύ πιο αγαπητός τόπος κατοικίας για το Θεό, απ' ότι οποιοδήποτε μεταξωτό ανάκλιντρο ή χρυσός θρόνος.

Η Άμμα κοιτάει μόνο την καρδιά των παιδιών της. Δεν τα κρίνει από τη νοητική τους κατάσταση, ή τη θέση τους στο κόσμο. Καμιά πραγματική μητέρα δεν θα έδινε σημασία σε τέτοια πράγματα. Όταν ένας θλιμμένος άνθρωπος έρχεται στην Άμμα, εκείνη γεμίζει από συμπόνια αντικρίζοντας τον πόνο του. Η Άμμα αισθάνεται τη θλίψη αυτού του ανθρώπου σαν δική της και θα κάνει ό,τι μπορεί για να τον ανακουφίσει.

Ερώτηση: Δεν κουράζεται η Άμμα να περνά τόσο πολύ χρόνο με τους πιστούς της;

Άμμα: Όπου υπάρχει αγάπη, δεν υπάρχει κούραση. Μια μητέρα μπορεί να κρατά το παιδί της για ώρες. Μήπως το θεωρεί βάρος;

Ερώτηση: Τα πρώτα χρόνια η Άμμα αντιμετώπισε πολλές αντιξοότητες. Θα μπορούσε να μιλήσει λίγο γι' αυτές;

Άμμα: Η Άμμα δεν θεωρούσε τις αντιξοότητες αυτές τόσο σημαντικές, γιατί γνώριζε τη φύση του κόσμου. Ας υποθέσουμε ότι παρακολουθείς μια επίδειξη πυροτεχνημάτων. Αν ξέρεις ότι θα ακολουθήσει μια εκκωφαντική έκρηξη, δεν θα τρομάξεις όταν γίνει. Εκείνοι που γνωρίζουν κολύμπι, διασκεδάζουν στη θάλασσα παίζοντας με τα κύματα χωρίς να φοβούνται. Εφόσον η Άμμα γνώριζε ήδη τη φύση του κόσμου, τα εμπόδια στη ζωή της δεν διατάρασσαν την εσωτερική χαρά που ένιωθε. Αντιμετώπιζε αυτούς που της έβαζαν τα εμπόδια ως καθρέφτες που την παρακινούσαν να κοιτάξει μέσα της. Αυτή ήταν η στάση της Άμμα απέναντι τους.

Τα παράπονα και οι θλίψεις εμφανίζονται μόνο όταν πιστεύεις ότι είσαι το σώμα. Στο βασίλειο του Εαυτού δεν υπάρχει θέση για θλίψη. Όταν η Άμμα στοχαζόταν στη φύση του Εαυτού, έβλεπε καθαρά ότι εκείνος δεν έμοιαζε σε βάλτο με στάσιμα νερά, αλλά σε ποτάμι με ακατάπαυστη ροή.

Πολλοί άνθρωποι έρχονται στο ποτάμι, άρρωστοι και υγιείς. Μερικοί πίνουν από το νερό, άλλοι κάνουν μπάνιο σ' αυτό, πλένουν τα ρούχα τους, ή ακόμα και φτύνουν μέσα του. Η συμπεριφορά των ανθρώπων δεν επηρεάζει καθόλου το ποτάμι, αυτό συνεχίζει πάντα να κυλά. Είτε το νερό του χρησιμοποιείται για λατρεία, είτε για μπάνιο, ποτέ δεν παραπονιέται. Ρέει χαϊδεύοντας απαλά και εξαγνίζοντας εκείνους που μπαίνουν μέσα του. Αντίθετα, το νερό ενός βάλτου είναι στάσιμο, ακάθαρτο και αναπόφευκτα έχει άσχημη μυρωδιά.

Όταν η Άμμα συνειδητοποίησε το γεγονός αυτό, ούτε οι αντιξοότητες που αντιμετώπιζε, αλλά ούτε και οι εκδηλώσεις αγάπης που δεχόταν, μπορούσαν να την επηρεάσουν στο ελάχιστο. Τίποτα απ' αυτά δεν φαινόταν σημαντικό. Η θλίψη εμφανίζεται μόνο όταν σκεφτείς: «είμαι το σώμα». Στο επίπεδο του Εαυτού δεν υπάρχει θέση για θλίψη. Κανείς δεν ήταν διαφορετικός από την Άμμα. Για την Άμμα, τα ελαττώματα των άλλων ήταν δικά της. Επομένως, αυτές οι κακουχίες δεν φαίνονταν σαν πραγματικές κακουχίες στην Άμμα. Έριχναν ακαθαρσίες σ' αυτό το δέντρο, αλλά για την Άμμα γίνονταν λίπασμα. Όλα συνέβαιναν για το υπέρτατο καλό.

Ερώτηση: Άμμα, δεν βιώνεις πάντοτε τον Εαυτό; Γιατί λοιπόν προσεύχεσαι; Ποια είναι η ανάγκη για πνευματική άσκηση στην περίπτωση της Άμμα;

Άμμα: Η Άμμα έχει πάρει αυτό το σώμα για το καλό του κόσμου, όχι για τον εαυτό της. Η Άμμα δεν ήρθε σ' αυτόν τον κόσμο απλά για να κάθεται δηλώνοντας «είμαι μια Θεϊκή ενσάρκωση». Ποιος ο σκοπός της γέννησης αν κάθεσαι αδρανής; Η αποστολή της Άμμα είναι να καθοδηγεί τους ανθρώπους και έτσι να εξυψώνει τον κόσμο. Η Άμμα έχει έρθει για να δείξει στους ανθρώπους το σωστό δρόμο.

Με τους κωφάλαλους χρησιμοποιούμε τη νοηματική γλώσσα για να επικοινωνήσουμε μαζί τους, έτσι δεν είναι; Αν σκεφτούμε, «Δεν είμαι κουφός, γιατί να κάνω αυτές τις χειρονομίες;», ο κωφάλαλος δεν θα μπορέσει να καταλάβει τίποτα απ' αυτά που λέμε. Γι' αυτόν οι χειρονομίες είναι απαραίτητες. Παρομοίως, για να εξυψώσει κάποιος εκείνους που έχουν άγνοια της πραγματικής τους φύσης, είναι απαραίτητο να κατέβει στο επίπεδό τους. Πρέπει να τους δείξει, ζώντας ανάμεσά τους και δίνοντάς τους με τη ζωή του το παράδειγμα, ότι πρέπει να τραγουδούν λατρευτικούς ύμνους, να διαλογίζονται και να εργάζονται ανιδιοτελώς. Πρέπει να τους δείξει τα πάντα. Με απώτερο στόχο την εξύψωση της ανθρωπότητας, η Άμμα αναλαμβάνει πολλούς ρόλους.

Οι άνθρωποι έρχονται στο άσραμ με αυτοκίνητα, λεωφορεία, αεροπλάνα, ή πλοία. Η Άμμα δεν ρωτά «με τι μεταφορικό μέσο ήρθες εδώ;» Δεν λέει σε κανέναν «θα πρέπει να έρχεσαι μόνο με αεροπλάνο!» Κάθε άτομο χρησιμοποιεί το καταλληλότερο για εκείνο μεταφορικό μέσο. Κατά τον ίδιο τρόπο, πολλά μονοπάτια οδηγούν στη φώτιση. Η Άμμα προτείνει σε κάθε άνθρωπο το καταλληλότερο μονοπάτι, ανάλογα με τη νοητική ιδιοσυγκρασία του. Εκείνοι που έχουν κλίση στα μαθηματικά, πρέπει να επιλέξουν μια από τις θετικές επιστήμες στο πανεπιστήμιο. Θα είναι ικανοί να μάθουν αυτά τα μαθήματα ευκολότερα απ' ότι άλλα και θα προχωρήσουν γρήγορα στις σπουδές τους. Εκείνοι που έχουν τη διανοητική ικανότητα να κατανοήσουν το νόημα των γραφών, μπορεί να είναι ικανοί να διαλογιστούν στη φράση «όχι αυτό, όχι εκείνο» (νέτι νέτι) [15] σε διανοητικό επίπεδο και να κάνουν πρόοδο. Εντούτοις, απαιτείται οξύς νους και ικανοποιητική γνώση των γραφών για να το πετύχει αυτό κάποιος. Ένας κοινός άνθρωπος δεν θα τα καταφέρει.

Πολλοί άνθρωποι που επισκέπτονται το άσραμ για πρώτη φορά δεν είναι καν εξοικειωμένοι με τη λέξη «πνευματικότητα». Τι θα κάνουν αυτά τα παιδιά; Χρειάζεσαι ένα ορισμένο επίπεδο εκπαίδευσης ή επαφής με έναν πνευματικό δάσκαλο για να κατανοήσεις πραγματικά ιερές γραφές όπως η Μπαγκαβάτ Γκιτά. Αλλά και εκείνοι που δεν έχουν τίποτα απ' τα δύο πρέπει να προχωρήσουν στη πνευματική ζωή, έτσι δεν είναι; Μόνο όσοι διαθέτουν πραγματικά τη δύναμη της διάκρισης μπορούν να ακολουθήσουν το μονοπάτι του «νέτι, νέτι». Και μόνο εκείνοι που έχουν μελετήσει τις γραφές θα είναι ικανοί να βρουν για κάθε κατάσταση τα κατάλληλα χωρία και να στοχαστούν βαθιά πάνω σ' αυτά. Πολλοί λίγοι είναι ικανοί να το κάνουν. Πως μπορεί η Άμμα

[15] Σ.τ.μ. Σανσκριτική φράση που προέρχεται από τις Βέδες, τις ιερές γραφές της Ινδίας, και σημαίνει «ούτε αυτό, ούτε εκείνο». Συνιστά μέθοδο διαλογισμού που βοηθά τον άνθρωπο να κατανοήσει τη φύση του Μπράχμαν (του Απόλυτου) κατανοώντας πρώτα τι δεν είναι το Μπράχμαν.

να απορρίψει εκείνους που δεν διαθέτουν αυτή την ικανότητα; Δεν θα πρέπει κι εκείνοι να εξυψωθούν πνευματικά; Επομένως, για να γίνει αυτό, είναι απαραίτητο να γνωρίζει το επίπεδο κάθε ατόμου και μετά να κατέβει σ' αυτό το επίπεδο.

Πολλοί άνθρωποι που έρχονται εδώ είναι αγράμματοι. Υπάρχουν επίσης άνθρωποι που είναι πολύ φτωχοί για να αγοράσουν βιβλία, ακόμα κι αν γνωρίζουν ανάγνωση. Κάποιοι άλλοι έχουν αποκτήσει λίγη γνώση διαβάζοντας βιβλία. Άλλοι πάλι, έχουν διαβάσει πολύ, αλλά δεν μπορούν να εφαρμόσουν αυτά που διάβασαν στη ζωή τους. Κάθε άτομο επίσης, πρέπει να λάβει καθοδήγηση ανάλογα με την κουλτούρα στην οποία μεγάλωσε. Το Μπράχμαν (η Απόλυτη Πραγματικότητα, το Υπέρτατο Ον) δεν είναι κάτι που μεταδίδεται μέσω λέξεων. Είναι καθαρή εμπειρία, είναι ζωή. Είναι μια κατάσταση στην οποία βλέπεις τον καθένα σαν τον ίδιο τον Εαυτό σου. Αυτή η κατάσταση πρέπει να γίνει η φύση μας. Αντί να θαυμάζουμε ένα λουλούδι, γινόμαστε το ίδιο το λουλούδι. Όλοι πρέπει να προσπαθούμε να ανθίσουμε. Αυτός πρέπει να είναι ο στόχος μας στη ζωή, και οφείλουμε να κατευθύνουμε τις προσπάθειες μας προς αυτόν. Η απομνημόνευση των βιβλίων είναι εύκολη, αλλά το να εφαρμόσουμε στη πράξη αυτά που μαθαίνουμε είναι κάτι το δύσκολο. Οι ρίσι (σοφοί) της αρχαιότητας έδωσαν με τη ζωή τους το παράδειγμα για να φανερωθούν μεγάλες πνευματικές αλήθειες. Στις μέρες μας, οι άνθρωποι, αφού διαβάσουν και απομνημονεύσουν τα λόγια των σοφών, αρχίζουν να φιλονικούν μεταξύ τους.

Ερώτηση: Άμμα, στο άσραμ δίνεται μεγάλη σημασία στην ανιδιοτελή εργασία. Δεν αποτελεί η δραστηριότητα αυτή εμπόδιο στον αληθινό στοχασμό πάνω στον Εαυτό;

Άμμα: Τα σκαλοπάτια του κτιρίου είναι φτιαγμένα από τούβλα και τσιμέντο. Ο τελευταίος όροφος είναι επίσης φτιαγμένος από τούβλα και τσιμέντο. Μόνο όταν φτάσεις στη κορυφή θα ξέρεις ότι δεν υπάρχει διαφορά ανάμεσα στις σκάλες και στον τελευταίο όροφο. Παρόλα αυτά, τα σκαλοπάτια είναι απαραίτητα για να φτάσεις στη κορυφή. Παρομοίως, για να φτάσει κάποιος στη φώτιση είναι απαραίτητα κάποια βήματα.

Κάποτε, ένας άντρας νοίκιασε ένα παλάτι και ζούσε εκεί σαν να ήταν ο άρχοντας της περιοχής. Μια μέρα ένας άγιος πήγε να τον δει, αλλά εκείνος του φέρθηκε με μεγάλη αλαζονεία παριστάνοντας τον ευγενή. Ο άγιος του είπε: «Λες ότι το παλάτι σου ανήκει. Προτείνω να ρωτήσεις τη συνείδησή σου για την αλήθεια. Δεν υπάρχει τίποτα εδώ που να μπορείς να θεωρήσεις δικό σου, δεν σου ανήκει τίποτα σ' αυτό το σπίτι. Παρόλα αυτά φαντάζεσαι ότι όλα είναι δικά σου και ότι είσαι βασιλιάς!» Πολλοί άνθρωποι σήμερα μοιάζουν μ' αυτόν τον άνθρωπο. Διαβάζουν πολλά βιβλία και φλυαρούν γι' αυτά, όπως τα κοράκια που κράζουν στην παραλία[16]. Αυτά για τα οποία μιλούν δεν έχουν καμία σχέση με τη ζωή που ζουν. Εκείνοι που έχουν καταλάβει τις γραφές, έστω και λίγο, δεν σπαταλούν το χρόνο τους φλυαρώντας. Θα προσπαθήσουν μόνο να συμβουλέψουν όσους τους πλησιάζουν και να τους βοηθήσουν να κάνουν πνευματική πρόοδο.

Κάθε άνθρωπος πρέπει να ακολουθήσει το μονοπάτι που ταιριάζει καλύτερα στην ιδιοσυγκρασία του. Γι' αυτό υπάρχουν τόσα πολλά μονοπάτια στο Σανάτανα Ντάρμα[17], την Αιώνια Θρησκεία. Τα πνευματικά μονοπάτια ξεκινούν από το επίπεδο κάθε ατόμου και είναι σχεδιασμένα για να το εξυψώσουν πνευματικά. Η αντβάιτα[18] δεν είναι διανοητική υπόθεση, πρέπει να γίνει τρόπος ζωής. Μόνο τότε μπορεί να γίνει βίωμα.

---

[16] Σε πολλά μέρη της Κεράλα υπάρχουν κοράκια στις παραλίες.
[17] Το Σανάτανα Ντάρμα είναι το παραδοσιακό όνομα του Ινδουισμού.
[18] Σ.τ.μ. Ο όρος αντβάιτα σημαίνει μη-δυϊσμός και αναφέρεται στην ουσιαστική ενότητα του ανθρώπου με το Θεό, σε αντίθεση με άλλα φιλοσοφικά συστήματα που κηρύττουν τον δυϊσμό, δηλαδή τον αυστηρό διαχωρισμό της ατομικής ψυχής από το Θεό.

Μερικοί άνθρωποι έρχονται εδώ και λένε ότι είναι ειδικοί στη Βεδάντα[19]. Ισχυρίζονται ότι είναι Αγνή Συνειδητότητα. Ρωτούν λοιπόν: «Υπάρχει άλλος Εαυτός που πρέπει ο Εαυτός να υπηρετήσει; Ποια είναι η ανάγκη για υπηρεσία σε ένα άσραμ όπου οι αναζητητές πασχίζουν να φτάσουν στη φώτιση; Η μελέτη και ο στοχασμός σίγουρα επαρκούν!» Τον παλιό καιρό, ακόμα και οι μεγάλες ψυχές ακολουθούσαν το μονοπάτι της βαναπράστα[20] και της σαννυάσα[21] μόνο αφότου είχαν περάσει από το στάδιο της γκριχαστάσραμα (οικογενειακή ζωή με πνευματικό προσανατολισμό). Το μεγαλύτερο μέρος του πράραμπχα κάρμα τους (τα καρμικά χρέη που οφείλει κανείς να δουλέψει στη ζωή του) είχε μέχρι τότε εξαντληθεί και τους απέμεναν λίγα χρόνια ζωής ακόμα. Στα άσραμ που είχαν επισκεφτεί είχαν προσφέρει αρκετή ανιδιοτελή υπηρεσία. Στα άσραμ αυτά, οι μαθητές, οι οποίοι μελετούσαν τη Βεδάντα, υπηρετούσαν τους δασκάλους τους με πλήρη παράδοση. Οι μαθητές πήγαιναν στο δάσος για να μαζέψουν ξύλα και φρόντιζαν τις αγελάδες.

Έχετε ακούσει την ιστορία του Αρούνι, που προστάτεψε τις σοδειές; Για να αποτρέψει την πλημμύρα που θα κατέστρεφε τις καλλιέργειες, εξαιτίας μιας διαρροής σε ένα φράγμα, έβαλε το ίδιο του το σώμα ως ανάχωμα και σταμάτησε τη διαρροή. Για εκείνους τους μαθητές τίποτα δεν ήταν διαφορετικό από τη Βεδάντα. Ο Αρούνι δεν σκέφτηκε: «Αυτό είναι απλά ένα χωράφι,

---

[19] Σ.τ.μ. Ο όρος Βεδάντα αναφέρεται γενικά στο φιλοσοφικό μέρος της διδασκαλίας των Βεδών, των αρχαίων ιερών γραφών της Ινδίας. Στη διδασκαλία της Βεδάντα δίνεται έμφαση στην ενότητα της ατομικής ψυχής με το Μπράχμαν, το Απόλυτο. Ο υλικός κόσμος θεωρείται ως νοητική προβολή, ή ψευδαίσθηση (μάγια στα σανκριτικά), που καλύπτει την Υπέρτατη Πραγματικότητα.
[20] Η βαναπράστα είναι παραδοσιακά το τρίτο στάδιο της ζωής, κατά το οποίο οι σύζυγοι αποσύρονται στο δάσος για να επιδοθούν σε πνευματικές πρακτικές, αφήνοντας πίσω όλα τα εγκόσμια καθήκοντα.
[21] Σ.τ.μ. Στην ινδουιστική παράδοση, η σαννυάσα είναι το τελικό στάδιο της απάρνησης των εγκοσμίων και της ολοκληρωτικής αφοσίωσης στην πνευματική ζωή.

χώμα και λάσπη. Εγώ αντιθέτως, είμαι ο Εαυτός». Για εκείνον όλα ήταν ο Εαυτός.

Έτσι ήταν οι μαθητές εκείνο τον καιρό. Ακόμα και τότε υπήρχε η κάρμα γιόγκα (ανιδιοτελής υπηρεσία αφιερωμένη στο Θεό). Εκείνη την εποχή, μόνο τρεις ή τέσσερις μαθητές ζούσαν μαζί με έναν πνευματικό δάσκαλο.

Αυτό το άσραμ έχει περίπου χίλιους κατοίκους. Είναι ικανοί να διαλογίζονται συνεχώς; Όχι. Ακόμα και να ήταν, σκέψεις θα τρύπωναν στο νου τους έτσι κι αλλιώς. Είτε εργάζονται είτε όχι, πολλές σκέψεις ξεπηδούν στο νου τους. Γιατί λοιπόν να μην διοχετεύουμε τις σκέψεις αυτές στη σωστή κατεύθυνση, χρησιμοποιώντας τα χέρια και τα πόδια μας για να εκτελούμε ανιδιοτελή υπηρεσία προς όφελος των άλλων;

Ο Κύριος Κρίσνα είπε στον Αρτζούνα: «Ω Αρτζούνα, και στους τρεις κόσμους δεν υπάρχει τίποτα που να χρειάζεται να κάνω, τίποτα για να πετύχω, και παρόλα αυτά είμαι πάντοτε απασχολημένος σε δράση». Παιδιά μου, ο νους σας είναι κολλημένος στο επίπεδο της ταύτισης με το σώμα και είναι απαραίτητο να υπερβεί το επίπεδο αυτό. Αφήστε το νου σας να διευρυνθεί και να γίνει ο Παγκόσμιος Νους. Η συμπόνια προς τον κόσμο αποτελεί το πρώτο βήμα προς αυτή την κατεύθυνση.

Εκείνοι που με υπερηφάνεια ισχυρίζονται ότι είναι οπαδοί της Βεδάντα, πιστεύουν ότι μόνο εκείνοι είναι το Μπράχμαν και ότι όλα τα υπόλοιπα είναι ψευδαίσθηση. Είναι όμως ικανοί να διατηρήσουν αυτή την πεποίθηση; Καθόλου! Περιμένουν το μεσημεριανό τους να είναι έτοιμο ακριβώς στις δώδεκα. Δεν θεωρούν το φαγητό ως ψευδαίσθηση όταν είναι πεινασμένοι! Και όταν αρρωστήσουν, θέλουν να πάνε αμέσως στο νοσοκομείο. Εκείνη τη στιγμή το νοσοκομείο δεν είναι ψευδαίσθηση. Η υπηρεσία που προσφέρουν οι άλλοι άνθρωποι είναι απαραίτητη γι' αυτούς.

Εκείνοι που μιλούν για την ψευδαίσθηση του υλικού κόσμου και την αγνή συνειδητότητα, πρέπει να καταλάβουν ότι, όπως και οι ίδιοι χρειάζονται ορισμένα πράγματα, το ίδιο ισχύει και για τους υπόλοιπους. Οι αυτοαποκαλούμενοι οπαδοί της Βεδάντα χρειάζονται την υπηρεσία των άλλων. Το να περιμένει κάποιος να τον υπηρετούν οι άλλοι και όταν έρθει η ώρα εκείνος να τους υπηρετήσει, αυτός να ξεκινά το στοχασμό πάνω στο Μπράχμαν, αυτό δεν είναι τίποτα άλλο παρά ένδειξη οκνηρίας.

Σ' αυτό το άσραμ, υπάρχουν γιατροί, μηχανικοί και άνθρωποι που ασκούν πολλά άλλα επαγγέλματα. Καθένας εργάζεται σύμφωνα με τις ικανότητές του. Αλλά οι κάτοικοι του άσραμ, διαλογίζονται επίσης και μελετούν τις γραφές. Μαθαίνουν να εργάζονται χωρίς καμία προσκόλληση. Αυτή η εργασία μας βοηθά να απαλλαγούμε από τον εγωισμό και την πεποίθηση ότι είμαστε το σώμα. Όταν μια πράξη εκτελείται χωρίς προσκόλληση, δεν μας δεσμεύει με κανένα τρόπο. Αυτό είναι το μονοπάτι προς την ελευθερία.

Κανείς από τους κατοίκους του άσραμ δεν επιθυμεί τον παράδεισο. Το ενενήντα τοις εκατό από αυτούς επιθυμούν να υπηρετούν τον κόσμο. Ακόμα κι αν τους προσφερθεί ο παράδεισος, δεν θα δείξουν ενδιαφέρον, γιατί βιώνουν ήδη τον παράδεισο στις καρδιές τους. Δεν χρειάζονται κανέναν άλλο παράδεισο. Ο παράδεισός τους είναι η συμπονετική τους καρδιά. Αυτή είναι η στάση ζωής των περισσότερων παιδιών της Άμμα εδώ.

Πολλοί άνθρωποι απομονώθηκαν από την κοινωνία στο παρελθόν, ισχυριζόμενοι ότι είναι Αγνή Συνειδητότητα. Δεν ήταν έτοιμοι να βγουν στον κόσμο και να τον υπηρετήσουν. Αυτό εξηγεί γιατί ο πολιτισμός μας έχει παρακμάσει σε τέτοιο βαθμό. Τα δεινά που υποφέρουμε σήμερα οφείλονται στη μιζέρια που προκαλείται απ' αυτή την αδιαφορία. Με την ερώτησή σου, μήπως εννοείς ότι θα πρέπει να αφήσουμε τον πολιτισμό μας να φτωχύνει ακόμα περισσότερο; Πρέπει να κατανοήσουμε ότι η αντβάιτα είναι κάτι που πρέπει να ζούμε. Είναι μια κατάσταση στην οποία βλέπουμε τους άλλους σαν τον Εαυτό μας.

Ποιο είναι το νόημα του πολέμου της Μαχαμπαράτα[22]; Αν ρίξουμε πέτρες μέσα στη θάλασσα, αυτές σταδιακά θα χάσουν τις μυτερές τους άκρες και θα γίνουν λείες. Κατά τον ίδιο τρόπο, υπηρετώντας τον κόσμο, ο νους απαλλάσσεται από τις παραμορφώσεις του και φτάνει στη φύση του Εαυτού. Η ατομική συνειδητότητα γίνεται ένα με την Παγκόσμια Συνειδητότητα. Υπηρετώντας τον κόσμο καταπολεμάς την αρνητικότητα μέσα σου, τον εγωισμό. Αυτό είναι το πραγματικό νόημα του πολέμου της Μαχαμπαράτα και ο λόγος για τον οποίο ο Κύριος Κρίσνα προέτρεψε τον Αρτζούνα να πολεμήσει για χάρη του Ντάρμα.

Αν εφαρμόσεις αυτές τις διδασκαλίες με τις πράξεις σου, οι άλλοι θα τις καταλάβουν καλύτερα απ' ότι αν προσπαθήσεις να τις εξηγήσεις με λόγια. Αυτός είναι ο στόχος της Άμμα.

Ερώτηση: Άμμα, στο άσραμ σου δίνεις τη μεγαλύτερη σημασία στη λατρεία; Όταν παρακολουθώ τις προσευχές και τα λατρευτικά τραγούδια, έχω την εντύπωση ότι πρόκειται σχεδόν για μια παράσταση.

Άμμα: Γιε μου, ας υποθέσουμε ότι έχεις σχέση με μια κοπέλα. Όταν της μιλάς, σου φαίνεται ότι παίζεις σε μια παράσταση; Όταν πραγματικά αγαπάς, ποτέ δεν σκέφτεσαι μ' αυτόν τον τρόπο. Σε κάποιον άλλον όμως, μπορεί να φανεί σαν παράσταση. Το ίδιο ισχύει κι εδώ. Για μας, ποτέ δεν θα μπορούσε να είναι παράσταση. Οι προσευχές μας είναι εκφράσεις του δεσμού μας

[22] Ένα από τα δύο μεγάλα έπη της ινδουιστικής παράδοσης, το δεύτερο είναι η Ραμαγιάνα. Είναι μια εκτενής πραγματεία γύρω από τα θέματα του ντάρμα (ορθής συμπεριφοράς) και της πνευματικής διδασκαλίας. Η ιστορία εκτυλίσσεται κυρίως γύρω από τη διαμάχη ανάμεσα στις οικογένειες των Πάνταβα και των Καουράβα και την μεγάλη μάχη του Κουρουσκέτρα. Η Μαχαμπαράτα, η οποία είναι το μεγαλύτερο επικό ποίημα του κόσμου, γράφτηκε γύρω στο 3200 π.χ. από τον σοφό Βυάσα.

με το Θεό. Κάθε στιγμή που προσευχόμαστε, νιώθουμε μόνο ευδαιμονία. Όταν δυο ερωτευμένοι μιλούν ο ένας στον άλλον, νιώθουν μόνο χαρά. Δεν αισθάνονται καμία δυσαρέσκεια ή ανία ακόμα κι ύστερα από πολλές ώρες. Κι εμείς βιώνουμε μια τέτοια χαρά όταν προσευχόμαστε. Η προσευχή είναι ένας διάλογος με τον Αγαπημένο που κατοικεί μέσα μας, τον αληθινό Εαυτό μας. Είσαι εκείνος ο Εαυτός, ο άτμαν[23]. Ο προορισμός σου δεν είναι να αισθάνεσαι δυστυχισμένος, ποτέ. Δεν είσαι η ατομική ψυχή. Είσαι το Υπέρτατο Ον. Η φύση σου είναι ευδαιμονία. Αυτός είναι ο σκοπός της προσευχής. Η πραγματική προσευχή δεν είναι κούφια λόγια.

Γιε μου, αν με τη λέξη λατρεία εννοείς την προσευχή και τους ύμνους, αυτή τη λατρεία τη βρίσκεις σε όλες τις θρησκείες. Οι Μουσουλμάνοι προσεύχονται και προσκυνούν προς την κατεύθυνση της Μέκκα. Οι Χριστιανοί προσεύχονται μπροστά σε μια εικόνα του Χριστού, ένα σταυρό, ή ένα αναμμένο κερί. Οι Τζαϊνιστές, οι Βουδιστές και οι Ινδουιστές επίσης προσεύχονται. Σε όλες αυτές τις θρησκείες υπάρχει και η σχέση δασκάλου – μαθητή. Βλέπουμε προφήτες και δασκάλους να εμφανίζονται κατά καιρούς στον κόσμο, οι οποίοι είναι πολύ σεβαστοί. Όλα αυτά δεν είναι διαφορετικές μορφές λατρείας; Εκείνοι που έχουν μελετήσει τις γραφές, διαλογίζονται πάνω στις αρχές της Βεδάντα και έτσι προοδεύουν στο πνευματικό μονοπάτι. Η πρόοδος τους οφείλεται στην αφοσίωση στις αρχές αυτές, έτσι δεν είναι;

Γιε μου, αληθινή λατρεία σημαίνει να βλέπεις το Θεό σε όλους και να δείχνεις σεβασμό απέναντι σε όλους. Πρέπει να καλλιεργήσουμε αυτή τη στάση. Ο νους μας πρέπει να εξυψωθεί τόσο ώστε να βλέπουμε το Θείο στα πάντα. Εδώ στην Ινδία δεν φανταζόμαστε το Θεό να κατοικεί σε κάποιον παράδεισο. Ο

---

[23] Άτμαν ονομάζεται ο πραγματικός Εαυτός. Η ουσιαστική φύση της ύπαρξής μας. Μια από τις βασικές παραδοχές της ινδουιστικής φιλοσοφίας, είναι ότι δεν είμαστε το φυσικό σώμα, τα συναισθήματα, ο νους, ή η προσωπικότητα. Είμαστε ο αιώνιος, αγνός, άσπιλος Εαυτός.

Θεός είναι πανταχού παρών. Τίποτα δεν είναι σημαντικότερο στη ζωή από το να γνωρίσουμε το Θεό. Ο λόγος που μαθαίνουμε τις αλήθειες που περιέχονται στις γραφές, που στοχαζόμαστε πάνω σε αυτές και τις αφομοιώνουμε, είναι να συνειδητοποιήσουμε τη φύση του υπέρτατου Όντος, του Θεού. Η λατρεία είναι ένα πνευματικό μονοπάτι που οδηγεί στον ίδιο στόχο. Η συγκέντρωση του νου δεν είναι κάτι εύκολο για όλους, γιατί ο νους έχει την τάση να περιπλανιέται προς πάσα κατεύθυνση. Εκείνοι που έχουν μελετήσει τις γραφές, μπορεί να προτιμούν το μονοπάτι του «νέτι, νέτι» (όχι αυτό, ούτε εκείνο), απορρίπτοντας την ταύτισή τους με οτιδήποτε άλλο εκτός του Εαυτού. Αλλά υπάρχουν τόσοι πολλοί άνθρωποι που δεν έχουν μελετήσει τίποτα. Κι αυτοί όμως δεν πρέπει να γνωρίσουν τον Εαυτό; Γι' αυτούς λοιπόν η λατρεία είναι ο πιο πρακτικός δρόμος.

Κάποιοι άνθρωποι είναι αλλεργικοί στις ενέσεις. Μπορεί ακόμα και να πεθάνουν αν ο γιατρός τους κάνει ένεση. Όταν αρρωσταίνουν λοιπόν, παίρνουν μόνο χάπια γιατί αυτά είναι κατάλληλα για την περίπτωσή τους. Κατά τον ίδιο τρόπο, η Άμμα δίνει διαφορετικές πνευματικές πρακτικές σε διαφορετικούς ανθρώπους, ανάλογα με τι ταιριάζει στα σαμσκάρα[24] τους. Δεν μπορούμε να πούμε ότι αυτή ή εκείνη η μέθοδος είναι καλύτερη από τις άλλες. Είναι προτιμότερο να πούμε, ότι όλες οι πρακτικές αποσκοπούν στην ευημερία των ανθρώπων.

Όταν κοιτάμε ένα ποτάμι, βλέπουμε δύο όχθες, την μία απέναντι από την άλλη, γιατί το ποτάμι είναι γεμάτο νερό. Αν όμως στερέψει, βλέπουμε ότι υπάρχει μόνο μια συνεχής έκταση από άμμο, οι δύο όχθες και η κοίτη του είναι ενωμένες. Παρομοίως, οι έννοιες του «εγώ» και «εσύ» εμφανίζονται μόνο διότι συνεχίζουμε να διατηρούμε την αίσθηση της ατομικότητας. Μόλις

---

[24] Τα σαμσκάρα είναι το σύνολο των εντυπώσεων που έχουν καταγραφεί στο νου από εμπειρίες της τωρινής ζωής, αλλά και παλαιότερων ζωών. Οι εντυπώσεις αυτές επηρεάζουν την ιδιοσυγκρασία, τη φύση και την ψυχική κατάσταση του ανθρώπου.

η ατομικότητα εξαφανιστεί, τα πάντα γίνονται ένα και το αυτό – πλήρες και τέλειο (*πούρναμ* στα σανσκριτικά). Ακολουθώντας ένα από τα δύο μονοπάτια, «νέτι, νέτι» ή αφοσίωση, μπορούμε να φτάσουμε στην εμπειρία του Εαυτού.

Το μονοπάτι του «νέτι, νέτι» μπορεί να περιγραφεί ως εξής: Ένα παιδί πηγαίνει φάρμακα στον κατάκοιτο πατέρα του. Καθώς μπαίνει στο δωμάτιο, κόβεται το ρεύμα. Το παιδί βρίσκεται ξαφνικά στο σκοτάδι και δεν βλέπει τίποτα. Ακουμπά στον τοίχο – «δεν είναι εδώ» σκέφτεται. Ακουμπά στη πόρτα – «δεν είναι εδώ». Ακουμπά στο τραπέζι «δεν είναι εδώ». Ακουμπά στο κρεβάτι και μετά στον πατέρα του. «Ναι, εδώ είναι!» Κατ' αυτό τον τρόπο, βρίσκει στο τέλος τον πατέρα του απορρίπτοντας ότι δεν είναι εκείνος.

Το ίδιο ισχύει και με την αφοσίωση. Η προσοχή ενός αληθινού πιστού στρέφεται μόνο στο Θεό. Η μόνη έγνοια του είναι ο Θεός. Δεν δέχεται τίποτε άλλο παρά μόνο το Θεό. Μόνο η σκέψη του Αγαπημένου υπάρχει στο νου του.

Μια κατηγορία αναζητητών σκέφτεται ως εξής: «Δεν είμαι ούτε το σώμα, ούτε ο νους, είμαι ο Εαυτός. Ο νους και το σώμα είναι η αιτία κάθε θλίψης και χαράς». Άλλοι έχουν τη στάση «Ανήκω στο Θεό. Χρειάζομαι μόνο το Θεό. Ο Θεός είναι τα πάντα». Αυτή είναι η μόνη διαφορά. Αρχίζουμε να συνειδητοποιούμε ότι υπάρχει μόνο ο Θεός. Αυτή πρέπει να είναι η ζωή μας, να αντιλαμβανόμαστε τα πάντα ως το Θεό. Αυτή είναι η αληθινή αφοσίωση. Όταν βλέπουμε το Θεό σε όλα, ξεχνούμε τον εαυτό μας, η ατομικότητά μας διαλύεται.

Μέσω της αφοσίωσης, δεν αναζητούμε ένα Θεό που κάθεται κάπου πέρα από τον ουρανό, αλλά μαθαίνουμε να βλέπουμε το Θεό παντού. Ένας τέτοιος πιστός δεν χρειάζεται να περιπλανιέται αναζητώντας το Θεό. Ο Θεός ακτινοβολεί μέσα του γιατί δεν βλέπει τίποτα ξέχωρο απ' Αυτόν. Ο σκοπός της προσευχής είναι να συνειδητοποιήσουμε αυτή την κατάσταση. Μέσα απ' τις προσευχές μας εξυμνούμε την Αλήθεια. Ο νους πρέπει να εξυψωθεί από το επίπεδο του σώματος και του νου στο επίπεδο του Εαυτού. Ας υποθέσουμε ότι μια λάμπα ισχύος εκατό βατ κρέμεται στη κουζίνα. Η λάμπα αυτή είναι καλυμμένη με τόση πολύ κάπνα που δεν αποδίδει ούτε δέκα βατ. Αν την καθαρίσουμε, θα λάμψει ξανά με πλήρη ισχύ. Παρομοίως, η πνευματική άσκηση είναι η διαδικασία με την οποία εξαλείφουμε τις ακαθαρσίες του νου μας. Αφαιρώντας το πέπλο που κρύβει την έμφυτη Θεϊκότητά μας, θα βιώσουμε την άπειρη δύναμη μέσα μας. Θα καταλάβουμε ότι δεν γεννηθήκαμε για να υποφέρουμε και ότι η αληθινή μας φύση είναι ευδαιμονία. Εντούτοις, δεν είναι αρκετό να μιλάμε απλά γι' αυτές τις αλήθειες. Η πνευματική άσκηση είναι απαραίτητη. Όλοι έχουμε την έμφυτη ικανότητα να κολυμπήσουμε, αλλά μόνο όταν μπούμε στο νερό και εξασκηθούμε θα μάθουμε πραγματικά κολύμπι. Η λατρεία και η προσευχή είναι τα μέσα με τα οποία θα αφυπνιστεί η Θεϊκότητα μέσα μας.

Ερώτηση: Λέγεται ότι αν ένας πνευματικός αναζητητής ακουμπήσει κάποιον, τότε χάνει όλη την πνευματική του δύναμη. Είναι αλήθεια αυτό;

Άμμα: Μια μικρή μπαταρία έχει περιορισμένη ισχύ και καθώς χρησιμοποιείται εξασθενεί. Αντίθετα, θα υπάρχει πάντοτε ρεύμα σε ένα καλώδιο που είναι συνδεδεμένο στο ηλεκτρικό δίκτυο. Κατά τον ίδιο τρόπο, θα χάνεις την ενέργειά σου αν πιστεύεις ότι είσαι το περιορισμένο εγώ, όπως και η μικρή μπαταρία. Αν είσαι όμως συνδεδεμένος με το Θεό, την Πηγή της απεριόριστης ενέργειας, πως μπορείς να εξαντλήσεις τη δύναμή σου; Μόνο το άπειρο πηγάζει από το άπειρο. Ακόμα κι αν ανάψεις χίλια κεριά από μια μόνο φλόγα, η λάμψη της δεν θα μειωθεί καθόλου.

Είναι αλήθεια όμως, ότι ένας πνευματικός αναζητητής μπορεί να χάσει τη δύναμή του. Πρέπει να βρίσκεσαι συνεχώς σε εγρήγορση, γιατί ακόμα ενεργείς στο επίπεδο του σώματος και του νου. Για όσο καιρό παραμένεις σε αυτό το επίπεδο πρέπει να είσαι πάντα προσεκτικός. Μέχρι να μάθεις να ελέγχεις πλήρως το νου σου, είναι απαραίτητο να τηρείς όλα τα γιάμα και νιγιάμα[25]. Μετά, δεν χρειάζεται να ανησυχείς αν θα ακουμπήσεις κάποιον. Να βλέπεις εκείνους που αγγίζεις σαν το Θεό όχι σαν ανθρώπους, τότε δεν θα χάνεις αλλά θα κερδίζεις δύναμη.

Ερώτηση: Άμμα, στην παιδική σου ηλικία υπέφερες πολύ. Όταν βλέπεις ανθρώπους να υποφέρουν, θυμάσαι εκείνες τις ημέρες;

Άμμα: Υπάρχει κάποιος που να μην έχει υποφέρει στη ζωή του; Είναι αλήθεια ότι η Άμμα πέρασε πολλές δυσκολίες όταν ήταν παιδί, αλλά δεν τις αντιμετώπισε ως πραγματικές δυσκολίες. Η μητέρα της Άμμα, η Νταμαγιάντι, αρρώστησε και δεν ήταν ικανή να φροντίζει το νοικοκυριό της. Κάτω απ' αυτές τις συνθήκες, η Άμμα παρηγορήθηκε με τη σκέψη ότι αν και η ίδια διέκοψε το σχολείο, τα αδέρφια της θα μπορούσαν να συνεχίσουν τις σπουδές τους. Σταμάτησε λοιπόν το σχολείο και ανέλαβε την ευθύνη για όλες τις δουλειές του νοικοκυριού. Μαγείρευε για την οικογένεια, ετοίμαζε το κολατσιό για τους αδερφούς και τις αδερφές της, έπλενε τα ρούχα τους, φρόντιζε τις αγελάδες, τις κατσίκες, τις πάπιες και τα άλλα ζώα. Φρόντιζε επίσης τη μητέρα της, τη Νταμαγιάντι. Έκανε όλες τις δουλειές, τη μια μετά την άλλη, από τις τέσσερις το πρωί μέχρι τα μεσάνυχτα. Μέσα απ' αυτές τις εμπειρίες, η Άμμα έμαθε από πρώτο χέρι κατά την παιδική της ηλικία, το νόημα που έχουν οι δυσκολίες που συναντάμε στη ζωή.

Η Άμμα πήγαινε σε τουλάχιστον πενήντα σπίτια της περιοχής για να μαζεύει φύλλα ταπιόκα για τις αγελάδες. Σε μια οικογένεια, μπορεί οι άνθρωποι να είχαν φαγητό και στη διπλανή να μην τους είχε μείνει τίποτα και να πεινούσαν. Τα παιδιά ήταν ξαπλωμένα

---

[25] Σ.τ.μ. Ηθικοί κανόνες που διατυπώθηκαν από τον σοφό της αρχαιότητας Πατάντζαλι και περιλαμβάνουν επιγραμματικά: μη βία, φιλαλήθεια, τιμιότητα, μη κτητικότητα, εγκράτεια, αγνότητα, ικανοποίηση, πειθαρχία, αυτοπαρατήρηση, παράδοση στο Θεό.

στο πάτωμα αδύναμα από τη πείνα. Σε ένα σπίτι, η Άμμα άκουσε τα παιδιά να προσεύχονται για να ζήσουν οι γονείς τους πολλά χρόνια, ενώ στο γειτονικό σπίτι, η γιαγιά της οικογένειας ζούσε δυστυχισμένη, πλήρως παραμελημένη από τους υπόλοιπους. «Κανείς δεν με φροντίζει πια» έλεγε με παράπονο. «Με ταΐζουν όπως τα σκυλιά. Κανείς δεν με βοηθά να πλύνω τα ρούχα μου. Όλοι μου φωνάζουν και με χτυπούν». Αυτή ήταν η μοίρα πολλών ηλικιωμένων. Πάσχιζαν όλη τους τη ζωή να αναθρέψουν τα παιδιά τους. Έχασαν την υγεία τους στη προσπάθεια να εξασφαλίσουν τα απαραίτητα γι' αυτά. Και αργότερα, στα γηρατειά τους, έμεναν αβοήθητοι, κανείς δεν τους έδινε σημασία. Κανείς δεν έμπαινε καν στο κόπο να τους φέρει νερό όταν ήταν διψασμένοι. Βλέποντας τον πόνο τους, η Άμμα τους πήγαινε φαγητό από το δικό της σπίτι.

Μόλις αποκτήσουν τις δικές τους οικογένειες και ευθύνες, τα παιδιά, που κάποτε προσεύχονταν για τη μακροημέρευση των γονιών τους, φτάνουν να θεωρούν τους ηλικιωμένους γονείς τους ως βάρος. Θέλουν να απαλλαγούν από αυτούς. Αγαπούν τους άλλους μόνο αν υπάρχει κάποιο αντάλλαγμα. Την αγελάδα την αγαπούν για το γάλα της. Αν σταματήσει να δίνει γάλα, ο ιδιοκτήτης της τη στέλνει στο σφαγείο. Η Άμμα κατάλαβε ότι υπάρχει πάντοτε κάποιο εγωιστικό κίνητρο πίσω από την αγάπη του κόσμου.

Υπήρχε μια λιμνούλα κοντά στο σπίτι μας. Η Άμμα συνήθιζε να πηγαίνει τις ηλικιωμένες γυναίκες εκεί. Τους έκανε μπάνιο και έπλενε τα ρούχα τους. Μάζευε παιδιά που έκλαιγαν από την πείνα και τα πήγαινε σπίτι της για να τα ταΐσει. Ο πατέρας της δεν έβλεπε με καλό μάτι αυτή τη συμπεριφορά της. Την μάλωνε λέγοντας: «Γιατί φέρνεις όλα αυτά τα μυξιάρικα, βρώμικα παιδιά εδώ;

Βλέποντας από πρώτο χέρι τη δυστυχία και τις ταλαιπωρίες των ανθρώπων, η Άμμα έμαθε τη φύση της ζωής σ' αυτό τον κόσμο. Όταν οι άνθρωποι αρρωσταίνουν και πηγαίνουν στο νοσοκομείο, πρέπει να περιμένουν για πολλές ώρες. Τελικά, ο γιατρός τους βλέπει και τους δίνει μια συνταγή με φάρμακα. Αλλά που θα βρουν τα χρήματα να τα αγοράσουν; Η Άμμα έχει δει πολλούς εξαθλιωμένους ανθρώπους να μην έχουν λεφτά να αγοράσουν ούτε ένα παυσίπονο. Οι άνθρωποι στη περιοχή αυτή ίσα ίσα καταφέρνουν να τα βγάζουν πέρα με τον πενιχρό μισθό τους. Αν δεν πάνε στη δουλειά έστω και μια μέρα, η οικογένεια τους πεινάει. Αν αρρωστήσουν δεν έχουν χρήματα για φαγητό και φάρμακα. Βλέπεις ανθρώπους να σφαδάζουν από πόνους, χωρίς τη δυνατότητα να αγοράσουν παυσίπονα. Ένα χάπι θα ήταν αρκετό, ο πόνος θα υποχωρούσε σε λίγα λεπτά. Αλλά δεν υπάρχουν χρήματα ούτε γι' αυτό κι έτσι υποφέρουν όλη την ημέρα.

Η Άμμα έχει δει πολλά παιδιά να κλαίνε γιατί δεν μπορούσαν να αγοράσουν ούτε τα φύλλα χαρτιού για τα διαγωνίσματά τους[26]. Μερικά παιδιά πηγαίνουν στο σχολείο με πουκάμισα που αντί για κουμπιά έχουν χόρτα, γιατί δεν μπορούν να αντικαταστήσουν αυτά που έσπασαν. Έτσι λοιπόν, η Άμμα, είδε, άκουσε και βίωσε τον πόνο και τις ταλαιπωρίες που περνούν οι άνθρωποι στη ζωή τους. Εξαιτίας όλων αυτών, κατάλαβε τη φύση του κόσμου και παρακινήθηκε να στρέψει την προσοχή της μέσα της. Όλα τα πράγματα του κόσμου έγιναν ο δάσκαλος της. Ακόμα κι ένα μικροσκοπικό μυρμήγκι ήταν ο δάσκαλος της.

Καθώς η Άμμα μοιράστηκε τη θλίψη και τον πόνο των φτωχών όταν ήταν παιδί, κατανοεί τώρα τον πόνο των ανθρώπων χωρίς αυτοί να χρειαστεί να της εξηγήσουν τίποτα. Σήμερα, αμέτρητοι άνθρωποι που βιώνουν παρόμοιες δυσκολίες, έρχονται να την δουν. Αν αυτοί που απολαμβάνουν οικονομική άνεση αποκτήσουν συμπόνια, μπορούν να ανακουφίσουν τον πόνο

---

[26] Σε μερικά σχολεία της Ινδίας όπου η εκπαίδευση είναι δωρεάν, οι μαθητές πρέπει να φέρνουν τα δικά τους φύλλα χαρτί για τα διαγωνίσματα. Αυτό δεν συμβαίνει στα σχολεία της Άμμα.

αυτών των ανθρώπων σε μεγάλο βαθμό. Η Άμμα θα ήθελε να παρακινήσει τα εύπορα παιδιά της να δείξουν συμπόνια και να υπηρετούν τους φτωχούς και τους ανθρώπους που υποφέρουν.

Ερώτηση: Πως μπορεί η Άμμα, που δεν έχει γεννήσει παιδιά, να θεωρείται μητέρα;

Άμμα: Παιδιά μου, η μητέρα είναι σύμβολο της ανιδιοτέλειας. Μια μητέρα γνωρίζει την καρδιά του παιδιού της, γνωρίζει τα αισθήματά του. Αφιερώνει όλη τη ζωή της σε αυτό. Μια μητέρα θα συγχωρέσει όλα τα λάθη που κάνει το παιδί της, γιατί ξέρει ότι τα διαπράττει από άγνοια. Αυτή είναι η πραγματική μητρότητα. Σ᾽ αυτήν είναι αφιερωμένη η ζωή της Άμμα. Η Άμμα θεωρεί όλους τους ανθρώπους δικά της παιδιά.

Στην ινδική κουλτούρα, τα παιδιά διδάσκονται από μικρά ότι η μητέρα τους είναι Θεός, η ενσάρκωση του Θεού. Η κουλτούρα μας θεωρεί τη μητρότητα ως την ολοκλήρωση της γυναικείας φύσης. Σύμφωνα με την παράδοση, κάθε άντρας αντιμετωπίζει κάθε γυναίκα, πέρα από τη σύζυγό του, σαν μητέρα. Και οι ίδιες οι γυναίκες επίσης αποκαλούν «μητέρα» κάθε ηλικιωμένη γυναίκα ή κάποια που αξίζει ιδιαίτερο σεβασμό. Αυτή την περίοπτη θέση αποδίδει η παράδοση στις γυναίκες μέσα στη κοινωνία. Σήμερα, αυτή η στάση έχει σε κάποιο βαθμό ατονήσει, λόγω της επιρροής που δέχεται η κοινωνία μας από άλλες κουλτούρες. Η παρακμή που προκαλείται στη κοινωνία απ᾽ αυτές τις επιρροές είναι αισθητή.

Η μητρική αρετή είναι έμφυτη σε κάθε γυναίκα. Η αρετή αυτή πρέπει να είναι η επικρατέστερη σε κάθε γυναίκα. Όπως το σκοτάδι διαλύεται από τις ακτίνες του ήλιου, έτσι και όλες οι ανεπιθύμητες τάσεις εξαφανίζονται μπροστά στην αρετή της μητρότητας. Αυτό δείχνει πόσο αγνή είναι η αρετή της μητρότητας. Μόνο όταν καλλιεργούμε τέτοιες αρετές μέσα μας μπορούμε να κρατήσουμε ζωντανή την παράδοσή μας.

Η Άμμα θεωρεί ότι ο ρόλος της βοηθά προς αυτή την κατεύθυνση. Η ερώτηση είναι πως η Άμμα θεωρείται μητέρα χωρίς να έχει γεννήσει παιδιά. Αλλά και ο μηχανικός που σχεδίασε τον κινητήρα ενός αεροπλάνου, δεν γνωρίζει περισσότερα γι' αυτόν από τον πιλότο; Μια γυναίκα δεν γίνεται μητέρα μόνο γεννώντας ένα παιδί. Χρειάζεται να ανθίσει μέσα της η μητρική αρετή. Παρομοίως, μια γυναίκα που έχει αναπτύξει πλήρως τη μητρότητα μέσα της, δεν είναι λιγότερο μητέρα από μια γυναίκα που γέννησε ένα μωρό. Επιπλέον, δεν αντιμετωπίζουμε την πατρίδα μας, τη μητρική μας γλώσσα και τη μητέρα γη σαν μητέρες;

Ερώτηση: Άμμα, εργάζεσαι στη κοινωνία για να πετύχεις κάποιο συγκεκριμένο στόχο;

Άμμα: Η Άμμα έχει μόνο μια επιθυμία: η ζωή της να είναι σαν το θυμίαμα. Καθώς καίγεται, απελευθερώνει το άρωμά του για το καλό των άλλων. Κατά τον ίδιο τρόπο, η Άμμα θέλει να ωφελεί τον κόσμο αφιερώνοντας κάθε λεπτό της ζωής της στα παιδιά της. Δεν βλέπει το στόχο ως κάτι διαφορετικό από το μέσο για την επίτευξή του. Η ζωή της Άμμα ρέει σύμφωνα με τη Θεϊκή Θέληση, αυτό είναι όλο.

Ερώτηση: Λέγεται ότι ο πνευματικός δάσκαλος είναι απαραίτητος στο πνευματικό μονοπάτι. Ποιος ήταν ο δάσκαλος της Άμμα;

Άμμα: Τα πάντα σ' αυτό τον κόσμο είναι ο δάσκαλος της Άμμα. Ο Θεός και ο δάσκαλος βρίσκονται μέσα σε κάθε άνθρωπο. Αλλά για όσο διάστημα παραμένει το εγώ, δεν μπορούμε να τον αντιληφθούμε. Το εγώ ενεργεί σαν ένα πέπλο που κρύβει τον εσωτερικό δάσκαλο. Μόλις ανακαλύψεις τον εσωτερικό δάσκαλο, θα τον αντιλαμβάνεσαι στα πάντα μέσα στο σύμπαν. Καθώς η Άμμα ανακάλυψε το δάσκαλο μέσα στον Εαυτό της, τα πάντα, ακόμα και κάθε κόκκος άμμου, έγιναν ο δάσκαλός της. Μπορεί να αναρωτηθείς αν ακόμα κι ένα αγκάθι ήταν ο δάσκαλος της Άμμα.

Ναι, κάθε αγκάθι ήταν ο δάσκαλος της, γιατί όταν ένα αγκάθι τρυπάει το πόδι σου, δίνεις μεγαλύτερη προσοχή στο μονοπάτι. Επομένως, αυτό το αγκάθι σε βοηθά να αποφύγεις άλλα αγκάθια που μπορεί να σε τρυπήσουν, αλλά και να μην πέσεις μέσα σ' ένα βαθύ χαντάκι.

Η Άμμα θεωρεί επίσης το σώμα της δάσκαλο, διότι όταν στοχαζόμαστε πάνω στη παροδική φύση του σώματος συνειδητοποιούμε ότι ο Εαυτός είναι η μόνη αιώνια πραγματικότητα. Τα πάντα γύρω από την Άμμα την οδήγησαν στην καλοσύνη, και για το λόγο αυτό, η Άμμα αισθάνεται σεβασμό για τα πάντα στη ζωή.

Ερώτηση: Μήπως η Άμμα υπαινίσσεται ότι δεν χρειαζόμαστε κάποιον συγκεκριμένο δάσκαλο για να φτάσουμε στη φώτιση;

Άμμα: Η Άμμα δεν ισχυρίζεται κάτι τέτοιο. Ένα άτομο που έχει έμφυτο ταλέντο στη μουσική, μπορεί να είναι ικανό να τραγουδά όλες τις παραδοσιακές μελωδικές παραλλαγές των ράγκα[27] χωρίς καμιά ειδική εκπαίδευση. Αλλά φαντάσου τι θα γινόταν αν όλοι οι υπόλοιποι προσπαθούσαν να τραγουδήσουν τα ράγκα χωρίς καμιά εκπαίδευση! Έτσι λοιπόν, η Άμμα δεν λέει ότι ο πνευματικός δάσκαλος δεν είναι απαραίτητος. Μόνο μερικά σπάνια άτομα προικισμένα με έναν ασυνήθιστα υψηλό βαθμό επίγνωσης δεν χρειάζονται έναν εξωτερικό δάσκαλο.

Να αντιμετωπίζεις ό,τι συναντάς στη ζωή σου με διάκριση και επίγνωση. Μην τρέφεις συναισθήματα προσκόλλησης ή αποστροφής απέναντι σε οτιδήποτε. Τότε, όλα θα έχουν κάτι να σε διδάξουν. Αλλά πόσοι άνθρωποι μεταξύ μας, διαθέτουν τόση απόσπαση, υπομονή και συγκέντρωση; Για εκείνους που δεν έχουν ακόμα αναπτύξει αυτές τις αρετές, θα ήταν εξαιρετικά δύσκολο να φθάσουν στο στόχο χωρίς να προσφύγουν σε έναν εξωτερικό δάσκαλο. Ο αληθινός δάσκαλος αφυπνίζει την εσωτερική σου γνώση. Στις μέρες μας οι άνθρωποι, τυφλωμένοι από

---

[27] Σ.τ.μ. Μελωδικά μοτίβα της κλασσικής ινδικής μουσικής.

την άγνοια τους, δεν είναι ικανοί να αντιληφθούν τον εσωτερικό δάσκαλο. Πρέπει ν' αλλάξουμε τον τρόπο με τον οποίο βλέπουμε τα πράγματα για να αντιληφθούμε το φως της γνώσης. Η στάση του μαθητή και το πνεύμα της παράδοσης στο δάσκαλο, μας βοηθούν να το πετύχουμε αυτό.

Πρέπει να έχουμε πάντα τη νοοτροπία ενός αρχάριου. Μόνο ένας αρχάριος έχει την υπομονή να μάθει πραγματικά κάτι. Το γεγονός ότι το σώμα σου μεγαλώνει, δεν σημαίνει απαραίτητα ότι ωριμάζει και ο νους σου. Αν θέλεις ο νους σου να διευρυνθεί και να αγκαλιάσει όλο το σύμπαν, πρέπει να έχεις τη στάση ενός παιδιού, γιατί μόνο ένα παιδί μπορεί να αναπτυχθεί. Αλλά η στάση που οι περισσότεροι άνθρωποι υιοθετούν απέναντι στη ζωή, είναι ο εγωισμός και η ταύτιση με το σώμα και το νου. Μόνο όταν απορρίψουμε τη στάση αυτή και γίνουμε αθώοι σαν τα παιδιά, θα έχουμε την απαραίτητη προσοχή ώστε να απορροφούμε ό,τι διδασκόμαστε.

Όσο νερό κι αν πέσει στην κορυφή ενός βουνού, το νερό αυτό δεν θα παραμείνει εκεί. Κυλά από μόνο του προς τα κάτω και καταλήγει στο έδαφος. Παρομοίως, αν έχουμε τη στάση ότι δεν είμαστε τίποτα, όλα θα έρθουν σε μας.

Υπομονή, επίγνωση και συγκέντρωση είναι τα αληθινά πλούτη του ανθρώπου. Ένα άτομο που έχει αποκτήσει αυτές τις αρετές μπορεί να επιτύχει παντού, τόσο σημαντικές είναι. Όταν καλλιεργείς αυτές τις αρετές, ο εσωτερικός σου καθρέφτης, ο οποίος σε βοηθά να βλέπεις τα ελαττώματα μέσα σου και να τα διορθώνεις, γίνεται καθαρός από μόνος του. Γίνεσαι ο δικός σου καθρέφτης, θα γνωρίζεις πώς να διορθώνεις τις ατέλειές σου χωρίς τη βοήθεια κανενός. Αποκτάς την ικανότητα να εξαγνίζεις τον εαυτό σου. Όταν φτάσεις σ' αυτό το επίπεδο, βλέπεις το δάσκαλο παντού. Δεν αντιμετωπίζεις κανέναν ως κατώτερό σου. Ποτέ δεν φιλονικείς αναίτια με άλλους. Δεν καταφεύγεις σε κούφια λόγια. Το μεγαλείο σου αντανακλάται στις πράξεις σου.

Ερώτηση: Αυτό σημαίνει ότι δεν υπάρχει ανάγκη να μελετά κανείς τα πνευματικά κείμενα;

Άμμα: Είναι καλό να μελετάς τη Βεδάντα. Θα κατανοήσεις γρήγορα το μονοπάτι που οδηγεί στο Θεό. Εκείνοι που μελετούν τη Βεδάντα θα καταλάβουν πόσο κοντά μας βρίσκεται ο Θεός, ότι ο Θεός κατοικεί μέσα μας. Στις μέρες μας όμως, η κατανόηση των περισσότερων ανθρώπων σχετικά με τη Βεδάντα, περιορίζεται σε απλά λόγια. Δεν βλέπουμε τη διδασκαλία της Βεδάντα να αντανακλάται στις πράξεις τους. Η Βεδάντα δεν είναι ένα φορτίο που το κουβαλάμε στη πλάτη μας, είναι μια αρχή που πρέπει να κατασταλάξει στην καρδιά μας και να εφαρμόζεται από το νου μας. Πολλοί άνθρωποι αδυνατούν να το καταλάβουν και γίνονται αλαζόνες. Καθώς η κατανόησή μας πάνω στη Βεδάντα αυξάνεται, η ταπεινότητα αναπτύσσεται με φυσικό τρόπο μέσα μας. Η Βεδάντα μάς βοηθά να κατανοήσουμε ότι είμαστε η ουσία του Θεού. Εντούτοις, για να γίνει αυτό βίωμά μας, πρέπει να ζούμε σύμφωνα με τις αρχές της Βεδάντα. Αν γράψεις τη λέξη «ζάχαρη» σ' ένα φύλλο χαρτί και το γλύψεις, δεν θα γευτείς καμία γλυκύτητα. Για να βιώσεις τη γλυκιά γεύση πρέπει να δοκιμάσεις την ίδια τη ζάχαρη. Η απλή ανάγνωση της Βεδάντα, ή η συζήτηση γι' αυτήν, δεν θα μας χαρίσουν την εμπειρία του Μπράχμαν. Αυτά που έχουμε μελετήσει πρέπει να αντανακλώνται στις πράξεις μας. Τότε η γνώση που έχουμε αποκτήσει γίνεται βίωμα. Οι προσπάθειές μας προς αυτή την κατεύθυνση, χρειάζονται όμως την ανάλογη έμπνευση. Οι ζωές εκείνων που έμαθαν πραγματικά τη Βεδάντα και την έκαναν εσωτερικό βίωμα, εμπνέουν τους υπόλοιπους να ακολουθήσουν το ίδιο μονοπάτι.

Μερικοί άνθρωποι κάθονται άπραγοι δηλώνοντας «Είμαι το Μπράχμαν». Γιατί λοιπόν, το Μπράχμαν έλαβε αυτό το σώμα; (το σώμα του ανθρώπου που ισχυρίζεται ότι είναι το Μπράχμαν) Δεν ήταν αρκετό να παραμείνει στην άμορφη κατάσταση; Τώρα που έχουμε λάβει αυτό το σώμα, πρέπει να αποδείξουμε αυτή την αλήθεια με τις πράξεις μας. Μόλις το καταλάβουμε, θα γίνουμε αυθόρμητα ταπεινοί.

Η Άμμα αναφέρεται στη δική της ζωή. Δεν ισχυρίζεται ότι οι άλλοι πρέπει υποχρεωτικά να δεχθούν και να ακολουθήσουν το μονοπάτι της. Θα πρέπει να προχωράτε με βάση τη δική σας εμπειρία. Γνωρίστε τον εαυτό σας! Αυτό μόνο λέει η Άμμα. Ακολουθεί μια συνέντευξη που παραχώρησε η Άμμα στο περιοδικό Times της Ινδίας, κατά τη διάρκεια της περιοδείας της στο Νέο Δελχί τον Μάρτιο του 1999.

Ερώτηση: Η Άμμα ίδρυσε το υπερσύγχρονο νοσοκομείο AIMS[28] και ξεκίνησε το πρόγραμμα «Αμρίτα Κουτιράμ» για την παροχή δωρεάν στέγης σε απόρους, καθώς και άλλα προγράμματα παροχής ανθρωπιστικής βοήθειας. Τι είναι αυτό που παρακίνησε την Άμμα να αναλάβει αυτές τις πρωτοβουλίες;

Άμμα: Η Άμμα συναντά πολλούς φτωχούς ανθρώπους καθημερινά οι οποίοι της διηγούνται τον πόνο τους. Γι' αυτό μπορεί να καταλάβει τις δυσκολίες που περνούν και τις ανάγκες τους και νιώθει μια ισχυρή παρόρμηση να απαλύνει τον πόνο αυτό. Έτσι ξεκινά κάθε πρόγραμμα. Κανένα απ' αυτά δεν έχει σχεδιαστεί προτού ξεκινήσει, ούτε υπάρχουν εκ των προτέρων οι απαραίτητοι πόροι. Καθώς ξεκινάμε κάθε νέο πρόγραμμα, ο Θεός μας στέλνει όλα όσα χρειάζονται.

Πρέπει να καταλάβουμε ότι ο Θεός δεν περιορίζεται στους ναούς η τις εκκλησίες. Ο Θεός κατοικεί στον καθένα από εμάς. Όταν μοιραζόμαστε αυτά που έχουμε και βοηθάμε ο ένας τον άλλο, τότε στην πραγματικότητα λατρεύουμε το Θεό.

Αν πηγαίνουμε στους χώρους λατρείας να προσευχηθούμε στο Θεό και μετά, καθώς βγαίνουμε έξω, αποστρέφουμε το

---

[28] Το Ίδρυμα Ιατρικών Επιστημών Αμρίτα (AIMS) που εδρεύει στη πόλη Κοτσί της Κεράλα.

βλέμμα μας από έναν άνθρωπο που λιμοκτονεί στο δρόμο, αυτό δεν είναι αληθινή αφοσίωση.

Ερώτηση: Οι ιδέες ορισμένων στοχαστών σχετικά με την ατομική ψυχή και το Υπέρτατο Ον, δημιουργούν την εντύπωση ότι δεν υπάρχει διαφορά ανάμεσα στο Θεό και στους ανθρώπους. Επιπλέον, φαίνεται σαν μην υπάρχει διαφορά ανάμεσα στο καλό και στο κακό, στην αγνότητα και την αισχρότητα, ή ακόμα και ανάμεσα στον παράδεισο και την κόλαση. Μήπως αυτές οι ιδέες έχουν σαν αποτέλεσμα να μην μπορεί να γίνει διάκριση ανάμεσα στο σωστό και το λάθος;

Άμμα: Αυτό είναι αποτέλεσμα παρανόησης. Ο σκοπός της διδασκαλίας της μη-δυαδικότητας, δηλαδή της ενότητας ανάμεσα στην ατομική ψυχή και το Υπέρτατο Ον, είναι να αφυπνίσει στους ανθρώπους την εσωτερική τους δύναμη και να τους οδηγήσει στην Αλήθεια. Η Βεδάντα μας λέει: «Είσαι ο Βασιλέας των Βασιλέων, δεν είσαι ζητιάνος!» Αυτή η επίγνωση για τον εαυτό μας βοηθά να αφυπνιστεί η απεριόριστη δύναμη που υπάρχει μέσα μας. Μέχρι όμως να συνειδητοποιήσουμε αυτή την ενότητα μέσω της άμεσης εμπειρίας, πρέπει να διακρίνουμε το καλό από το κακό και να προχωράμε στο σωστό δρόμο. Όταν συνειδητοποιήσεις την Υπέρτατη Αλήθεια, ο κόσμος της δυαδικότητας παύει να υπάρχει για σένα. Υπάρχει μονάχα η Αλήθεια και τίποτα δεν απορρίπτεις ως λανθασμένο. Βλέπεις τα πάντα σαν εκδήλωση του Θεού.

Κάθε λόγος και πράξη μιας τέτοιας πραγματωμένης ψυχής ευεργετεί την κοινωνία. Ακόμα κι η επαφή με την ανάσα ενός τέτοιου ανθρώπου μας βοηθά να εξαλείψουμε τις αρνητικές τάσεις μέσα μας. Ένας άνθρωπος που έχει επίγνωση της θεϊκής του φύσης, δεν θα αποθαρρυνθεί ποτέ από τα προβλήματα του κόσμου. Αληθινός υπέρμαχος της Βεδάντα είναι εκείνος που ζει πραγματικά στην κατάσταση της μη-δυαδικότητας, όχι εκείνος που απλά μιλάει γι' αυτήν. Ένας τέτοιος άνθρωπος αποτελεί ζωντανό παράδειγμα για τον κόσμο.

Εκείνοι που πίνουν αλκοόλ και κάνουν άλλες λανθασμένες πράξεις, ενώ επικαλούνται τις γραφές και ισχυρίζονται ότι τα πάντα είναι το Μπράχμαν, δεν μπορούν να θεωρηθούν πνευματικοί άνθρωποι. Πρέπει να είμαστε ικανοί να αναγνωρίζουμε τέτοιους υποκριτές. Η αδυναμία μας να το κάνουμε αυτό είναι ένας από τους λόγους που ο πολιτισμός μας έχει παρακμάσει σε τέτοιο βαθμό. Η πνευματικότητα δεν είναι κάτι για το οποίο απλά συζητάμε, πρέπει να γίνει τρόπος ζωής.

Ερώτηση: Μπορεί ένας άνθρωπος που ζει εγωιστικά να γίνει ανιδιοτελής; Είναι δυνατόν να αλλάξουμε τη φύση μας;

Άμμα: Βεβαίως. Αν κατανοήσουμε σωστά τις πνευματικές αρχές, ο εγωισμός μας θα μειωθεί. Ο πιο αποτελεσματικός τρόπος για την εξάλειψη του εγωισμού είναι να εκτελούμε όλες τις πράξεις μας χωρίς καμιά προσδοκία για τα αποτελέσματά τους. Πρέπει πάντοτε να θυμόμαστε ότι είμαστε απλά όργανα στα χέρια του Θεού. Πρέπει να γνωρίζουμε ότι δεν είμαστε εμείς οι πράττοντες και ότι ο Θεός είναι εκείνος που ενεργεί μέσα από εμάς. Όταν υιοθετούμε με ειλικρίνεια τη στάση αυτή, η περηφάνια και ο εγωισμός θα εξαφανιστούν.

Ένας άνθρωπος μπορεί να φωνάξει απ' την κορυφή μιας σκάλας: «κατεβαίνω αμέσως!» και προτού κάνει πέντε βήματα να σωριαστεί κάτω από καρδιακή προσβολή. Ούτε καν η επόμενη στιγμή δεν βρίσκεται στα χέρια μας. Όταν το καταλάβουμε πραγματικά αυτό πώς μπορούμε να είμαστε εγωιστές; Τη στιγμή που εκπνέουμε δεν υπάρχει εγγύηση ότι θα εισπνεύσουμε ξανά. Είναι η δύναμη του Θεού εκείνη που μας συντηρεί σε κάθε στιγμή. Καθώς συνειδητοποιούμε αυτή την αλήθεια, θα αρχίσουμε αυθόρμητα να γινόμαστε ταπεινοί και να λατρεύουμε το Θεό. Θα Τον θυμόμαστε σε κάθε μας βήμα. Παράλληλα μ' αυτή τη στάση όμως, πρέπει να καταβάλλουμε και κάποια προσπάθεια. Τότε, η χάρη του Θεού θα ρέει προς εμάς και θα επιτυγχάνουμε σε οτιδήποτε κάνουμε.

Ερώτηση: Λέγεται ότι οι δυσκολίες και ο πόνος μας κάνουν καλύτερους ανθρώπους. Γιατί, τότε, πρέπει να προσευχόμαστε για την επίλυση των προβλημάτων μας και την αποκατάσταση της υγείας μας;

Άμμα: Όταν είσαι άρρωστος παίρνεις φάρμακα, έτσι δεν είναι; Ακόμα και οι Μαχάτμα[29] δεν απορρίπτουν τη χρήση των φαρμάκων. Κι εκείνοι όταν αρρωστήσουν θα κάνουν ό,τι είναι απαραίτητο για να γίνουν καλά. Αυτό δείχνει τη σημασία της προσπάθειας που καταβάλλει ο άνθρωπος. Η ινδική κουλτούρα ποτέ δεν μας δίδαξε να καθόμαστε αδρανείς αφήνοντας τα πάντα στο Θεό. Πρέπει να προσπαθούμε να λύνουμε τα προβλήματά μας και να μειώνουμε τον πόνο μας. Αλλά οι πράξεις μας πρέπει να εκτελούνται με μια στάση λατρείας, με ταπεινότητα, έχοντας πάντα υπόψη ότι ο Θεός είναι η δύναμη που κρύβεται πίσω από κάθε πράξη μας. Αυτό μας διδάσκουν οι Μαχάτμα και οι ιερές γραφές. Εκείνοι που ασκούνται πνευματικά έχοντας κατανοήσει αυτές τις αρχές και παραδίδοντας τα πάντα στα χέρια του Θεού, δεν έχουν ανάγκη να εκτελούν λατρευτικές τελετές ή να προσεύχονται για καλή υγεία, διότι δέχονται την ευτυχία και τον πόνο ως θέλημα του Θεού. Οι κοινοί άνθρωποι όμως, που δεν έχουν αναπτύξει τέτοιο βαθμό παράδοσης, χρειάζονται την προσευχή και τις τελετουργίες για να ανακουφίζονται από τα προβλήματά τους. Και εκείνοι επίσης, θα φθάσουν σταδιακά στο επίπεδο της ανιδιοτελούς αφοσίωσης στο Θεό.

Πρέπει να κάνουμε ό,τι περνάει από το χέρι μας για να επιλύσουμε τα προβλήματά μας. Αν όμως οι δυσκολίες εξακολουθούν

---

[29] Σ.τ.μ. Ο όρος Μαχάτμα σημαίνει κυριολεκτικά «Μεγάλη Ψυχή» και αναφέρεται σε αγίους ή φωτισμένους πνευματικούς δασκάλους.

να υφίστανται, πρέπει να τις αποδεχόμαστε ως θέλημα του Θεού για το δικό μας καλό. Ό,τι είδους δυσκολίες κι αν αντιμετωπίζουμε, πρέπει να γνωρίζουμε πάντα ότι βρισκόμαστε στην αγκαλιά του Θεού. Αυτή η στάση θα μας χαρίζει την απαιτούμενη δύναμη για να υπερβαίνουμε οποιοδήποτε εμπόδιο.

Βλέπουμε μερικούς ανθρώπους να αντιμετωπίζουν σοβαρά προβλήματα σε κάποια φάση της ζωής τους. Διάφορες συμφορές μπορεί να τους έχουν συμβεί, όπως, για παράδειγμα, κάποιος να κατηγορηθεί για εγκλήματα που δεν έκανε και να πάει φυλακή γι' αυτά. Υπάρχει επίσης το παράδειγμα ενός άνδρα που είχε ένα ατύχημα καθώς πήγαινε να δει τον πατέρα του, που ήταν άρρωστος στο νοσοκομείο. Ακούμε για τέτοιες περιπτώσεις, που συμβαίνουν σε ορισμένες περιόδους της ζωής των ανθρώπων. Σε τέτοιες περιόδους, όλες οι προσπάθειές τους να κάνουν κάτι μπορεί να καταλήγουν σε αποτυχία. Σε μερικές οικογένειες, όλες οι γυναίκες γίνονται χήρες σε νεαρή ηλικία.

Πρέπει να μελετήσουμε αυτές τις περιπτώσεις και να προσπαθήσουμε να τις καταλάβουμε. Η μόνη εξήγηση σε τέτοιες τραγωδίες είναι ότι αυτές οφείλονται σε πράξεις που έγιναν σε προηγούμενες ζωές. Συνήθως, συμβαίνουν υπό την επήρεια δυσμενών πλανητικών επιδράσεων, ή κατά τη διάρκεια μεταβατικών περιόδων. Αν οι άνθρωποι αφιερώνουν τότε περισσότερο χρόνο σε λατρεία και προσευχή θα βρίσκουν μεγάλη ανακούφιση και θα αντλούν την απαραίτητη νοητική δύναμη για να υπερβαίνουν τις δυσκολίες που αντιμετωπίζουν.

Οι τελετουργίες που γίνονται στους ναούς Μπραχμαναστάμ[30] δεν αποσκοπούν απλά στην επίλυση των προβλημάτων που δημιουργούνται από τις δυσμενείς πλανητικές επιδράσεις· είναι επίσης μια μορφή διαλογισμού. Επιπλέον, μέσω των πνευματικών ομιλιών που γίνονται στους ναούς αυτούς μαζί με τα τελετουργικά, οι πιστοί μαθαίνουν για τις πνευματικές αρχές. Κατ' αυτό

---

[30] Ναοί που έχει ιδρύσει η Άμμα στην Ινδία και στο εξωτερικό.

τον τρόπο εμπνέονται να ακολουθήσουν έναν ορθό τρόπο ζωής και να ασκούνται στο διαλογισμό. Καθώς λοιπόν τα τελετουργικά στους ναούς απαλύνουν τα προβλήματά τους, παράλληλα αυξάνεται η πίστη και η αφοσίωσή τους.

Ερώτηση: Είναι απαραίτητο να λατρεύουμε εικόνες; Γιατί μερικά πνευματικά κείμενα απορρίπτουν τη λατρεία των εικόνων;

Άμμα: Δεν λατρεύουμε την εικόνα καθεαυτή. Μέσω της εικόνας λατρεύουμε το Θεό που είναι πανταχού παρών. Η εικόνα συμβολίζει το Θεό, είναι ένα μέσον για να συγκεντρώσουμε το νου μας. Για παράδειγμα, δείχνουμε στα παιδιά μας εικόνες ενός παπαγάλου και μιας πέρδικας και τους λέμε: «αυτός είναι ένας παπαγάλος και αυτή μια πέρδικα». Αυτό είναι απαραίτητο όταν τα παιδιά είναι μικρά. Όταν μεγαλώσουν, δεν χρειάζονται πια τις εικόνες για να αναγνωρίσουν τα πουλιά. Παρομοίως, αρχικά είναι απαραίτητα ορισμένα μέσα για να βοηθήσουμε τους κοινούς ανθρώπους να εστιάσουν το νου τους στη Θεϊκή Συνειδητότητα. Καθώς ο άνθρωπος προχωράει στην πνευματική του άσκηση, μαθαίνει να συγκεντρώνει το νου του χωρίς να βασίζεται σε τέτοια βοηθήματα. Η συγκέντρωση σε μια εικόνα είναι ένας καλός τρόπος να εκπαιδεύσουμε το νου να εστιάζεται σ' ένα σημείο. Επιπλέον, δεν μπορούμε να ισχυριστούμε ότι ο Θεός δεν είναι παρών στην εικόνα. Ο Θεός διαπερνά τα πάντα, έμψυχα όντα και αντικείμενα. Επομένως, ο Θεός είναι παρών και στην εικόνα. Η λατρεία των εικόνων είναι ένας καλός τρόπος να εκπαιδεύσουμε τους ανθρώπους να βλέπουν το Θεό σε όλα τα όντα και στη φύση και να καλλιεργούν μια στάση αγάπης και υπηρεσίας προς τον κόσμο.

Φανταστείτε έναν άνδρα που δίνει ένα δώρο στην αγαπημένη του. Μπορεί να είναι κάτι που αξίζει μερικές μόνο δεκάρες, αλλά για τη γυναίκα που το λαμβάνει αξίζει πολύ περισσότερο. Για εκείνην, το δώρο αυτό είναι εμποτισμένο με την αγάπη εκείνου που της το έδωσε.

Δεν επιτρέπουμε σε κανέναν να φτύσει τη σημαία της πατρίδας μας ή του πολιτικού μας κόμματος, ακόμα κι αν το ύφασμα είναι ευτελούς αξίας. Η σημαία δεν είναι απλά ένα κομμάτι ύφασμα, γιατί από τη στιγμή που το ύφασμα αυτό γίνεται σημαία αντιπροσωπεύει ένα μεγάλο ιδανικό. Τιμούμε τη σημαία λόγω της αγάπης και του σεβασμού που τρέφουμε για το ιδανικό που συμβολίζει.

Παρομοίως, στην εικόνα που λατρεύουμε βλέπουμε τον ίδιο το Θεό. Η εικόνα χρησιμεύει σαν καθρέφτης της Θεϊκής Συνειδητότητας μέσα μας. Προσευχόμαστε μπροστά στην εικόνα με τα μάτια κλειστά. Η εικόνα μάς βοηθά να στρέψουμε το νου μας προς το Θεό που κατοικεί μέσα μας.

Ακόμα και οι θρησκείες που δεν αποδέχονται τη λατρεία των εικόνων, κάνουν το ίδιο με άλλους τρόπους. Ο χριστιανός που λατρεύει τη μορφή του Ιησού στο σταυρό, ή ο μουσουλμάνος που προσεύχεται στραμμένος προς την Μέκκα, κάνουν κάτι ανάλογο με τη λατρεία των εικόνων.

Η αρνητική πλευρά της λατρείας των εικόνων, είναι ότι ο πιστός ενδέχεται να προσκολληθεί στην εικόνα μόνο, χωρίς να κατανοεί το ιδανικό που εκείνη συμβολίζει. Όταν όμως οι άνθρωποι κατανοήσουν το ιδανικό μέσα από τις πνευματικές διδασκαλίες και τη μελέτη των γραφών, τότε δεν υπάρχει κανένα πρόβλημα. Είναι απαραίτητο να διαδίδουμε τις πνευματικές διδασκαλίες στους ναούς μας.

Ερώτηση: Η Άμμα έχει πολλούς πιστούς από ξένες χώρες. Σε γενικές γραμμές, οι δυτικοί φαίνεται να είναι περισσότερο πρόθυμοι να προσφέρουν ανιδιοτελή υπηρεσία απ' ότι εμείς οι Ινδοί. Πού οφείλεται αυτό;

Άμμα: Στις δυτικές χώρες, ιδρύονται πολλές ανθρωπιστικές οργανώσεις για διαφορετικούς σκοπούς. Όταν γίνει κάποια φυσική καταστροφή ή ξεσπάσει κάποια κρίση, οι οργανώσεις αυτές σπεύδουν να βοηθήσουν τους πληγέντες. Το κοινό στηρίζει οικονομικά τις οργανώσεις αυτές και συμμετέχει στο έργο τους. Επίσης, τα χρήματα που δωρίζουν οι πολίτες εκπίπτουν της φορολογίας, κάτι που αποτελεί κίνητρο για τη χρηματοδότηση των δραστηριοτήτων τους. Το έργο αυτών των ανθρωπιστικών οργανώσεων είναι σημαντικό, διότι καλλιεργούν στους ανθρώπους τη συνήθεια της προσφοράς. Στο μακρινό παρελθόν, η ζωή των Ινδών ήταν συνυφασμένη με τις αρχές της ντάνα (φιλανθρωπίας) και της γιάγκνια (ιερές προσφορές για την ευημερία του κόσμου). Σήμερα, δεν υπάρχουν οι κατάλληλες δομές για να διδάξουν στους ανθρώπους αυτά τα ιδανικά.

Ερώτηση: Ο παράδεισος και η κόλαση υπάρχουν πραγματικά;

Άμμα: Ο παράδεισος και η κόλαση υπάρχουν εδώ, μέσα στον καθένα από εμάς. Είναι οι πράξεις μας που δημιουργούν είτε τον παράδεισο, είτε την κόλαση. Όταν ένας άνθρωπος πράττει κάτι κακό, θα δρέψει τους καρπούς των πράξεών του. Αυτό είναι αναπόφευκτο. Αυτή είναι η κόλαση.

Ερώτηση: Με ποιους τρόπους μπορεί κάποιος να προχωρήσει στο πνευματικό μονοπάτι;

Άμμα: Κατ' αρχάς πρέπει να εξαγνίσουμε το χαρακτήρα μας. Αν ρίξουμε γάλα σ' ένα βρώμικο δοχείο, το γάλα θα χαλάσει. Πρέπει να καθαρίσουμε το δοχείο προτού ρίξουμε το γάλα. Εκείνοι που επιθυμούν την πνευματική τους εξύψωση, πρέπει πρώτα να εξαγνίσουν τον εαυτό τους. Ο εξαγνισμός του νου συνεπάγεται την εξάλειψη των αρνητικών και των άχρηστων σκέψεων, καθώς και τη μείωση του εγωισμού και των επιθυμιών. Πρέπει να καταβάλουμε προσπάθεια για να το επιτύχουμε αυτό. Αυτό που χρειαζόμαστε περισσότερο απ' οτιδήποτε άλλο, είναι η χάρη του Θεού. Και για να ρέει η χάρη του Θεού προς εμάς, πρέπει οπωσδήποτε να είμαστε ταπεινοί. Η λατρεία και ο διαλογισμός μας προετοιμάζουν γι' αυτό.

Μέσω του διαλογισμού δεν αποκτάμε μόνο έναν ειρηνικό νου, αλλά και υλική ευημερία επίσης. Ο διαλογισμός που συνοδεύεται από κατανόηση των πνευματικών αρχών στρώνει το δρόμο προς τη φώτιση.

Ακολουθεί ένα απόσπασμα από συνέντευξη που παραχώρησε η Άμμα στον αμερικανό παραγωγό ντοκιμαντέρ Μίκαελ Τομπίας.

Ερώτηση: Άμμα, ποιο νομίζεις ότι ήταν το μεγαλύτερο θαύμα που συνέβη στη ζωή σου;

Άμμα: Κανένα γεγονός δεν φάνηκε στην Άμμα περισσότερο σημαντικό από κάποιο άλλο. Όταν συνειδητοποιούμε ότι τα πάντα είναι ο Θεός, κάθε πράγμα και κάθε στιγμή γίνεται ένα θαύμα. Τι μεγαλύτερο θαύμα υπάρχει από τον ίδιο το Θεό;

Ερώτηση: Λέγεται ότι η αγάπη μας πρέπει να εκδηλώνεται μέσα από τις πράξεις μας. Τι μπορούν να κάνουν οι άνθρωποι για να εφαρμόσουν αυτή την αρχή και να διαδώσουν τη μη-βία και τη συμπόνια;

Άμμα: Πρέπει να εγκαταλείψουμε την ιδέα ότι είμαστε άτομα και να πράττουμε με την επίγνωση ότι αποτελούμε μέρος της Συμπαντικής Συνειδητότητας. Μόνο τότε μπορούμε να εφαρμόσουμε πλήρως στη ζωή μας τη συμπόνια και τη μη-βία. Αναρωτιέσαι αν είναι δυνατόν να γίνει αυτό. Αλλά ακόμα κι αν δεν φτάσουμε πλήρως σ' αυτό το επίπεδο, δεν πρέπει τουλάχιστον να προσπαθούμε, όσο περισσότερο γίνεται, να αγαπάμε και να υπηρετούμε τους άλλους και να έχουμε πάντα αυτό ως στόχο μας;

Ερώτηση: Ποια είναι η άποψη της Άμμα για τα περιβαλλοντικά προβλήματα που αντιμετωπίζουμε σήμερα;

Άμμα: Η προστασία της φύσης θα είναι εφικτή μόνο όταν οι άνθρωποι αναγνωρίσουν πλήρως ότι και αυτοί οι ίδιοι είναι μέρος της φύσης. Στις μέρες μας επικρατεί η νοοτροπία της αδιάκριτης εκμετάλλευσης της φύσης. Αν συνεχίσουμε κατ' αυτόν τον τρόπο, η ίδια η ανθρωπότητα θα οδηγηθεί στην καταστροφή. Στην παλιά εποχή οι άνθρωποι ευημερούσαν γιατί ζούσαν σε αρμονία με τη φύση.

Οι Πουράνα (αρχαίες ινδικές γραφές) περιγράφουν τη γη σαν μια αγελάδα που με το γάλα της καλύπτει όλες τις ανάγκες. Όταν αρμέγουμε μια αγελάδα, πρέπει να βεβαιωθούμε ότι αφήνουμε αρκετό γάλα για το μοσχαράκι της, προτού πάρουμε γάλα για τον εαυτό μας. Οι άνθρωποι εκείνης της εποχής αγαπούσαν και προστάτευαν την αγελάδα. Τη θεωρούσαν κι εκείνη μητέρα τους. Αυτή ήταν και η στάση τους γενικά απέναντι στη φύση. Αυτό που χρειάζεται σήμερα είναι να αρχίσουμε να φερόμαστε στη Μητέρα Φύση όπως και στη μητέρα που μας γέννησε. Όταν η νοοτροπία μας αλλάξει, θα βελτιωθεί επίσης η κατάσταση του περιβάλλοντος. Τα οικολογικά προβλήματα δεν μπορούν να λυθούν χωρίς μια ουσιαστική αλλαγή στη νοοτροπία των ανθρώπων.

Ερώτηση: Τι πιστεύει η Άμμα για την προστασία των ψαριών και των ζώων;

Άμμα: Η ανθρωπότητα και η φύση αλληλεξαρτώνται. Οι άνθρωποι που ζουν σε περιοχές που δεν καλλιεργούνται, όπως για παράδειγμα σε παράκτιες περιοχές και σε περιοχές κοντά στους πόλους, εξαρτώνται από το ψάρεμα για να εξασφαλίσουν την τροφή τους. Χρειάζεται επίσης να κόβουν δέντρα για να χτίσουν τα σπίτια τους και να κατασκευάσουν διάφορα αγαθά. Αυτά είναι απαραίτητα, αλλά πρέπει να γίνονται σύμφωνα με τις ανάγκες των ανθρώπων. Στις μέρες μας, διάφορα είδη ζώων, φυτών και δέντρων εξαφανίζονται λόγω της απληστίας των ανθρώπων. Πολλές μορφές ζωής που υπήρχαν στον πλανήτη έχουν πλέον εξαφανιστεί. Αυτό συνέβη γιατί αυτά τα είδη δεν μπορούσαν να προσαρμοστούν στις αλλαγές που παρουσιάστηκαν στη φύση. Η φύση χάνει την αρμονία της όταν οι άνθρωποι την εκμεταλλεύονται χωρίς μέτρο. Αν συνεχίσουμε να το κάνουμε αυτό, η ανθρωπότητα θα καταστραφεί, όπως έγινε με τα άλλα είδη ζωής που εξαφανίστηκαν.

Η ανθρωπότητα είναι μέρος της φύσης και όλων των έμβιων όντων του πλανήτη. Μπορούμε να παίρνουμε από τη φύση αυτά που χρειαζόμαστε για την επιβίωση, αλλά έχουμε επίσης την ευθύνη να εξασφαλίζουμε ότι, παίρνοντας αυτά που μας δίνει γενναιόδωρα η φύση, δεν διαταράσσουμε τον ρυθμό και την αρμονία της.

Ας υποθέσουμε ότι κόβουμε φύλλα από ένα δέντρο ανανά, προκειμένου να φτιάξουμε κουτάλια για να φάμε κάντζι (χυλός ρυζιού που καταναλώνουν οι χωρικοί στην Κεράλα). Αν αντί για φύλλα κόβουμε ολόκληρα κλαδιά, ποιο θα είναι το αποτέλεσμα; Το δέντρο σύντομα θα χάσει όλα του τα κλαδιά και θα ξεραθεί. Αν όμως, κόψουμε λίγα φύλλα, η απώλεια θα είναι μικρή και το δέντρο εύκολα θα την αναπληρώσει. Αυτή θα πρέπει να είναι η στάση μας, όποτε παίρνουμε κάτι από τη φύση.

Ο Θεός έχει δημιουργήσει κάθε οντότητα στη φύση με τέτοιο τρόπο, ώστε να είναι χρήσιμη σε κάποια άλλη. Το μικρό ψάρι τρώγεται από ένα μεγαλύτερο ψάρι κι αυτό με τη σειρά του από ένα ακόμα πιο μεγάλο. Οι άνθρωποι μπορούν να παίρνουν από τη φύση αυτά που χρειάζονται για να καλύπτουν τις ανάγκες τους. Η υπερβολική όμως εκμετάλλευση των φυσικών πόρων είναι μια μορφή *χίμσα* (βίας), και αυτό θα οδηγήσει στην καταστροφή της ανθρωπότητας.

Ερώτηση: Ποια πρέπει να είναι η στάση μας απέναντι στα προβλήματα της σύγχρονης κοινωνίας;

Άμμα: Τα προβλήματα της σύγχρονης κοινωνίας είναι πολύ σοβαρά. Είναι σημαντικό να αναγνωρίσουμε τις αιτίες αυτών των προβλημάτων και να τις αντιμετωπίσουμε. Η αλλαγή όμως πρέπει να αρχίσει από τον άνθρωπο. Όταν ένας άνθρωπος αλλάζει προς το καλύτερο, ωφελείται ολόκληρη η οικογένειά του και τότε ευημερεί και η κοινωνία. Πρέπει λοιπόν, ο καθένας μας, να κάνει μια προσπάθεια να πράττει το καλό. Όταν βελτιώνουμε τον εαυτό μας, επηρεάζουμε επίσης θετικά όλους όσους συναναστρέφονται μαζί μας. Δεν μπορούμε να αλλάξουμε τους άλλους μόνο με συμβουλές ή επιπλήξεις. Πρέπει εμείς οι ίδιοι να δίνουμε το παράδειγμα. Να φερόμαστε με ευγένεια και καλοσύνη σε όλους. Μόνο μέσω της ανιδιοτελούς αγάπης μπορούμε να αλλάξουμε τους άλλους. Οι αλλαγές αυτές ενδέχεται να μην είναι άμεσες, αλλά δεν θα πρέπει ποτέ να απελπιζόμαστε και να εγκαταλείπουμε την προσπάθεια. Τουλάχιστον, η προσπάθεια αυτή θα ωφελήσει εμάς προσωπικά.

Αν προσπαθούμε να ισιώσουμε την ουρά ενός σκύλου βάζοντάς την μέσα σ' ένα σωλήνα, η ουρά δεν θα ισιώσει, αλλά τουλάχιστον θα γυμνάσουμε τους μυς του χεριού μας! Όταν λοιπόν καταβάλουμε προσπάθεια για να επηρεάσουμε θετικά τους άλλους, αλλάζουμε κι εμείς προς το καλύτερο. Οπωσδήποτε όμως, κάποιες αλλαγές θα συμβούν και στους άλλους, ακόμα κι αν δεν το βλέπουμε άμεσα. Σε κάθε περίπτωση πάντως, οι προσπάθειές μας θα βοηθήσουν την κοινωνία να μην παρακμάσει ακόμα περισσότερο. Μέσω αυτών των προσπαθειών είμαστε σε θέση να διατηρήσουμε κάποιο βαθμό αρμονίας στη κοινωνία.

Ένας άνθρωπος που κολυμπά κόντρα στο ρεύμα σ' ένα ποτάμι, μπορεί να μην μετακινείται καθόλου προς τα εμπρός, χάρη όμως στη προσπάθειά του καταφέρνει να μην παρασυρθεί από το ποτάμι. Αν εγκαταλείψει την προσπάθεια θα πνιγεί. Κατά τον ίδιο τρόπο, είναι σημαντικό να επιμένουμε στις προσπάθειές μας.

Μπορεί να αναρωτηθείς: «ποιο είναι το νόημα να αγωνίζεται ένας άνθρωπος μόνος του στη κοινωνία, σ' έναν κόσμο γεμάτο σκοτάδι;» Καθένας από εμάς έχει στο νου του ένα κερί. Άναψε το κερί αυτό με το φως της πίστης. Μην ανησυχείς για το πώς θα καταφέρεις να καλύψεις τόσο μεγάλη απόσταση μ' ένα τόσο μικρό φως. Κάνε ένα βήμα τη φορά. Θα ανακαλύψεις ότι υπάρχει αρκετό φως για να οδηγεί το κάθε βήμα σου στο δρόμο.

Ένας άνδρας στεκόταν απελπισμένος στην άκρη του δρόμου. Ένα περαστικός τον είδε και του χαμογέλασε. Για εκείνον τον άνδρα που είχε χάσει κάθε ελπίδα, που ήταν εγκαταλελειμμένος από όλους, αυτό το μοναδικό χαμόγελο είχε τεράστια σημασία. Η σκέψη και μόνο ότι κάποιος νοιάστηκε αρκετά γι' αυτόν και του χαμογέλασε, του έδωσε πολύ κουράγιο. Εκείνη τη στιγμή, θυμήθηκε ένα φίλο που δεν είχε δει πολύ καιρό και του έγραψε ένα γράμμα. Ο φίλος αυτός χάρηκε πολύ που έμαθε νέα του και έδωσε δέκα ρουπίες σε μια φτωχή γυναίκα που βρισκόταν κοντά του. Η γυναίκα αγόρασε με τα χρήματα αυτά ένα λαχείο, και ως εκ θαύματος κέρδισε τον πρώτο λαχνό! Καθώς επέστρεφε σπίτι με τα χρήματα που κέρδισε, είδε έναν άρρωστο ζητιάνο ξαπλωμένο στο πεζοδρόμιο και σκέφτηκε: «Ο Θεός μου έστειλε αυτά τα χρήματα, ας χρησιμοποιήσω λίγα για να βοηθήσω αυτόν τον φτωχό άνθρωπο». Μετέφερε λοιπόν τον ζητιάνο σ' ένα νοσοκομείο και φρόντισε να λάβει την κατάλληλη θεραπεία. Όταν εκείνος πήρε εξιτήριο από το νοσοκομείο, βρήκε ένα κουταβάκι αδύναμο από την πείνα και παγωμένο που δεν μπορούσε ούτε να περπατήσει. Το κουταβάκι γαύγισε λυπημένο και η καρδιά του ζητιάνου έλιωσε από συμπόνια. Το πήρε, το τύλιξε σ' ένα ύφασμα και άναψε μια μικρή φωτιά στην άκρη του δρόμου για να το ζεστάνει. Μοιράστηκε το φαΐ μαζί του και εκείνο μετά από τόση φροντίδα και αγάπη σύντομα δυνάμωσε. Το κουταβάκι ακολουθούσε το ζητιάνο. Ένα βράδυ, σταμάτησαν μπροστά από ένα σπίτι και ο ζητιάνος ρώτησε αν θα μπορούσαν να διανυκτερεύσουν στην αυλή. Η οικογένεια που έμενε εκεί τους το επέτρεψε. Κατά τη διάρκεια της νύχτας, ο ζητιάνος και η οικογένεια ξύπνησαν από το επίμονο γαύγισμα του σκυλιού. Ανακάλυψαν ότι είχε ξεσπάσει πυρκαγιά, κοντά μάλιστα στο υπνοδωμάτιο του παιδιού! Την τελευταία στιγμή κατάφεραν να σώσουν το παιδί, και όλοι μαζί έσβησαν τη φωτιά. Έτσι λοιπόν, το ένα καλό οδηγούσε στο άλλο. Η οικογένεια αυτή, δίνοντας στέγη στο ζητιάνο και στο σκυλί, έσωσε το παιδί της. Το παιδί αυτό μεγάλωσε και έγινε άγιος. Αμέτρητοι άνθρωποι βρήκαν ανακούφιση και γαλήνη μέσα από την καθοδήγησή του.

Αν αναλύσουμε αυτή την ιστορία, θα δούμε ότι όλες οι καλές πράξεις προήλθαν από το χαμόγελο ενός ανθρώπου. Αυτός ο άνθρωπος δεν ξόδεψε ούτε δεκάρα, το μόνο που έκανε ήταν να χαμογελάσει σε έναν άλλον άνθρωπο στο δρόμο. Αυτό το ένα χαμόγελο επηρέασε τόσους πολλούς ανθρώπους φωτίζοντας τις ζωές τους.

Ακόμα και τα πιο μικρά πράγματα που κάνουμε για τους άλλους μπορούν να μεταμορφώσουν την κοινωνία. Μπορεί να μην το αντιλαμβανόμαστε αυτό αμέσως, αλλά κάθε καλή πράξη θα φέρει οπωσδήποτε αποτέλεσμα. Πρέπει λοιπόν να εκτελούμε κάθε πράξη με τέτοιο τρόπο ώστε να ωφελούμε τους άλλους. Ακόμα κι ένα χαμόγελο έχει τεράστια αξία, ενώ δεν κοστίζει τίποτα. Στις μέρες μας δυστυχώς, οι άνθρωποι συχνά γελούν για να γελοιοποιήσουν τους άλλους. Δεν είναι αυτό που χρειαζόμαστε. Από την άλλη πλευρά, πρέπει να είμαστε ικανοί να γελάμε με τα δικά μας σφάλματα και τις αδυναμίες μας.

Κανείς δεν είναι απομονωμένο νησί. Είμαστε ενωμένοι ο ένας με τον άλλον όπως οι κρίκοι μιας αλυσίδας. Είτε το συνειδητοποιούμε είτε όχι, επηρεάζουμε τους άλλους με τις πράξεις μας. Οι αλλαγές που γίνονται σε έναν άνθρωπο αντανακλώνται στους άλλους.

Είναι λάθος να περιμένουμε να αλλάξουν οι άλλοι για να αλλάξουμε τον εαυτό μας. Αν είμαστε πρόθυμοι να αλλάξουμε, ακόμα κι αν οι άλλοι δεν είναι, θα δούμε αντίστοιχες αλλαγές και στην κοινωνία επίσης. Μην αποκαρδιώνεσαι αν δεν βλέπεις κάποιο αισθητό αποτέλεσμα στον εαυτό σου. Η μεταμόρφωση γίνεται εσωτερικά. Κάθε θετική αλλαγή που γίνεται σε εμάς θα επηρεάσει αναπόφευκτα και την κοινωνία ως σύνολο.

Ερώτηση: Το χαμόγελο της Άμμα έχει κάτι το πολύ ιδιαίτερο. Ποιος είναι ο λόγος γι' αυτό;

Άμμα: Η Άμμα χαμογελά αυθόρμητα, όχι σκόπιμα. Όταν γνωρίζεις τον Εαυτό, υπάρχει μόνο ευδαιμονία. Το χαμόγελο είναι η φυσική έκφραση αυτής της ευδαιμονίας. Μήπως το σεληνόφως ή μια βραδιά με πανσέληνο πρέπει να εξηγήσουν τον εαυτό τους;

Ερώτηση: Συχνά όμως βλέπουμε δάκρυα στα μάτια σου, ιδίως όταν παρηγορείς τους ανθρώπους. Μήπως η φυσική ευδαιμονία που νιώθεις επηρεάζεται από τις εξωτερικές καταστάσεις;

Άμμα: Ο νους της Άμμα λειτουργεί σαν καθρέφτης. Ένας καθρέφτης αντανακλά οτιδήποτε βρίσκεται μπροστά του. Όταν τα παιδιά της Άμμα κλαίνε, ο πόνος τους αντανακλάται στην Άμμα και τρέχουν δάκρυα από τα μάτια της. Η Άμμα θέλει τα παιδιά της να είναι ευτυχισμένα. Μπορεί να φαίνεται ότι η Άμμα είναι θλιμμένη, αλλά στον εσωτερικό Εαυτό της, η Άμμα δεν αισθάνεται θλίψη.

Κεφάλαιο τρίτο

Περί Αθανασίας

Τον Μάρτιο του 1995, η Άμμα και οι κάτοικοι του άσραμ επέστρεφαν στο Αμριταπουρί μετά τα εγκαίνια του ναού Μπραχμαναστάμ στο Δελχί. Το ταξίδι θα διαρκούσε μια εβδομάδα. Ακόμα και κατά τη διάρκεια του ταξιδιού, η Άμμα φρόντιζε να μην διαταραχθεί το καθημερινό πρόγραμμα της πνευματικής άσκησης των παιδιών της. Έχοντας ταξιδέψει όλη την ημέρα, η ομάδα σταματούσε το σούρουπο συνήθως κοντά σε κάποιο ποτάμι ή λίμνη. Μετά το μπάνιο, όλοι μαζεύονταν κοντά στην Άμμα για να διαλογιστούν και να τραγουδήσουν μπάτζαν (λατρευτικά τραγούδια).

Το βράδυ της τρίτης ημέρας του ταξιδιού, τα μέλη της ομάδας έψαξαν για κάποιο ποτάμι ή λίμνη κοντά στο δρόμο τους, αλλά δεν βρήκαν τίποτα. Η Άμμα, βλέποντας ότι όλοι ήταν ανήσυχοι μπροστά στο ενδεχόμενο να χάσουν το βραδινό τους μπάνιο, είπε: «Δεν θα χάσουμε το μπάνιο μας παιδιά μου! Μην ανησυχείτε, κάπου θα υπάρχει νερό εδώ κοντά». Κατόπιν, ζήτησε να σταματήσει το λεωφορείο με το οποίο ταξίδευαν σ' ένα συγκεκριμένο μέρος. Οι ντόπιοι, όταν ρωτήθηκαν, απάντησαν: «Δεν έχουμε ποτάμι ή λίμνη εδώ. Υπάρχει έλλειψη νερού στην περιοχή». Μόλις το άκουσε αυτό η Άμμα, παρηγόρησε τους πιστούς λέγοντας: «Όχι, όχι, η Άμμα πιστεύει ότι υπάρχει νερό σ' αυτό το μέρος, πηγαίνετε να τους ρωτήσετε ξανά!» Οι μπραχματσάρι[31] πήγαν και ρώτησαν ξανά. Τότε μερικοί από τους ντόπιους θυμήθηκαν: «Α ναι! Υπάρχει ένα λατομείο εδώ κοντά.

---

[31] Άγαμος μαθητής που υποβάλλεται σε πνευματική πειθαρχία, συνήθως στο πλάι ενός πνευματικού δασκάλου.

Το σημείο όπου έσκαβαν και έκοβαν τις πέτρες έχει γεμίσει με νερό, είναι σαν μικρή λίμνη».

Η Άμμα και η ομάδα της ακολούθησαν τις οδηγίες των ντόπιων, περπάτησαν μια μικρή απόσταση και έφθασαν σε δυο μικρές λίμνες γεμάτες καθαρό νερό. Κολύμπησαν όλοι με την Άμμα γεμάτοι χαρά. Κατόπιν η ομάδα μαζεύτηκε γύρω της για διαλογισμό και μετά όλοι άρχισαν να τραγουδούν μαζί της μπάτζαν. Τότε η Άμμα, σε κατάσταση έκστασης, σήκωσε τα χέρια της προς τον ουρανό και φώναξε δυνατά: «Ελάτε γρήγορα παιδιά μου, τρέξτε!». Όλοι κάθισαν για λίγο σιωπηλοί, βυθισμένοι σε μια κατάσταση ευδαιμονίας. Ένας Γάλλος πιστός που τον έλεγαν Ντανιέλ, είπε: «Άμμα, είμαστε πολύ χαρούμενοι που κολυμπήσαμε μαζί σου. Είναι σαν να πήγαμε στα Ιμαλάια και να κάναμε μπάνιο στον Γάγγη (τον ιερό ποταμό της Ινδίας). Όταν ακυρώθηκε η επίσκεψή σου στο Ρισικές, απογοητευτήκαμε πολύ γιατί χάσαμε την ευκαιρία να κάνουμε μπάνιο στον Γάγγη. Τώρα είμαστε πολύ ικανοποιημένοι».

Άμμα: Παιδιά μου, οι ναοί και τα ιερά ύδατα βοηθούν τους κοινούς ανθρώπους να ακολουθήσουν τον πνευματικό δρόμο, μέχρι όμως να βρουν έναν αληθινό δάσκαλο. Κάποιος που έχει παραδοθεί σ' έναν τέτοιο δάσκαλο δεν χρειάζεται να αναζητά ιερούς ποταμούς. Ένας τέλειος Μαχάτμα είναι η συμβολή όλων των ιερών υδάτων. Η πλήρης παράδοση σε ένα δάσκαλο ισοδυναμεί με μπάνιο σε όλα τα ιερά ύδατα.

Σύμφωνα με ένα ρητό, η κατοικία του δασκάλου είναι το Μπενάρες[32] και το νερό που χρησιμοποιείται για να πλυθούν τα πόδια του δασκάλου είναι ο Γάγγης. Πράγματι, το νερό που ακουμπά τα πόδια ενός Μαχάτμα, είναι «νερό του Γάγγη». Το νερό της τελετής *πάντα πούτζα*[33] είναι φορτισμένο με την ενέργεια

---

[32] Πόλη που θεωρείται από τα ιερότερα μέρη της Ινδίας.
[33] Το νερό που χρησιμοποιείται στο τελετουργικό πλύσιμο των ποδιών του δασκάλου, σύμφωνα με την ινδουιστική παράδοση.

του Μαχάτμα. Αν κάποιος πιει το νερό αυτό, δεν χρειάζεται να πάει στο Μπενάρες, ή οπουδήποτε αλλού. Δεν υπάρχει τίποτα πιο εξαγνιστικό από το νερό της *πάντα πούτζα*, αυτός είναι ο αληθινός Γάγγης.

Ερώτηση: Άμμα, πώς αποκτούν τα νερά των ιερών ποταμών τέτοια ιερότητα και αγνότητα;

Άμμα: Όλα τα ποτάμια πηγάζουν από τα βουνά. Δεν υπάρχει καμία διαφορά στο νερό που κυλάει στα ποτάμια. Ποια είναι λοιπόν η διαφορά ανάμεσα στο Γάγγη και τ' άλλα ποτάμια; Γιατί δεν μεταδίδεται καμία ασθένεια σε όσους κάνουν μπάνιο στο Γάγγη[34];

Πολλοί Μαχάτμα κάνουν μπάνιο σε ποτάμια όπως ο Γάγγης και ο Νάρμαντα και πολλοί ασκητές επίσης διαλογίζονται στις όχθες τους. Έτσι τα ποτάμια αποκτούν τον ιερό χαρακτήρα τους. Ένα ποτάμι γίνεται ιερό όταν οι Μαχάτμα κάνουν μπάνιο σε αυτό. Οι αγνές δονήσεις τους συγχωνεύονται με το νερό. Όποιος βρίσκεται στο νερό κοντά σε έναν Μαχάτμα, γεύεται λίγη από την ευδαιμονία του Μπράχμαν και είναι σαν να κάνει μπάνιο στο Γάγγη οπουδήποτε κι αν βρίσκεται.

Εντούτοις, η πίστη είναι το θεμέλιο των πάντων. Αν διαθέτουμε αγάπη και πίστη όλα τα ύδατα γίνονται ιερά. Ξέρετε την ιστορία του Πάκαναρ; Ένας βραχμάνος ετοιμαζόταν να επισκεφτεί το Μπενάρες. Κάλεσε λοιπόν τον Πάκαναρ να πάει μαζί του για να κάνουν μπάνιο στο Γάγγη και να λάβουν το ντάρσαν του Κυρίου Βίσβανατ του Μπενάρες. Αλλά ο Πάκαναρ δεν μπορούσε να πάει και είπε: «Εφόσον θα πας εσύ έτσι κι αλλιώς, θα σου ήμουν ευγνώμων αν έπαιρνες το ραβδί μου, το βύθιζες στο νερό του Γάγγη και μου το έφερνες πίσω». Ο βραχμάνος συμφώνησε

---

[34] Εδώ η Άμμα αναφέρεται στα λύματα που καταλήγουν στις μέρες μας στο Γάγγη, στα εκατομμύρια των ανθρώπων που κάνουν μπάνιο σ' αυτόν και στα πτώματα που επίσης ρίχνονται στα νερά του.

και πήρε μαζί του το ραβδί του Πάκαναρ στο Μπενάρες. Όταν όμως έφτασε εκεί και έκανε μπάνιο στον Γάγγη, το ρεύμα του ποταμού παρέσυρε το ραβδί. Όταν επέστρεψε, ο βραχμάνος εξήγησε στον Πάκαναρ πώς χάθηκε το ραβδί του. Εκείνος τότε του είπε: «Μην ανησυχείς! Θα το ξαναβρώ το ραβδί». Βούτηξε τότε σε μια λιμνούλα που υπήρχε κοντά στο σπίτι του και επέστρεψε με το ίδιο ραβδί! Είπε τότε στον βραχμάνο: «Αν έχεις αρκετή πίστη, το νερό μπορεί να γίνει ο ιερός Γάγγης, αλλά χωρίς πίστη ο Γάγγης και ο Γιάμουνα δεν είναι τίποτα άλλο από συνηθισμένο νερό».

Ερώτηση: Επομένως, όταν η Άμμα είναι μαζί μας, όλα τα ιερά ύδατα βρίσκονται εδώ. Κι όμως, μερικοί άνθρωποι πήγαν στο Ρισικές και στο Χαριντβάρ[35].

Άμμα: Η πίστη τους είναι περιορισμένη. Όταν συναντήσεις έναν Μαχάτμα, πρέπει να έχεις την αθώα πίστη και παράδοση ενός παιδιού. Αν κάποιος αναζητά ιερά μέρη και ποτάμια ακόμα κι όταν έχει βρει έναν πνευματικό δάσκαλο, αυτό σημαίνει ότι η πίστη του δεν είναι ακόμα σταθερή. Μπορείς να πάρεις οτιδήποτε χρειάζεσαι από έναν αληθινό δάσκαλο. Δεν υπάρχει ανάγκη να ψάχνεις αλλού.

Έχετε ακούσει την ιστορία του Γκανέσα; Ο Γκανέσα και ο Μούρουγκα είδαν την μητέρα τους, την Ντέβι Πάρβατι (τη Θεϊκή Μητέρα), να κρατά ένα ζουμερό φρούτο στο χέρι της. Και οι δύο τότε της το ζήτησαν. Η Θεϊκή Μητέρα υποσχέθηκε να δώσει το φρούτο σε εκείνον που θα κατάφερνε να κάνει γρηγορότερα το γύρο του κόσμου. Ο Μούρουγκα καβάλησε το παγόνι του και ξεκίνησε αμέσως. Αλλά ο Γκανέσα που ήξερε ότι όλο το σύμπαν εμπεριέχεται μέσα στους Θεϊκούς γονείς του, δεν πήγε πουθενά.

---

[35] Όταν η Άμμα ακύρωσε το ταξίδι της στα Ιμαλάια, μερικοί απογοητευμένοι πιστοί από δυτικές χώρες, πήγαν μόνοι τους στο Ρισικές και στο Χαριντβάρ (δύο ιερές πόλεις στους πρόποδες των Ιμαλάιων).

Περπάτησε γύρω γύρω από τους γονείς του και ζήτησε το φρούτο από τη μητέρα του. Η Θεά του το έδωσε με ευχαρίστηση. Εκείνος που ήξερε ότι ολόκληρη η δημιουργία εμπεριέχεται στον Σίβα και στην Πάρβατι, τον Πατέρα και τη Μητέρα του σύμπαντος, έλαβε το φρούτο της αθανασίας. Κατά τον ίδιο τρόπο, αν αναζητήσετε καταφύγιο σε έναν αληθινό δάσκαλο, τα πάντα θα σας δοθούν. Όλες οι θεότητες και όλοι οι κόσμοι εμπεριέχονται στα ιερά πόδια του δασκάλου. Η πίστη σας όμως στον πνευματικό δάσκαλο πρέπει να είναι ακλόνητη και συνεχής.

Το να βρίσκεστε κοντά στην Άμμα δεν είναι πάντα εύκολο. Ενδέχεται να βιώσετε κάποιο πόνο και να αντιμετωπίσετε δυσκολίες. Μόλις συναντήσετε μερικά μικρά εμπόδια στο δρόμο σας, μπορεί να νιώσετε την παρόρμηση να φύγετε. Κάποιος μπορεί να θελήσει να πάει στο Μπενάρες, άλλος στο Χαριντβάρ ή στα Ιμαλάια για να κάνει πνευματική άσκηση. Δεν αντιλαμβάνεστε όμως παιδιά μου τον τρόπο με τον οποίο ένας Μαχάτμα εργάζεται μαζί σας. Δεν το καταλαβαίνετε και γι' αυτό απογοητεύεστε. Η Άμμα επεμβαίνει στον εσωτερικό σας κόσμο, πολύ βαθιά, χωρίς εξωτερικά σημάδια. Οι αλλαγές που επιφέρει είναι πολύ βαθιές. Αφαιρεί τα βασάνα (νοητικές τάσεις, επιθυμίες) του νου σας με λεπτούς χειρισμούς. Δεν το βλέπετε αυτό. Μπορεί να είναι απαραίτητο να απομακρύνει πολλά πράγματα. Η Άμμα αφαιρεί το πύον από τις εσωτερικές πληγές σας και αυτό μερικές φορές είναι επώδυνο.

Η διαδικασία αυτή μοιάζει με το φαινόμενο που παρατηρείται όταν ένας μαγνήτης κινείται κάτω από ένα τραπέζι, στο οποίο βρίσκονται μερικά μεταλλικά αντικείμενα και εσείς μπορείτε να δείτε μόνο αυτά και όχι το μαγνήτη. Όταν ο μαγνήτης κινείται, τα μεταλλικά αντικείμενα κινούνται και αλλάζουν θέση, χωρίς να αντιλαμβάνεστε το πώς και το γιατί. Έτσι κι εσείς, δεν μπορείτε να κατανοήσετε τι συμβαίνει μέσα σας και καθώς η διαδικασία είναι επώδυνη, ενδεχομένως να θελήσετε να φύγετε μακριά.

Τα βασάνα σας πεθαίνουν γρήγορα στην παρουσία ενός αληθινού δασκάλου. Όταν όλα τα βασάνα πεθάνουν, τότε έρχεται η συνειδητοποίηση του Εαυτού. Παιδιά μου, αν κάνετε μόνοι σας πνευματική άσκηση, δεν είναι σίγουρο ότι θα καταφέρετε να εξαντλήσετε το κάρμα εκατό ζωών σ' αυτήν εδώ τη ζωή. Αν όμως μείνετε κοντά σε ένα δάσκαλο και ασκηθείτε πνευματικά, το κάρμα χιλίων ζωών μπορεί να εξαλειφθεί.

Όταν κάνετε πνευματική άσκηση κοντά σε ένα πνευματικό δάσκαλο είναι σαν να σκάβετε ένα μικρό λάκκο κοντά σε κάποιο ποτάμι. Είναι βέβαιο ότι θα βρείτε νερό. Όταν κάνετε πνευματική άσκηση μόνοι σας είναι σαν να σκάβετε για νερό πάνω σ' ένα βράχο. Ένας μαθητής που έχει παραδοθεί ολοκληρωτικά στον πνευματικό του δάσκαλο, δεν θα τον εγκαταλείψει ποτέ. Η σκέψη να φύγει από κοντά του ούτε καν θα περάσει απ' το μυαλό του. Ακόμα κι αν έρθει ο Θεός, ο μαθητής θα προτιμήσει να μείνει με τον δάσκαλο παρά ν' ακολουθήσει το Θεό.

Κάποτε, ζούσε ένας μεγάλος σοφός που είχε πολλούς μαθητές. Μια μέρα τους κάλεσε όλους κοντά του και είπε: «Εξαιτίας των πράξεών μου στο παρελθόν, αυτό το σώμα θα αρρωστήσει σύντομα με λέπρα και θα χάσει την όρασή του. Θα πάω στο Μπενάρες και θα μείνω εκεί. Υπάρχει κανείς ανάμεσά σας που είναι διατεθειμένος να έρθει μαζί μου και να με υπηρετήσει τις μέρες του πόνου που έρχονται;».

Οι μαθητές κοίταζαν ο ένας τον άλλο με μάτια γεμάτα έκπληξη και απορία, αλλά κανείς δεν μιλούσε. Τότε, ο νεότερος μαθητής σηκώθηκε και είπε: «Σεβαστέ δάσκαλε, εγώ θα έρθω μαζί σου».

Ο δάσκαλος όμως απάντησε: «Γιε μου, είσαι πολύ νέος και δεν ξέρεις ακόμα τι σημαίνει να υπηρετείς». Ο μαθητής με τη σειρά του είπε: «Σεβαστέ δάσκαλε, είμαι έτοιμος και θα έρθω οπωσδήποτε μαζί σου!» Ο δάσκαλος προσπάθησε να τον μεταπείσει, αλλά ο μαθητής ήταν ανένδοτος. Τόσο βαθιά ήταν η επιθυμία του να υπηρετήσει το δάσκαλο. Έτσι λοιπόν οι δυο τους ξεκίνησαν το ταξίδι προς το Μπενάρες.

Έφτασαν εκεί και σύντομα το σώμα του δασκάλου εκδήλωσε πράγματι τη φοβερή αρρώστια και έχασε και την όρασή του. Οι μέρες περνούσαν και ο μαθητής υπηρετούσε με τη μέγιστη αφοσίωση το δάσκαλο. Ποτέ δεν τον άφηνε μόνο του, παρά μόνο όταν πήγαινε να ζητιανέψει το φαγητό τους ή όταν πήγαινε να πλύνει τα ρούχα του δασκάλου. Συνεχώς ήταν απασχολημένος προσπαθώντας να ικανοποιήσει ακόμα και την παραμικρή ανάγκη του δασκάλου του.

Παρά την ακλόνητη πίστη και αφοσίωση του μαθητή, ο δάσκαλος συχνά τον μάλωνε αυστηρά και τον κατηγορούσε για λάθη που δεν είχε κάνει. Τον επέπληττε λέγοντάς του ότι τα ρούχα δεν ήταν καλά πλυμένα ή ότι το φαγητό ήταν χαλασμένο. Άλλες φορές ωστόσο, ο δάσκαλος ήταν πολύ τρυφερός με τον μαθητή, λέγοντάς του ότι τον έβαζε σε τόσους πολλούς μπελάδες.

Μια μέρα, ο Κύριος Σίβα, εμφανίστηκε στο μαθητή και του είπε: «Είμαι πολύ ευχαριστημένος από την αφοσίωσή σου στο δάσκαλό σου. Μπορείς να μου ζητήσεις να σου εκπληρώσω μια ευχή». Ο μαθητής όμως δεν ήθελε να ζητήσει τίποτα προτού λάβει την άδεια του δασκάλου. Έτσι λοιπόν, έτρεξε σε αυτόν, υποκλίθηκε μπροστά του και του είπε: «Σεβαστέ μου δάσκαλε, μπορώ να ζητήσω από τον Κύριο Σίβα να θεραπεύσει τις αρρώστιες σου;»

Ο δάσκαλος θυμωμένος του απάντησε: «Εσύ δεν είσαι μαθητής μου αλλά εχθρός μου! Θέλεις να με κάνεις να γεννηθώ ξανά και να υποφέρω περισσότερο; Δεν θέλεις να εξαντλήσω το κάρμα μου τώρα και να απελευθερωθώ σε αυτή τη ζωή;»

Ο μαθητής γύρισε λυπημένος στον Κύριο Σίβα και είπε: «Κύριε, συγχώρεσε με, αλλά ο δάσκαλός μου δεν με αφήνει να ζητήσω το μοναδικό πράγμα που επιθυμώ. Για τον εαυτό μου, δεν υπάρχει τίποτα που να επιθυμώ».

Τα χρόνια περνούσαν, και ο μαθητής που ήταν η ενσάρκωση της αφοσίωσης, συνέχιζε να υπηρετεί το δάσκαλό του με την ίδια αγάπη και αφοσίωση. Μια μέρα, καθώς ο μαθητής πήγαινε στην πόλη για να ζητιανέψει φαγητό, ο Κύριος Βίσνου εμφανίστηκε μπροστά του και του είπε: «Παιδί μου, είμαι πολύ ευχαριστημένος από την αφοσίωσή σου στο δάσκαλό σου. Είμαι έτοιμος να ικανοποιήσω οποιαδήποτε ευχή σου. Δεν ζήτησες τίποτα από τον Σίβα, μην απογοητεύσεις και μένα».

Ο μαθητής τότε ρώτησε τον Βίσνου: «Εφόσον Κύριε δεν σε έχω υπηρετήσει και δεν σε μνημονεύω καθημερινά, πώς είσαι ευχαριστημένος με την αφοσίωσή μου;» Ο Κύριος Βίσνου του χαμογέλασε και είπε: «Δεν υπάρχει διαφορά ανάμεσα στον Θεό και τον δάσκαλο, ο Θεός και ο δάσκαλος είναι ένα. Αυτό που με ευχαριστεί είναι η υπηρεσία σου προς το δάσκαλό σου».

Ο μαθητής έτρεξε ξανά να πάρει την άδεια του δασκάλου προκειμένου να ζητήσει την εκπλήρωση μιας ευχής. Ο δάσκαλος του είπε: «Αν έχεις κάποια ευχή για τον εαυτό σου, πήγαινε και ζήτησέ την. Αλλά μην ζητήσεις τίποτα για λογαριασμό μου».

Ο μαθητής επέστρεψε στον Κύριο Βίσνου και είπε: «Κύριε, δώσε μου περισσότερη γνώση και σοφία, έτσι ώστε να καταλαβαίνω καλύτερα και να υπηρετώ το δάσκαλό μου σύμφωνα με τις επιθυμίες του. Τις περισσότερες φορές, λόγω της άγνοιάς μου, δεν μπορώ να καταλάβω τι επιθυμεί. Κύριε, δώσε μου τη γνώση να υπηρετώ το δάσκαλό μου σωστά». Ο Κύριος Βίσνου ικανοποιήθηκε από την απάντηση αυτή και είπε: «Ας γίνει έτσι».

Όταν ο μαθητής επέστρεψε, ο δάσκαλος τον ρώτησε τι ζήτησε από τον Κύριο και ο μαθητής τού διηγήθηκε τι είχε γίνει. Ξαφνικά, όλα τα συμπτώματα της λέπρας εξαφανίστηκαν από το δάσκαλο και η όρασή του αποκαταστάθηκε αστραπιαία. Ο δάσκαλος χαμογέλασε τότε στον εμβρόντητο μαθητή και τον αγκάλιασε.

Ο Μαχάτμα είχε προκαλέσει στον εαυτό του τη λέπρα και την απώλεια της όρασης, για να δοκιμάσει την αφοσίωση και την πίστη του νεότερου μαθητή του. Καθώς ήταν μόνιμα εδραιωμένος στην Υπέρτατη Αλήθεια, ο δάσκαλος δεν είχε καθόλου κάρμα που να έπρεπε να δουλέψει. Ευλόγησε το μαθητή του με την υπέρτατη γνώση και του είπε: «Είμαι πολύ ευχαριστημένος από την αφοσίωσή σου. Οι μαθητές που υπηρετούν το δάσκαλό τους με τέτοια αφοσίωση και πίστη όπως εσύ, δεν θα κινδυνέψουν ποτέ από τίποτα. Ας είναι όλοι οι μαθητές και οι μαθητές των μαθητών στους αιώνες που θα έρθουν, ευλογημένοι χάρη σε εσένα».

Παιδιά μου, τώρα είσαστε σαν τα μωρά. Παίζετε και γελάτε με την Άμμα, απολαμβάνετε τη συντροφιά της. Αλλά δεν καταλαβαίνετε τι κάνει η Άμμα, ή ποια πραγματικά είναι η Άμμα. Κοιτάζετε μόνο την εξωτερική Άμμα. Κανείς σχεδόν δεν ενδιαφέρεται για την Υπέρτατη Συνειδητότητα που βρίσκεται πίσω απ' αυτήν και δεν αισθάνεται επιτακτική την ανάγκη να γνωρίσει τον εσωτερικό Εαυτό. Δεν θέλετε πραγματικά να γνωρίσετε την αληθινή Άμμα.

Όταν ένα μωρό κλαίει, η μητέρα του τού βάζει μια πιπίλα στο στόμα και το μωρό την βυζαίνει. Αυτό που πραγματικά χρειάζεται το πεινασμένο μωρό είναι γάλα. Αλλά με την πιπίλα αισθάνεται ευχαριστημένο χωρίς να έχει πιει γάλα. Ο εξωτερικός κόσμος είναι σαν την πιπίλα του μωρού. Έτσι κι εσείς παιδιά μου, αισθάνεστε ευχαρίστηση με τα γέλια και το παιχνίδι. Διασκεδάζετε με τα αντικείμενα των αισθήσεων. Η Άμμα έρχεται εκεί που παίζετε και σας βάζει φαγητό στο στόμα. Επειδή είσαστε τόσο απορροφημένοι στο παιχνίδι, δεν εκτιμάτε την αξία του φαγητού που σας δίνει η Άμμα. Δεν θα προοδεύσετε αν απλά περιπλανιέστε σε ναούς και ιερούς τόπους.

Παιδιά μου, πρέπει να καλλιεργήσετε το πνεύμα της αθωότητας. Η αθωότητα και η αγνότητα της καρδιάς θα σας σώσουν. Τα πάντα είναι δυνατά με την πίστη και την εμπιστοσύνη ενός παιδιού.

Ερώτηση: Αλλά εμείς δεν έχουμε αυτή την αθωότητα, έτσι δεν είναι Άμμα; Δεν έχουμε χάσει την αθώα καρδιά ενός παιδιού;

Άμμα: Όχι, δεν έχετε χάσει αυτή την αθωότητα. Βρίσκεται ακόμα μέσα σας. Όταν παίζετε μ' ένα μικρό παιδί, δεν γίνεστε αυθόρμητα σαν αυτό; Προσαρμόζετε τη συμπεριφορά σας στο επίπεδό του. Όταν βάζετε φαγητό στο στόμα του παιδιού, δεν ανοίγετε επίσης και το δικό σας στόμα όπως το παιδί; Όταν παίζουμε με τα παιδιά ξεχνάμε τα πάντα και γινόμαστε όπως αυτά απολαμβάνοντας κάθε στιγμή. Ξεχνάμε τον εγωισμό μας γιατί γινόμαστε ένα με τις γεμάτες αθωότητα καρδιές των παιδιών.

Αλλά ο νους βάζει τόσο συχνά εμπόδια στο δρόμο της καρδιάς. Πρέπει να αφήσουμε τον ορθολογιστικό νου και να εισχωρήσουμε βαθιά στον κόσμο της καρδιάς. Ακολουθήστε την καρδιά, παιδιά μου. Αν ανακατέψουμε άμμο και ζάχαρη, τα μυρμήγκια θα έρθουν και θα ξεδιαλέξουν μόνο τη ζάχαρη. Θα απολαύσουν τη γλυκύτητά της. Αλλά ένας άνθρωπος, που λειτουργεί μόνο με το νου του, δεν μπορεί να το κάνει αυτό. Τα βλέπει όλα επιφανειακά. Για να νιώσουμε τη γλυκύτητα πρέπει να ανοίξουμε την καρδιά μας.

Ερώτηση: Άμμα, φαίνεται ότι ο νους μάς παρασύρει όπου θέλει χωρίς καν να το συνειδητοποιούμε. Τι μπορούμε να κάνουμε γι' αυτό;

Άμμα: Παιδιά μου, μέχρι τώρα έχετε τοποθετήσει την πίστη σας στο νου. Αλλά ο νους μοιάζει με πίθηκο που πηδάει από κλαρί σε κλαρί, από τη μια σκέψη στην άλλη, και θα συνεχίσει να το κάνει μέχρι την τελευταία του στιγμή. Ο νους θα είναι παρών μέχρι το τέλος. Το να προσπαθούμε να κάνουμε το νου σύμμαχό μας, είναι σαν να θέλουμε να γίνουμε φίλοι με έναν ανόητο. Πάντα θα μας δημιουργεί προβλήματα, ποτέ δεν θα βρούμε γαλήνη. Επιπλέον, αν κάνουμε παρέα με ανόητους, στο τέλος θα γίνουμε κι εμείς ανόητοι. Το να εμπιστεύεται και να ακολουθεί κανείς το νου, είναι επιπολαιότητα. Μην αφήνετε το νου να σας παγιδεύει. Πρέπει πάντα να θυμόμαστε το στόχο – τη φώτιση – και να μην αφήνουμε τίποτα να μας αποσπά την προσοχή στο δρόμο μας. Κουβαλάτε μαζί σας όλα τα σαμσκάρα, γι' αυτό πρέπει να προχωράτε αργά αργά, βήμα βήμα. Είναι μια αργή διαδικασία που απαιτεί πίστη και εμπιστοσύνη. Είναι σημαντικό να μην προσκολλείστε στις σκέψεις και να μην αφήνετε το νου να σας παρασύρει.

Ερώτηση: Άμμα, οι κακές σκέψεις συνεχίζουν να εμφανίζονται στο νου μου όσο σκληρά κι αν προσπαθώ να μην τις σκέφτομαι.

Άμμα: Μην φοβάσαι. Μην δίνεις καμία σημασία σε τέτοιες σκέψεις όταν εμφανίζονται. Ας υποθέσουμε ότι ταξιδεύουμε ως προσκυνητές με λεωφορείο. Από το παράθυρο βλέπουμε τα τοπία. Μερικά είναι όμορφα, άλλα όχι. Ανεξάρτητα όμως από την ομορφιά τους, τα ξεχνάμε μόλις το λεωφορείο τα προσπεράσει. Δεν σταματάμε το λεωφορείο κάθε φορά που εντοπίσουμε κάτι ενδιαφέρον. Εκτιμούμε την ομορφιά, αλλά συνεχίζουμε το δρόμο μας χωρίς στάση, κρατώντας το νου μας στον προορισμό. Διαφορετικά δεν θα φτάσουμε ποτέ. Πρέπει να εστιαστούμε στο στόχο. Αφήστε τις σκέψεις και τα βάσανα που εμφανίζονται στο νου να περνούν όπως τα τοπία που βλέπουμε μέσα από το παράθυρο του λεωφορείου. Μην τους επιτρέπετε να σας αποσπάσουν την προσοχή και τότε δεν θα σας επηρεάζουν τόσο πολύ.

Ο νους έχει δύο πλευρές. Η μία είναι προσηλωμένη στο στόχο της φώτισης. Η άλλη είναι στραμμένη μονάχα στον εξωτερικό κόσμο. Μια συνεχής μάχη διεξάγεται ανάμεσα στις δύο αυτές πλευρές. Αν δεν ταυτίζεσαι με τις σκέψεις που εμφανίζονται στο νου και δεν τους δίνεις ιδιαίτερη σημασία, δεν υπάρχει πρόβλημα.

Ο νους μοιάζει με έναν καθρέφτη που βρίσκεται στην άκρη του δρόμου και αντανακλά οτιδήποτε περνά από μπροστά του. Κατά τον ίδιο τρόπο, ο νους ακολουθεί οτιδήποτε βλέπουμε ή ακούμε. Δεν έχει όμως την ιδιότητα του καθρέφτη, όλα να εξαφανίζονται μόλις απομακρυνθούν απ' αυτόν και αυτός να μην επηρεάζεται απ' όλα όσα αντανακλά. Έτσι πρέπει να είναι κι ο νους μας. Πρέπει να αφήνουμε οτιδήποτε βλέπουμε, ακούμε ή σκεφτόμαστε εδώ κι εκεί, όπως ένα τοπίο που προσπερνάμε στο δρόμο. Δεν πρέπει να προσκολλούμαστε σε τίποτα. Οφείλουμε να γνωρίζουμε ότι οι σκέψεις που έρχονται και φεύγουν, ανήκουν στο νου και δεν επηρεάζουν τον Εαυτό. Να ζείτε σαν απλοί παρατηρητές.

Αν θέλετε να απολαύσετε την ομορφιά ενός ποταμού που κυλά – όχι μόνο το νερό, αλλά επίσης τα ψάρια και τα άλλα όντα που βρίσκονται στο νερό, τα πάντα όσα συνθέτουν τη φύση του ποταμού – είναι καλύτερο να καθίσετε στην όχθη του και να τον παρατηρήσετε. Αν πηδήξετε μέσα στο νερό, το ρεύμα μπορεί να σας παρασύρει και υπάρχει κίνδυνος να πνιγείτε. Δεν θα μπορέσετε να βιώσετε την ομορφιά του ποταμού. Παρομοίως, ζείτε σαν παρατηρητές, χωρίς να παρασέρνεστε από τη ροή του νου. Μάθετε να αποσπάστε απ' αυτόν.

Θα πρέπει να ελέγχετε το νου και να έχετε τη δύναμη να τον σταματάτε – όπως τα φρένα ενός καινούργιου αυτοκινήτου, που ελέγχουν την ταχύτητά του και σταματούν το όχημα όποτε είναι απαραίτητο.

Οι άνθρωποι έχουν πίστη στο νου τους, αλλά όχι στον πνευματικό δάσκαλο. Το να εμπιστεύεσαι όμως το νου είναι σαν να αφήνεις την τύχη σου στο έλεος ενός ανόητου. Ο νους είναι ανόητος. Διασκεδάζει αντανακλώντας μόνο την επιφάνεια των πραγμάτων που βλέπει, χωρίς να συλλαμβάνει τη βαθύτερη αλήθεια.

Το σάτσανγκ – το να βρίσκεται δηλαδή κανείς στην παρουσία μιας μεγάλης ψυχής, η ανάγνωση πνευματικών βιβλίων και η παρακολούθηση πνευματικών ομιλιών – είναι πολύ σημαντικό. Αυτές οι δραστηριότητες θα σας βοηθήσουν να αναπτύξετε την ικανότητα της διάκρισης και θα σας χαρίσουν ειρήνη. Η προσωπική προσπάθεια είναι επίσης απαραίτητη. Το μονοπάτι που πρέπει να διαβούμε είναι γεμάτο εμπόδια. Οφείλουμε πάντα να είμαστε σε εγρήγορση, σαν να διασχίζουμε μια ολισθηρή γέφυρα που είναι αχρησιμοποίητη για πολύ καιρό και καλυμμένη από λάσπη. Κάθε στιγμή υπάρχει κίνδυνος να πέσουμε και πρέπει να προσέχουμε σε κάθε μας βήμα. Αν πέσουμε, θα πρέπει αμέσως να σηκωθούμε. Η πτώση συμβαίνει στην πραγματικότητα για να εκπαιδεύουμε τον εαυτό μας να σηκώνεται ξανά. Η νίκη και η ήττα είναι στη φύση της ζωής. Από εδώ και στο εξής να κάνετε το κάθε σας βήμα με μεγαλύτερη επίγνωση. Δεν είναι καλό να βρίσκεστε σε μια δύσκολη ή αρνητική κατάσταση χωρίς να κάνετε κάτι γι' αυτό. Να γνωρίζετε ότι ο κίνδυνος της πτώσης θα υπάρχει μέχρι την τελευταία στιγμή, μέχρι να διαβείτε το κατώφλι της απελευθέρωσης.

Πρέπει να χρησιμοποιούμε τη διάκρισή μας όταν οι επιθυμίες, ο θυμός και η ζήλεια εμφανίζονται στο νου. Να βρίσκεστε συνεχώς σε εγρήγορση καθώς προχωράτε παιδιά μου, γιατί μπορεί να πέσετε ανά πάσα στιγμή.

Ερώτηση: Αν πέσουμε, θα μας βοηθήσει η Άμμα να σηκωθούμε ξανά;

Άμμα: Να γνωρίζετε ότι η Άμμα είναι πάντα μαζί σας. Να έχετε πίστη. Παιδιά μου, δεν υπάρχει λόγος να φοβάστε. Χρειάζεται όμως προσπάθεια και επιμονή από την πλευρά σας. Αν καλέσετε την Άμμα με αθωότητα και πίστη, εκείνη είναι πάντα έτοιμη να σας βοηθήσει. Αν πέσετε, σηκωθείτε αμέσως. Μετατρέψτε την πτώση σε πρόοδο.

Ερώτηση: Οι φωτισμένοι Μαχάτμα έχουν προτιμήσεις και αντιπάθειες;

Άμμα: Όχι, σ' αυτή την κατάσταση όλα είναι το ίδιο, δεν υπάρχουν προτιμήσεις. Υπάρχει μόνο η επίγνωση που παρατηρεί. Ένας Μαχάτμα είναι κύριος του νου του και μπορεί πάντα να πει όχι. Αν ο Μαχάτμα θέλει να παίξει το παιχνίδι, χρησιμοποιεί το νου του για να το κάνει, αλλά μπορεί να τον ελέγξει και να τον σταματήσει ανά πάσα στιγμή. Ο νους ενός Μαχάτμα μοιάζει με τα φρένα ενός ακριβού αυτοκινήτου. Όταν πατήσεις φρένο, ακόμα και σε μεγάλη ταχύτητα, το αυτοκίνητο σταματά αμέσως χωρίς να γλιστρά.

Οι συνηθισμένοι άνθρωποι παρασύρονται από το νου τους, πηγαίνουν όπου εκείνος τους κατευθύνει. Ένας Μαχάτμα όμως ελέγχει απόλυτα το νου του και απλά παρατηρεί όσα συμβαίνουν γύρω του. Η Άμμα μιλά εδώ για πραγματικούς Μαχάτμα, όχι για εκείνους που περιφέρονται και διακηρύσσουν ότι είναι ελεύθεροι από όλα τα δεσμά, ενώ ακόμα κουβαλούν επιθυμίες και θυμό μέσα τους.

Κεφάλαιο τέταρτο

Κρίσνα: ο Κύριος της Γιόγκα, προστάτης του Ντάρμα

Ερώτηση: Η προσωπικότητα του Κυρίου Κρίσνα διαπερνά ολόκληρη την ιστορία της Ινδικής κουλτούρας. Εντούτοις, είναι δύσκολο να εξηγηθούν πολλές από τις πράξεις Του. Ορισμένες από αυτές φαίνονται ακόμα και άδικες. Τι έχει να πει η Άμμα σχετικά με το θέμα αυτό;

Άμμα: Για όποιον έχει καταλάβει πραγματικά το Υπέρτατο Ον, τον Σρι Κρίσνα, δεν υπάρχουν αμφιβολίες σχετικά με τις πράξεις Του. Η ζωή Του θα εξακολουθήσει να αποτελεί πρότυπο για τις μελλοντικές γενεές, όπως και στο παρελθόν. Η δόξα Του δεν έχει προηγούμενο. Η ιστορία Του είναι πηγή χαράς και έμπνευσης για ανθρώπους απ' όλες τις κοινωνικές τάξεις.

Αν ένα εστιατόριο σερβίρει μόνο έναν τύπο φαγητού, θα προσελκύει μόνο πελάτες που αγαπούν τη συγκεκριμένη κουζίνα. Αν όμως προσφέρει μια μεγάλη ποικιλία φαγητών, πολύς κόσμος θα πηγαίνει εκεί, γιατί όλοι θα βρίσκουν κάτι που να τους αρέσει. Έτσι και οι διδασκαλίες του Σρι Κρίσνα είναι κατάλληλες για όλους. Δεν ήρθε για χάρη κάποιας συγκεκριμένης κοινωνικής κατηγορίας. Έδειξε σε όλους, ακόμα και σε πόρνες, ληστές και δολοφόνους, το μονοπάτι για την πνευματική πρόοδο. Ο Κύριός μας εμπνέει να ακολουθήσουμε το πραγματικό ντάρμα μας, να παραμείνουμε σταθεροί σε αυτό και να προχωρήσουμε στη ζωή προς τον τελικό στόχο.

Ο Κύριος δεν μας ζητά να σπαταλάμε το χρόνο μας θρηνώντας για τα λάθη του παρελθόντος. Δεν είναι αυτός ο δρόμος Του. Μας διδάσκει να διορθώνουμε τα λάθη και να προχωράμε μπροστά. Δεν υπάρχει αμαρτία που να μην μπορεί να διορθωθεί με τα δάκρυα της μετάνοιας. Μόλις όμως καταλάβουμε ποιο είναι το σωστό, δεν πρέπει να συνεχίζουμε να επαναλαμβάνουμε τα ίδια σφάλματα. Ο νους μας πρέπει να αναπτύξει την απαραίτητη δύναμη για να παραμένει στο σωστό δρόμο. Ο Κύριος μας έδειξε πώς να το κάνουμε αυτό. Δίδαξε τον καταλληλότερο τρόπο για τον καθένα μας, προκειμένου να προχωράμε από το επίπεδο που βρισκόμαστε. Το μονοπάτι που ακολουθεί κάποιος δεν είναι απαραίτητα το καταλληλότερο για κάποιον άλλο. Αυτό δεν σημαίνει ότι υπάρχουν αδυναμίες ή ελλείψεις στη διδασκαλία του Κυρίου. Σημαίνει απλά ότι η διδασκαλία Του λαμβάνει υπόψη τις διαφορές που υπάρχουν στη νοητική ιδιοσυγκρασία των ανθρώπων.

Το Υπέρτατο Ον, ο Σρι Κρίσνα, ήρθε για να εξυψώσει τους πάντες. Οι άνθρωποι αμφισβητούν ορισμένες πράξεις Του μόνο και μόνο γιατί αδυνατούν να τον καταλάβουν πραγματικά. Παρατηρώντας ένα τοπίο από χαμηλά, μπορεί να δούμε λόφους και κοιλάδες, χωράφια και δάση. Αν όμως κοιτάξουμε το ίδιο τοπίο από ψηλά, θα δούμε τα πάντα ως μια μεγάλη έκταση πράσινου. Είναι θέμα λοιπόν οπτικής γωνίας. Αν εξετάσουμε τις πράξεις του Κυρίου με ανοιχτό νου, θα δούμε καθαρά ότι κάθε πράξη Του αποσκοπούσε στην πνευματική εξύψωση των ανθρώπων. Αν από την άλλη, τις κοιτάξουμε με μάτια γεμάτα αμφιβολία, όλες θα μας φανούν λάθος. Εκείνοι που βλέπουν τον κόσμο μέσα από αυτό το πρίσμα, δεν μπορούν να δουν το καλό πουθενά. Δεν φταίει όμως ο Θεός γι᾽ αυτό, αλλά τα αρνητικά σαμσκάρα που κουβαλάνε στο νου τους. Ο Κύριος Κρίσνα δείχνει ακόμα και σ᾽ αυτούς τους ανθρώπους το δρόμο της πνευματικής προόδου. Η Ινδία έχει παρακμάσει σήμερα σε τέτοιο βαθμό, γιατί δεν αφομοίωσε σωστά τις διδασκαλίες του Κυρίου.

Ένα παιδί παίρνει για τα γενέθλιά του ένα δώρο όμορφα τυλιγμένο σε χρωματιστό χαρτί. Γοητευμένο από τη συσκευασία, δεν ανοίγει καν το πακέτο και δεν βρίσκει το πολύτιμο δώρο που υπάρχει μέσα του. Αυτό συνέβη και στους ανθρώπους σε σχέση με τη διδασκαλία του Κυρίου Κρίσνα. Μερικοί εντυπωσιάστηκαν από τα θαύματα που έκανε, ενώ άλλοι είδαν μόνο σφάλματα στις πράξεις Του και του άσκησαν κριτική. Κανείς απ' αυτούς δεν κατανόησε την ουσία της διδασκαλίας Του. Εξαιτίας της στάσης τους, έχασαν τον ίδιο τον Κύριο. Και οι δύο πλευρές πέταξαν τον καρπό της διδασκαλίας και ασχολήθηκαν με τα φλούδια! Δεν ήταν έτοιμοι να κατανοήσουν το μήνυμα της ζωής Του. Αντί να παραμένουμε στο επίπεδο του εγκωμιασμού ή της κριτικής των Μαχάτμα, θα πρέπει αντιθέτως να αφομοιώνουμε το μήνυμα των ευλογημένων ζωών τους. Κατ' αυτό τον τρόπο, θα ζούμε με ειρήνη και χαρά και θα δίνουμε με τη σειρά μας το παράδειγμα στον κόσμο.

Ερώτηση: Δεν αληθεύει ότι κατά τη διάρκεια του πολέμου της Μαχαμπαράτα ο Κύριος Κρίσνα παρέκκλινε σε αρκετές περιπτώσεις από το δρόμο της αλήθειας;

Άμμα: Δεν μπορούμε εύκολα να κατανοήσουμε ή να αφομοιώσουμε το νόημα των πράξεων του Κυρίου με το μικρό νου μας. Κάθε Του πράξη, κάθε Του κίνηση, ήταν βαθιά ριζωμένη στο ντάρμα. Δεν είναι δυνατόν να καταλάβουμε τις πράξεις ενός Μαχάτμα εξετάζοντάς τις επιφανειακά. Μόνο μέσα από βαθύ στοχασμό και με αγνή καρδιά μπορούμε να πάρουμε μια αμυδρή ιδέα του νοήματος των πράξεών Του.

Ένας Μαχάτμα δεν έχει εγώ. Είναι σαν πουλί. Οι κανόνες οδικής κυκλοφορίας δεν έχουν ισχύ για τα πουλιά που πετούν στον ουρανό. Οι άνθρωποι όμως που διατηρούν ακόμα την αίσθηση του εγώ, πρέπει να ακολουθούν τους κανόνες.

Ο Κύριος πάντοτε δρούσε με τον καταλληλότερο τρόπο ανάλογα με τις συνθήκες που επικρατούσαν κάθε στιγμή. Ο στόχος Του ήταν ένας και μοναδικός: να αποκαταστήσει το ντάρμα. Σεβόταν την αξία του ατόμου, αλλά όταν βρισκόταν αντιμέτωπος με προβλήματα που αφορούσαν την κοινωνία στο σύνολό της, έδινε προτεραιότητα πάντα στην κοινωνία. Δείτε για παράδειγμα τον Σρι Κρίσνα της Μπαγκαβάτ Γκιτά. Εκείνος που έδωσε τη διδασκαλία για τον Υπέρτατο Εαυτό, συμμετείχε στον πόλεμο όχι για το δικό του συμφέρον, αλλά για να υπερασπιστεί το ντάρμα.

Ερώτηση: Χιλιάδες άνθρωποι έχασαν τη ζωή τους κατά τη διάρκεια του πολέμου. Όταν ο Κύριος Κρίσνα παρακίνησε τον Αρτζούνα να πολεμήσει, δεν ενθάρρυνε έτσι τη βία;

Απάντηση: Ο Κύριος Κρίσνα ποτέ δεν θέλησε τον πόλεμο. Τηρούσε πάντοτε μια ιδιαίτερα ανεκτική στάση. Όταν όμως η ανοχή ενός ισχυρού ανθρώπου ενθαρρύνει κάποιους να βλάψουν άλλους χρησιμοποιώντας βία, τότε η ανοχή αυτή ισοδυναμεί με ακόμα μεγαλύτερη βία. Αν η ανεκτική μας στάση μεγενθύνει τον εγωισμό κάποιου άλλου, είναι προτιμότερο να την εγκαταλείψουμε. Πρέπει όμως να είμαστε προσεκτικοί, ώστε να μην τρέφουμε αισθήματα εκδίκησης ή έχθρας απέναντι σ΄ αυτό το άτομο. Δεν θα πρέπει να ερχόμαστε αντιμέτωποι με τους ανθρώπους, αλλά με τις λανθασμένες πράξεις τους.

Ο Κύριος δεν ένιωθε κανένα μίσος για τον Ντουριόντανα. Ήθελε μόνο να σταματήσει τις κακές του πράξεις. Αυτό ήταν απαραίτητο για την ευημερία των ανθρώπων και της χώρας. Το Υπέρτατο Ον, ο Σρι Κρίσνα, έδωσε την συγκατάθεσή του για τον πόλεμο, αποκλειστικά και μόνο γιατί δεν υπήρχε άλλος τρόπος για την επίτευξη του στόχου αυτού. Εκείνος που μπορούσε να καταστρέψει ολόκληρο τον κόσμο, δεσμεύτηκε να μην χρησιμοποιήσει κανένα όπλο στον πόλεμο και να συμμετέχει μόνο σαν οδηγός του άρματος του Αρτζούνα. Αυτό δεν αποδεικνύει ότι δεν είχε κανένα προσωπικό συμφέρον στον πόλεμο· Αν ο Ντουριόντανα είχε προσφέρει στους Πάνταβα[36] μονάχα ένα σπίτι για να ζήσουν, ο Σρι Κρίσνα θα τους είχε κατευνάσει και θα τους είχε παρακινήσει να αρκεστούν σε αυτό. Αλλά οι Καουράβα αρνήθηκαν να δείξουν και την ελάχιστη αυτή συμπόνια[37]. Ήταν λοιπόν οι Καουράβα, και ειδικότερα ο Ντουριόντανα, εκείνοι που οδήγησαν τους υπόλοιπους στο πόλεμο.

Όταν μια χώρα βρίσκεται κάτω από το ζυγό ενός δυνάστη, ο οποίος είναι η προσωποποίηση της αδικίας, τότε ο κόσμος απειλείται με καταστροφή. Τέτοιοι άνθρωποι πρέπει να απομακρύνονται από την εξουσία το συντομότερο δυνατό με όποιο τρόπο απαιτείται. Αυτή είναι μια στάση συμπόνιας απέναντι στην κοινωνία. Όταν κόβεις ένα δηλητηριώδες δέντρο, μπορεί να ξεριζώσεις μερικά μικρά φυτά που βρίσκονται κοντά του. Όταν φυτεύεις ένα καρποφόρο δέντρο, μπορεί ενδεχομένως να ξεριζώσεις κάποια μικρά φυτά για να κάνεις χώρο να αναπτυχθεί το δενδρύλλιο. Σκέψου όμως πόσο ωφέλιμο θα είναι το δενδρύλλιο όταν μεγαλώσει και γίνει δέντρο, και πόσα μικρά φυτά θα αναπτυχθούν στη σκιά του. Έχοντας αυτό υπόψη, η αρχική καταστροφή μερικών μικρών φυτών, αν και λυπηρή, είναι μια αποδεκτή απώλεια και σε τελική ανάλυση δεν αποτελεί βίαιη πράξη.

Αν ο Ντουριόντανα δεν είχε σκοτωθεί, θα είχε εισβάλλει και σε άλλα βασίλεια και θα είχε σκοτώσει περισσότερους ανθρώπους απ' αυτούς που πέθαναν στον πόλεμο της Μαχαμπαράτα. Οι πράξεις του θα είχαν βλάψει ακόμα περισσότερο την κοινωνία και τον πολιτισμό. Είναι πολύ προτιμότερο να προστατευθεί το

---

[36] Τα πέντε αδέρφια, Γιουντίστιρα, Μπίσμα, Αρτζούνα, Νακούλα και Σαχαντέβα. Γιοι του βασιλιά Πάντου και ήρωες του έπους της Μαχαμπαράτα.

[37] Το μισό βασίλειο ανήκε στους Πάνταβα. Επιστρέφοντας μετά από 12 χρόνια εξορίας, οι Πάνταβα αξίωσαν να τους επιστραφεί το μισό βασίλειο, αλλά ο ξάδερφός τους Ντουριόντανα, ο οποίος ήταν επικεφαλής των Καουράβα, αρνήθηκε να τους παραχωρήσει έστω και ένα σπίτι να ζήσουν.

ντάρμα, ακόμα κι αν αυτό στοιχίσει μερικές ζωές, από το να επιτραπεί στους τυράννους να ασκούν επ' αόριστον την εξουσία προξενώντας πολύ μεγαλύτερο κακό. Αυτό ακριβώς έκανε ο Σρι Κρίσνα, υπερασπίστηκε το ντάρμα. Προκειμένου να επιβιώσει το ντάρμα, ο πόλεμος ήταν η μόνη επιλογή που είχε απομείνει. Αυτό που έκανε ο Κύριος ήταν το σωστότερο. Αν είχε ενεργήσει για προσωπικό του όφελος, τότε θα μπορούσε κάποιος να του ασκήσει κριτική. Καμία όμως από τις πράξεις του δεν είχε εγωιστικά κίνητρα. Δεν έδρασε ούτε για το προσωπικό του συμφέρον ούτε για το συμφέρον της οικογένειάς Του. Το κίνητρο πίσω απ' όλες τις πράξεις Του, ήταν η προστασία και η διατήρηση του ντάρμα, έτσι ώστε οι άνθρωποι να μπορούν να ζουν χαρούμενοι κι ευτυχισμένοι.

Ερώτηση: Ήταν σωστό από μέρους του Κρίσνα να προτρέψει τον Αρτζούνα να πολεμήσει;

Άμμα: Ο Κύριος μας δίδαξε πώς να ζούμε κατανοώντας τις έννοιες του σωστού και του λάθους (ντάρμα και αντάρμα). Δίδαξε ότι ακόμα κι ο πόλεμος είναι αποδεκτός, αν δεν υπάρχει άλλος τρόπος να διατηρηθεί το ντάρμα. Ποτέ όμως δεν έδρασε παρορμητικά. Με τις πράξεις Του δίδαξε ότι κάποιος πρέπει να καταφεύγει στα όπλα, μόνο όταν ο εχθρός αρνείται να ακολουθήσει το δρόμο του ντάρμα, ακόμα κι όταν του έχουν δοθεί πολλές ευκαιρίες να διορθώσει τα σφάλματά του.

Κάθε άνθρωπος έχει το δικό του ντάρμα και θα πρέπει να είναι πρόθυμος να το ακολουθήσει στη ζωή του. Διαφορετικά, ο ίδιος και ολόκληρη η κοινωνία θα επηρεαστούν αρνητικά. Ένας Μαχάτμα, δεν επιθυμεί να βλάψει κανέναν, ούτε επίσης αισθάνεται προσκόλληση σε κανέναν. Η μόνη επιθυμία των μεγάλων ψυχών, είναι να επικρατήσει στη κοινωνία το ντάρμα. Εργάζονται γι' αυτόν το στόχο, ανάλογα με τις συνθήκες που επικρατούν στην κοινωνία.

Αν ένα δωμάτιο σε κάποιο σπίτι έχει πιάσει φωτιά, θα συμβουλεύατε τους ανθρώπους που μένουν εκεί να καθίσουν και να διαλογιστούν; Όχι βέβαια. Θα τους φωνάζατε να ρίξουν νερό και να σβήσουν τη φωτιά το συντομότερο δυνατό. Αν ήταν απαραίτητο, δεν θα διστάζατε, σε μια τέτοια περίπτωση, να κόψετε κλαδιά δέντρου για να σβήσετε τη φωτιά. Αυτό θα ήταν το σωστό στη συγκεκριμένη περίπτωση. Αυτό έκανε και ο Κρίσνα. Ένας θαρραλέος άνθρωπος, έχοντας υιοθετήσει την κατάλληλη στάση μετά από βαθύ στοχασμό, δεν θα το βάλει στα πόδια, γιατί κάτι τέτοιο θα ήταν ενάντιο στο ντάρμα.

Ένας Μαχάτμα δίνει μεγαλύτερη σημασία στην ευημερία της κοινωνίας ως σύνολο, παρά στην ευτυχία ή δυστυχία οποιουδήποτε μεμονωμένου ατόμου. Αν ο Ντουριόντανα και οι υποστηρικτές του συνέχιζαν το έργο τους, ολόκληρη η κοινωνία θα υπέφερε από τις κακές τους πράξεις. Ο Κύριος Κρίσνα γνώριζε ότι το ντάρμα θα μπορούσε να διατηρηθεί μόνο αν αυτά τα άτομα καταστρέφονταν. Γι᾽ αυτό παρακίνησε τον Αρτζούνα να πολεμήσει. Το να κάθεται κανείς απόμερα και να παρακολουθεί το κακό να προχωρά χωρίς να κάνει τίποτα και χωρίς να αισθάνεται την παραμικρή ανησυχία, είναι ένα ακόμα μεγαλύτερο κακό.

Ο Ντουριόντανα ήταν εκείνος που προκάλεσε τον πόλεμο. Ο Σρι Κρίσνα του έδειξε πολλούς τρόπους να τον αποφύγει, αλλά ο Ντουριόντανα αρνήθηκε να δεχτεί τις υποδείξεις του. Οι Καουράβα απέκτησαν ό,τι είχαν με δόλιους τρόπους. Έκλεψαν στο παιχνίδι των ζαριών και άρπαξαν οτιδήποτε ανήκε στους Πάνταβα. Οι τελευταίοι, από την άλλη, ακολούθησαν σταθερά την αρχή της αλήθειας και δεν παρέκκλιναν καθόλου από αυτήν. Ο Κύριος προσπάθησε εκ μέρους τους να διαπραγματευτεί με τους Καουράβα, αλλά εκείνοι δεν έκαναν καθόλου πίσω. Ο Κύριος εξήγησε στους Καουράβα ότι οι Πάνταβα δεν ζητούσαν ολόκληρη τη χώρα και οτι η μισή θα τους ήταν αρκετή. Όταν οι Καουράβα αρνήθηκαν, ο Κρίσνα τους ζήτησε να παραχωρήσουν τουλάχιστον από ένα σπίτι σε καθένα από τα πέντε αδέρφια. Η απάντηση ήταν ξανά αρνητική. Ο Κρίσνα επανήλθε ζητώντας μόνο ένα σπίτι. Ήταν αποφασισμένος να δεχθεί έστω κι αυτό.

Μόνο όταν οι Καουράβα γεμάτοι αλαζονεία απάντησαν ότι δεν ήταν διατεθειμένοι να δώσουν ούτε μια σπιθαμή γης, ο Σρι Κρίσνα δέχθηκε τελικά ότι ο πόλεμος ήταν αναπόφευκτος. Ποιες θα ήταν οι συνέπειες για την κοινωνία αν η συμπεριφορά αυτών των διεφθαρμένων ανθρώπων είχε γίνει ανεκτή; Επιπλέον, δεν ήταν συνηθισμένοι άνθρωποι, αλλά οι άρχοντες της χώρας! Το αποτέλεσμα θα ήταν η πλήρης καταστροφή. Η καλοσύνη και το ντάρμα θα εξαφανίζονταν από τον τόπο εκείνο. Το ντάρμα ενός Μαχάτμα είναι να εξαλείφει το κακό, να αποκαθιστά τη Δικαιοσύνη και να προστατεύει τους ανθρώπους. Για να το πετύχει αυτό, ο Κύριος Κρίσνα χρησιμοποίησε τους Πάνταβα ως όργανά Του.

Οι ηγεμόνες θα πρέπει να θεωρούν τους υπηκόους τους ως συγγενείς τους. Αλλά οι Καουράβα θεωρούσαν τους πολίτες της χώρας τους ως εχθρούς. Τι καλό μπορεί να περιμένει μια χώρα όταν οι ηγέτες της δεν μεταχειρίζονται σωστά ούτε τα ίδια τα ξαδέρφια τους;

Ο Κύριος Κρίσνα συγχωρούσε απεριόριστα. Προσφέρθηκε ο ίδιος να συμβουλέψει τους Καουράβα να ακολουθήσουν το δρόμο του ντάρμα. Όταν όμως έφτασε στη βασιλική αυλή, εκείνοι τον προσέβαλαν. Το να επιτρέψει κανείς σε τέτοιους ανθρώπους, για οποιοδήποτε λόγο, να συνεχίζουν ανενόχλητοι το καταστροφικό τους έργο, συνιστά μεγάλη αδικία σε βάρος της κοινωνίας.

Ο Κύριος δοκίμασε και τα τέσσερα παραδοσιακά μέσα διαπραγμάτευσης – συμβιβασμό, μεγαλοψυχία, επίπληξη και τιμωρία. Μόνο όταν όλα απέτυχαν, κατέφυγε στον πόλεμο για να καταστρέψει εκείνους που καταπατούσαν το ντάρμα.

Κάποτε, ένας πνευματικός δάσκαλος είχε έναν μαθητή που υπηρετούσε στο στρατό. Κάποια μέρα ξέσπασε πόλεμος με μια άλλη χώρα. Ο μαθητής δεν είχε πολεμήσει ποτέ. Έχοντας ακούσει πολλές τρομαχτικές πολεμικές ιστορίες, ταραζόταν ακόμα και στο άκουσμα της λέξης πόλεμος. Το έσκασε από το στρατό και πήγε στο δάσκαλο. Του είπε ότι δεν ήθελε πια να κάνει καμία δουλειά και ότι επιθυμούσε να γίνει σαννυάσιν. Ο εχθρός προέλαυνε. Η χώρα θα κινδύνευε αν δεν υπήρχαν αρκετοί στρατιώτες να πολεμήσουν. Ο δάσκαλος ήξερε ότι ο μαθητής ήθελε να γίνει σαννυάσιν μόνο εξαιτίας του φόβου του και όχι γιατί είχε αναπτύξει αληθινή απόσπαση από τα εγκόσμια. Του έδωσε λοιπόν θάρρος και τον έστειλε πίσω να πολεμήσει. Ο δάσκαλος δεν το έκανε αυτό γιατί είχε ο ίδιος κάποιο συμφέρον στον πόλεμο, αλλά διότι σε εκείνη τη συγκεκριμένη συγκυρία το καθήκον του μαθητή ήταν να πολεμήσει, εφόσον ήταν στρατιώτης. Σε καμία περίπτωση δεν είναι σωστό να δείχνει κάποιος δειλία και να το βάζει στα πόδια. Ούτε μπορεί κάποιος που δεν έχει θάρρος να φθάσει ποτέ στην απελευθέρωση, παίρνοντας τους όρκους του μοναχού. Ο δάσκαλος δίδαξε το μαθητή ποιο είναι το καθήκον του και του έδωσε το θάρρος να το εκπληρώσει.

Θα ήταν σωστό να πει κανείς σε ένα στρατιώτη, που βρίσκεται στο πεδίο της μάχης, να τα εγκαταλείψει όλα και να γίνει μοναχός, επειδή αυτό είναι το μονοπάτι προς την απελευθέρωση; Οι στρατιώτες έχουν την ευθύνη να υπερασπίζονται την ασφάλεια της χώρας τους. Αν δεν εκτελέσουν το καθήκον τους, προδίδουν και τον εαυτό τους και τη χώρα τους. Όταν η ασφάλεια μιας χώρας βρίσκεται σε κίνδυνο, το ντάρμα του στρατιώτη δεν είναι να αφήσει τα εγκόσμια και να γίνει μοναχός, αλλά να πολεμήσει τον εχθρό. Αν παρόλα αυτά ο στρατιώτης επιλέξει να τα εγκαταλείψει όλα, δεν θα πετύχει σε τίποτα άλλο, το κάρμα του δεν θα το επιτρέψει.

Οι μεγάλοι πνευματικοί δάσκαλοι γεννιούνται για να βοηθήσουν τους ανθρώπους να συνειδητοποιήσουν το ντάρμα και να οδηγήσουν τον κόσμο στο δρόμο της αλήθειας. Αν οι στρατιώτες δεν εκπληρώνουν το καθήκον τους, η χώρα θα κινδυνεύσει και ο πληθυσμός θα υποφέρει. Για να μην συμβεί κάτι τέτοιο, η μόνη συμβουλή που ένας αληθινός δάσκαλος μπορεί να δώσει σε ένα στρατιώτη, είναι να εκπληρώνει σωστά το καθήκον του. Αυτό δεν σημαίνει ότι οι μεγάλοι δάσκαλοι εγκρίνουν τη βία και τους σκοτωμούς. Παρακινούν απλά τους ανθρώπους να ακολουθούν το μονοπάτι του ντάρμα που είναι καταλληλότερο για τη συγκεκριμένη εποχή. Πρέπει λοιπόν, να εξετάζουμε τις συνθήκες που επικρατούν, ώστε να είμαστε σε θέση να καταλάβουμε τα λόγια και τις πράξεις ενός Μαχάτμα.

Η θέση του Αρτζούνα δεν διέφερε από εκείνη του στρατιώτη της παραπάνω ιστορίας. Και εκείνος εξέφρασε την επιθυμία να εγκαταλείψει τα πάντα. Η επιθυμία αυτή γεννήθηκε από την προσκόλληση στους συγγενείς του, που βρίσκονταν στο αντίπαλο στρατόπεδο. Τη στιγμή όμως εκείνη, το ντάρμα του Αρτζούνα δεν ήταν να εγκαταλείψει τον κόσμο, αλλά να πολεμήσει σ' εκείνη τη μάχη. Η επιθυμία του να αποφύγει τη μάχη δεν γεννήθηκε από τη διάκριση ανάμεσα στο αιώνιο και το εφήμερο, αλλά από την προσκόλληση. Ο Κύριος το γνώριζε αυτό και γι' αυτό τον συμβούλεψε να πολεμήσει. Έδωσε αυτή τη συμβουλή στον Αρτζούνα, γιατί ήταν σύμφωνη με το ντάρμα του, όχι για κάποιον άλλο λόγο. Αν ήθελε τον πόλεμο, θα μπορούσε να είχε πείσει τους Πάνταβα να πολεμήσουν πολύ καιρό πριν. Αν ένας άνθρωπος παρεκκλίνει από το ντάρμα του εξαιτίας κάποιας προσκόλλησης ή φόβου, ή για οποιοδήποτε άλλο λόγο, αυτό έχει αρνητικές επιπτώσεις για ολόκληρη την κοινωνία και τη χώρα του. Οι Μαχάτμα το γνωρίζουν αυτό και παροτρύνουν τους ανθρώπους να ακολουθούν το μονοπάτι του ντάρμα ανάλογα με τις συνθήκες που επικρατούν.

Εκείνοι που γνωρίζουν τον Εαυτό είναι πάντα συμπονετικοί. Θέλουν να βλέπουν την κοινωνία να ευημερεί με ειρήνη και αρμονία, αποφεύγοντας τις διχόνοιες και τους πολέμους. Αυτό είναι το ιδανικό που μας παρουσιάζει το Υπέρτατο Όν, ο Σρι Κρίσνα, και μόνο όταν επικρατεί το ντάρμα μπορεί να επιτευχθεί.

Ερώτηση: Παρόλο που λέγεται ότι όλοι ήταν ίσοι στα μάτια του Κρίσνα, δεν φαίνεται να είχε μια ιδιαίτερη προσκόλληση στους Πάνταβα;

Άμμα: Ούτε μία πράξη του Κυρίου δεν είχε σαν αιτία την προσκόλληση. Είναι δυνατόν ένας άνθρωπος που δεν αισθανόταν προσκόλληση ούτε για τους ίδιους του τους συγγενείς, μεταξύ των οποίων και τα παιδιά του, να αισθάνεται προσκόλληση για κάποιον άλλον; Ακόμα κι όταν οι ίδιοι συγγενείς και οι γιοι του Σρι Κρίσνα πολεμούσαν μεταξύ τους και πέθαναν εξαιτίας της αλαζονείας τους, Εκείνος δεν έχασε την ψυχραιμία Του. Δεν υπήρξε καμία αλλαγή στην έκφραση του προσώπου Του. Ένας άνθρωπος που έχει έστω και το παραμικρό ίχνος προσκόλλησης, δεν μπορεί να φωτίσει το μονοπάτι του Ντάρμα για τους ανθρώπους. Ένας νους γεμάτος προσκολλήσεις δεν είναι σε θέση να διακρίνει μεταξύ του σωστού και του λάθους.

Ο Κύριος δεν έδειξε καμιά προτίμηση ανάμεσα στον Ντουριόντανα και τον Αρτζούνα όταν πήγαν και οι δύο σε Εκείνον πριν τον πόλεμο ζητώντας Του βοήθεια. Έδωσε δε και στους δύο αυτό που ζήτησαν. Όταν ο Ντουριόντανα ζήτησε τον στρατό του Σρι Κρίσνα, Εκείνος του τον έδωσε χωρίς δισταγμό. Ο Αρτζούνα δεν ζήτησε τίποτα άλλο παρά τον Ίδιο τον Κύριο. Ο Αρτζούνα δεν άλλαξε γνώμη ακόμα κι όταν ο Σρι Κρίσνα του εξήγησε όταν δεν θα έπαιρνε όπλα κατά τη διάρκεια της μάχης. Χάρη στην ανιδιοτελή αφοσίωση και τη στάση παράδοσης του Αρτζούνα, και όχι από καμία προσκόλληση, ο Κύριος τάχθηκε με τους Πάνταβα.

Ένας άνθρωπος προσφέρει σε κάποιον νερό, αλλά εκείνος αρνείται την προσφορά και πετάει μακριά το ποτήρι. Ένας άλλος είναι πολύ διψασμένος, λαχταρά να πιεί νερό και ο άνθρωπος αυτός του δίνει όσο επιθυμεί. Μπορεί αυτό να ονομαστεί προσκόλληση από την πλευρά του ανθρώπου που προσφέρει το νερό; Ο Ντουριόντανα δεν ήθελε τον Κύριο, ήθελε μονάχα τον στρατό του. Ο Αρτζούνα δεν είχε καμιά επιθυμία για τα όπλα του Σρι

Κρίσνα, ήθελε τον Ίδιο τον Κύριο. Ο Κρίσνα ικανοποίησε τις επιθυμίες και των δύο.

Ο Κύριος τήρησε την υπόσχεσή Του και έγινε οδηγός του άρματος του Αρτζούνα. Όταν αργότερα στο πεδίο της μάχης, ο Αρτζούνα, ως μαθητής, ζήτησε τη συμβουλή του Κρίσνα, Εκείνος του αποκάλυψε το ντάρμα του μέσα από τα λόγια της Μπαγκαβάτ Γκιτά. Επομένως, όταν οι πράξεις ενός ανθρώπου είναι απαλλαγμένες από προσκόλληση, η γνώση του Εαυτού γίνεται ο οδηγός που του δείχνει το δρόμο. Ο Κύριος έδειξε και στον Αρτζούνα και στον Ντουριόντανα την κοσμική μορφή Του. Ο Ντουριόντανα την αγνόησε θεωρώντας την ως κάποιου είδους μαγεία. Ο Αρτζούνα όμως πίστεψε και παρέδωσε τον εαυτό του στα πόδια του Κυρίου. Οι Πάνταβα κέρδισαν τον πόλεμο, χάρη στην πίστη και την ταπεινότητα του Αρτζούνα.

Ερώτηση: Είναι σωστό να ακολουθεί κανείς το δρόμο της βίας, ακόμα και για την διατήρηση του ντάρμα;

Άμμα: Προκειμένου να κρίνουμε αν μια πράξη είναι βίαιη ή όχι, δεν πρέπει να εξετάζουμε μόνο την ίδια την πράξη. Αυτό που είναι σημαντικό είναι η πρόθεση που κρύβεται πίσω από την πράξη.

Μια γυναίκα προσλαμβάνει μια υπηρέτρια για να της καθαρίζει το σπίτι και της αναθέτει περισσότερες δουλειές απ' αυτές που μπορεί να φέρει σε πέρας. Όσο σκληρά κι αν δουλεύει, η υπηρέτρια δεν μπορεί να τις ολοκληρώσει. Στο τέλος, η υπηρέτρια ξεσπάει σε κλάματα, όταν η ιδιοκτήτρια του σπιτιού την επιπλήττει με σκληρά λόγια. Δεν έχει κανέναν να την παρηγορήσει. Η ίδια γυναίκα δίνει μερικές ξυλιές στην κόρη της γιατί σπαταλάει όλο το χρόνο της παίζοντας, αντί να διαβάσει τα μαθήματά της. Το κορίτσι κάθεται σε μια γωνιά του δωματίου και κλαίει. Και η υπηρέτρια και το μικρό κορίτσι έχουν δάκρυα στα μάτια. Οι ξυλιές που έδωσε η μητέρα στην κόρη της δεν μπορούν να θεωρηθούν ως βία, γιατί η μητέρα την τιμώρησε με καλή πρόθεση, ανησυχώντας για το μέλλον της. Αυτό δεν ήταν βία, αλλά έκφραση αγάπης για την κόρη της.

Στην πρώτη περίπτωση αντιθέτως, παρόλο που η γυναίκα δεν χειροδίκησε σε βάρος της υπηρέτριας, η συμπεριφορά της απέναντί της ήταν απάνθρωπη. Ήταν πράγματι μια μορφή βίας. Μια πραγματική μητέρα θα φερόταν έτσι στο παιδί της; Στο παράδειγμα αυτό, πρέπει να εξετάσουμε την πρόθεση που βρίσκεται πίσω από κάθε συμπεριφορά.

Ένας ασθενής που πάσχει από σοβαρή ασθένεια πεθαίνει κατά τη διάρκεια μιας χειρουργικής επέμβασης. Όλοι επαινούν όμως το γιατρό για τις υπεράνθρωπες προσπάθειες που κατέβαλε για να τον σώσει. Κάπου αλλού, ένας ληστής κρατώντας ένα μαχαίρι παρόμοιο με αυτό που χρησιμοποίησε ο γιατρός στην επέμβαση, χτυπάει έναν φύλακα που προσπάθησε να τον εμποδίσει να κλέψει. Ενώ η πράξη του γιατρού ήταν μη βίαιη (αχίμσα), η πράξη του ληστή ήταν βίαιη (χίμσα).

Όταν υπάρχει αρκετό φαγητό για το γεύμα, θα ήταν μια πράξη βίας να σκοτώσει κάποιος ένα κοτόπουλο, απλά και μόνο για να προσθέσει ένα ακόμα πιάτο στο τραπέζι για περισσότερη απόλαυση. Το να κόψουμε ένα λουλούδι που δεν χρειαζόμαστε, είναι επίσης μια πράξη βίας.

Είναι λοιπόν η πρόθεση που κρύβεται πίσω από μια πράξη που την κάνει βίαιη ή μη βίαιη. Ο πόνος που προκαλείται σε οποιοδήποτε έμβιο ον από εγωισμό, για να αυξήσουμε την ευχαρίστηση ή την άνεσή μας, είναι μια μορφή βίας. Αν όμως προξενήσουμε πόνο σε κάποιο άτομο που πράττει το κακό, για το καλό της κοινωνίας, τότε αυτό δεν μπορεί να θεωρηθεί βία. Γι' αυτό ο πόλεμος της Μαχαμπαράτα αποκαλείται ο πόλεμος του ντάρμα.

Ερώτηση: Ο Σρι Κρίσνα σκότωσε τον Κάμσα, τον ίδιο Του τον θείο. Πως μπορεί να δικαιολογηθεί αυτή η πράξη;

Άμμα: Όταν διαβάζουμε ιστορίες που εμπεριέχονται σε ιερές γραφές, όπως οι Πουράνα, δεν πρέπει να μένουμε στην επιφάνεια των γεγονότων, αλλά να πηγαίνουμε βαθύτερα και να προσπαθούμε να καταλάβουμε το νόημα που κρύβεται εκεί. Μόνο τότε θα ωφεληθούμε πλήρως απ' αυτές τις ιστορίες.

Ο Σρι Κρίσνα προσπαθούσε να βοηθήσει κάθε άνθρωπο να κατακτήσει την αιώνια ευδαιμονία, τη φώτιση. Η κατάσταση αυτή όμως μπορεί να επιτευχθεί μόνο μέσα από το μονοπάτι του ντάρμα. Μερικοί άνθρωποι που δεν διαθέτουν διάκριση νιώθουν αποστροφή ακόμα κι όταν ακούν τη λέξη ντάρμα. Ο Κάμσα ήταν ένας από αυτούς. Όσες συμβουλές κι αν του δόθηκαν, δεν διέθετε τη νοητική ωριμότητα για να τις δεχθεί. Εκείνοι που αρνούνται το μονοπάτι του ντάρμα δεν μπορούν ποτέ να αποκτήσουν τη γνώση του Εαυτού.

Ο Κύριος Κρίσνα ήρθε στη γη για το καλό των ενάρετων αλλά και των αμαρτωλών ανθρώπων. Η αποστολή του ήταν επίσης να οδηγήσει και τους αμαρτωλούς στο Θεό. Έκανε ό,τι μπορούσε για να μεταδώσει την έννοια του ντάρμα σε εκείνους που είχαν πάρει το στραβό δρόμο. Αλλά εκείνοι ταυτίζονταν τόσο πολύ με το σώμα και την ύλη που αρνούνταν να ακολουθήσουν το ντάρμα. Μόνο μια επιλογή υπήρχε για τον Κύριο: να καταστρέψει τα σώματά τους, από τα οποία πήγαζαν όλες οι κακές πράξεις τους. Έτσι, επέτρεψε να συμβεί αυτό. Ήταν ο μόνος τρόπος να τους πείσει για τη θνητή φύση του σώματος και την αιώνια φύση του Εαυτού. Μόνο μέσω αυτής της εμπειρίας μπορούσαν να αποκτήσουν την κατανόηση ότι η φύση τους είναι η αιώνια ευδαιμονία, η οποία βρίσκεται πέρα απ' όσα αντιλαμβάνονται οι αισθήσεις.

Μερικές φορές μια μητέρα πετά τα ρούχα του μωρού της γιατί είναι υπερβολικά βρώμικα για να τα πλύνει. Αυτό το κάνει μόνο και μόνο για να ντύσει το μωρό της με καθαρά ρούχα. Θα το αποκαλούσατε αυτό αδικία; Στην περίπτωση ενός ανθρώπου που πράττει το κακό και απειλεί τις ζωές των συνανθρώπων του και την ευημερία της κοινωνίας, μπορεί το τελευταίο μέσο, όταν όλα τα άλλα έχουν αποτύχει, να είναι να ελευθερωθεί αυτός ο άνθρωπος από το σώμα του. Όταν αυτή η ψυχή λάβει νέο σώμα, ενδέχεται να συνειδητοποιήσει το μεγαλείο του ντάρμα και να προχωρήσει στο σωστό δρόμο προς τον τελικό στόχο. Όταν ένα καρποφόρο δέντρο έχει μολυνθεί από κάποια ανίατη αρρώστια, τότε το κόβουν από τις ρίζες του. Έτσι δεν θα μολυνθούν τα υπόλοιπα. Τα νέα φυτά θα μεγαλώσουν υγιή και θα δώσουν καλούς καρπούς.

Ο Κύριος γνώριζε ότι ο Κάμσα δεν θα ακολουθούσε ποτέ το δρόμο του ντάρμα σε εκείνη τη ζωή. Ο νους και το σώμα του ήταν βαθιά ριζωμένα στο αντάρμα. Εκείνο το σώμα έπρεπε να καταστραφεί και να λάβει ένα νέο. Όταν πέθανε στα χέρια του Κυρίου, ο Κάμσα άφησε το σώμα του με τα μάτια στραμμένα στον Κρίσνα και με το νου εστιασμένο σε Εκείνον. Κατ' αυτό τον τρόπο όλες οι αμαρτίες του εξαλείφθηκαν. Στην πραγματικότητα, η κρυφή επιθυμία του Κάμσα ήταν να πεθάνει στα χέρια του Κυρίου. Ο Σρι Κρίσνα ικανοποίησε αυτή του την επιθυμία. Αλλά παρόλο που εξωτερικά ο Σρι Κρίσνα σκότωσε τον Κάμσα, αυτό που πραγματικά έγινε δεν ήταν εμφανές. Ο Κύριος σήκωσε την ψυχή του Κάμσα έξω από το σώμα του και δημιούργησε τις κατάλληλες συνθήκες για να φθάσει στον Υπέρτατο Εαυτό. Σκότωσε το εγώ του Κάμσα και εξύψωσε την ψυχή του στην υπέρτατη κατάσταση.

Ας υποθέσουμε ότι έχετε σχεδιάσει λιοντάρια και λεοπαρδάλεις σ' έναν τοίχο. Αν σβήσετε αυτά τα σχέδια, τα ζώα δεν θα υπάρχουν πια, ένας καθαρός τοίχος θα παραμένει μονάχα. Ο τοίχος ήταν η βάση πάνω στην οποία εμφανίστηκαν αυτά τα σχέδια των ζώων. Αν θέλουμε, μπορούμε να ζωγραφίσουμε επίσης ελάφια ή λαγούς στον ίδιο τοίχο. Τα λιοντάρια και οι λεοπαρδάλεις πέθαναν λοιπόν πραγματικά; Τα ελάφια και οι λαγοί γεννήθηκαν ποτέ στ' αλήθεια; Στην πραγματικότητα, μόνο μερικές γραμμές στον τοίχο άλλαξαν και μαζί μ' αυτές άλλαξαν τα ονόματα και οι μορφές των ζώων. Ο τοίχος πάντα παραμένει ίδιος. Παρομοίως, ο Κύριος κατέστρεψε μόνο την εγωιστική φύση του Κάμσα και όχι τον εσωτερικό του Εαυτό. Αυτό είναι κάτι που πρέπει να κατανοήσουμε.

Ερώτηση: Μήπως μερικές από τις πράξεις του Κρίσνα, όπως για παράδειγμα η κλοπή των ρούχων των Γκόπι[38] και το ράσα-λίλα[39], δεν αρμόζουν σε μια θεϊκή ενσάρκωση;

Άμμα: Εκείνοι που κατακρίνουν τον Κύριο λέγοντας ότι έκλεψε εκείνα τα ρούχα έχουν άγνοια. Ο Σρι Κρίσνα ήταν μόλις έξι ή επτά χρονών εκείνη την εποχή. Ο σκοπός του ήταν να κάνει όλους τους ανθρώπους ευτυχισμένους. Ήθελε να σπάσει τους ψεύτικους περιορισμούς της περηφάνιας και της ντροπής και να αφυπνίσει κάθε ψυχή στο Υπέρτατο Ον. Ένα μωρό που παίζει στην αγκαλιά της μητέρας του δεν σκέφτεται καθόλου τα ρούχα του. Καθένας μας πρέπει να σκέφτεται ότι είναι ένα μωρό στα χέρια του Θεού. Πρέπει να καλλιεργήσουμε τη στάση της πλήρους αθωότητας απέναντι στο Θεό, χωρίς να ταυτιζόμαστε με το σώμα. Μόνο όταν εγκαταλείψουμε την αίσθηση της περηφάνιας και της ντροπής μπορούμε να φτάσουμε το Θεό. Αν δεν σταματήσουμε να ταυτιζόμαστε με το σώμα δεν μπορούμε να εξυψωθούμε στο επίπεδο του Εαυτού.

Τον παλιό καιρό, οι γυναίκες της Κεράλα συνήθως δεν κάλυπταν τα στήθη τους. Ο κόσμος δεν το θεωρούσε αυτό ανήθικο. Πως θα αντιδρούσαν όμως οι άνθρωποι σήμερα; Παρομοίως, ο

---

[38] Οι Γκόπι ήταν βοσκοπούλες που ζούσαν στο Βριντάβαν, στο μέρος που έζησε ο Κρίσνα ως παιδί. Ήταν ολοκληρωτικά αφοσιωμένες στον Κρίσνα και αποτελούν παράδειγμα της πιο αγνής αγάπης για το Θεό.
[39] «Εκστατικό παιχνίδι». Αναφέρεται στο χορό του Κρίσνα με τις Γκόπι του Βριντάβαν. Ο Κρίσνα εμφανίστηκε σε κάθε Γκόπι ξεχωριστά και χόρεψε με όλες τους ταυτόχρονα, ανταποκρινόμενος στη θεϊκή αγάπη και αφοσίωση που ένιωθαν γι' αυτόν.

112

τρόπος με τον οποίο οι άνθρωποι στις δυτικές χώρες ντύνονται το καλοκαίρι θα φαινόταν απρεπής σε εμάς εδώ στην Ινδία. Αλλά εφόσον είναι συνήθεια στη Δύση ο κόσμος δεν βρίσκει κάτι κακό σε αυτό. Ακόμα και οι Ινδοί που τώρα ενοχλούνται απ' αυτόν τον τρόπο ντυσίματος, αν έμεναν στη Δύση για αρκετό καιρό θα άλλαζαν γνώμη. Μερικοί ίσως θα ντύνονταν και οι ίδιοι μ' αυτόν τον τρόπο.

Τα συναισθήματα της περηφάνιας και της ντροπής είναι δημιουργήματα του νου. Μόνο σπάζοντας τις αλυσίδες που τόσο πολύ δεσμεύουν το νου μας μπορούμε να φτάσουμε στα πόδια του Θεού. Η Άμμα δεν θέλει να πει ότι θα έπρεπε όλοι να σταματήσουν να φορούν ρούχα! Λέει απλά ότι τίποτα δεν θα πρέπει να στέκεται εμπόδιο στην προσπάθειά μας να θυμόμαστε πάντα το Θεό. Αυτό που χρειαζόμαστε είναι ελευθερία απ' όλα τα δεσμά που τραβούν το νου μας μακριά από το Θεό.

Το ράσα-λίλα δεν συνέβαινε στο συνηθισμένο επίπεδο των αισθήσεων, όπως το ερμηνεύουν οι άνθρωποι σήμερα. Κατά τη διάρκεια του ράσα-λίλα, οι Γκόπι βίωναν την ευδαιμονία της ένωσης της ατομικής ψυχής με το Υπέρτατο Όν. Χάρη στη θεϊκή τους αγάπη, ο Κύριος εμφανιζόταν σε καθεμία από αυτές ξεχωριστά. Με τη δύναμη Του, ευλόγησε κάθε Γκόπι με το όραμα του Εαυτού.

Το ράσα-λίλα είναι κάτι που ένας νους προσηλωμένος στις αισθήσεις δεν μπορεί ούτε να φανταστεί. Μόνο όταν ο νους και οι αισθήσεις απελευθερωθούν απ' όλες τις προσκολλήσεις στα αντικείμενα των αισθήσεων, μπορεί κάποιος να ελπίζει ότι θα πάρει έστω και μια μικρή ιδέα της θεϊκής ευδαιμονίας που απολάμβαναν οι Γκόπι κατά τη διάρκεια του ράσα-λίλα.

Κάθε μία από τις Γκόπι είχε στη σχέση της με τον Κύριο Κρίσνα, τη στάση της αγαπημένης με τον αγαπημένο της (μαντούρα μπάβα). Αυτή η στάση υπάρχει επίσης και στο Χριστιανισμό. Οι καλόγριες θεωρούν τον εαυτό τους ως νύφες του

Ιησού Χριστού. Αμαυρώνει αυτό το Χριστό με κάποιο τρόπο; Αυτή η στάση αντιπροσωπεύει τη σχέση ανάμεσα στην ατομική ψυχή και το Υπέρτατο Ον. Μόνο εκείνοι που βλέπουν τα πάντα μέσα από το πρίσμα του υλικού κόσμου μπορούν να διακρίνουν κάτι κακό σε αυτό.

Ο Κύριος δεν έχανε καμία ευκαιρία να οδηγεί ανθρώπους κάθε κατηγορίας στην αιώνια ευδαιμονία, μέσω οποιασδήποτε κατάστασης. Προσπαθούσε να ανάβει τη φλόγα του Εαυτού μέσα στους ανθρώπους και να δυναμώνει με την αγάπη Του το φως που έλαμπε στις καρδιές τους. Ο Κύριος είναι υπεύθυνος για τη Δημιουργία και είναι επίσης Εκείνος που απελευθερώνει την ψυχή από τη Δημιουργία. Η απελευθέρωση είναι δυνατή μόνο μέσω της εγκατάλειψης της ταύτισης με το σώμα. Αυτός ήταν ο στόχος της ενσάρκωσης του Κυρίου ως Κρίσνα.

Ερώτηση: Στην Μπαγκαβάτ Γκιτά ο Κύριος Κρίσνα λέει ότι δεν πρέπει να εγκαταλείπουμε το ντάρμα μας ό,τι κι αν συμβαίνει. Αν είναι έτσι, πώς μπορεί ένας άνθρωπος να εγκαταλείψει τη δουλειά του για κάποια άλλη πιο επικερδή;

Άμμα: Εκείνη την εποχή, πολλοί άνθρωποι πίστευαν ότι μπορούσαν να φθάσουν στην απελευθέρωση εγκαταλείποντας κάθε είδους εργασία. Αποσύρονταν λοιπόν στα δάση και ζούσαν ως σαννυάσιν. Αντίθετα, ο Κύριος διακήρυξε ότι κάτι τέτοιο δεν είναι απαραίτητο, αλλά ότι οι άνθρωποι οφείλουν να εκτελούν τα καθήκοντά τους στον κόσμο, σταθερά εδραιωμένοι στο δικό τους ντάρμα. Ο Σρι Κρίσνα δήλωσε κατηγορηματικά ότι η σωστή τακτική για να φθάσουμε στην απελευθέρωση, δεν είναι να εγκαταλείψουμε τα καθήκοντά μας, αλλά να τα εκτελούμε με τη σωστή στάση.

Υπάρχει επίσης μια άλλη διάσταση σ' αυτή την έννοια του ντάρμα. Ένα παιδί που γεννιέται στην οικογένεια ενός γλύπτη, μπορεί εύκολα κι αυτό να γίνει ένας καλός γλύπτης, διότι οι συνθήκες ευνοούν την ανάπτυξη των δυνατοτήτων του. Πιθανότατα το παιδί γεννιέται με το ίδιο ταλέντο. Τα ταλέντα του πατέρα ή της μητέρας μεταδίδονται στο παιδί σαν κληρονομιά του. Ένα τέτοιο παιδί μπορεί να χρειαστεί δέκα μέρες για να καταφέρει κάτι που άλλοι θα χρειάζονταν ένα χρόνο. Επομένως, υπάρχει ένα μεγάλο δυναμικό προόδου, αν κάποιος δουλεύει σταθερά σε κάποια τέχνη που έχει κληρονομήσει. Άλλοι που δεν έχουν τέτοια προδιάθεση θα πρέπει να ξεκινήσουν από το μηδέν.

Την παλιά εποχή, οι άνθρωποι ασκούσαν τα παραδοσιακά τους επαγγέλματα κυρίως στα σπίτια τους. Δεν εργάζονταν σε γραφεία ή εργοστάσια. Κάθε μέλος της οικογένειας, μετά την ολοκλήρωση της εκπαίδευσής του σε κάποιο γκουρούκουλα[40] ακολουθούσε την παράδοσή της στον επαγγελματικό τομέα. Υπήρχαν τέσσερις κύριες κάστες[41] και το κριτήριο για την προσχώρηση σε κάποια απ' αυτές δεν ήταν η κληρονομικότητα, αλλά το επάγγελμα που διάλεγε κάθε νέος. Κανείς δεν γεννιόταν σε μια συγκεκριμένη κάστα ή θρησκεία, όλοι ήταν απλώς παιδιά του Θεού. Μόνο όταν τα παιδιά μεγάλωναν διαχωρίζονταν στις διαφορετικές κάστες ανάλογα με τη δουλειά τους. Εκείνη την εποχή, ένα παιδί που γεννιόταν σε οικογένεια της κάστας των ξατρίγια (πολεμιστών) είχε την επιλογή να γίνει βραχμάνος (ιερέας ή δάσκαλος των γραφών) και ένα παιδί από οικογένεια βραχμάνων μπορούσε να γίνει ξατρίγια. Ο τεχνίτης που δούλευε το ξύλο ήταν γνωστός ως μαραγκός. Ακόμα κι αν είχε γεννηθεί και ανατραφεί σε οικογένεια βραχμάνων, πάλι θα τον αποκαλούσαν μαραγκό. Αργότερα, με τον εκφυλισμό των κανόνων του

---

[40] Στην ινδουϊστική παράδοση γκουρούκουλα ονομάζεται μια πνευματική κοινότητα (άσραμ) όπου ζει κάποιος πνευματικός δάσκαλος μαζί με τους μαθητές που εκπαιδεύονται από αυτόν.

[41] Οι τέσσερις κάστες ήταν οι εξής: βραχμάνοι (ιερείς ή δάσκαλοι των γραφών), ξατρίγια (πολεμιστές), βαΐσια (έμποροι), σούντρα (εργάτες).

Σανάτανα Ντάρμα[42], η κληρονομικότητα ενός ανθρώπου έγινε η μοναδική βάση για τον καθορισμό της κάστας στην οποία ανήκε. Την παλιά εκείνη εποχή, οι άνθρωποι δεν εργάζονταν απλά για να εξασφαλίζουν κάποιο εισόδημα. Ο στόχος όλων στη ζωή ήταν η φώτιση και η εργασία τους ήταν ένα μέσο για να φθάσουν σ' αυτή την κατάσταση. Μέσω της τελειοποίησης της εργασίας τους οι άνθρωποι γεύονταν την εμπειρία του Θεού.

Όταν όλοι θέλουν να εργάζονται μόνο για οικονομικό όφελος, η κοινωνική συνοχή διαταράσσεται και επικρατούν ο εγωισμός και η απληστία. Εκείνο τον καιρό, οι εργάτες δεν λάμβαναν έναν προκαθορισμένο μισθό, αλλά το ποσό το οποίο χρειάζονταν, ήταν δε ικανοποιημένοι με αυτό. Ανάμεσα στους εργοδότες και τους εργάτες τους υπήρχε ένα κλίμα αμοιβαίας αγάπης και σεβασμού. Τόσο εκείνοι που πλήρωναν τους μισθούς όσο και εκείνοι που τους λάμβαναν ήταν πλήρως ικανοποιημένοι. Όταν όμως οι άνθρωποι έγιναν περισσότερο εγωιστές, αυτή η συνήθεια εξαφανίστηκε. Η στάση των εργοδοτών μετατράπηκε σε «λιγότερα λεφτά, περισσότερη δουλειά», και των εργατών σε «λιγότερη δουλειά, περισσότερα λεφτά».

Σήμερα, οι περισσότεροι άνθρωποι θέλουν τα παιδιά τους να γίνουν μηχανικοί ή γιατροί, προκειμένου να είναι σεβαστοί στην κοινωνία και να κερδίζουν πολλά χρήματα. Λίγοι γονείς δίνουν προσοχή στις πραγματικές ικανότητες του παιδιού τους. Αν υπάρχει στην εκπαίδευση πνεύμα υγιούς άμιλλας, αυτό θα βοηθήσει τα παιδιά να προοδεύσουν και να καλλιεργήσουν τα ταλέντα τους. Ο ανταγωνισμός όμως που επικρατεί σήμερα δημιουργεί προστριβές ανάμεσα στους μαθητές, οι οποίοι χάνουν τη νοητική τους ισορροπία και απελπίζονται όταν αδυνατούν να επιτύχουν τους στόχους τους. Μερικές φορές η απελπισία αυτή τους οδηγεί ακόμα και στην αυτοκτονία. Δεν θα έπρεπε να αφήνουμε να συμβαίνουν τέτοια πράγματα. Ο σκοπός της εκπαίδευσης και της

---

[42] Η «Αιώνια Θρησκεία», το παραδοσιακό όνομα του ινδουϊσμού.

επαγγελματικής σταδιοδρομίας θα πρέπει να είναι η πνευματική μας ανάπτυξη και η προσφορά προς τον κόσμο. Αυτός ο σκοπός θα μας εμπνέει να προοδεύουμε σε οποιοδήποτε τομέα. Ακόμα κι αν αποτύχουμε κάποια φορά, θα μας εμψυχώνει να προσπαθούμε ξανά ώστε να μην απελπιζόμαστε και να μην χαραμίζουμε τη ζωή μας.

Όταν επιλέγουμε ένα επάγγελμα θα πρέπει να αφοσιωνόμαστε σε αυτό, να αποκτούμε όσο το δυνατόν περισσότερη γνώση και εμπειρία και έτσι να επιτυγχάνουμε στη ζωή μας. Ο σκοπός της ζωής δεν είναι να γίνουμε εκατομμυριούχοι, αλλά να απολαμβάνουμε την αιώνια ευδαιμονία. Ένας οικογενειάρχης όμως έχει καθήκον να συντηρεί την οικογένειά του. Όταν δεχόμαστε αμοιβή για τη δουλειά μας, θα πρέπει να προσπαθούμε να κερδίζουμε μονάχα όσα χρειαζόμαστε.

Την παλιά εποχή οι άνθρωποι δούλευαν σκληρά, κρατούσαν από την αμοιβή τους όσα χρειάζονταν για τον εαυτό τους και την οικογένειά τους και τα υπόλοιπα τα έδιναν στους φτωχούς. Στις μέρες μας η διοίκηση επιχειρήσεων είναι ένα από τα πιο δημοφιλή επαγγέλματα στην κοινωνία. Το εμπόριο είναι απαραίτητο για την οικονομική πρόοδο μιας χώρας, αλλά το προσωπικό κέρδος δεν πρέπει να αποτελεί το μοναδικό κίνητρο στις οικονομικές δραστηριότητες. Η πρόοδος της χώρας πρέπει επίσης να λαμβάνεται υπόψη. Πολλοί επιχειρηματίες όμως, συσσωρεύουν τόσο πλούτο που θα έφθανε ακόμα και για χίλιες μελλοντικές γενεές! Την ίδια στιγμή, υπάρχουν γύρω τους αμέτρητοι εξαθλιωμένοι άνθρωποι που παλεύουν για την επιβίωση και που δυσκολεύονται να εξασφαλίσουν τα χρήματα έστω και για ένα γεύμα. Ελάχιστοι είναι εκείνοι που ενδιαφέρονται γι' αυτούς. Ο σκοπός των περισσότερων ανθρώπων σήμερα είναι να αποκομίσουν όσο το δυνατόν περισσότερο κέρδος για τον εαυτό τους, ακόμα και σε βάρος των άλλων.

Αν αφήσεις το επάγγελμά σου και επιλέξεις κάποιο άλλο, αυτό σημαίνει ότι δεν είσαι ικανοποιημένος με τη δουλειά σου. Αλλά δεν θα βρεις απαραίτητα ικανοποίηση στην καινούργια δουλειά σου, διότι η ικανοποίηση εξαρτάται από το νου σου και όχι από εξωτερικές καταστάσεις. Αν οι άνθρωποι εγκαταλείπουν το επάγγελμά τους με την επιθυμία του υπερβολικού κέρδους, αυτό είναι απλά ένδειξη της απληστίας τους. Χωρίς να αλλάξουν τη στάση τους, αυτοί οι άνθρωποι δεν θα βρουν ποτέ ικανοποίηση στη ζωή. Αλλά για εκείνους που έχουν ελέγξει το νου τους, κάθε κατάσταση στη ζωή τους θα είναι ευνοϊκή. Θα αντλούν ικανο-ποίηση από κάθε τύπο εργασίας. Πρέπει όλοι να καλλιεργούμε αυτή τη νοοτροπία σε οποιαδήποτε εργασία κάνουμε.

Αν εγκαταλείψουμε ένα επάγγελμα και ξεκινήσουμε ένα άλλο, μπορεί αρχικά να αισθανθούμε ικανοποίηση, αλλά αυτό δεν θα κρατήσει απαραίτητα για πολύ καιρό. Ένα φίδι που είναι παγωμένο στο χιόνι φαίνεται ακίνδυνο. Αλλά μόλις ζεσταθεί λίγο θα δείξει την πραγματική του φύση, θα βγάλει τη γλώσσα, θα σφυρίξει και θα σου επιτεθεί. Παρομοίως, ο νους θα δείξει την πραγματική του φύση μόλις παρουσιαστούν οι κατάλληλες συνθήκες, και έτσι θα χάσεις την ηρεμία σου. Ο τρόπος για να τιθασεύσει κανείς το νου του δεν είναι να τον καλοπιάνει και να του δίνει ό,τι ζητάει. Πρέπει να ελέγξουμε το νου και να τον στρέψουμε προς τον πραγματικό στόχο. Κατά τον ίδιο τρόπο, ο Κύριος συμβούλεψε τον Αρτζούνα να παραμείνει σταθερός στο καθήκον και έτσι να επιτύχει στη ζωή του. Μπορείς να κάνεις όποια δουλειά σου αρέσει, αλλά η νοοτροπία σου είναι αυτό που πρέπει ν' αλλάξει. Τότε, ακόμα κι αν πολεμάς στο πεδίο της μάχης, οι πράξεις σου γίνονται μια ιερή προσφορά (γιάγκνια). Αυτή ήταν η συμβουλή του Σρι Κρίσνα. Δεν μας ενθαρρύνει να εγκαταλείψουμε την εργασία μας για εγωιστικούς σκοπούς. Ούτε και να ανοίξουμε το τρίτο μάτι κλείνοντας τα άλλα δύο. Με το παράδειγμά του μας διδάσκει να βλέπουμε μέσα από το τρίτο μάτι, ενώ κρατάμε ανοιχτά και τα άλλα δύο. Με άλλα λόγια, ο Σρι Κρίσνα μας διδάσκει να αντιμετωπίζουμε τη ζωή διακρίνοντας την ενότητα που διαπερνά τα πάντα.

Ερώτηση: Παρόλο που ο Σρι Κρίσνα είχε ορκιστεί ότι δεν θα χρησιμοποιούσε όπλα κατά τη διάρκεια της μάχης, τελικά το έκανε. Τι συνέβη;

Άμμα: Κάθε λέξη και πράξη του Σρι Κρίσνα είχε σκοπό να ωφελήσει τους άλλους, όχι τον Εαυτό Του. Πώς θα μπορούσε να χρησιμοποιήσει τα όπλα του όταν ο Αρτζούνα και ο Μπίσμα[43], που ήταν και οι δύο αφοσιωμένοι σε Αυτόν, πολεμούσαν σε αντίθετα στρατόπεδα; Όταν ο Μπίσμα έριξε χιλιάδες βέλη προς την κατεύθυνσή Του, ο Κρίσνα απλά χαμογέλασε. Και όταν αυτά τα μυτερά βέλη γέμισαν το σώμα Του με πληγές, τα δέχθηκε σαν πέταλα λουλουδιών που προσφέρθηκαν σε λατρεία. Ο Μπίσμα, ο οποίος ήταν πιστός, μεγάλος πολεμιστής και άνθρωπος που έλεγε μόνο την αλήθεια, είχε ορκιστεί να αναγκάσει τον Κύριο να χρησιμοποιήσει το όπλο Του. Όταν είδε ότι δεν μπορούσε να κάνει τον Σρι Κρίσνα ν' αλλάξει γνώμη, ο Μπίσμα έστρεψε τα βέλη του προς τον Αρτζούνα, ο οποίος στεκόταν πίσω από τον Κύριο. Ο Αρτζούνα βρέθηκε σε δύσκολη θέση, καθώς δεν μπορούσε να προστατευθεί από τα βέλη, και το άρμα του άρχισε να καταρρέει. Βρισκόταν λοιπόν σε μεγάλο κίνδυνο. Χωρίς να χάσει στιγμή, ο Κύριος πήδηξε από το άρμα και έριξε προς τη μεριά του Μπίσμα το σουντάρσανα τσάκρα, (θεϊκό δίσκο) που κρατούσε στο χέρι Του. Έτσι ο Κύριος, μολονότι χρειάστηκε να παραβεί τον όρκο Του, χρησιμοποίησε το όπλο Του προκειμένου να προστατέψει τον Αρτζούνα και με αυτό τον τρόπο εκπληρώθηκε και ο όρκος

---

[43] Ο παππούς των Πάνταβα και των Καουράβα (των αντιμαχόμενων πλευρών στη μάχη της Μαχαμπαράτα). Μολονότι πολέμησε στο πλευρό των Καουράβα, δηλαδή ενάντια στον Κρίσνα και στον Αρτζούνα, ήταν υπέρμαχος του ντάρμα και αγαπητός στους νικητές Πάνταβα. Μετά τον Κρίσνα, είναι ο σημαντικότερος χαρακτήρας στο έπος της Μαχαμπαράτα.

του Μπίσμα. Με αυτή Του την πράξη, ικανοποίησε και τους δύο. Επειδή ο Αρτζούνα ήταν πιστός Του, ο Κρίσνα ήταν υπεύθυνος να προστατέψει τη ζωή του. Αλλά και ο Μπίσμα ήταν πιστός Του, οπότε το καθήκον του Κρίσνα ήταν να κάνει τα λόγια του Μπίσμα να βγουν αληθινά, προστατεύοντας έτσι την τιμή του. Έτσι λοιπόν, προθυμοποιήθηκε να θυσιάσει τη δική Του φήμη ως ενσάρκωση της αλήθειας. Αυτό δείχνει την απαράμιλλη συμπόνια του.

Η ροή της χάρης του Θεού προς τους πιστούς δεν εξαρτάται από το ντάρμα ή το αντάρμα, ούτε διέπεται από τους νόμους της αιτίας και του αποτελέσματος. Η χάρη του Θεού δεν περιορίζεται από κανένα κανόνα. Γι΄ αυτό οι σοφοί υμνούν το Θεό ως τον Ωκεανό της αναίτιας (αυθόρμητης) συμπόνιας.

Ερώτηση: Είναι οι διδασκαλίες του Ράμα[44] και του Κρίσνα επίκαιρες στη σημερινή εποχή της επιστήμης;

Άμμα: Όλοι εξυμνούν σήμερα με ενθουσιασμό τα επιτεύγματα της επιστήμης. Είναι αλήθεια ότι τα επιτεύγματα αυτά έχουν συμβάλει πολύ στην πρόοδο της ανθρωπότητας. Έχουν πράγματι αυξήσει τις υλικές ανέσεις και την αίσθηση της ευημερίας. Τα ταξίδια από το ένα μέρος στο άλλο είναι σήμερα πολύ ευκολότερα απ' ότι στο παρελθόν. Ένα ταξίδι που διαρκούσε παλαιότερα αρκετές ημέρες, σήμερα γίνεται σε μερικά μόνο λεπτά. Ο χρόνος που εξοικονομείται έτσι μπορεί να χρησιμοποιηθεί για άλλους σκοπούς. Ένας μόνο άνθρωπος που χρησιμοποιεί υπολογιστή μπορεί να διεκπεραιώσει εργασίες που χρειάζονταν παλιά εκατοντάδες άτομα. Είναι αλήθεια ότι έχουμε κάνει μεγάλη πρόοδο στο υλικό επίπεδο. Ταυτόχρονα όμως, ο νους των ανθρώπων έγινε πιο αδύναμος. Πόσοι από τους ανθρώπους που απολαμβάνουν

---

[44] Ενσάρκωση του Θεού Βίσνου, ήρωας του αρχαίου ινδικού έπους της Ραμαγιάνα. Η ζωή του θεωρείται υποδειγματική σε ό,τι αφορά την τήρηση του ντάρμα και των ηθικών αρχών.

την τεχνολογική πρόοδο μπορούν να κοιμηθούν ήρεμοι τα βράδια; Η Άμμα έχει συναντήσει αμέτρητους ανθρώπους που ζουν σε κλιματιζόμενα σπίτια και δεν μπορούν να κοιμηθούν χωρίς υπνωτικά χάπια. Μπορεί λοιπόν η τεχνολογική πρόοδος από μόνη της να χαρίσει γαλήνη στο νου; Κοιτάξτε πόσοι εκατομμυριούχοι αυτοκτονούν. Τους λείπει κανένα υλικό αγαθό; Σίγουρα αν είχαν γαλήνιο νου δεν θα αυτοκτονούσαν. Στις μέρες μας, πολλοί άνθρωποι έχουν τα πάντα σε υλικό επίπεδο, αλλά δεν έχουν αυτό που πραγματικά χρειάζονται, δηλαδή ευτυχία και γαλήνη.

Στην παλιά εποχή, οι άνθρωποι δεν υπέφεραν από διαταραχές στον ύπνο, παρόλο που δεν υπήρχαν ανέσεις όπως ο κλιματισμός. Σήμερα, εκείνοι που έχουν συνηθίσει τους ανεμιστήρες και τα κλιματιστικά δεν μπορούν να ζήσουν χωρίς αυτά. Σε περίπτωση διακοπής του ηλεκτρικού ρεύματος δεν θα μπορέσουν να κοιμηθούν καθόλου. Τα κύτταρα των ανθρώπων που περνούν όλη τη μέρα τους σε κλιματιζόμενους χώρους, χωρίς να αναπνέουν καθόλου φρέσκο αέρα, σταδιακά καταστρέφονται, όπως επίσης και οι φυσικές δυνάμεις του σώματός τους. Μερικοί άνθρωποι επίσης, πρέπει να πιουν τσάι το πρωί, αλλιώς θα υποφέρουν από πονοκέφαλο. Έχουν αναπτύξει πολλές κακές συνήθειες. Ο νους είναι η αποκλειστική αιτία γι' αυτό. Το σώμα και ο νους μας, που κάποτε είχαν δύναμη επειδή ζούσαμε αρμονικά με τη φύση, έχουν εξασθενίσει. Στο μακρινό παρελθόν, οι άνθρωποι ζούσαν σε τέλεια αρμονία με τη φύση. Δεν ενοχλούνταν από τις κλιματικές αλλαγές ή από οποιεσδήποτε αλλαγές στη φύση. Σήμερα όμως, οι άνθρωποι απομονώνονται από το φυσικό τους περιβάλλον και ζουν σε ξεχωριστούς, τεχνητούς και εγωκεντρικούς κόσμους. Δεν συνειδητοποιούν ότι η συνεχής αναζήτησή τους για εφήμερες απολαύσεις, τους κάνει να βυθίζονται σε ατέλειωτη θλίψη και πόνο.

Οι πρόγονοί μας βίωναν πολύ μεγαλύτερη ικανοποίηση και ευτυχία στη ζωή τους. Ήταν υγιέστεροι και ζούσαν περισσότερο από τους ανθρώπους της σημερινής εποχής. Τεράστια και μεγαλοπρεπή πέτρινα μνημεία, μεταξύ των οποίων και ναοί, στέκονται όρθια μέχρι τις μέρες μας μαρτυρώντας τη φυσική δύναμη των ανθρώπων εκείνης της εποχής. Είναι οι σημερινοί άνθρωποι τόσο δυνατοί, ώστε να σηκώσουν έστω και μία απ' αυτές τις πέτρες; Εκείνο τον καιρό, δεν υπήρχαν πολλές μηχανές και οι άνθρωποι ήξεραν πώς να ζουν σε αρμονία με τη φύση.

Η επιστήμη, σκοπός της οποίας είναι να αυξάνει την υλική άνεση των ανθρώπων και να τους βοηθά, δημιουργεί αντίθετα μεγάλους κινδύνους για την ανθρωπότητα. Στα χέρια εγωιστικών ανθρώπων η τεχνολογία χρησιμοποιείται για την εκμετάλλευση των συνανθρώπων τους. Αντί για ειρήνη και αγάπη, ανταγωνισμός και βία επικρατούν παντού στον κόσμο. Προκειμένου να είναι τα επιτεύγματα της επιστήμης ωφέλιμα για όλους, οι άνθρωποι πρέπει να μάθουν να αγαπούν, να είναι συμπονετικοί και να καλλιεργούν ηθικές αξίες.

Σήμερα, κάθε επιστημονική ανακάλυψη αυξάνει την αλαζονεία των ανθρώπων. «Ποιος είσαι εσύ που τα βάζεις μαζί μας; Κοίτα τα επιτεύγματα της χώρας μας!» Αυτή είναι η στάση των κυρίαρχων του πλανήτη. Μέρα με τη μέρα, περισσότερες συγκρούσεις ξεσπούν ανάμεσα στα άτομα και τα έθνη. Οι άνθρωποι φαίνονται ολοένα και περισσότερο πρόθυμοι να απομακρυνθούν από το λιμάνι της αγάπης προς τα ταραγμένα νερά της αλαζονείας.

Η Άμμα σε καμία περίπτωση δεν ασκεί κριτική ή υποτιμά τις επιστημονικές ανακαλύψεις. Η χρήση τους όμως, δεν θα πρέπει να έχει ως αποτέλεσμα να στερεύει η πηγή της αγάπης που βρίσκεται μέσα μας. Έχουμε βελτιώσει τον εξωτερικό κόσμο, αλλά ο εσωτερικός μας κόσμος μαραζώνει. Στο παρελθόν, οι άνθρωποι εκπαιδεύονταν κατάλληλα ώστε να μπορούν να ελέγχουν το νου τους κάτω από οποιεσδήποτε συνθήκες. Δεν άφηναν ασήμαντα πράγματα να διαταράσσουν την ηρεμία τους. Αν πέσεις σε βαθιά νερά, δεν θα επιβιώσεις αν δεν ξέρεις κολύμπι, όσες άλλες γνώσεις κι αν έχεις συσσωρεύσει. Παρομοίως, όσο κι αν αυξήσεις τις υλικές ανέσεις, δεν μπορείς να αποκτήσεις έναν γαλήνιο νου αν δεν τον έχεις προηγουμένως εκπαιδεύσει κατάλληλα. Στο μέλλον, οι άνθρωποι θα γίνουν πολύ αδύναμοι αν δεν είναι ικανοί να γαληνέψουν το νου τους, γιατί θα είναι ολοένα και πιο δύσκολο να βρουν κάποιον που να τους αγαπά ανιδιοτελώς. Θαρραλέοι είναι εκείνοι που παραμένουν εσωτερικά γαλήνιοι σε όλες τις περιστάσεις, και όχι εκείνοι που εξαρτώνται από άλλους ανθρώπους ή από υλικά αντικείμενα για να βρουν ευτυχία. Αυτό μας διδάσκουν ο Σρι Ράμα, ο Σρι Κρίσνα και άλλες θεϊκές ενσαρκώσεις.

Σαν πρίγκιπας, ο Κύριος Ράμα ήταν ο αγαπημένος των γονιών, των δασκάλων και του λαού της χώρας Του. Ζούσε με βασιλική μεγαλοπρέπεια και ανέσεις, όταν ξαφνικά ένα πρωινό αναγκάστηκε να φύγει εξόριστος στο δάσος, εγκαταλείποντας τα πάντα πίσω Του. Οι ανέσεις του παλατιού δεν ήταν πια διαθέσιμες. Δεν υπήρχε πια ούτε το υπέροχο φαγητό, ούτε το άνετο κρεβάτι με τα μεταξωτά σεντόνια, ούτε κανείς υπηρέτης να του κάνει αέρα. Εκείνος όμως, έζησε στο δάσος με την ίδια νοητική ηρεμία όπως και στο παλάτι. Ο νους του, ο οποίος βρισκόταν σε τέλεια αρμονία με τη φύση, αντιμετώπιζε με τον ίδιο τρόπο το βασίλειό Του και το δάσος. Ο Κύριος Ράμα προσαρμοζόταν με ευκολία στις μεταβαλλόμενες εξωτερικές συνθήκες, γιατί έλεγχε πλήρως το νου Του. Καθώς ήταν ένας ατμαράμα (κάποιος που αντλεί ικανοποίηση από τον Εαυτό), έβρισκε την ευδαιμονία μόνο μέσα στον Εαυτό Του.

Την ίδια ικανότητα παρατηρούμε επίσης στη ζωή των Πάνταβα, οι οποίοι ακολουθούσαν τις συμβουλές του Σρι Κρίσνα. Ούτε μία φορά δεν φιλονίκησαν ο ένας με τον άλλον. Ακόμα και οι μεγαλύτερες προκλήσεις στη ζωή τους δεν απείλησαν την ενότητά τους και την αγάπη που ένιωθε ο ένας για τον άλλο.

Σήμερα, τρεις άνθρωποι που ζουν κάτω από την ίδια στέγη συμπεριφέρονται σαν να ζούσαν σε τρεις διαφορετικούς πλανήτες. Δεν υπάρχει πραγματικός δεσμός ανάμεσά τους, δεν υπάρχει ενότητα καρδιάς. Τόσο δυνατός έχει γίνει πλέον ο εγωισμός των ανθρώπων. Αν ο νους μας δεν είναι αρκετά δυνατός σ' αυτές τις συνθήκες, αυξάνονται τα κρούσματα των νοητικών διαταραχών και των αυτοκτονιών.

Υπήρχε μια εποχή που δεσμοί αγάπης ένωναν τους ανθρώπους. Σήμερα, οι άνθρωποι μένουν ο ένας κοντά στον άλλο μόνο από εγωιστικά κίνητρα, τα οποία είναι τόσο ευμετάβλητα που ο συνεκτικός δεσμός της κοινωνίας καταρρέει.

Ζούμε σ' έναν πολιτισμό που ενθαρρύνει ακάθαρτες σκέψεις και συναισθήματα. Η μόνη έγνοια των ανθρώπων είναι η ικανοποίηση των αισθήσεών τους. Όλες τους οι προσπάθειες κατευθύνονται προς τα εκεί και γι' αυτό χρειάζονται πολλά χρήματα. Για να τα αποκτήσουν καταφεύγουν συχνά στη διαφθορά, γεγονός που οδηγεί στην αύξηση του εγκλήματος και της βίας. Σ' αυτό τον κόσμο της στιγμιαίας ικανοποίησης των αισθήσεων, δεν υπάρχουν μεγάλα περιθώρια για να αναπτυχθούν οι αρετές της μητρότητας και της αδελφοσύνης ανάμεσα στους ανθρώπους και κατά συνέπεια οι κοινωνικές αναταραχές πολλαπλασιάζονται. Η ασφάλεια των κρατών βρίσκεται σε κίνδυνο και καταστρέφεται η αρμονία της φύσης.

Σε μια τέτοια εποχή, η ζωή και οι διδασκαλίες του Σρι Κρίσνα είναι περισσότερο επίκαιρες από ποτέ. Τι μαθαίνουμε μελετώντας τις διδασκαλίες Του; Καταλαβαίνουμε ότι οι απολαύσεις των αισθήσεων και οι εγωιστικές επιδιώξεις δεν μπορούν ποτέ να μας κάνουν ευτυχισμένους, και ότι η αληθινή, παντοτινή ευδαιμονία βρίσκεται μονάχα μέσα μας. Αυτό μας το διδάσκει ξανά και ξανά. Εντούτοις, δεν αρνείται ολοκληρωτικά τις απολαύσεις των αισθήσεων. Μας υπενθυμίζει απλά ότι υπάρχει άλλο νόημα και σκοπός στη ζωή.

Όλες οι υπερβολές πρέπει να αποφεύγονται. Πρέπει να τρώμε μόνο για να ικανοποιήσουμε την πείνα μας. Οι ειδικοί υποστηρίζουν ότι, για να διατηρήσουμε καλή υγεία, το μισό στομάχι μόνο πρέπει να γεμίζει με τροφή, το ένα τέταρτο με νερό και το υπόλοιπο να παραμένει κενό. Η επιστήμη της πνευματικότητας εξηγεί επίσης πώς να διατηρούμε τη νοητική μας υγεία. Η βασική αρχή δεν είναι να αρνούμαστε πλήρως την ικανοποίηση των αισθήσεων, αλλά να μην γινόμαστε ποτέ σκλάβοι τους, ούτε και σκλάβοι των συνηθειών του νου μας. Πρέπει εμείς να είμαστε κύριοι του νου και των αισθήσεων. Παράλληλα με την ικανοποίηση των αισθήσεων, είναι απαραίτητο να εξασκούμαστε σε κάποιο βαθμό απάρνησης απέναντι σε αυτές. Η σοκολάτα είναι γλυκιά, αλλά σε μεγάλη ποσότητα θα μας κάνει να αρρωστήσουμε. Γι' αυτό πρέπει να ελέγχουμε τις επιθυμίες μας. Υπάρχει ένα όριο σε όλα και αυτό είναι για το καλό μας. Η αυτοπειθαρχία ποτέ δεν περιορίζει την ελευθερία. Τι θα συνέβαινε αν οι άνθρωποι οδηγούσαν στους δρόμους όπως τους έκανε κέφι, ισχυριζόμενοι ότι οι κανόνες οδικής κυκλοφορίας περιορίζουν την ελευθερία τους; Οι κανόνες οδικής κυκλοφορίας είναι απαραίτητοι για την ασφάλειά μας. Παρομοίως, η τήρηση ορισμένων πνευματικών κανόνων είναι απαραίτητη αν θέλουμε να απολαμβάνουμε διαρκή ευτυχία και ικανοποίηση.

Αν εξετάσουμε το ζήτημα απ' όλες τις πλευρές, μπορούμε να δούμε καθαρά ότι η εφαρμογή των πνευματικών αρχών στην καθημερινή μας ζωή, είναι ο μόνος τρόπος για να επιφέρουμε ουσιαστικές αλλαγές στο σημερινό κόσμο. Η διάνοιά μας έχει επεκταθεί, αλλά η καρδιά μας συρρικνώθηκε. Η ζωή του Σρι Κρίσνα μας παρέχει ένα ιδανικό παράδειγμα που μπορούμε να ακολουθήσουμε για να αλλάξουμε τη σημερινή κατάσταση, να ανακουφίσουμε το νου και την καρδιά μας που υποφέρουν και να ξαναδημιουργήσουμε τους δεσμούς αγάπης που μας ενώνουν.

Ο Κύριος Κρίσνα αγκαλιάζει και την πνευματική αλλά και την υλική πλευρά της ζωής. Δεν μας ζητά να αγνοήσουμε την μία απ' αυτές προς όφελος της άλλης. Όταν είναι η εποχή ενός δέντρου να καρποφορήσει, τα πέταλα των ανθών πέφτουν από μόνα τους. Παρομοίως, καθώς η επίγνωση του στόχου δυναμώνει μέσα μας, οι προσκολλήσεις μας στις υλικές απολαύσεις ελαττώνονται με φυσικό τρόπο. Η εγκατάλειψη των απολαύσεων δεν είναι τόσο σημαντική όσο η καλλιέργεια της σωστής στάσης απέναντι σ' αυτές. Μόνο όταν οι πνευματικές και οι υλικές όψεις της ζωής βρίσκονται σε αρμονία, όπως τα δύο φτερά ενός πουλιού, μπορεί να υπάρξει αρμονία στην κοινωνία.

Ο Κύριος Κρίσνα έδωσε συγκεκριμένες οδηγίες σε κάθε λογής ανθρώπους – σαννυάσιν, μπραχματσάρι, οικογενειάρχες, στρατιώτες, βασιλιάδες, ακόμα και σε ανθρώπους που ενδιαφέρονταν μονάχα για τα εγκόσμια. Δίδαξε τον τρόπο με τον οποίο κάθε άτομο μπορεί να φτάσει στη φώτιση ανεξάρτητα από τη θέση του στην κοινωνία. Γι' αυτό αποκαλείται Πουρναβατάρ, δηλαδή πλήρης Θεϊκή ενσάρκωση. Δεν ήρθε μόνο για το καλό των σαννυάσιν. Η ζωή του ήταν ένα τέλειο παράδειγμα για το πώς μπορεί κανείς να μείνει ανέγγιχτος από τη φωτιά της εγκόσμιας ζωής. Είναι σαν να κρατά κάποιος ένα κομμάτι σοκολάτας στο στόμα του χωρίς να του τρέχουν τα σάλια.

Το να φύγει κανείς μακριά από τις ευθύνες της ζωής, να αποσυρθεί στο δάσος και να κάθεται με τα μάτια κλειστά, δεν είναι και τόσο δύσκολο. Οι προκλήσεις εκεί δεν είναι πολλές. Ο Κύριος δεν μας δίδαξε να φεύγουμε μακριά απ' αυτόν τον κόσμο που είναι γεμάτος πόνο. Μας έδειξε πώς να επιτυγχάνουμε στη ζωή παρά τα εμπόδια που συναντάμε στο δρόμο μας. Ο Κύριος δεν μας συμβούλεψε να διακόψουμε τις κοινωνικές μας σχέσεις για να φθάσουμε στη φώτιση. Αντίθετα, μας διδάσκει πώς να είμαστε ελεύθεροι απ' όλες τις προσκολλήσεις, ενώ παράλληλα διατηρούμε σχέσεις αγάπης και ανταποκρινόμαστε στις οικογενειακές μας υποχρεώσεις. Η πνευματική επιστήμη μας διδάσκει πώς να χειριζόμαστε κάθε κατάσταση με χαμόγελο. Ένας πραγματικός γιόγκι[45] διατηρεί το νου του γαλήνιο αντιμετωπίζοντας οποιοδήποτε πρόβλημα. Εκείνοι που θέλουν να φτάσουν σ' αυτό το επίπεδο χρειάζεται μόνο να παρατηρήσουν τη ζωή του Κυρίου Κρίσνα, του τέλειου παραδείγματος.

Η φλόγα ενός κεριού καίει σταθερά πίσω από ένα γυαλί που την προστατεύει από τον άνεμο. Δεν υπάρχει τίποτα αξιοθαύμαστο σ' αυτό. Ένας πραγματικός πνευματικός άνθρωπος πρέπει να είναι σαν μια ανοιχτή φλόγα, λαμπερή σαν τον ήλιο, που καίει σταθερά ακόμα και στο μέσον μιας καταιγίδας που λυσσομανά. Ο Κύριος Κρίσνα πρέπει να είναι το υπόδειγμά μας, αν θέλουμε να φτάσουμε σ' αυτή την κατάσταση. Μας δείχνει το δρόμο για να εναρμονίσουμε τις δύο όψεις του νου – την υλική και την πνευματική – και να προχωρήσουμε προς την τελειότητα.

Η απελευθέρωση που μας υπόσχεται ο Κύριος δεν είναι κάτι που πετυχαίνουμε μετά θάνατον. Μπορούμε να φθάσουμε σ' αυτή την κατάσταση εδώ, μέσα στον κόσμο, έχοντας ακόμα το φυσικό σώμα. Σε όλη τη διάρκεια της ζωής Του, ο Σρι Κρίσνα χρειάστηκε να αντιμετωπίσει πολλές κρίσεις που εμφανίζονταν σαν τα κύματα, η μια μετά την άλλη. Ούτε μια φορά όμως το πρόσωπό Του δεν σκοτείνιασε από θλίψη. Αντιμετώπιζε όλα τα προβλήματα με ένα χαμόγελο.

Για το Υπέρτατο Ον, τον Σρι Κρίσνα, η ζωή ήταν ένα μαγευτικό τραγούδι χαράς από την αρχή ως το τέλος. Ακόμα κι ο πιο θλιμμένος άνθρωπος αισθανόταν ευδαιμονία στην παρουσία Του. Όπως το σκοτάδι δεν έχει θέση στον ήλιο, έτσι δεν υπήρχε καθόλου χώρος για θλίψη στην παρουσία του Σρι Κρίσνα. Ήταν

---

45 Κάποιος που έχει εδραιωθεί στην πρακτική της γιόγκα και έχει ενωθεί με το Υπέρτατο Ον.

η ενσάρκωση της ευδαιμονίας. Κοντά Του όλοι αγαλλίαζαν, ξεχνώντας οτιδήποτε άλλο. Στην παρουσία Του γεύονταν την ευδαιμονία του Εαυτού. Ακόμα και τώρα, μετά από τόσο καιρό, η σκέψη Του και μόνο δεν μας γεμίζει χαρά;

Κάποιοι άνθρωποι βρίσκουν ψεγάδια στο θεϊκό παιχνίδι του Κυρίου, γιατί ο νους τους παραμένει προσκολλημένος στις αισθήσεις. Οι προσπάθειές μας να μετρήσουμε την άπειρη δόξα του Κυρίου με τον περιορισμένο νου μας, μοιάζουν με τις προσπάθειες του βατράχου μέσα στο πηγάδι που προσπαθεί να μετρήσει τον ωκεανό.

Αν εγκαταλείψουμε τις αμφιβολίες μας και παρατηρήσουμε με ανοιχτό νου και αγάπη τη ζωή του Σρι Κρίσνα – μια γλυκιά ζωή από την αρχή ως το τέλος – θα ανακαλύψουμε ότι δεν πρέπει να απορρίψουμε τίποτα στη ζωή Του, αλλά να αγκαλιάσουμε την κάθε στιγμή της. Μόνο όταν ανοίξει το εσωτερικό μάτι της αγάπης θα μπορέσουμε να απολαύσουμε πλήρη ευτυχία και τέλεια ειρήνη σ' αυτή τη ζωή και μετέπειτα.

Κεφάλαιο Πέμπτο

Γυναίκες και κοινωνία

Ερώτηση: Ποιος πρέπει να είναι ο ρόλος και ποια η θέση των γυναικών στη κοινωνία;

Άμμα: Οι γυναίκες πρέπει να έχουν την ίδια θέση με τους άνδρες στην κοινωνία, καθώς και ίσο μερίδιο ευθυνών σε αυτήν. Όταν η θέση της γυναίκας υποβιβάζεται, η κοινωνία χάνει την αρμονία της. Άνδρες και γυναίκες είναι ισότιμοι στη Δημιουργία του Θεού. Όπως το ένα μισό του σώματος είναι εξίσου απαραίτητο με το άλλο, έτσι άνδρες και γυναίκες έχουν την ίδια αξία. Το ένα μισό δεν μπορεί να ισχυρίζεται ότι είναι ανώτερο από το άλλο. Όταν λέμε ότι η γυναίκα είναι η αριστερή πλευρά του άνδρα, είναι αυτονόητο ότι και ο άνδρας είναι η δεξιά πλευρά της γυναίκας. Οι διαφορές μεταξύ ανδρών και γυναικών βρίσκονται βασικά στο σωματικό επίπεδο.

Ακριβώς όπως οι άνδρες, έτσι και οι γυναίκες έχουν τον δικό τους μοναδικό ρόλο στη κοινωνία. Κάθε άνθρωπος πρέπει να καταλαβαίνει ποιος είναι ο ρόλος του και να πράττει ανάλογα. Όταν οι γυναίκες προσπαθούν να παίξουν το ρόλο των ανδρών, ή όταν οι άνδρες επιβάλλουν στις γυναίκες κάποιο ρόλο με τη βία, τότε δημιουργούνται προστριβές και διαταράσσεται η αρμονική συμβίωση στην κοινωνία.

Σε ένα αυτοκίνητο τα λάστιχα της δεξιάς και της αριστερής του πλευράς είναι εξίσου σημαντικά. Μόνο αν οι τροχοί και στις δύο πλευρές κινούνται προς τα εμπρός ταυτόχρονα, μπορούν οι επιβάτες να φθάσουν στον προορισμό τους. Παρομοίως, στην οικογενειακή ζωή, μόνο όταν οι δύο σύζυγοι ζουν μαζί αρμονικά θα μπορέσουν να φθάσουν στο στόχο, στην ένωση δηλαδή με τον Εαυτό.

Στον αρχαίο πολιτισμό της Ινδίας, οι γυναίκες αντιμετωπίζονταν με ιδιαίτερο σεβασμό. Το ιδανικό που κληροδότησε η Ινδία στον κόσμο είναι το *Ματρουντέβο Μπάβα*, που σημαίνει ότι οι άνδρες μαθαίνουν να φέρονται σε όλες τις γυναίκες όπως φέρονται στη μητέρα τους. Κάθε άνδρας περνά εννιά μήνες στην κοιλιά της μητέρας του προτού γεννηθεί. Είναι φυσικό λοιπόν, κάθε γιος να φέρεται με σεβασμό στη μητέρα του. Όλες οι γυναίκες όμως πρέπει να αντιμετωπίζονται με τον ίδιο σεβασμό.

Η γυναίκα αποτελεί το θεμέλιο της κοινωνίας. Μπορεί να παίξει σημαντικότερο ρόλο από τον άνδρα στη διατήρηση της ειρήνης, της αρμονίας και της ευημερίας της κοινωνίας, δεδομένου ότι η γυναίκα είναι φυσικά προικισμένη με τις αρετές της αγάπης, της συγχώρεσης και της ταπεινότητας. Αυτές οι αρετές των γυναικών κρατούν την οικογένεια ενωμένη. Ο ανδρισμός αντιπροσωπεύει τη δύναμη της θέλησης, η οποία όμως από μόνη της δεν αρκεί για τη διατήρηση αρμονικών σχέσεων ανάμεσα στα μέλη της οικογένειας. Όλοι μέσα στην οικογένεια οφείλουν να καλλιεργούν την αγάπη, την υπομονή, την ταπεινότητα και τη συγχώρεση έναντι των υπολοίπων μελών της. Οι εσωτερικές προστριβές μέσα στην οικογένεια εμφανίζονται όταν η γυναίκα προσπαθεί να υιοθετήσει ανδρικές συμπεριφορές, ή όταν ο άνδρας επιχειρεί να επιβάλλει το εγώ του στη γυναίκα.

Η Ινδία είναι τόπος απάρνησης των εφήμερων απολαύσεων των αισθήσεων και όχι υποδούλωσης σε αυτές. Οι πρόγονοί μας αναζήτησαν και βρήκαν την πηγή της αιώνιας ευδαιμονίας. Οι άνθρωποι της σύγχρονης εποχής, αντίθετα, έχουν πέσει στην παγίδα της συνεχούς αναζήτησης των φευγαλέων απολαύσεων, σπαταλώντας έτσι τη ζωή και την υγεία τους. Στο μακρινό παρελθόν, οι πράξεις, οι αρετές και το ντάρμα ενός ανθρώπου, άνδρα ή γυναίκας, καθόριζαν τη θέση του στην κοινωνία. Ο απώτερος στόχος όλων ήταν να φθάσουν στη φώτιση. Οι άνθρωποι είχαν πλήρη επίγνωση του στόχου αυτού και του δρόμου που έπρεπε να ακολουθήσουν για να τον πετύχουν. Αυτή η στάση έφερνε ικανοποίηση στη ζωή. Μόνο εκείνοι που δεν βρίσκουν ικανοποίηση στη ζωή τους προσπαθούν να αρπάξουν αυτά που ανήκουν σε άλλους. Όταν υπάρχει εσωτερική απογοήτευση γεννιούνται οι διαμάχες. Η κοινωνική δομή στην Ινδία ήταν τέτοια που μπορούσε να οδηγήσει όλους τους ανθρώπους στην τέλεια ευτυχία και τη φώτιση. Εκείνη την εποχή δεν υπήρχε καν η ανάγκη να συζητούνται θέματα όπως η ισότητα ανάμεσα στους άνδρες και τις γυναίκες και η θέση των γυναικών στην κοινωνία.

Η πραγματική θέση της γυναίκας στην κοινωνία δεν βρίσκεται στο περιθώριο σε καμία περίπτωση. Είναι ίση με εκείνη των ανδρών, σε πρωταγωνιστικό ρόλο. Το ερώτημα είναι κατά πόσο της δίνεται η θέση αυτή στις μέρες μας.

Ερώτηση: Ο Μανού[46] δεν είπε ότι ο πατέρας κάθε γυναίκας πρέπει να την προστατεύει όταν είναι παιδί, ο σύζυγός της όταν είναι νέα και τα παιδιά της όταν είναι ηλικιωμένη, καθώς και ότι η γυναίκα δεν μπορεί να είναι ανεξάρτητη;

Άμμα: Το πραγματικό νόημα της φράσης αυτής είναι ότι η γυναίκα αξίζει πάντα να τυγχάνει προστασίας, όχι ότι πρέπει να της στερείται η ελευθερία της. Ο Μανού επισημαίνει ότι είναι ευθύνη των ανδρών να προστατεύουν τις γυναίκες σε όλες τις περιστάσεις. Αυτό δείχνει ότι εκείνο τον καιρό η γυναίκα κατείχε περίοπτη θέση στην κοινωνία. Η γυναίκα δεν θα έπρεπε να περιμένει από κάποιον άλλο να της δώσει ελευθερία, είναι αναφαίρετο δικαίωμά της να απολαμβάνει την ίδια ελευθερία

---

[46] Μυθικό πρόσωπο που θεωρείται ο πατέρας του ανθρώπινου γένους και κυρίαρχος της γης. Στις γραφές περιγράφεται η γενεαλογία δεκατεσσάρων διαδοχικών Μανού. Η παραπάνω φράση σχετικά με την προστασία των γυναικών περιλαμβάνεται στο Μανουσμρίτι, ένα βιβλίο νόμων που αποδίδεται στον πρώτο από τους δεκατέσσερις Μανού.

με τον άνδρα. Ο Μανού λέει ότι είναι καθήκον του άνδρα να την προστατεύει. Μια κοινωνία που αρνείται στις γυναίκες την ελευθερία τους, στρώνει το δρόμο για την ίδια της την καταστροφή.

Όταν η Άμμα ακούει κάποιους να επικρίνουν αυτή τη φράση του Μανού, της έρχεται στο μυαλό η προστασία που παρέχει η αστυνομία στους υπουργούς της κυβέρνησης όταν αυτοί ταξιδεύουν. Μήπως οι υπουργοί χάνουν την ελευθερία τους εξαιτίας της προστασίας; Έχουν πλήρη ελευθερία και ταξιδεύουν όπου θέλουν. Είναι απλά το καθήκον των αστυνομικών που τους συνοδεύουν να προστατεύουν αυτή την ελευθερία. Κατά τον ίδιο τρόπο, η ινδική κοινωνία εκείνης της εποχής, η οποία παρείχε πλήρη ελευθερία στις γυναίκες, θεωρούσε ότι είναι καθήκον των ανδρών να προστατεύουν την ελευθερία των γυναικών· τους παρείχε δε αυτή την υψηλή θέση διότι αναγνώριζε ότι οι γυναίκες είναι οι στυλοβάτες της οικογένειας, και επομένως ολόκληρης της κοινωνίας.

Ερώτηση: Ποια είναι η γνώμη της Άμμα για το θέμα της ισότητας των δύο φύλων;

Άμμα: Πρέπει να μιλάμε για ενότητα ανδρών και γυναικών και όχι τόσο πολύ για ισότητα. Είναι δύσκολο να επιτευχθεί ισότητα μεταξύ ανδρών και γυναικών σε σωματικό επίπεδο. Σε νοητικό επίπεδο, υπάρχουν στις γυναίκες ορισμένα αρσενικά χαρακτηριστικά και στους άνδρες ορισμένα θηλυκά. Οι γυναίκες δεν θα πρέπει να μιμούνται τυφλά τους άνδρες. Αν, για παράδειγμα, προσπαθούν να υιοθετήσουν ανδρικές συμπεριφορές όπως η χαρτοπαιξία, το ποτό και το κάπνισμα, αυτό θα έχει καταστροφικές συνέπειες. Αντίθετα, οι γυναίκες πρέπει να καλλιεργούν τις αρσενικές αρετές που βρίσκονται μέσα τους και οι άνδρες τις θηλυκές. Αυτό οδηγεί στην τελειότητα. Μέσω της εσωτερικής καλλιέργειας αυτών των αντίθετων χαρακτηριστικών, οι άνδρες και οι γυναίκες ολοκληρώνουν τις προσωπικότητές τους.

Οι υλιστικοί πολιτισμοί θεωρούν ότι οι σχέσεις μεταξύ ανδρών και γυναικών περιορίζονται κυρίως στο σωματικό επίπεδο, αλλά η ινδική κουλτούρα μας δίδαξε να βλέπουμε τους δεσμούς που τους ενώνουν σε πνευματικό επίπεδο. Στις μέρες μας, αυτό που πολλοί άνθρωποι ζητούν στο όνομα της ελευθερίας των παντρεμένων γυναικών, είναι στην πραγματικότητα ελευθερία μόνο από τις ευθύνες της οικογενειακής ζωής. Η αχαλίνωτη ελευθερία, χωρίς καμιά υπευθυνότητα, θα δυναμώσει μόνο την επιθυμία για υλιστικές απολαύσεις. Πώς μπορεί να διατηρηθεί η ειρήνη και η αρμονία στην οικογένεια όταν υπάρχει ανταγωνισμός ανάμεσα στους συζύγους; Όταν όμως ο άνδρας και η γυναίκα προχωρούν μαζί με αγάπη, αμοιβαία κατανόηση και τη θέληση να είναι ανοικτοί ο ένας απέναντι στις ανάγκες του άλλου, αυτό που αναπτύσσεται στη σχέση τους δεν είναι η ισότητα, αλλά η ενότητα – η ένωση του Σίβα και της Σάκτι[47]. Αυτή η ένωση δημιουργεί ένα κόσμο χαράς. Ξεχνώντας όλες τις διαφορές, ο άνδρας και η γυναίκα γίνονται ένα και αλληλοσυμπληρώνουν τις ελλείψεις τους.

Μέσω της αγάπης, ο ένας υπερβαίνει οποιονδήποτε θυμό υπάρχει στον άλλον· μέσω της ανεκτικότητας, ο ένας δέχεται τις αδυναμίες του άλλου. Κατ' αυτό τον τρόπο και οι δύο απολαμβάνουν αληθινή ελευθερία. Οι άνθρωποι χρειάζονται αυτό το ταίριασμα των αρσενικών και των θηλυκών αρετών στη ζωή. Η θηλυκή ενέργεια συμπληρώνει τον άνδρα, ενώ η αρσενική ενέργεια συμπληρώνει τη γυναίκα. Σε μια σχέση, ο ένας χρειάζεται στήριξη, ενθάρρυνση και έμπνευση από τον άλλον. Δεν αποτελούν βάρος ο ένας για τον άλλον, αλλά σημείο στήριξης και προστασίας. Για να πετύχουμε αυτό το ιδανικό, είναι απαραίτητο να κατανοήσουμε τις αρχές της πνευματικότητας, οι οποίες μας

---

[47] Σάκτι ονομάζεται η θηλυκή αρχή, η δημιουργική ενέργεια του Απόλυτου και Σίβα η αρσενική αρχή, ο ανεκδήλωτος Θεός. Ο Σίβα είναι επίσης το ένα μέρος της ινδουιστικού τριαδικού Θεού, το οποίο είναι υπεύθυνο για την καταστροφή του παλιού προκειμένου να γεννηθεί το καινούργιο.

βοηθούν να υπερβούμε τις εξωτερικές συγκρούσεις και να συνειδητοποιήσουμε την εσωτερική ενότητα, την ουσία του Εαυτού.

Ερώτηση: Λέγεται ότι στην Ινδία οι γυναίκες δεν κατείχαν ισότιμη θέση στην κοινωνία. Δεν ήταν πράγματι καταδικασμένες να ζουν περιορισμένες μέσα στο σπίτι;

Άμμα: Η ιστορία της Ινδίας διαφέρει κατά πολύ από εκείνη των άλλων χωρών. Ο ινδικός πολιτισμός είναι παλαιότερος από οποιονδήποτε άλλον. Οι γυναίκες κάποτε αντιμετωπίζονταν με μεγάλο σεβασμό στην κοινωνία μας. Ακόμα και κατά τη διάρκεια των Βεδικών τελετουργικών, οι άνδρες και οι γυναίκες είχαν ίσα δικαιώματα. Όταν ένας άνδρας εκτελούσε τις τελετουργικές προσφορές, η σύζυγός του είχε την ίδια θέση με αυτόν. Οι γυναίκες απήγγειλαν ακόμη και τα Βεδικά μάντρα[48]. Στην αρχαία εποχή, οι γυναίκες είχαν, ακριβώς όπως και οι άνδρες, τη δυνατότητα να επιλέξουν οποιοδήποτε επάγγελμα. Γυναίκες όπως η Μαϊτρέι και η Γκάργκι διέθεταν μεγάλο κύρος στους κύκλους των λογίων της εποχής τους. Εκείνο τον καιρό, η Ινδία είχε και γυναίκες πολεμιστές. Αν μελετήσουμε το ρόλο που έπαιξαν στο έπος της Ραμαγιάνα[49] γυναίκες όπως η Σουμίτρα, η Τάρα και η Μαντοντάρι, θα δούμε ότι αυτές ήταν σταθερά εδραιωμένες στο ντάρμα. Πώς μπορεί να ισχυριστεί κανείς ότι σ' έναν τέτοιο πολιτισμό οι γυναίκες στερούνταν την ελευθερία τους;

---

[48] Τα μάντρα είναι ιερές φράσεις στα σανσκριτικά, η συνεχής επανάληψη των οποίων αφυπνίζει την πνευματική δύναμη του ανθρώπου.

[49] Το ένα από τα δύο μεγαλύτερα ινδικά έπη που γράφτηκε από τον σοφό Βαλμίκι. Η Σίτα ήταν η σύζυγος του Ράμα, ο οποίος ήταν θεϊκή ενσάρκωση. Ενώ ο Ράμα και η Σίτα ήταν εξόριστοι στο δάσος, ο βασιλιάς των δαιμόνων Ράβανα απήγαγε τη Σίτα και την πήρε μαζί του στη πόλη Λάνκα. Ο Ράμα έστειλε τους συμμάχους του να την αναζητήσουν. Ο μεγάλος πιστός του Ράμα, ο θεός των πιθήκων Χάνουμαν, την ανακάλυψε στη Λάνκα και αφού την συνάντησε έβαλε φωτιά και κατέστρεψε ένα μέρος της πόλης. Στο τέλος του έπους, ο Ράμα σκοτώνει τον Ράβανα και σώζει τη Σίτα.

Είναι αλήθεια ότι η Ινδία δέχτηκε κατά καιρούς επιρροές από ξένους πολιτισμούς. Αυτό μπορούμε να το διαπιστώσουμε αν μελετήσουμε προσεκτικά την ιστορία της Ινδίας. Για αιώνες, η Ινδία βρισκόταν επίσης κάτω από ξένο ζυγό. Οι ξένοι ηγεμόνες που κυβέρνησαν την Ινδία δεν έβλεπαν τις γυναίκες παρά μόνο σαν αντικείμενα ηδονής. Για να αποφύγουν τέτοιους ανθρώπους, οι γυναίκες συχνά αναγκάζονταν να παραμένουν περιορισμένες στα σπίτια τους. Σταδιακά, εισχώρησαν και στον δικό μας πολιτισμό παρακμιακά χαρακτηριστικά. Αυτό προκάλεσε μεγάλη ζημιά στον μεγάλο πολιτισμό που κάποτε ανθούσε στην Ινδία.

Ενώ παραδοσιακά η Ινδία ενθάρρυνε τον έλεγχο του νου και των αισθήσεων, οι ηγεμόνες που κατέκτησαν τη χώρα θεωρούσαν τις απολαύσεις των αισθήσεων ως σκοπό της ζωής. Πώς μπορούσε να υπάρξει αρμονική συμβίωση ανάμεσα σε ανθρώπους με τόσο διαφορετικές νοοτροπίες; Το ινδικό εκπαιδευτικό σύστημα επίσης άλλαξε με την άφιξη των Δυτικών. Η εκπαίδευση που βασιζόταν στα γκουρούκουλα[50] εξαφανίστηκε. Ο σκοπός της εκπαίδευσης άλλαξε από την καλλιέργεια της αυτάρκειας στην καλλιέργεια της εξάρτησης από τους άλλους. Οι διδασκαλίες για το ντάρμα – όπως το «*ματρουντέβο μπάβα, πίτρου ντέβο μπάβα, ατσάρια ντέβο μπάβα*» (να μεταχειρίζεσαι τη μητέρα σου ως Θεό, τον πατέρα σου ως Θεό, το δάσκαλό σου ως Θεό) – δεν είχαν θέση πια στα σχολεία. Ο εγωισμός και ο ανταγωνισμός αντικατέστησαν την αλήθεια και την απάρνηση. Οι γυναίκες που αρχικά αναζητούσαν καταφύγιο από τους ξένους κατακτητές στα σπίτια τους, αναγκάζονταν τώρα να περιορίζονται εκεί από τις νέες γενιές ανδρών, το κύριο χαρακτηριστικό των οποίων ήταν ο εγωισμός. Αυτές οι νέες γενιές διαστρέβλωσαν τους ηθικούς κώδικες και τους κανόνες των γραφών για να τους προσαρμόσουν στα εγωιστικά τους συμφέροντα. Η κοινωνία πληρώνει τις συνέπειες ακόμα και σήμερα. Η βασική αιτία της έλλειψης ελευθερίας που βιώνουν

---

[50] Εκπαίδευση κοντά σε πνευματικούς δασκάλους.

οι γυναίκες στην Ινδία, εντοπίζεται στις επιδράσεις των άλλων πολιτισμών. Η κακομεταχείριση των γυναικών είναι ξένη προς την ινδική κουλτούρα, πηγάζει από άλλους πολιτισμούς ηθικής παρακμής. Πρέπει να θυμόμαστε ότι τα δάκρυα της Σίτα έκαναν στάχτη την πόλη Λάνκα.

Ερώτηση: Όταν η Άμμα λέει ότι η ολοκλήρωση επιτυγχάνεται μέσα από την ένωση του αρσενικού και του θηλυκού, εννοεί ότι η ολοκλήρωσή αυτή δεν είναι δυνατή μέσω της μπραχματσάρια (αγαμίας);

Άμμα: Όταν η Άμμα μιλάει για ένωση του άνδρα και της γυναίκας, δεν αναφέρεται στο φυσικό επίπεδο. Αυτό που κάνει ένα ανθρώπινο ον γυναίκα ή άνδρα, είναι το κυρίαρχο αρσενικό ή θηλυκό στοιχείο στο άτομο αυτό. Όλοι οι άνθρωποι έχουν μια θηλυκή και μια αρσενική πλευρά. Για μια γυναίκα στην οποία η αρσενική φύση είναι ισχυρή στον χαρακτήρα της, λέμε ότι παρόλο που είναι γυναίκα μοιάζει με άνδρα. Παρομοίως, για έναν άνδρα με ισχυρά θηλυκά χαρακτηριστικά, λέμε ότι μοιάζει με γυναίκα. Σ' αυτές τις περιπτώσεις βέβαια δεν αναφερόμαστε στην εξωτερική τους εμφάνιση.

Η γυναίκα δεν έχει επίγνωση των αρσενικών στοιχείων που υπάρχουν μέσα της και τα αναζητά εξωτερικά, σε κάποιον άνδρα. Παρομοίως, ο άνδρας δεν προσπαθεί να καλλιεργήσει τις αρετές της συγχώρεσης, της συμπόνιας και της στοργικότητας που κρύβει μέσα του. Φαντάζεται ότι μπορεί να τις βρει μόνο σε κάποια γυναίκα. Και οι άνδρες και οι γυναίκες πρέπει να αφυπνίσουν τις συμπληρωματικές δυνάμεις και ικανότητες που κρύβουν μέσα τους. Ολοκλήρωση είναι η ένωση των αρσενικών και θηλυκών στοιχείων που υπάρχουν μέσα μας. Μόνο μέσω αυτής της εσωτερικής ένωσης μπορούμε να βιώσουμε απεριόριστη ευδαιμονία.

Ο σκοπός της μπραχματσάρια είναι να συνειδητοποιήσουμε ότι και η αρσενική και η θηλυκή φύση υπάρχουν μέσα μας και ότι ο πραγματικός μας Εαυτός υπερβαίνει κάθε τέτοια δυαδικότητα. Αυτό δεν μπορούμε να το βιώσουμε χωρίς συνεχή πνευματική άσκηση. Στις μέρες μας όμως οι άνθρωποι δεν έχουν την απαιτούμενη υπομονή. Θεωρούν όλα όσα βλέπουν στον εξωτερικό κόσμο πραγματικά και τρέχουν πίσω από τις φευγαλέες απολαύσεις των αισθήσεων, σπαταλώντας έτσι τη ζωή τους στην αναζήτηση αυτή.

Ερώτηση: Ποια είναι η γνώμη της Άμμα για τις γυναίκες που επιθυμούν να λάβουν επαγγελματική κατάρτιση υψηλού επιπέδου;

Άμμα: Οι γυναίκες πρέπει να φθάνουν στο ίδιο επίπεδο επαγγελματικής κατάρτισης με τους άνδρες και να βρίσκουν δουλειά, αν αυτό είναι απαραίτητο. Η καλή εκπαίδευση είναι ένα από τα χαρακτηριστικά στοιχεία ενός ευγενούς πολιτισμού και αποτελεί θεμέλιο της κοινωνικής δικαιοσύνης.

Μόνο αν μια γυναίκα γίνει αυτάρκης μέσω της εκπαίδευσης, μπορεί να ενθαρρύνει και να εμπνέει τον σύντροφό της στη ζωή σαν μια πραγματική *σαχανταρμίνι* – μια σύζυγο δηλαδή που βαδίζει στη ζωή δίπλα στο σύντροφό της στο μονοπάτι του ντάρμα.

Επιπλέον, ο κύριος λόγος για τον οποίο οι γυναίκες υποφέρουν στο οικογενειακό και κοινωνικό τους περιβάλλον σήμερα, είναι η έλλειψη οικονομικής ανεξαρτησίας. Αν είναι σε θέση να εξασφαλίσουν θέσεις εργασίας που θα τους αποφέρουν ικανοποιητικό εισόδημα, θα σπάσουν τα δεσμά της οικονομικής εξάρτησης. Εξαιτίας των επιρροών του σύγχρονου πολιτισμού και της γενικότερης άγνοιας των πνευματικών αξιών, οι άνθρωποι έχουν αναπτύξει μια απόλυτα υλιστική νοοτροπία στη ζωή τους. Δίνουν πολύ μεγαλύτερη σημασία στην απόκτηση υλικών αγαθών, παρά στην πνευματική ενότητα ανδρών και γυναικών. Αυτή η νοοτροπία είναι ένας από τους λόγους για τον ολοένα και αυξανόμενο αριθμό διαζυγίων. Στις μέρες μας, οι γυναίκες θα πρέπει να φροντίζουν οι ίδιες για την οικονομική τους ανεξαρτησία και την ασφάλειά τους. Σε αντίθετη περίπτωση, στις συνθήκες που επικρατούν σήμερα, όσο οι γυναίκες έχουν χαμηλή μόρφωση και είναι οικονομικά εξαρτημένες, δεν θα μπορούν να συντηρήσουν τον εαυτό τους όταν αυτό χρειαστεί. Οι οικογενειακοί δεσμοί δεν είναι ισχυροί στη Δύση. Σύντομα, η συνήθεια των ανδρών της Δύσης να εγκαταλείπουν τις συζύγους τους για άλλες γυναίκες, θα πάψει να θεωρείται λανθασμένη και στην Ινδία. Εκτός από το να φροντίζουν τις δικές τους ανάγκες, οι γυναίκες θα πρέπει να επωμίζονται το μεγαλύτερο μέρος των ευθυνών για την ανατροφή των παιδιών τους. Αν δεν μπορούν να βρουν κάποια πηγή σταθερού εισοδήματος θα αντιμετωπίσουν μεγάλες δυσκολίες. Γι' αυτό είναι απαραίτητο να έχουν υψηλό μορφωτικό επίπεδο.

Ερώτηση: Στην παλιά εποχή όμως, οι γυναίκες δεν προσπαθούσαν να λάβουν ανώτερη εκπαίδευση.

Άμμα: Οι συνθήκες είναι τελείως διαφορετικές τώρα απ' ότι ήταν εκείνα τα χρόνια. Η ζωή εκείνη την εποχή ήταν απλή. Δεν ήταν απαραίτητο να δουλεύουν και οι δύο σύζυγοι για να κερδίζουν χρήματα. Επιπλέον, ο σκοπός της εκπαίδευσης δεν ήταν απλά να εξασφαλίσει κάποιος ένα εισόδημα, αλλά να φθάσει στην υπέρτατη κατάσταση, μέσω της αφύπνισης του ανώτερου Εαυτού. Οι γυναίκες αποκτούσαν τη γνώση αυτή στην παιδική τους ηλικία. Η νύφη γινόταν η κεφαλή του σπιτιού και η κοινωνία την θεωρούσε ως πηγή ευημερίας για το σύζυγο και την οικογένειά της. Μόνο ο άνδρας εργαζόταν για να κερδίσει τα απαραίτητα χρήματα για τις ανάγκες της οικογένειας. Μέσα σ' αυτό το κοινωνικό περιβάλλον, η γυναίκα δεν αισθανόταν ότι ο σύζυγός της περιόριζε την ελευθερία της κατά οποιονδήποτε τρόπο και ότι την έκανε σκλάβα του. Και ο άνδρας, απ' την άλλη πλευρά, δεν αισθανόταν ότι η σύζυγός του ήταν ο άρχοντας του σπιτιού. Αυτό που τους κρατούσε ενωμένους ήταν η αγάπη και όχι οι εγωιστικές επιθυμίες. Η γυναίκα, εκείνη την εποχή, θεωρούσε ότι το ντάρμα της ήταν να υπηρετεί και να φροντίζει όλη την οικογένεια: τον σύζυγο, τους γονείς και τα παιδιά. Ο σύζυγος με τη σειρά του, καταλάβαινε ότι η δική του ευτυχία εξαρτιόταν από την ασφάλεια και την ευτυχία της γυναίκας του. Σε μια τέτοια οικογένεια δεν υπήρχε χώρος για διαμάχες, όλοι ζούσαν ειρηνικά. Η ευτυχία μας εξαρτάται από τις ευγενείς αρετές τις οποίες διαθέτουμε στη ζωή μας. Ο πλούτος και η κοινωνική θέση δεν φέρνουν την ευτυχία. Εκείνη την εποχή οι γυναίκες δεν αισθάνονταν την ανάγκη να λάβουν ανώτερη εκπαίδευση ή να βρουν κάποια εργασία για να αυξήσουν το εισόδημά τους.

Ερώτηση: Στις μέρες μας, όταν και οι δύο γονείς εργάζονται, πώς μπορούν να δώσουν στα παιδιά τους την προσοχή που χρειάζονται;

Άμμα: Εφόσον καταλάβουν πόσο σημαντικό είναι να το κάνουν, θα βρίσκουν τον απαραίτητο χρόνο για τα παιδιά τους. Εξάλλου, όταν οι άνθρωποι είναι άρρωστοι, βρίσκουν πάντα τον απαραίτητο χρόνο για να αναρρώσουν ανεξάρτητα από το πόσο απασχολημένοι είναι στην δουλειά τους, έτσι δεν είναι;

Οι γυναίκες οφείλουν να είναι προσεχτικές από την αρχή της εγκυμοσύνης τους. Η έγκυος πρέπει να αποφεύγει οποιαδήποτε κατάσταση που δημιουργεί ένταση, γιατί το στρες κατά τη διάρκεια της εγκυμοσύνης ενδέχεται να δημιουργήσει προβλήματα υγείας στο έμβρυο. Γι' αυτό οι έγκυες πρέπει να προσπαθούν να είναι χαρούμενες, να κάνουν πνευματική άσκηση, να επισκέπτονται άσραμ και να ζητούν συμβουλές από πνευματικούς δασκάλους.

Οι μητέρες πρέπει να καταλάβουν πόσο σημαντικό είναι να θηλάζουν τα μωρά τους. Το μητρικό γάλα είναι το γάλα της αγάπης, δημιουργείται από την αγάπη της μητέρας για το παιδί της. Περιέχει επίσης πολλά εύπεπτα συστατικά που είναι ιδανικά για την υγεία του μωρού και ενισχύουν την ικανότητα της μνήμης. Τίποτα δεν συγκρίνεται με το μητρικό γάλα.

Όταν το παιδί μεγαλώσει αρκετά και αρχίζει να αναπτύσσει την ικανότητα της μνήμης, τότε οι γονείς πρέπει να αρχίσουν να το διδάσκουν τις ηθικές αρχές μέσα από ιστορίες και νανουρίσματα. Στο παρελθόν, η οικογένεια περιελάμβανε συνήθως παππούδες, γιαγιάδες και άλλους συγγενείς. Σήμερα, οι άνθρωποι θεωρούν βάρος τους ηλικιωμένους γονείς τους. Οι νέοι φεύγουν απ' το σπίτι τους και φτιάχνουν νέο νοικοκυριό όσο το δυνατόν νωρίτερα. Κατ' αυτό τον τρόπο, τα δικά τους παιδιά στερούνται το πλούσιο και εύφορο έδαφος των οικογενειακών σχέσεων. Χάνουν επίσης τα πολυάριθμα παραμύθια και τις ιστορίες που θα μπορούσαν να τους διηγηθούν οι παππούδες και οι γιαγιάδες τους. Τα παιδιά έτσι δεν αναπτύσσονται σωστά, όπως ένα δέντρο που βρίσκεται μέσα σε γλάστρα και δεν μπορεί να απλώσει τις ρίζες του και να αναπτυχθεί πλήρως. Στη σημερινή κοινωνία, θα ήταν προτιμότερο να εμπιστευθούμε την ευθύνη της ανατροφής των παιδιών στους μεγαλύτερους της οικογένειας. Εκείνοι θα φροντίσουν με περισσότερη αγάπη και στοργή τα εγγόνια τους απ' ότι οποιαδήποτε παραμάνα ή νηπιαγωγός. Η παρουσία των παιδιών δίνει επίσης χαρά στη ζωή των ηλικιωμένων παππούδων και γιαγιάδων.

Τα παιδιά μαθαίνουν στην αγκαλιά της μητέρας τους τα πρώτα τους μαθήματα για να διακρίνουν το σωστό από το λάθος. Οι προσωπικότητές τους πλάθονται από τις επιρροές που δέχονται μέχρι την ηλικία των πέντε ετών. Τα πρώτα χρόνια της ζωής τους, τα παιδιά περνούν κανονικά τον περισσότερο χρόνο με τους γονείς τους. Στις μέρες μας, καθώς οι παιδικοί σταθμοί έχουν γίνει πολύ δημοφιλείς, τα παιδιά στερούνται σε μεγάλο βαθμό την ανιδιοτελή αγάπη και στοργή της μητέρας τους. Οι νηπιαγωγοί στους παιδικούς σταθμούς είναι υπάλληλοι που πληρώνονται για τη δουλειά τους. Πολλοί από αυτούς έχουν να φροντίζουν στο σπίτι τα δικά τους παιδιά. Μια μητέρα δεν έχει με άλλα παιδιά τον ίδιο συναισθηματικό δεσμό που έχει με το δικό της παιδί. Κατ᾽ αυτό τον τρόπο, στην ηλικία που πρέπει να διαπλάθεται ο χαρακτήρας των παιδιών, ο νους τους παραμένει κλειστός. Πώς μπορούμε αργότερα να περιμένουμε ότι τα παιδιά αυτά θα αισθανθούν την υποχρέωση να φροντίσουν τους ηλικιωμένους γονείς τους, εκείνους τους γονείς που τα εμπιστεύτηκαν στους παιδικούς σταθμούς στην τρυφερή ηλικία που έπρεπε να μεγαλώνουν με τη ζεστασιά της μητρικής αγάπης; Δεν εκπλήσσει λοιπόν το γεγονός ότι αυτά τα παιδιά σκέφτονται να στείλουν τους γονείς τους σε οίκους ευγηρίας όταν γεράσουν.

Η μητέρα είναι εκείνη που καθοδηγεί το παιδί. Εκτός από το να προσφέρει αγάπη και στοργή στο παιδί που ανατρέφει, η μητέρα έχει επίσης την ευθύνη να το βοηθήσει να καλλιεργήσει ηθικές αξίες. Είναι σε θέση να το κάνει δέκα φορές πιο αποτελεσματικά από τον πατέρα. Γι᾽ αυτό λοιπόν λέγεται ότι, όταν ο άνδρας είναι καλός, επωφελείται ένας άνθρωπος, όταν όμως η γυναίκα είναι καλή, ευεργετείται ολόκληρη η οικογένεια.

Στα παιδιά που μεγαλώνουν χωρίς να λαμβάνουν αρκετή αγάπη, επικρατεί συνήθως η κατώτερη φύση του ζώου παρά η ανώτερη φύση της συμπονετικής καρδιάς. Αυτό είναι αναπόφευκτο όταν οι γονείς δεν έχουν πνευματικές αξίες. Οι γονείς πρέπει να διακρίνουν ανάμεσα στα πράγματα που είναι ασήμαντα στη ζωή και σε εκείνα που έχουν πραγματική αξία. Πρέπει να υιοθετούν έναν απλό τρόπο ζωής και να βρίσκουν ικανοποίηση σε αυτόν. Οι γονείς οφείλουν να περνούν αρκετό χρόνο με τα παιδιά τους, ακόμα κι αν αυτό σημαίνει ότι θα εργάζονται λιγότερες ώρες. Το να αγαπάει κανείς πραγματικά το παιδί του δεν σημαίνει ότι το πηγαίνει συχνά στο τσίρκο, σημαίνει ότι αφιερώνει τον απαραίτητο χρόνο για να του διδάξει τις πραγματικές αξίες της ζωής. Μόνο όταν τα παιδιά μας αφομοιώσουν αυτές τις αξίες, θα έχουν τη δύναμη να αντέχουν στις αντιξοότητες της ζωής.

Τα παιδιά πρέπει να απολαμβάνουν την μητρική αγάπη και στοργή τουλάχιστον μέχρι την ηλικία των πέντε ετών. Από κει και πέρα, μέχρι την ηλικία των δεκαπέντε, τα παιδιά εκτός από την αγάπη χρειάζονται και την πειθαρχία. Η ειρήνη και η αρμονία μπορούν να διατηρηθούν στην κοινωνία μόνο μέσα από τις προσπάθειες των γονιών να καλλιεργήσουν πραγματικά υψηλές αξίες στα παιδιά τους.

Η ακεραιότητα του χαρακτήρα κάθε ατόμου στην κοινωνία, αποτελεί τη βάση για τη δημιουργία ενός ανώτερου πολιτισμού. Τα παιδιά του σήμερα πρέπει να αναπτυχθούν και να γίνουν αύριο ώριμες προσωπικότητες. Ό,τι σπέρνουμε σήμερα, θα θερίσουμε αύριο.

Ερώτηση: Μπορούν οι γονείς στη σύγχρονη κοινωνία να στέλνουν τα παιδιά τους κοντά σε πνευματικούς δασκάλους όπως στο παρελθόν;

Άμμα: Ο υλισμός έχει αντικαταστήσει πλέον τον πολιτισμό του παρελθόντος που βασιζόταν στις πνευματικές αξίες. Ο σύγχρονος τρόπος ζωής στις καταναλωτικές κοινωνίες, οι οποίες είναι στραμμένες στις απολαύσεις των αισθήσεων, είναι πλέον τόσο βαθιά ριζωμένος, που δεν είναι δυνατόν να γυρίσει κανείς πίσω. Είναι δυο φορές πιο δυνατός από τον παραδοσιακό πολιτισμό μας. Η κατάσταση αυτή έχει προχωρήσει τόσο πολύ, που θα ήταν ανώφελο να πιστεύουμε ότι μπορούμε να ξεριζώσουμε τον υλισμό και να επαναφέρουμε τον παλιό τρόπο ζωής. Τέτοιες προσπάθειες οδηγούν μονάχα στην απογοήτευση. Στο σημερινό κόσμο πρέπει να προσπαθούμε να προχωρήσουμε μπροστά αποφεύγοντας την ολοκληρωτική παρακμή των παραδοσιακών μας αξιών.

Το κόστος της ζωής έχει ανέβει τόσο πολύ που είναι δύσκολο για ένα ζευγάρι να αναθρέψει τα παιδιά του χωρίς να εργάζονται και οι δύο γονείς. Αυτό που τους απασχολεί περισσότερο είναι η εκπαίδευση των παιδιών τους. Η εξασφάλιση καλής παιδείας μπορεί να είναι αδύνατη χωρίς οι γονείς να προσφύγουν στην ιδιωτική εκπαίδευση, η οποία όμως έχει υψηλό κόστος. Τα ιδιωτικά σχολεία, προκειμένου να διατηρήσουν τη φήμη τους, διδάσκουν τα παιδιά με εντατικούς ρυθμούς. Το μόνο κριτήριο για την επιτυχία του μαθητή είναι οι βαθμοί που παίρνει στις εξετάσεις, κάτι που έχει πολύ μικρή σχέση με οποιαδήποτε αληθινή γνώση, σοφία ή ηθική συμπεριφορά.

Το σύγχρονο εκπαιδευτικό σύστημα επιβάλλει τεράστια ψυχολογική πίεση στα παιδιά. Όταν αγοράζουμε ένα καινούργιο αυτοκίνητο δεν πρέπει να το οδηγούμε πολύ γρήγορα, η μηχανή πρέπει να «στρώσει» σταδιακά για να φθάσει στην πλήρη απόδοσή της. Διαφορετικά, μπορεί να υποστεί ζημιά. Κατά τον ίδιο τρόπο, όταν ο νους των νέων ανθρώπων υποβάλλεται σε μεγάλη ένταση, υπάρχει κίνδυνος να προκληθεί ζημιά στην υγεία τους και να διαταραχθεί η φυσιολογική τους ανάπτυξη.

Στις μέρες μας τοποθετούμε στο όνομα της εκπαίδευσης ένα μεγάλο φορτίο στους ώμους των παιδιών, το οποίο δεν θα έπρεπε κανονικά να κουβαλούν σε τόσο τρυφερή ηλικία. Σε μια ηλικία που τα παιδιά θα έπρεπε να παίζουν και να γελούν, τα περιορίζουμε στις αίθουσες διδασκαλίας σαν τα πουλιά μέσα στο κλουβί.

Αν το παιδί, μετά τον παιδικό σταθμό, δεν φέρνει καλούς βαθμούς από το σχολείο, οι γονείς παραπονιούνται και ανησυχούν. Όμως το παιδί είναι εκείνο που υποβάλλεται σ' αυτή την ταλαιπωρία, όχι οι γονείς. Αν ρωτήσετε τα παιδιά γιατί μελετούν, τα περισσότερα θα απαντήσουν: «για να γίνω αρχιτέκτονας ή γιατρός». Οι γονείς τα κατευθύνουν σε τέτοιους στόχους από την πρώτη κιόλας τάξη του δημοτικού. Σπάνια δε τα ενθαρρύνουν να μάθουν τον πραγματικό στόχο της ζωής και να ζήσουν ανάλογα.

Αναλογιστείτε ποιος είναι ο σκοπός της εκπαίδευσης. Είναι αλήθεια ότι με τη σύγχρονη εκπαίδευση μπορεί κάποιος να πάρει πτυχία, να εξασφαλίσει μια καλή δουλειά και να κερδίσει χρήματα. Είναι όμως αυτά αρκετά για να έχει ο άνθρωπος ένα γαλήνιο νου; Στις μέρες μας, ο μοναδικός σκοπός της εκπαίδευσης είναι να εξασφαλίσει στον άνθρωπο χρήματα και εξουσία. Μην ξεχνάτε όμως παιδιά μου, ότι ο εξαγνισμός του νου είναι το θεμέλιο της ειρήνης και της ευτυχίας στη ζωή. Μόνο μέσα από την κατανόηση των αρχών της πνευματικότητας μπορούμε να το επιτύχουμε αυτό στο μέγιστο βαθμό. Αν δεν βοηθήσουμε τα παιδιά μας να αναπτύξουν έναν υγιή νου και υψηλές αξίες στη ζωή τους, παράλληλα με μια σύγχρονη εκπαίδευση, τότε θα ανατρέφουμε μικρούς Ράβανα (δαίμονες) αντί για μικρούς Ράμα (θεούς).

Αν περπατήσεις δέκα φορές την ίδια διαδρομή πάνω σε γρασίδι, τότε θα σχηματιστεί ένα ευδιάκριτο μονοπάτι. Όσες φορές κι αν περπατήσεις όμως πάνω σ' ένα βράχο, κανένα μονοπάτι δεν θα σχηματιστεί. Παρομοίως, όταν διδάσκουμε υψηλές αξίες σ' ένα παιδί, οι αξίες αυτές θα εντυπωθούν βαθιά στο νου του σε σύντομο χρονικό διάστημα. Όταν το παιδί μεγαλώσει, αυτές οι αξίες θα το καθοδηγούν στη ζωή του.

Ο πηλός πλάθεται εύκολα στην επιθυμητή μορφή προτού ψηθεί. Μετά όμως, το σχήμα του δεν μπορεί να αλλάξει. Γι' αυτό πρέπει να διδάσκουμε στα παιδιά μας τις ηθικές αξίες προτού ο νους τους ψηθεί στη φωτιά του σύγχρονου τρόπου ζωής. Δυστυχώς στις μέρες μας η διάπλαση του χαρακτήρα των παιδιών μας γίνεται ολοένα και πιο δύσκολη. Γι' αυτό η Άμμα δίνει έμφαση στο θέμα της εκπαίδευσης.

Ερώτηση: Γιατί οι οικογενειακές σχέσεις εξασθενούν στις μέρες μας;

Άμμα: Η απληστία και οι επιθυμίες για απολαύσεις των αισθήσεων δυναμώνουν ολοένα και περισσότερο εξαιτίας των επιρροών του υλιστικού πολιτισμού μας. Η ηθική επιρροή που κάποτε είχαν οι γυναίκες στους άνδρες έχει εξαφανιστεί. Με το χρόνο οι άνθρωποι έγιναν εγωιστές στην προσπάθειά τους να εξασφαλίσουν υλικά οφέλη. Οι σύζυγοι άρχισαν να καταπιέζουν τις γυναίκες τους. Αμοιβαίος θυμός και διαμάχες ήταν το επακόλουθο. Οι γονείς, αντί να βοηθούν τα παιδιά τους να αναπτύξουν καλό χαρακτήρα, έσπερναν στο νου τους τα ζιζάνια του εγωισμού και του ανταγωνισμού. Σήμερα βλέπουμε αυτά τα αρνητικά χαρακτηριστικά στη χειρότερή τους μορφή. Τα ζιζάνια έχουν φυτρώσει, αναπτυχθεί και απλώσει τα κλαδιά τους σε μεγάλη έκταση. Για να ελευθερωθούμε απ' αυτά τα ελαττώματα, αυτό που χρειαζόμαστε περισσότερο από την υποτιθέμενη ισότητα μεταξύ ανδρών και γυναικών, είναι η αμοιβαία κατανόηση για τον ρόλο που παίζει ο καθένας μέσα στην οικογένεια. Τα χρήματα από μόνα τους δεν φέρνουν την ευτυχία. Κανείς δεν μπόρεσε ποτέ να αποκτήσει αγνό χαρακτήρα ή εσωτερική δύναμη με τα χρήματα και μόνο. Πώς μπορούν γονείς που δεν γνωρίζουν οι ίδιοι την αληθινή ικανοποίηση στη ζωή τους, να μεταδώσουν στα παιδιά τους αξίες όπως η αμοιβαία κατανόηση και η συγχώρεση; Εξαιτίας της αδυναμίας των γονιών να διαμορφώσουν κατάλληλα το χαρακτήρα των παιδιών τους, οι καταστροφικές δυνάμεις που δρουν στην κοινωνία ενισχύονται ολοένα και περισσότερο σε κάθε γενιά. Αν θέλουμε να αντιστρέψουμε την κατάσταση αυτή, οι γονείς οφείλουν να εφαρμόζουν τις πνευματικές αρχές στη ζωή τους.

Ένα παιδί μπορεί να δέχεται αγάπη από το κοινωνικό του περιβάλλον με διάφορους τρόπους. Όσοι άνθρωποι όμως κι αν του δείχνουν στοργή, τίποτα δεν συγκρίνεται με τη μητρική αγάπη. Ένα αυτοκίνητο μπορεί να χρησιμοποιεί βενζίνη για καύσιμο, αλλά χρειάζεται τη μπαταρία για να πάρει μπρος. Για το παιδί, η αγάπη των γονιών του είναι σαν τη μπαταρία. Η αγάπη των γονιών κατά την παιδική ηλικία μας δίνει τη δύναμη να αντιμετωπίσουμε με σθένος όλες τις δυσκολίες στη ζωή.

Πίσω από την αγάπη που δεχόμαστε από τον κόσμο κρύβεται ο εγωισμός. Φροντίζουμε την αγελάδα για το γάλα που μας δίνει, όχι από αληθινή αγάπη. Όσο γάλα κι αν μας έχει δώσει, μόλις αυτό στερέψει η αγελάδα θα οδηγηθεί στο σφαγείο. Αν ένας από τους δύο συζύγους δεν ενδώσει στις επιθυμίες του άλλου, γρήγορα θα έρθει το διαζύγιο. Στην αγάπη όμως της μητέρας για το μωρό της δεν υπάρχει εγωισμός.

Εκτός από την καλή εκπαίδευση και την εξασφάλιση δουλειάς, τα παιδιά πρέπει να αποκτούν σωστή κατανόηση των πνευματικών αρχών. Η γνώση αυτών των αρχών μας βοηθά να κάνουμε το κάθε μας βήμα στην οικογενειακή ζωή στο σωστό μονοπάτι. Παιδιά μου, αυτός είναι ο μόνος δρόμος για την ευτυχία. Ακόμα και μετά από ένα καλό γεύμα, χρειαζόμαστε έναν ειρηνικό νου για να κοιμηθούμε καλά.

Αν χτίσουμε ένα σπίτι σε λασπώδη περιοχή, χωρίς γερά θεμέλια, ακόμα κι ένας ήπιος άνεμος μπορεί να το γκρεμίσει. Παρομοίως, αν στηρίζουμε την οικογενειακή μας ζωή μόνο στον υλισμό, οι οικογενειακές σχέσεις μπορεί να καταρρεύσουν όταν παρουσιαστούν ακόμα και μικρά προβλήματα. Αν όμως στηρίξουμε την οικογενειακή μας ζωή στα στέρεα θεμέλια των πνευματικών αρχών, θα μπορούμε να αντέξουμε σε οποιαδήποτε καταιγίδα παρουσιαστεί στη ζωή μας. Έτσι είναι η οικογενειακή ζωή που στηρίζεται στην κατανόηση των αληθινών αρχών. Οι γονείς θα πρέπει πάντοτε να εξηγούν στα παιδιά τους τις πνευματικές αρχές και να τις διδάσκουν με το παράδειγμά τους.

Παρά τα υλικά αγαθά που υπάρχουν στις ανεπτυγμένες χώρες, οι νοητικές διαταραχές συνεχώς αυξάνονται. Μόνο αν κατανοήσουμε τι είναι αιώνιο και τι εφήμερο, μπορούμε να προοδεύσουμε στη ζωή χωρίς να χάνουμε τη νοητική μας ισορροπία και την ψυχική μας γαλήνη. Διαφορετικά, ο υλιστικός τρόπος ζωής που επικρατεί σήμερα, θα αυξήσει τα κρούσματα των νοητικών διαταραχών και στην Ινδία. Η Άμμα θα δώσει ένα παράδειγμα. Υπήρχε μια οικογένεια με τρία μέλη – πατέρας, μητέρα και γιος. Ο πατέρας ήταν ανώτερος κρατικός αξιωματούχος και η μητέρα κοινωνική λειτουργός. Ο γιος πήγαινε στο πανεπιστήμιο και είχε μεγάλη αδυναμία στο κρίκετ. Η οικογένεια είχε μόνο ένα αυτοκίνητο. Ένα απόγευμα, ο πατέρας έπρεπε να πάει σε κάποια επαγγελματική συνάντηση. Καθώς ετοιμαζόταν να φύγει με το αυτοκίνητο, η γυναίκα του βγήκε έξω. Ήταν καλεσμένη σ' ένα γάμο και ήθελε κι εκείνη να πάρει το αυτοκίνητο. Οι δύο σύζυγοι άρχισαν να φιλονικούν. Εκείνη τη στιγμή, ήρθε κι ο γιος τους λέγοντας ότι είχε έναν αγώνα κρίκετ και ότι χρειαζόταν κι εκείνος το αυτοκίνητο. Σύντομα λοιπόν, και οι τρεις άρχισαν να καυγαδίζουν φωνάζοντας ο ένας στον άλλον. Στο τέλος, είχε περάσει η ώρα και κανείς απ' τους τρεις δεν κατάφερε να πάει στον προορισμό του. Αν όμως, αντί να φιλονικούν, προσπαθούσαν να καταλάβουν και να βοηθήσουν ο ένας τον άλλον, θα μπορούσαν ενδεχομένως να μοιραστούν το αυτοκίνητο. Ο σύζυγος θα μπορούσε να πάει τη γυναίκα του στο γάμο, το γιο του στο γήπεδο του κρίκετ και μετά να πάει στη δουλειά του. Αλλά εξαιτίας του εγωισμού τους, και οι τρεις δεν πήγαν πουθενά. Αντί για ομόνοια, μόνο θυμός και πικρία υπήρχε μεταξύ τους.

Ας κοιτάξουμε τώρα, παιδιά μου, και τη δική μας ζωή. Μήπως σπαταλάμε το χρόνο μας με παρόμοιο τρόπο για ασήμαντα ζητήματα; Πρέπει να το καταλάβουμε αυτό. Αν καλλιεργούμε ένα πνεύμα ταπεινότητας και συγχώρεσης και προσαρμοζόμαστε ο ένας στις ανάγκες του άλλου, οι οικογενειακές σχέσεις θα δυναμώνουν μέρα με τη μέρα. Σε μια αληθινή οικογένεια, υπάρχει ένα κλίμα αμοιβαίας αποδοχής και κατανόησης ανάμεσα στους δύο συζύγους. Αυτό διευρύνει τον κόσμο που μοιράζονται στη ζωή τους κι αυτός ο κόσμος διευρύνεται ακόμα περισσότερο καθώς αποκτούν παιδιά. Οι ορίζοντές τους όμως δεν πρέπει να σταματούν εκεί. Πρέπει να επεκταθούν ακόμα περισσότερο μέχρι να αγκαλιάσουν όλα τα όντα. Αυτός είναι ο έσχατος στόχος της οικογενειακής ζωής. Κατ' αυτόν τον τρόπο, άνδρες και γυναίκες μπορούν να ανακαλύψουν τη δική τους τελειότητα. Όταν υπάρχει τέτοια αγάπη που αγκαλιάζει τα πάντα, δημιουργείται ένας κόσμος παντοτινής ευτυχίας χωρίς διαμάχες και πικρίες για το χθες και χωρίς ανόητες ανησυχίες για το αύριο. Κάθε άνθρωπος ζει όχι για τον εαυτό του αλλά για τους άλλους. Η χάρη του Θεού ρέει απεριόριστα στο βωμό της οικογένειας όπου λάμπει το φως της αγάπης.

Κεφάλαιο Έκτο

Συζητώντας με μια ομάδα Δυτικών

Μια ομάδα πιστών από τη Γερμανία έφθασε στο άσραμ για να συναντήσει την Άμμα. Οι περισσότεροι έκαναν ήδη πνευματική άσκηση για χρόνια. Ακολουθεί η συζήτησή τους με την Άμμα.

Ερώτηση: Πόση ώρα πρέπει να μεσολαβεί ανάμεσα σ' ένα γεύμα και το διαλογισμό;

Απάντηση: Παιδιά μου, να μην διαλογίζεστε αμέσως μετά το φαγητό. Να περιμένετε να περάσουν τουλάχιστον δυο ώρες μετά από ένα κανονικό γεύμα. Αν έχετε φάει ελαφρά, μισή ώρα αρκεί. Όταν κάθεστε για διαλογισμό, ο νους πηγαίνει στο μέρος του σώματος στο οποίο προσπαθείτε να συγκεντρωθείτε. Καθώς ο διαλογιζόμενος συγκεντρώνεται στη καρδιά, ή στο σημείο ανάμεσα στα φρύδια, η ενέργεια ρέει προς το σημείο αυτό και αποσύρεται από τη διαδικασία της πέψης, η οποία έτσι δεν μπορεί να ολοκληρωθεί σωστά. Αυτό μπορεί να οδηγήσει σε δυσπεψία, ή ακόμα και σε εμετό ή πονοκεφάλους. Γι' αυτό λοιπόν, να αφήνετε αρκετό χρόνο για να ολοκληρωθεί σωστά η διαδικασία της πέψης προτού καθίσετε για διαλογισμό.

Ερώτηση: Πώς πρέπει να επαναλαμβάνουμε το μάντρα μας;

Άμμα: Όταν επαναλαμβάνετε το μάντρα, να συγκεντρώνεστε είτε στη μορφή της αγαπημένης σας Θεότητας[51] είτε στον ήχο του μάντρα. Είναι καλό να οραματίζεστε κάθε συλλαβή του μάντρα στο νου σας. Μπορείτε να συγκεντρωθείτε στον ήχο που παράγεται καθώς το επαναλαμβάνετε. Η πρακτική αυτή είναι πολύ χρήσιμη για να μάθουμε να ελέγχουμε τις σκέψεις μας. Το μάντρα είναι το όχημά μας στην πορεία προς το Υπέρτατο Ον. Προς το παρόν, ο νους σας είναι προσκολλημένος στα αντικείμενα των αισθήσεων. Η επανάληψη του μάντρα θα σας βοηθήσει να απελευθερώσετε το νου σας και να τον επικεντρώσετε στο Θεό. Πολλοί άνθρωποι έχουν πει στην Άμμα ότι ανησυχούν γιατί δεν μπορούν να οραματιστούν την αγαπημένη τους Θεότητα καθώς επαναλαμβάνουν το μάντρα. Αν δεν μπορείτε να την οραματιστείτε, αρκεί να θυμόσαστε το όνομά Της και να συνεχίζετε την επανάληψη του μάντρα. Συγκεντρωθείτε στις συλλαβές ή στον ήχο. Κατά τη διάρκεια του διαλογισμού, αρκεί να συγκεντρώσετε το νου σας στη μορφή της αγαπημένης σας Θεότητας, δεν είναι απαραίτητο να επαναλαμβάνετε το μάντρα. Όμως, η απαγγελία του μάντρα θα πρέπει να συνεχίζεται αδιάλειπτα στο νου σας όταν εργάζεστε, περπατάτε, ταξιδεύετε, ή κάνετε οτιδήποτε άλλο. Κατ' αυτό τον τρόπο ο νους σας θα συνδέεται συνεχώς με το Θεό σ' ένα λεπτοφυές επίπεδο. Μην ανησυχείτε αν δεν συγκεντρώνεστε πλήρως. Τουλάχιστον, μπορείτε να στρέφετε την προσοχή σας στον ήχο του μάντρα.

Κάθε φορά που επαναλαμβάνετε το μάντρα, μπορείτε να φαντάζεστε ότι προσφέρετε ένα άνθος στα πόδια της αγαπημένης σας Θεότητας. Κρατήστε τα μάτια κλειστά, πάρτε ένα λουλούδι από την καρδιά σας και τοποθετείστε το στα πόδια Της. Αν αυτό δεν είναι εφικτό, συγκεντρωθείτε στον ήχο του μάντρα ή στον

---

[51] Όταν η Άμμα αναφέρεται στην αγαπημένη Θεότητα, εννοεί οποιαδήποτε όψη του Θεού είναι προσφιλής σε εμάς, όπως για παράδειγμα η Θεϊκή Μητέρα, ο Κρίσνα ή ο Ιησούς Χριστός.

οραματισμό των συλλαβών του. Όποια μέθοδο κι αν διαλέξετε, μην αφήνετε το νου σας να περιπλανιέται, προσηλώστε τον στην αγαπημένη σας Θεότητα.

Ερώτηση: Είναι απαραίτητο να επαναλαμβάνουμε το μάντρα κατά τη διάρκεια του διαλογισμού;

Άμμα: Όχι, δεν είναι απαραίτητο αν μπορείτε να συγκεντρώσετε το νου σας στη μορφή.

Ερώτηση: Πώς συγκεντρώνουμε το νου στη μορφή της αγαπημένης μας Θεότητας όταν διαλογιζόμαστε;

Άμμα: Οραματιστείτε την αγαπημένη σας Θεότητα από το κεφάλι ως τα πόδια ξανά και ξανά. Μπορείτε να φανταστείτε ότι περιφέρεστε ή τρέχετε γύρω Της, ή ακόμα ότι η Θεότητα απομακρύνεται από εσάς και εσείς προσπαθείτε να την προλάβετε. Μπορείτε επίσης να φαντάζεστε ότι κάθεστε στην αγκαλιά Της και την φιλάτε, ότι χτενίζετε τα μαλλιά Της, ή ότι Εκείνη σας χτενίζει και σας χαϊδεύει. Όλοι αυτοί οι οραματισμοί χρησιμεύουν για να κρατάτε το νου σας προσηλωμένο στην αγαπημένη σας Θεότητα.

Καθώς οραματίζεστε τη Θεϊκή μορφή, μπορείτε να προσεύχεστε, για παράδειγμα, ως εξής: «Μητέρα μου, οδήγησέ με!», «Πατέρα μου, οδήγησέ με!», «Αιώνιο Φως, οδήγησέ με!», ή «Ωκεανέ της συμπόνιας, οδήγησέ με!»

Σκεφτείτε πόσο μακριά ταξιδεύει ο νου σας σε ένα μόνο δευτερόλεπτο! Οι οραματισμοί αυτοί γίνονται για να παραμείνει συγκεντρωμένος ο νους. Μπορεί η διδασκαλία της Βεδάντα να μην αναφέρεται καθόλου σε τέτοια θέματα, αλλά μόνο αν κάνετε αυτά τα βήματα θα μπορέσετε να φέρετε τη διδασκαλία αυτή στο επίπεδο της εμπειρίας σας.

Ερώτηση: Πώς μπορούμε να επαναλαμβάνουμε το μάντρα ή να θυμόμαστε τη μορφή της αγαπημένης μας Θεότητας τη στιγμή που εργαζόμαστε; Δεν θα το ξεχνάμε;

Άμμα: Φαντάσου ότι ο αδερφός σου βρίσκεται στο νοσοκομείο σε κρίσιμη κατάσταση. Θα μπορέσεις να σταματήσεις να τον σκέφτεσαι όταν είσαι στη δουλειά; Όσο απασχολημένος κι αν είσαι, θα σκέφτεσαι συνεχώς: «Συνήλθε καθόλου; Μίλησε; Αισθάνεται καλύτερα; Πότε θα επιστρέψει σπίτι;». Μόνο η σκέψη του αδερφού σου θα τριγυρίζει στο νου σου και τίποτα άλλο. Παρόλα αυτά θα μπορείς να κάνεις τη δουλειά σου. Κατά τον ίδιο τρόπο, αν σκεφτόμαστε το Θεό σαν τον κοντινότερο συγγενή μας, δεν θα είναι δύσκολο να Τον θυμόμαστε και να επαναλαμβάνουμε το μάντρα μας.

Ερώτηση: Όλοι οι μπραχματσάρι και οι μπραχματσαρίνι που μένουν στο άσραμ θα φθάσουν στη φώτιση;

Άμμα: Τα παιδιά που μένουν εδώ έχουν έρθει για δυο διαφορετικούς λόγους. Υπάρχουν εκείνοι που αποφάσισαν να έρθουν γιατί ανέπτυξαν πλήρη αποστασιοποίηση από τα πράγματα του κόσμου, καθώς και εκείνοι που προσπαθούν να μιμηθούν τους πρώτους και έρχονται με ενθουσιασμό να εγκατασταθούν εδώ. Και αυτοί που ανήκουν στη δεύτερη κατηγορία, αν καταβάλλουν την απαιτούμενη προσπάθεια, μπορούν να ωφεληθούν από τις πνευματικές δονήσεις που υπάρχουν εδώ και να προοδεύσουν. Έτσι κι αλλιώς, πολλοί απ' αυτούς που ζούσαν με λάθος τρόπο, δεν επανήλθαν στο σωστό δρόμο μέσω του σάτσανγκ; (συναναστροφή με αγίους) Ο Βαλμίκι ζούσε στα δάση ληστεύοντας και δολοφονώντας ανθρώπους. Μέσω του σάτσανγκ και των προσπαθειών που κατέβαλλε έγινε μεγάλος σοφός και ο μεγαλύτερός μας ποιητής.

Ακόμα και εκείνοι που έρχονται εδώ μόνο εξαιτίας του αρχικού ενθουσιασμού τους, μπορούν πραγματικά να αλλάξουν, αν προσπαθήσουν να κατανοήσουν τις διδασκαλίες, να τις αφομοιώσουν και να τις εφαρμόσουν στη ζωή τους. Για παράδειγμα, αν θέλουμε να μάθουμε μια τέχνη δεν θα πάμε να μαθητεύσουμε κοντά σε ένα μάστορα που την κατέχει καλά; Αν δεν μείνουμε κοντά του να τον παρατηρούμε, δεν θα μάθουμε τίποτα. Παρομοίως, μένοντας στο άσραμ και συμμετέχοντας στις δραστηριότητές του, ένας μαθητής μπορεί να προοδεύσει σταδιακά και να δημιουργήσει μέσα του μια πνευματική προδιάθεση. Αν μετά από ένα μεγάλο χρονικό διάστημα παραμονής στο άσραμ, κάποιος άνθρωπος δεν έχει αλλάξει καθόλου, τότε θα πρέπει απλά να παραδεχτούμε ότι αυτό είναι το αποτέλεσμα του κάρμα του από προηγούμενες ζωές. Δεν έχει νόημα σ' αυτή την περίπτωση να κατηγορούμε κανέναν.

Κάποτε, σ' ένα χωριό, ένας σαννυάσιν καθόταν καθημερινά κάτω από ένα δέντρο, έκανε διαλογισμό και επαναλάμβανε ένα μάντρα. Οι χωρικοί του έφερναν φρούτα και γλυκά και του προσέφεραν τις υπηρεσίες τους. Ένας νεαρός, που παρατηρούσε τον σαννυάσιν, άρχισε να σκέφτεται ότι η ζωή του θα ήταν σίγουρα εύκολη αν γινόταν κι εκείνος μοναχός. Πήγε λοιπόν σ' ένα άλλο κοντινό χωριό, φόρεσε τα πορτοκαλί ρούχα των σαννυάσιν, κάθισε κάτω από ένα δέντρο και άρχισε να διαλογίζεται και να επαναλαμβάνει ένα μάντρα. Σύντομα, διάφοροι χωρικοί άρχισαν να πηγαίνουν κοντά του και να του προσφέρουν με σεβασμό φρούτα και γλυκά. Ανάμεσά τους ήταν και αρκετές όμορφες γυναίκες. Μετά από μερικές μέρες ο νεαρός όμως εξαφανίστηκε. Είχε φύγει μαζί με μια από τις γυναίκες αυτές.

Εκείνοι που έρχονται εδώ για να ικανοποιήσουν εγκόσμιες επιθυμίες δεν θα προχωρήσουν. Μόνο εκείνοι που έχουν απόλυτη πίστη και παράδοση θα φθάσουν στο υπέρτατο. Οι υπόλοιποι θα ακολουθήσουν το δικό τους δρόμο. Γιατί να ανησυχούμε; Εδώ είναι ένα πεδίο μάχης. Αν επιτύχεις, μπορείς να κατακτήσεις ολόκληρο τον κόσμο, όλο το σύμπαν θα είναι κάτω από τον έλεγχό σου.

Ερώτηση: Αν ο Θεός είναι η αιτία των πάντων, δεν είναι επίσης και η αιτία όλων των ασθενειών που βλέπουμε σήμερα;

Άμμα: Ο Θεός είναι πράγματι η αιτία των πάντων. Μας έχει επίσης δώσει οδηγίες για το πώς να πορευόμαστε στη ζωή μας. Μας μιλά μέσα από τους Μαχάτμα. Τι νόημα έχει να ρίχνουμε το φταίξιμο στο Θεό για τις δυσκολίες που περνάμε, όταν δεν εφαρμόζουμε τις διδασκαλίες Του;

Ένα σιρόπι σε βοηθά να νιώσεις καλύτερα όταν είσαι άρρωστος, αλλά αν πιεις όλο το μπουκάλι μονομιάς, χωρίς να λάβεις υπόψη τις οδηγίες του γιατρού σχετικά με τη δοσολογία, μπορεί να βλάψεις την υγεία σου αντί να θεραπευτείς. Αν δεν συντονίσεις σωστά ένα ραδιόφωνο, θα ακούς μόνο παράσιτα. Όταν όμως βρεις τη σωστή συχνότητα, θα απολαμβάνεις τη μουσική. Παρομοίως, οι άνθρωποι υποφέρουν γιατί δεν καταλαβαίνουν τις βασικές αρχές της ζωής. Οι αρχές αυτές μαθαίνονται μέσα από το σάτσανγκ, και μόνο όταν τις εφαρμόσουμε μπορούμε να βρούμε ευτυχία στη ζωή μας. Παρακολουθώντας πνευματικές ομιλίες μπορείτε να λύσετε πολλά προβλήματα, αλλά αν ζήσετε κοντά σε έναν πνευματικό δάσκαλο που έχει εδραιωθεί στην υπέρτατη Αλήθεια και ακολουθήσετε τις οδηγίες του, τότε η ζωή σας θα είναι πάντα ευτυχισμένη και ποτέ δεν θα κινδυνεύσετε. Η ζωή εκείνων που ούτε μαθαίνουν τις αρχές της πνευματικής ζωής από βιβλία ή ομιλίες και ούτε βιώνουν την παρουσία ενός πνευματικού δασκάλου, σίγουρα θα ακολουθεί καθοδική πορεία.

Πολλές από τις ασθένειες που βλέπουμε στον κόσμο σήμερα είναι το αποτέλεσμα των εγωιστικών πράξεων της ανθρωπότητας. Τρώμε τοξικές, αλλοιωμένες τροφές, γιατί οι σοδειές που καλλιεργούνται με τον τρόπο αυτό αποφέρουν μεγάλα κέρδη. Τα φυτοφάρμακα και τα λιπάσματα που χρησιμοποιούνται στις καλλιέργειες είναι τόσο τοξικά που αν τα εισπνεύσει κανείς μπορεί να πεθάνει. Πώς είναι δυνατόν να μην επηρεαστεί η υγεία μας; Η χρήση αλκοόλ και ναρκωτικών ουσιών είναι επίσης η αιτία πολλών ασθενειών. Αλλά και τα φάρμακα που δίνονται για τη θεραπεία απ' αυτές τις ασθένειες, είναι πολλές φορές και τα ίδια νοθευμένα. Το συμπέρασμα λοιπόν είναι ότι η βάναυση συμπεριφορά των ανθρώπων είναι η αιτία για τον πολλαπλασιασμό των ασθενειών σε τέτοιο βαθμό στο σύγχρονο κόσμο. Δεν μπορούμε να ρίξουμε το φταίξιμο στο Θεό γι' αυτό. Ο Θεός δεν κάνει κανέναν να αρρωσταίνει και να υποφέρει. Δεν υπάρχουν ατέλειες στη δημιουργία του Θεού. Οι άνθρωποι είναι εκείνοι που διαστρεβλώνουν τα πάντα. Οφείλουμε να ζούμε σύμφωνα με το Θέλημα του Θεού, σε αρμονία με τη φύση. Τότε, οι περισσότερες από τις ασθένειες που υπάρχουν σήμερα θα εξαφανιστούν.

Ερώτηση: Βλέπουμε όμως ότι σήμερα ακόμα και τα παιδιά αρρωσταίνουν. Αυτά τι λάθη έχουν κάνει;

Άμμα: Οι γονείς τους συχνά, χωρίς να το θέλουν, γίνονται η αιτία των ασθενειών τους. Επιπλέον, τα παιδιά γεννιούνται από γονείς που τρέφονται με δηλητηριασμένες τροφές. Πώς μπορούν λοιπόν να είναι αυτά υγιή; Ακόμα και το γάλα της αγελάδας περιέχει στις μέρες μας τοξικές ουσίες. Οι αγελάδες τρώνε γρασίδι και άλλες ζωοτροφές που έχουν ψεκαστεί με φυτοφάρμακα.

Τα παιδιά των αλκοολικών και των τοξικομανών δεν θα είναι υγιή. Μπορεί να εμφανίσουν δυσπλασίες, διότι το σπέρμα των πατεράδων τους ενδέχεται να μην έχει τις ουσίες που απαιτούνται για να δημιουργηθεί ένα υγιές σώμα. Τα παιδιά εκείνων που λαμβάνουν υπερβολικές ποσότητες φαρμάκων είναι επίσης επιρρεπή σε ασθένειες. Εξαιτίας των αρνητικών πράξεων που διέπραξαν οι ψυχές αυτές σε προηγούμενες ζωές, πρέπει να ξαναγεννηθούν ως παιδιά τέτοιων γονέων. Έτσι, θα υποφέρουν επίσης από τις συνέπειες των αρνητικών πράξεων των γονιών τους. Η ευτυχία και η δυστυχία μας εξαρτώνται από τις πράξεις μας. Το κάρμα είναι η πρωταρχική αιτία για όλα όσα συμβαίνουν. Αν εκτελούμε τις πράξεις μας με μεγαλύτερη φροντίδα και επίγνωση, τότε δεν θα υποφέρουμε, αλλά θα είμαστε πάντα ευτυχισμένοι. Οι άνθρωποι δημιουργούν μόνοι τους τις δυσκολίες που αντιμετωπίζουν. Βιώνουν τους καρπούς των λανθασμένων πράξεων που διέπραξαν οι ίδιοι. Σήμερα οι άνθρωποι δεν ζουν ως μέρος της Δημιουργίας του Θεού, ζουν στο κόσμο που έχουν δημιουργήσει οι ίδιοι και αντιμετωπίζουν τις συνέπειες. Γι' αυτό δεν μπορούμε να κατηγορήσουμε το Θεό και να πούμε ότι είναι δικό Του το φταίξιμο. Όταν ακολουθούμε το μονοπάτι του Θεού, ο πόνος και η θλίψη δεν μας αγγίζουν καθόλου.

Ερώτηση: Οι γραφές μιλούν για την μετενσάρκωση. Με ποιο τρόπο η ψυχή λαμβάνει νέο σώμα;

Άμμα: Κάθε ψυχή γεννιέται ξανά σύμφωνα με τα προηγούμενα σαμσκάρα της (νοητικές εντυπώσεις, εμπειρίες). Η γέννηση σε ανθρώπινο σώμα επιτυγχάνεται χάρη στα σαμσκάρα της προηγούμενης ζωής. Αν ένας άνθρωπος εκτελεί καλές πράξεις και ζει ενάρετα, μπορεί πραγματικά να φτάσει στο Θεό. Αν όμως επιμένει να ζει όπως τα ζώα, παρόλο που γεννήθηκε άνθρωπος, τότε θα πρέπει να ξαναγεννηθεί σε κατώτερες μορφές ζωής.

Υπάρχει μια αύρα που περιβάλλει το σώμα μας. Όπως μπορούμε να καταγράψουμε τη μουσική και τις ομιλίες σε μια κασέτα, έτσι και η αύρα αυτή καταγράφει κάθε σκέψη και πράξη μας. Η καταγραφή στην αύρα γίνεται σε διαφορετικά σημεία για διαφορετικούς τύπους πράξεων: οι καλές πράξεις καταγράφονται στην αύρα πάνω από τη μέση και οι κακές πράξεις στο χαμηλότερο μέρος. Αν ένας άνθρωπος έχει κάνει κυρίως καλές πράξεις θα ανέβει σε υψηλότερο επίπεδο συνείδησης μετά θάνατον. Η ψυχή φθάνει στον κόσμο των προγόνων, ή γεννιέται ξανά σύμφωνα με τους περιορισμούς που δημιουργήθηκαν από τις πράξεις της. Αν όμως ένας άνθρωπος έχει κάνει κυρίως κακές πράξεις, η αύρα του κατέρχεται στο έδαφος και γίνεται τροφή για σκουλήκια και έντομα και η ψυχή του θα πρέπει να γεννηθεί ξανά στο ζωικό βασίλειο.

Όταν ένα γερό αυγό εκκολάπτεται, σύντομα θα γεννηθεί ένα πουλί. Το χαλασμένο αυγό όμως, δεν θα εκκολαφθεί, αλλά θα σαπίσει στο έδαφος και θα το φάνε τα σκουλήκια και τα έντομα. Όποιος ζει σήμερα μόνο για τις απολαύσεις των αισθήσεων, αύριο θα υποφέρει. Για κάθε πράξη, υπάρχει και η αντίστοιχη αντίδραση από τη φύση. Αυτό είναι βέβαιο.

Ερώτηση: Αν έχουμε κάνει διάφορες πράξεις στις προηγούμενες ζωές μας, γιατί δεν τις θυμόμαστε τώρα;

Άμμα: Μπορείς να θυμηθείς όλα όσα έκανες όταν ήσουν μικρό παιδί; Δεν μπορούμε να θυμηθούμε καν τις πράξεις μας σ' αυτήν εδώ τη ζωή. Ένα σκοπό που τραγουδούσες χθες, σήμερα μπορεί να τον έχεις κιόλας ξεχάσει. Πώς λοιπόν περιμένεις να θυμάσαι τι συνέβη σε μια προηγούμενη ζωή; Όταν όμως ο νους εκλεπτυνθεί μέσα από την πνευματική άσκηση, θα γνωρίζεις τα πάντα. Στους καρπούς των πράξεων που έγιναν σε προηγούμενες ζωές, προστίθενται επίσης και οι καρποί των πράξεων αυτής της ζωής που έχουν ξεχαστεί. Η ευτυχία και ο πόνος που βιώνουμε τώρα είναι το αποτέλεσμα των πράξεών μας στο παρελθόν, είτε σε προηγούμενες ζωές είτε σε αυτή εδώ τη ζωή. Αν χρησιμοποιούμε τη διάκρισή μας και πράττουμε το σωστό, μπορούμε να ζούμε ευτυχισμένοι, μπορούμε πραγματικά να γίνουμε τα παιδιά της ευδαιμονίας.

Ερώτηση: Άμμα, μπορεί η ζωή να διαχωριστεί σε δύο όψεις, πνευματική και υλική; Ποια από τις δύο μας δίνει την ευτυχία;

Άμμα: Παιδιά μου, δεν χρειάζεται να βλέπουμε τις πνευματικές και υλικές όψεις της ζωής ως ξεχωριστές. Η διαφορά αυτή υπάρχει μόνο στον τρόπο με τον οποίο βλέπει τα πράγματα ο νους μας. Πρέπει να κατανοήσουμε την πνευματικότητα και να ζούμε ανάλογα. Μόνο τότε θα βιώσουμε την ευδαιμονία. Η πνευματικότητα μας διδάσκει πώς να βρούμε την αληθινή ευτυχία στη ζωή. Ας σκεφτούμε ότι η υλική όψη της είναι ζωής είναι το ρύζι και η πνευματική όψη η ζάχαρη. Η πνευματικότητα είναι λοιπόν η ζάχαρη που γλυκαίνει το ρυζόγαλο. Η κατανόηση της πνευματικότητας είναι εκείνη που κάνει τη ζωή μας γλυκιά.

Αν προσεγγίζετε τη ζωή με υλιστικό τρόπο, τότε θα υποφέρετε. Εκείνοι που επιθυμούν μόνο υλικές απολαύσεις θα πρέπει να είναι έτοιμοι να βιώσουν τον πόνο που τις συνοδεύει. Η υλική όψη πάντα θα δημιουργεί προβλήματα και θα μας βασανίζει. Αυτό δεν σημαίνει ότι πρέπει να εγκαταλείψετε πλήρως την εγκόσμια ζωή. Η Άμμα λέει μονάχα ότι πρέπει να κατανοήσετε τις αρχές της πνευματικότητας, ενώ ζείτε μέσα στον κόσμο. Έτσι, τα βάσανα της ζωής δεν θα σας κλονίζουν. Σ' αυτό τον κόσμο, κανείς δεν μας ανήκει, ούτε καν τα μέλη της οικογένειάς μας. Μονάχα ο Θεός είναι η πραγματική μας οικογένεια. Οποιοσδήποτε άλλος μπορεί να στραφεί εναντίον μας ανά πάσα στιγμή. Οι άνθρωποι μας αγαπούν μόνο για να είναι οι ίδιοι ευτυχισμένοι. Όταν η αρρώστια, η θλίψη ή οι δυσκολίες της ζωής εμφανιστούν, θα πρέπει να τις υπομείνουμε μόνοι μας. Ας βασιζόμαστε λοιπόν μονάχα στο Θεό. Αν προσκολληθούμε στον κόσμο, θα είναι δύσκολο να κερδίσουμε ξανά την ελευθερία μας. Αμέτρητες ζωές θα χρειαστεί μια ψυχή για να απελευθερωθεί από τις προσκολλήσεις!

Θα πρέπει να ζούμε την ζωή μας σαν να εκτελούμε ένα καθήκον. Έτσι, δεν θα μας καταβάλει η θλίψη αν οι άλλοι στραφούν εναντίον μας ή μας εγκαταλείψουν. Αν κάποιος που αγαπήσαμε περισσότερο κι απ' την ίδια τη ζωή μας, ξαφνικά στραφεί εναντίον μας, δεν θα καταρρεύσουμε. Δεν θα υπάρχει λόγος να απελπιστούμε.

Αν κάποιος έχει μια πληγή στο χέρι του, δεν ωφελεί σε τίποτα να κάθεται και να κλαίει. Ούτε θα βοηθήσει σε τίποτα αν οδύρεται όταν χάσει την περιουσία του, ή κάποιον από τους συγγενείς του. Ο θρήνος δεν θα τους φέρει πίσω. Αν όμως καταλάβουμε και αποδεχτούμε το γεγονός ότι, αυτοί που είναι μαζί μας σήμερα, αύριο μπορεί να μας εγκαταλείψουν, τότε μπορούμε να ζούμε ευτυχισμένοι, απαλλαγμένοι από τη θλίψη, όποιος κι αν στραφεί εναντίον μας ή μας εγκαταλείψει. Αυτό δεν σημαίνει βέβαια ότι δεν πρέπει να αγαπάμε κανέναν. Αντίθετα, πρέπει να αγαπάμε τους πάντες. Η αγάπη μας όμως πρέπει να είναι ανιδιοτελής, χωρίς προσδοκίες. Αυτό θα μας βοηθήσει να αποφύγουμε τη θλίψη και τον πόνο.

Η ζωή στον κόσμο περιέχει θλίψη. Αν όμως έχουμε μια βασική κατανόηση των αρχών της πνευματικότητας, μπορούμε να βρούμε την ευτυχία. Αν πέσουμε σε μια φουρτουνιασμένη θάλασσα χωρίς καμιά προετοιμασία, τα κύματα θα μας χτυπήσουν και μπορεί ακόμα και να πνιγούμε. Εκείνοι όμως που ξέρουν καλό κολύμπι, μπορούν εύκολα να αντιμετωπίσουν ακόμα και μεγάλα κύματα. Παρομοίως, αν τοποθετήσουμε τις πνευματικές αρχές ως θεμέλιο της ζωής μας, μπορούμε να προχωρήσουμε κάτω από οποιεσδήποτε συνθήκες, όσο δύσκολες κι αν φαίνονται. Ο νους βρίσκει ευχαρίστηση σε κάποιο αντικείμενο και μισεί κάποιο άλλο. Μερικοί άνθρωποι αισθάνονται ότι δεν μπορούν να ζήσουν χωρίς τσιγάρο, ενώ άλλοι ενοχλούνται από τον καπνό. Η ευτυχία και η δυστυχία βρίσκονται στο νου. Αν ελέγξετε το νου σας και τον κατευθύνεται στο σωστό μονοπάτι, τότε θα υπάρχει μονάχα ευτυχία στη ζωή σας. Γι' αυτό χρειάζεστε την πνευματική γνώση. Αν ζείτε σύμφωνα με αυτήν, τότε δεν θα υπάρχει θλίψη στη ζωή σας.

Προσπαθήστε να επαναλαμβάνετε ένα μάντρα συνεχώς. Να μιλάτε μόνο για το Θεό. Εγκαταλείψτε κάθε εγωισμό.

Παραδώστε τα πάντα στο Θεό. Αν ζούμε με αυτό τον τρόπο, δεν θα βιώνουμε καμία δυστυχία στη ζωή μας.

Αν μπορούμε να προσκολληθούμε τόσο εύκολα σε οποιοδήποτε πράγμα στο κόσμο, γιατί να μην μπορούμε να προσκολληθούμε στο Θεό; Η γλώσσα μας ξέρει να μιλά περί ανέμων και υδάτων. Γιατί να μην τη διδάξουμε να απαγγέλλει το μάντρα μας; Αν τα καταφέρουμε, θα βρούμε τη γαλήνη όχι μόνο εμείς, αλλά και όσοι βρίσκονται γύρω μας.

Οι περισσότεροι άνθρωποι συζητούν τα προβλήματά τους με οποιονδήποτε βρίσκεται γύρω τους. Αυτή η συνήθεια δεν επιλύει τα προβλήματα, απλά κάνει επίσης δυστυχισμένους και εκείνους που τα ακούν.

Όταν κάποιος είναι υλιστής ξεχνά το Θεό. Αναζητά μόνο την προσωπική του ευτυχία στα υλικά αντικείμενα και το αντίτιμο για μερικές φευγαλέες απολαύσεις των αισθήσεων είναι να υποφέρει στο μεγαλύτερο μέρος της ζωής του. Με αυτό τον τρόπο, οι άνθρωποι χάνουν την νοητική τους ηρεμία και επηρεάζουν αρνητικά και τους άλλους που βρίσκονται κοντά τους. Πνευματικότητα σημαίνει να είμαστε ανιδιοτελείς και να παραδίνουμε τα πάντα στο Θεό, γνωρίζοντας ότι στην πραγματικότητα όλα ανήκουν σε Εκείνον. Όσοι ζουν κατ' αυτό τον τρόπο, όχι μόνο βιώνουν εσωτερική γαλήνη, αλλά την μεταδίδουν και στις καρδιές των ανθρώπων που τους περιβάλλουν.

Ερώτηση: Άμμα, έχεις πει ότι η αφοσίωσή μας δεν θα πρέπει να έχει ως κίνητρο τις επιθυμίες, αλλά να πηγάζει από την κατανόηση των πνευματικών αρχών. Ποιος είναι ο λόγος γι' αυτό;

Άμμα: Η αληθινή πρόοδος είναι εφικτή μόνο μέσα από την αφοσίωση που έχει τις ρίζες της στην πνευματικές αρχές. Πρέπει να μάθουμε να κατευθύνουμε τη ζωή μας στο σωστό μονοπάτι. Η αφοσίωση μας μαθαίνει πώς να το κάνουμε. Στη ζωή ενός αληθινού πιστού, υπάρχει μονάχα ευδαιμονία. Αν όμως η αφοσίωση δεν συνοδεύεται από την κατανόηση των πνευματικών αρχών, θα λείπει η ισορροπία από τη ζωή σας και δεν θα είστε ευτυχισμένοι. Γι' αυτό, η Άμμα λέει ότι πρέπει να κατανοήσετε σωστά τις πνευματικές αρχές και να προσεύχεστε στο Θεό για να αποκτήσετε αληθινή αφοσίωση.

Στις μέρες μας, οι προσευχές των περισσότερων ανθρώπων κατευθύνονται πλήρως από επιθυμίες. Η αφοσίωσή τους δεν στηρίζεται σε καμία αληθινή κατανόηση. Οι άνθρωποι πηγαίνουν στους ναούς, επειδή θέλουν να ικανοποιήσουν κάποια επιθυμία τους και ορκίζονται στο Θεό ότι θα του δώσουν κάτι ως αντάλλαγμα εάν τους βοηθήσει. Αυτή η στάση δεν μπορεί να ονομαστεί αφοσίωση. Η ευτυχία δεν επιτυγχάνεται κατ' αυτό τον τρόπο. Οι άνθρωποι αγαπούν το Θεό αν εκπληρώσει την επιθυμία τους και Τον μισούν σε αντίθετη περίπτωση. Η πίστη τους είναι περιστασιακή και ατελής.

Κάποτε, σ' ένα χωριό ζούσαν δύο ζευγάρια που ήταν παντρεμένα για δέκα χρόνια και δεν είχαν ακόμα αποκτήσει παιδιά. Το ένα ζευγάρι ήταν τόσο δυστυχισμένο που άρχισε να προσεύχεται στο Θεό. Ένα βράδυ ο σύζυγος είδε ένα όνειρο. Μια θεϊκή μορφή εμφανίστηκε και τον ρώτησε: «Αν αποκτήσετε παιδί θα είσαι ικανοποιημένος;». Εκείνος απάντησε: «Χωρίς παιδί, ποτέ δεν θα νιώσω ευτυχία. Αν είχα ένα παιδί θα ήμουν πάντα ικανοποιημένος». Το θεϊκό ον τον ευλόγησε και εξαφανίστηκε. Σύντομα, η σύζυγός του έμεινε έγκυος. Και οι δύο ήταν πολύ χαρούμενοι. Αλλά η ευτυχία τους δεν κράτησε πολύ, γιατί άρχισαν να ανησυχούν για το αγέννητο παιδί τους. «Θα είναι το μωρό μας αρτιμελές; Θα είναι υγιές; Θα είναι όμορφο;» Αυτές ήταν οι σκέψεις που τους βασάνιζαν. Αρχικά προσεύχονταν στο Θεό λόγω της επιθυμίας τους να αποκτήσουν ένα παιδί. Τώρα σκέφτονταν μόνο το παιδί που επρόκειτο να γεννηθεί και ούτε μια στιγμή δεν ήταν ήρεμοι.

Το παιδί γεννήθηκε. Ήταν ένα υγιές αγοράκι και οι γονείς του ήταν πολύ χαρούμενοι. Άρχισαν μάλιστα να αποταμιεύουν χρήματα για την εκπαίδευση του γιου τους. Το παιδί μεγάλωσε και πήγε σχολείο. Κάθε πρωί, όταν έφευγε από το σπίτι, οι γονείς του ήταν ανήσυχοι. Αν το χτυπούσε κανείς; Αν έπεφτε κάπου και χτύπαγε; Μέχρι το παιδί να επιστρέψει σπίτι, δεν μπορούσαν να ηρεμήσουν. Καθώς το αγόρι μεγάλωνε έγινε πεισματάρικο και ανέπτυσσε κακό χαρακτήρα. Δεν υπάκουε τους γονείς του και ήταν αδιάφορο για τα μαθήματά του. Τώρα πια η μοναδική έγνοια των γονιών του ήταν το μέλλον του γιου τους. Αλλά καθώς περνούσαν τα χρόνια, οι κακές συνήθειες του γιου τους αυξάνονταν. Όλοι παραπονιόνταν για τη συμπεριφορά του. Όταν το αγόρι μεγάλωσε και πήγε στο πανεπιστήμιο, άρχισε να πίνει και συνεχώς ζητούσε χρήματα από τους γονείς του. Αυτό είχε γίνει καθημερινή συνήθεια και δεν δίσταζε να τους κακομετα-χειρίζεται, ακόμα και να τους χτυπάει. Οι γονείς τώρα έτρεμαν καθημερινά, όταν επέστρεφε σπίτι. Ο γιος τους σταδιακά πούλησε όλα τους τα υπάρχοντα ένα προς ένα. Μια μέρα, όταν αρνήθηκαν να του δώσουν χρήματα, εκείνος τους απείλησε με μαχαίρι. Οι γονείς φοβήθηκαν ότι θα τους σκοτώσει και αναγκάστηκαν να δανειστούν χρήματα, αφού όλη η περιουσία τους είχε χαθεί. Όταν πια αδυνατούσαν να πληρώσουν τα χρέη τους, οι συγχωριανοί στράφηκαν εναντίον τους και σταμάτησαν να τους δανείζουν. Στο τέλος, όταν οι γονείς του δεν του ήταν πια χρήσιμοι, εκείνος τους εγκατέλειψε και δεν τον ξαναείδαν ποτέ. Ζούσαν μόνο για το γιο τους και τώρα αυτός είχε εξαφανιστεί, οι γείτονες τους μισούσαν και είχαν χάσει όλα τους τα υπάρχοντα. Στην ζωή τους δεν είχε απομείνει τίποτα άλλο παρά μόνο θρήνος και απελπισία.

Αν η υλική ευτυχία είναι το μόνο που αναζητάμε, τότε θα πρέπει να είμαστε επίσης έτοιμοι να δεχθούμε τον πόνο και τη θλίψη που τη συνοδεύουν.

Το άλλο ζευγάρι προσευχόταν επίσης στο Θεό, αλλά όχι για να αποκτήσει παιδί. Προσευχόταν μόνο για τον ίδιο το Θεό. Η αφοσίωσή των δύο συζύγων βασιζόταν σε πραγματική αγάπη για Εκείνον. Το γεγονός ότι ήταν άτεκνοι δεν τους ενοχλούσε. Η προσευχή τους ήταν η εξής: «Δεν έχουμε παιδιά. Γι' αυτό Θεέ μας, κάνε μας να βλέπουμε όλους τους ανθρώπους σαν δικά Σου παιδιά! Θα αποκτήσουμε παιδιά αν αυτό είναι το Θέλημα Σου. Γιατί να ανησυχούμε; Η αφοσίωση σε Εσένα είναι αυτό που ζητάμε». Αυτή ήταν η στάση του δεύτερου ζευγαριού που είχε κατανοήσει πραγματικά τις αρχές της πνευματικότητας. Γνώριζαν τι είναι αιώνιο και ποιος είναι ο σκοπός της ζωής. Επαναλάμβαναν τα μάντρα τους συνεχώς και στον ελεύθερο χρόνο τους διηγιόντουσαν ιστορίες για το Θεό και τραγουδούσαν λατρευτικούς ύμνους με την οικογένεια και τους φίλους τους. Κάθε μέρα προσεύχονταν να είναι ικανοί να αγαπούν και να υπηρετούν τους πάντες. Έδιναν επίσης ένα μέρος του εισοδήματός τους στους φτωχούς. Ο Θεός ήταν ευχαριστημένος με την ανιδιοτελή αφοσίωσή τους και παρόλο που δεν Του το είχαν ζητήσει, τους ευλόγησε χαρίζοντάς τους ένα γιο. Η αφοσίωσή τους συνεχίστηκε αμείωτη και μετά τη γέννηση του παιδιού. Παρόλο που ήταν χαρούμενοι και ευγνώμονες για το γιο που απέκτησαν, δεν ένιωθαν ωστόσο υπερβολική χαρά όταν γεννήθηκε. Συνέχισαν να ζουν μια ζωή αφιερωμένη στο Θεό. Δίδασκαν δε στο παιδί τους, από μικρή ηλικία, πνευματικές ιστορίες, προσευχές και λατρευτικούς ύμνους. Κατά συνέπεια, το παιδί ανέπτυξε καλό χαρακτήρα και ήταν αγαπητό σε όλους. Οι γονείς ήταν πολύ στοργικοί με το παιδί τους, αλλά δεν ήταν υπερβολικά προσκολλημένοι σε αυτό. Η προσήλωσή τους στο Θεό ήταν ακλόνητη. Όταν έφτασαν σε μεγάλη ηλικία, δεν απαιτούσαν από κανέναν να τους φροντίζει. Ο Θεός ήταν το κέντρο της ζωής τους. Ωστόσο, πολλοί άνθρωποι πήγαιναν να τους επισκεφθούν και τους υπηρετούσαν με σεβασμό και αγάπη, χάρη στην ειλικρινή αφοσίωση και την ανιδιοτελή αγάπη που το ζευγάρι αυτό έτρεφε για όλο τον κόσμο. Χάρη στην ανιδιοτέλειά τους έζησαν ευτυχισμένοι. Ήταν χαρούμενοι και πριν και μετά τη γέννησή του γιου τους. Εφόσον η προσευχή τους ήταν «Κύριε, κάνε μας να βλέπουμε όλους τους ανθρώπους σαν παιδιά Σου», τους δόθηκαν πολύ περισσότερα από ένα γιο. Τους δόθηκαν πολλοί άνθρωποι που τους αγαπούσαν και τους υπηρετούσαν.

Και τα δύο ζευγάρια είχαν *μπάκτι* (αφοσίωση), αλλά η αφοσίωση του πρώτου ζευγαριού ήταν *κάμυα μπάκτι* (αφοσίωση που πηγάζει από επιθυμίες), ενώ του δεύτερου ζευγαριού ήταν ανιδιοτελής αφοσίωση, αγνή αγάπη για το Θεό.

Για το πρώτο ζευγάρι, ο γιος τους ήταν τα πάντα. Πίστευαν ότι θα ήταν μαζί τους για πάντα. Γι' αυτούς ο Θεός δεν ήταν παρά ένα μέσο για την ικανοποίηση των επιθυμιών τους. Μόλις πήραν αυτό που ζητούσαν, ξέχασαν το Θεό, και όταν τελικά ο γιος τους έφυγε, κυριεύτηκαν από θλίψη και απελπισία.

Το δεύτερο ζευγάρι όμως, γνώριζε ότι μόνο ο Θεός είναι αληθινός και αιώνιος σ' αυτόν τον εφήμερο κόσμο. Ήξεραν ότι κανείς δεν αγαπά κάποιον άλλο περισσότερο από τη δική του ευτυχία. Γνώριζαν επίσης, ότι ούτε παιδιά, ούτε σύζυγο, ούτε πλούτη ή οτιδήποτε άλλο, θα έπαιρναν μαζί τους τη στιγμή του θανάτου. Επομένως, ο μοναδικός στόχος τους ήταν να γνωρίσουν τον Εαυτό, που μονάχα αυτός είναι αιώνιος. Ζούσαν λοιπόν σύμφωνα με το στόχο αυτό και η αφοσίωσή τους πήγαζε από την κατανόηση των πνευματικών αρχών. Αν κάποιος στρεφόταν εναντίον τους, δεν ταράζονταν, αγαπούσαν ακόμα και εκείνους που τους έδειχναν αντιπάθεια. Είχαν παραδώσει τη ζωή τους στο Θεό και ζούσαν ευτυχισμένοι.

Παιδιά μου, η αφοσίωση πρέπει να βασίζεται μονάχα στην επιθυμία μας για το Θεό. Εκείνος τότε θα μας δώσει τα πάντα, δεν θα χρειάζεται να ανησυχούμε για το ποιος θα μας φροντίσει στα γεράματα. Κανείς ειλικρινής πιστός δεν πέθανε από πείνα και δεν υπέφερε επειδή δεν βρέθηκε κανείς να τον φροντίσει. Και γιατί να σκεφτόμαστε τι θα γίνει το σώμα μετά το θάνατο; Το σώμα αρχίζει να αποσυντίθεται αμέσως μετά το θάνατο και θα ενταφιαστεί ή θα καεί στην πυρά. Δεν υπάρχει λόγος να χαραμίζετε τη ζωή σας ανησυχώντας για τέτοια πράγματα.

Γιατί λοιπόν να ανησυχείτε για το τι θα συμβεί αύριο; Ακόμα και ό,τι συνέβη πριν από μια στιγμή έχει περάσει ανεπιστρεπτί. Δεν υπάρχει λόγος να σπαταλάτε ενέργεια για να το σκέφτεστε. Ζήστε σήμερα με μεγάλη προσοχή και επίγνωση και το αύριο θα είναι φίλος σας.

Η αφοσίωση είναι σημαντική. Αλλά το να προσεύχεστε στο Θεό και μετά να κακολογείτε τους άλλους, δεν είναι πραγματική αφοσίωση. Εκείνοι που έχουν αληθινή αφοσίωση, δεν τρέφουν ζήλια και αρνητικά συναισθήματα για τους άλλους. Πρέπει να προσπαθούμε να βλέπουμε τους πάντες όπως το Θεό – αυτή είναι η αληθινή αφοσίωση. Οι καλές πράξεις που γίνονται με μεγάλη φροντίδα είναι επίσης αφοσίωση. Αυτό που η Άμμα αποκαλεί αφοσίωση, είναι η ικανότητα να διακρίνουμε ανάμεσα στο αιώνιο και στο εφήμερο. Αυτό είναι που χρειαζόμαστε.

Ερώτηση: Ο Θεός δεν είναι εκείνος που μας κάνει να πράττουμε και το σωστό και το λάθος;

Άμμα: Αυτό είναι αλήθεια, αν πραγματικά έχετε συνειδητοποιήσει ότι πίσω απ' όλες σας τις πράξεις βρίσκεται η δύναμη του Θεού. Σ' αυτή την περίπτωση, όταν βιώνετε το όφελος από μια καλή πράξη, ή αντίθετα, τις συνέπειες από μια αρνητική πράξη, θα πρέπει με τον ίδιο τρόπο να σκέφτεστε ότι «ο Θεός είναι Εκείνος που δίνει τα πάντα».

Ο Θεός δεν είναι υπεύθυνος για τα λάθη μας. Εμείς οι ίδιοι είμαστε. Το να κατηγορούμε το Θεό για τα προβλήματα που δημιουργούνται από την άγνοιά μας, είναι σαν να οδηγούμε το

166

αυτοκίνητό μας από απροσεξία πάνω σε ένα τοίχο και μετά να ρίχνουμε το φταίξιμο στη μηχανή του. Ο Θεός μάς έχει δώσει σαφείς κατευθύνσεις για το πώς πρέπει να ζούμε σ' αυτό τον κόσμο. Δεν μπορούμε να Τον κατηγορήσουμε για τις συνέπειες της επιλογής μας να μην ακολουθούμε τις οδηγίες Του.

Ερώτηση: Στη Μπαγκαβάτ Γκιτά αναφέρεται ότι θα πρέπει να εκτελούμε τις πράξεις μας χωρίς καμιά προσδοκία για τους καρπούς τους. Πώς μπορούμε να εργαζόμαστε χωρίς να επιθυμούμε συγκεκριμένα αποτελέσματα από την εργασία μας;

Άμμα: Ο Κύριος το είπε αυτό για να μας βοηθήσει να ζούμε χωρίς θλίψη και πόνο. Να εκτελείτε τις πράξεις σας με μεγάλη προσοχή και φροντίδα και χωρίς να κυριεύεστε από ανησυχία για τους καρπούς τους. Τα αποτελέσματα θα έρθουν από μόνα τους. Αν μελετάτε κάποιο μάθημα στο πανεπιστήμιο, κάντε το με προσοχή. Δεν υπάρχει λόγος να ανησυχείτε αν θα περάσετε τις εξετάσεις. Αν χτίζετε ένα σπίτι, χτίστε το προσεκτικά σύμφωνα με το σχέδιο, χωρίς να βασανίζεστε από τη σκέψη αν το κτίριο θα είναι γερό. Κάντε καλές πράξεις και τα καλά αποτελέσματα θα έρθουν από μόνα τους. Αν πουλάτε ρύζι καλής ποιότητας χωρίς πετραδάκια μέσα του, όλοι θα θέλουν να το αγοράσουν. Αυτό θα είναι το αποτέλεσμα της προσπάθειάς σας να επιλέξετε καλούς σπόρους και να τους επεξεργαστείτε με τον σωστό τρόπο προτού τους πουλήσετε. Αν όμως νοθεύσετε το ρύζι για να βγάλετε μεγαλύτερο κέρδος, θα λάβετε, αργά ή γρήγορα, την τιμωρία για την πράξη σας αυτή. Θα χάσετε επίσης τη νοητική σας ηρεμία. Γι' αυτό λοιπόν να εκτελείτε τις πράξεις σας με προσοχή και φροντίδα, με τη στάση ότι όλα όσα κάνετε είναι μια προσφορά προς το Θεό. Ούτως ή άλλως, οι πράξεις σας θα αποφέρουν τους ανάλογους καρπούς, ούτε περισσότερο ούτε λιγότερο, είτε ανησυχείτε για τα αποτελέσματα είτε όχι. Επομένως, γιατί να σπαταλάτε το χρόνο σας ανησυχώντας; Δεν θα ήταν προτιμότερο να χρησιμοποιείτε αυτή την ενέργεια για να εκτελείτε τις εργασίες σας ακόμα καλύτερα; Ή ακόμα, δεν θα ήταν καλύτερο να συγκεντρώνετε το νου σας στο Θεό αντί να χάνετε το χρόνο σας;

Ερώτηση: Εφόσον ο Εαυτός διαπερνά τα πάντα, δεν θα έπρεπε να βρίσκεται στο σώμα ακόμα και μετά το θάνατό του; Γιατί λοιπόν το σώμα πεθαίνει;

Άμμα: Το γεγονός ότι μια λάμπα καίγεται, δεν σημαίνει ότι δεν υπάρχει ηλεκτρικό ρεύμα. Αν κλείσετε έναν ανεμιστήρα, δεν θα αισθάνεστε το ρεύμα του αέρα. Αυτό όμως δεν σημαίνει ότι ο αέρας εξαφανίζεται. Ή ακόμα, σκεφτείτε ότι φουσκώνετε ένα μπαλόνι, το δένετε και το αφήνετε στον άνεμο. Αν το μπαλόνι σπάσει, ο αέρας που είχε μέσα του δεν παύει να υπάρχει, είναι ακόμα εκεί. Παρομοίως, ο Εαυτός είναι παντού, ο Θεός είναι πανταχού παρών. Ο θάνατος έρχεται όχι εξαιτίας της απουσίας του Εαυτού, αλλά εξαιτίας της φθοράς του οργάνου, δηλαδή του σώματος. Ο θάνατος είναι η καταστροφή του σώματος, δεν έχει καμία σχέση με οποιαδήποτε έλλειψη ή αδυναμία του Εαυτού.

Ερώτηση: Είναι δυνατόν να φθάσει κανείς στη φώτιση μόνο μέσω της πνευματικής άσκησης, της ανάγνωσης βιβλίων και της παρακολούθησης πνευματικών διαλέξεων, χωρίς τη βοήθεια κάποιου πνευματικού δασκάλου;

Άμμα: Δεν θα γίνεις μηχανικός διαβάζοντας μονάχα βιβλία. Θα πρέπει να εκπαιδευτείς δίπλα σε έναν έμπειρο μηχανικό. Θα πρέπει να παρακολουθείς τι κάνει και να μάθεις από την εμπειρία του. Παρομοίως, για να γνωρίζεις τι εμπόδια μπορεί να βρεθούν στο δρόμο σου κατά τη διάρκεια της πνευματικής άσκησης και τι πρέπει να κάνεις για να τα υπερβείς, πρέπει να μαθητεύσεις κοντά σε έναν πνευματικό δάσκαλο.

Οι οδηγίες για τη χρήση ενός φαρμάκου περιλαμβάνονται στη συσκευασία του. Αλλά και πάλι, δεν ενδείκνυται να πάρεις ένα φάρμακο χωρίς να συμβουλευτείς κάποιο γιατρό. Οι γραπτές οδηγίες δίνουν μόνο γενική πληροφόρηση. Ο γιατρός αποφασίζει πώς θα χρησιμοποιηθεί το φάρμακο, λαμβάνοντας υπόψη την κατάσταση της υγείας και την ιδιοσυγκρασία του ασθενούς. Αν δεν ακολουθήσεις τις οδηγίες του γιατρού, το φάρμακο ενδέχεται να σε βλάψει αντί να σε θεραπεύσει. Παρομοίως, μπορείς να μάθεις διάφορα πράγματα για τις αρχές της πνευματικότητας και τις πνευματικές πρακτικές διαβάζοντας βιβλία και παρακολουθώντας ομιλίες, αλλά για να αντιμετωπίσεις τις δυσκολίες που μπορεί να εμφανιστούν και για να φθάσεις στο στόχο σου μέσω της πνευματικής άσκησης, χρειάζεσαι ένα δάσκαλο.

Όταν κάποιος μεταφυτεύσει ένα δενδρύλλιο από ένα σημείο σε κάποιο άλλο, πρέπει να μεταφέρει μαζί του λίγο χώμα από την αρχική του θέση, ώστε το φυτό να ριζώσει και να προσαρμοστεί στο νέο έδαφος. Η παρουσία ενός *πνευματικού δασκάλου* είναι σαν αυτό το χώμα από την αρχική θέση του φυτού.

Στην αρχή, είναι πολύ δύσκολο για έναν *πνευματικό αναζητητή* να επιμείνει στην *πνευματική* του άσκηση. Η παρουσία του δασκάλου δίνει στο μαθητή την απαιτούμενη δύναμη για να υπερβεί όλα τα εμπόδια και να ριζώσει στην *πνευματική ζωή*. Μια μηλιά ευδοκιμεί σε συγκεκριμένες κλιματικές συνθήκες. Χρειάζεται επίσης νερό και λίπασμα σε τακτά διαστήματα. Αν προσβληθεί από παράσιτα, αυτά θα πρέπει να καταστραφούν. Παρομοίως, ο δάσκαλος δημιουργεί τις κατάλληλες συνθήκες για την *πνευματική πρόοδο* του μαθητή του και τον προστατεύει απ' όλους τους κινδύνους.

Ο δάσκαλος υποδεικνύει τις *πνευματικές πρακτικές* που πρέπει να ακολουθήσετε. Αποφασίζει ποιο *πνευματικό μονοπάτι* είναι καταλληλότερο για εσάς και αν η *πνευματική σας άσκηση* πρέπει να είναι η καλλιέργεια της διάκρισης (μεταξύ του αιώνιου και του εφήμερου), η ανιδιοτελής υπηρεσία, η γιόγκα, κάποιο είδος διαλογισμού, ή η απαγγελία *μάντρα* και προσευχών. Το σώμα μερικών ανθρώπων δεν είναι κατάλληλο για την άσκηση στη χάθα γιόγκα, ενώ άλλοι δεν μπορούν να διαλογιστούν για πολύ ώρα. Τι θα συνέβαινε αν αφήνατε 125 ανθρώπους να επιβιβαστούν σε ένα λεωφορείο που χωράει μόνο 25; Ο δάσκαλος υποδεικνύει τις κατάλληλες πνευματικές πρακτικές σύμφωνα με τη σωματική και νοητική ιδιοσυγκρασία κάθε ατόμου.

Ο δάσκαλος γνωρίζει τη φύση του νου και του σώματός σας καλύτερα κι από εσάς τους ίδιους. Σας καθοδηγεί σύμφωνα με τις δυνατότητές σας. Αν αγνοήσετε τις οδηγίες του και ξεκινήσετε να κάνετε πνευματική άσκηση σύμφωνα με πληροφορίες που βρήκατε κάπου, χωρίς την κατάλληλη καθοδήγηση, υπάρχει ο κίνδυνος να χάσετε τη νοητική σας ισορροπία. Αν ένας άνθρωπος διαλογίζεται περισσότερη ώρα απ' όση μπορεί, ενδέχεται να ανέβει η θερμοκρασία στο κεφάλι του και να υποφέρει από αϋπνία. Ο δάσκαλος δίνει οδηγίες σύμφωνα με τη φύση κάθε ατόμου. Συμβουλεύει, για παράδειγμα, τον μαθητή σε ποιο σημείο να εστιάζει την προσοχή του κατά τη διάρκεια του διαλογισμού, όπως στην καρδιά ή στο σημείο ανάμεσα στα φρύδια, καθώς και για πόση ώρα θα πρέπει να διαλογίζεται.

Στο ξεκίνημα ενός ταξιδιού προς ένα άγνωστο μέρος, αν συνοδεύεστε από κάποιον που ζει εκεί και γνωρίζει καλά το δρόμο που πρέπει να ακολουθήσετε, τότε θα φθάσετε γρήγορα στον προορισμό σας. Διαφορετικά, μια διαδρομή που διαρκεί μια ώρα, θα μπορούσε να διαρκέσει δέκα. Ακόμα κι αν έχετε χάρτη στα χέρια σας, μπορεί και πάλι να χαθείτε, γιατί τα τοπία θα σας είναι άγνωστα. Θα μπορούσατε επίσης να βρεθείτε σε κάποια επικίνδυνη περιοχή. Αν όμως έχετε μαζί σας κάποιον που ξέρει καλά το δρόμο, τότε δεν θα έχετε τίποτα να φοβηθείτε. Ο ρόλος του πνευματικού δασκάλου θα μπορούσε να συγκριθεί με εκείνον του οδηγού στο ταξίδι σας. Ο δάσκαλος είναι πλήρως εξοικειωμένος με τα διάφορα μονοπάτια του πνευματικού ταξιδιού. Σε κάθε βήμα που κάνετε στο πνευματικό μονοπάτι, μπορεί να παρουσιαστούν εμπόδια, και χωρίς ένα δάσκαλο να σας καθοδηγεί θα είναι δύσκολο να παραμείνετε προσηλωμένοι σε αυτό όταν παρουσιαστούν οι δυσκολίες.

Αν ένας αληθινός δάσκαλος σας μυήσει στο πνευματικό μονοπάτι, τότε η πρόοδός σας μπορεί να είναι πολύ γρήγορη. Δεν είναι δυνατό να φτιάξετε γιαούρτι ρίχνοντας απλά γάλα μέσα στο γάλα. Θα πρέπει να προσθέσετε λίγο γιαούρτι. Η μύηση σε ένα μάντρα από ένα δάσκαλο μοιάζει με αυτή τη διαδικασία. Η μύηση αφυπνίζει την πνευματική δύναμη του αναζητητή.

Ερώτηση: Δεν είναι δουλεία να υπακούει κανείς σε έναν πνευματικό δάσκαλο;

Άμμα: Είναι δύσκολο να απαλλαγεί κανείς από το εγώ μόνο μέσω της πνευματικής άσκησης. Για να εξαλειφθεί το εγώ, θα πρέπει να ακολουθήσετε τις οδηγίες ενός αληθινού δασκάλου. Όταν υποκλινόμαστε μπροστά σ' έναν πνευματικό δάσκαλο, τιμούμε τις αρχές που εκείνος ενσαρκώνει και όχι τον ίδιο ως άτομο. Υποκλινόμαστε μπροστά στα ιδανικά μας, ώστε να μπορέσουμε κι εμείς να φθάσουμε σ' αυτό το επίπεδο. Μόνο μέσω της ταπεινότητας μπορούμε να προοδεύσουμε. Μέσα σε κάθε σπόρο υπάρχει ένα δέντρο. Αλλά αν ο σπόρος παραμείνει μέσα σε μια αποθήκη και ισχυρίζεται ότι είναι δέντρο, θα γίνει απλά τροφή για τα ποντίκια. Η αληθινή φύση του σπόρου εμφανίζεται αφού μπει κάτω από το χώμα. Η ομπρέλα ξεδιπλώνεται όταν πατήσουμε το κουμπί και τότε μπορεί να προστατέψει τον άνθρωπο από τη βροχή και τον ήλιο.

Όταν σε μικρή ηλικία υπακούαμε, σεβόμασταν και τιμούσαμε τους γονείς, τους δασκάλους και τους μεγαλύτερους, προοδεύαμε, γινόμασταν σοφότεροι και καλλιεργούσαμε θετικές συνήθειες και αρετές. Παρομοίως, μέσω της υπακοής του μαθητή στο δάσκαλο, ο μαθητής διευρύνει τη συνειδητότητά του σε τέτοιο βαθμό που γίνεται ο βασιλιάς των βασιλέων.

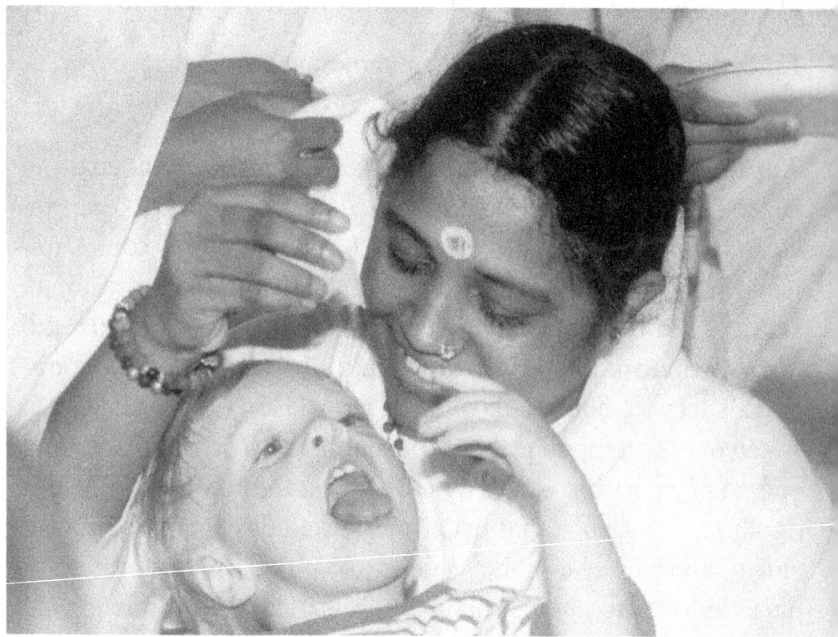

Ο αληθινός δάσκαλος είναι η ενσάρκωση της απάρνησης. Κατανοούμε τι σημαίνει αλήθεια, ντάρμα, ανιδιοτέλεια και αγάπη, γιατί ο δάσκαλος διδάσκει με τη ζωή του αυτές τις αρετές. Επομένως, υπακούοντας και ακολουθώντας το παράδειγμα του αληθινού δασκάλου καλλιεργούμε τις αρετές αυτές στον εαυτό μας.

Όταν επιβιβαζόμαστε σε ένα αεροπλάνο, οι αεροσυνοδοί μάς ζητούν να φορέσουμε τη ζώνη ασφαλείας. Δεν το κάνουν αυτό ως ένδειξη ανωτερότητας απέναντί μας, αλλά μόνο και μόνο για τη δική μας ασφάλεια. Παρομοίως, όταν ο δάσκαλος ζητά από το μαθητή να ασκηθεί στον αυτοέλεγχο και να υπακούει ορισμένους κανόνες, το κάνει για την πρόοδο του μαθητή. Ο δάσκαλος καθοδηγεί το μαθητή για να τον προστατεύσει από οποιαδήποτε εμπόδια μπορεί να εμφανιστούν στο δρόμο του. Ο δάσκαλος γνωρίζει ότι αν ο μαθητής πάρει το στραβό δρόμο εξαιτίας του εγώ του, τότε όχι μόνο ο ίδιος αλλά και άλλοι άνθρωποι θα κινδυνεύσουν.

Οι άνθρωποι υπακούουν τα νεύματα που κάνει ένας τροχονόμος, γιατί αυτό τους προφυλάσσει από πολλά ατυχήματα. Ο αληθινός δάσκαλος προφυλάσσει το μαθητή από καταστάσεις που θα μπορούσαν να τον οδηγήσουν σε πνευματική καταστροφή, εξαιτίας της αίσθησης του «εγώ» και «δικό μου» που διατηρεί στο νου του. Ο δάσκαλος, εκπαιδεύει το μαθητή με τον κατάλληλο τρόπο, ώστε να αποφεύγει τέτοιες καταστάσεις στο μέλλον.

Η υπακοή στον πνευματικό δάσκαλο κάθε άλλο παρά σκλαβιά είναι. Ο μοναδικός στόχος του δασκάλου είναι η ασφάλεια και η απελευθέρωση του μαθητή. Ο δάσκαλος είναι κάποιος που μπορεί πραγματικά να μας δείξει το δρόμο. Ένας αληθινός δάσκαλος ποτέ δεν θα αντιμετωπίσει το μαθητή ως σκλάβο, γιατί τρέφει μονάχα αγάπη άνευ όρων γι' αυτόν. Η επιθυμία του δασκάλου είναι να δει το μαθητή να φθάνει στο στόχο του, ακόμα κι αν ο ίδιος πρέπει να υποστεί κάποια θυσία ή και ήττα κατά

173

τη διαδικασία της εκπαίδευσης του μαθητή του. Ένας τέλειος δάσκαλος είναι πραγματική μητέρα για τους μαθητές του.

Ερώτηση: Εκείνοι που εξαρτούν τη ζωή τους από το Θεό, χρειάζεται να καταβάλλουν προσπάθεια;

Άμμα: Παιδιά μου, χωρίς προσπάθεια δεν μπορείτε να πετύχετε τίποτα στη ζωή. Το να κάθεται κανείς χωρίς να καταβάλλει καμιά προσπάθεια και να ισχυρίζεται ότι ο Θεός θα τα κάνει όλα, είναι σκέτη τεμπελιά. Τέτοιοι άνθρωποι λένε ότι ο Θεός θα φροντίσει για όλα, αλλά στην πραγματικότητα δεν παραδίδονται πλήρως σε Αυτόν. Όποτε απαιτείται δουλειά, υποστηρίζουν ότι ο Θεός θα τα κάνει όλα. Μόλις όμως πεινάσουν, προσπαθούν να γεμίσουν τα στομάχια τους, ακόμα κι αν χρειαστεί να κλέψουν φαγητό. Δεν περιμένουν υπομονετικά το Θεό να τους φέρει το φαγητό! Όταν εμφανίζεται η πείνα ή άλλες σωματικές ανάγκες, η παράδοσή τους στο Θεό μένει μόνο στα λόγια!

Ο Θεός νοιάζεται για κάθε πλευρά της ζωής μας. Αυτό όμως δεν σημαίνει ότι θα πετύχουμε κάτι αν μένουμε με τα χέρια σταυρωμένα όποτε οι συνθήκες απαιτούν να αναλάβουμε κάποια δράση. Ο Θεός δεν μας χάρισε τη ζωή, την υγεία και τη διάνοια για να τα χαραμίζουμε με την τεμπελιά μας! Θα πρέπει να είμαστε πρόθυμοι να εργαζόμαστε σύμφωνα με την καθοδήγησή Του.

Η φωτιά μπορεί να κάψει ένα σπίτι, ή αντίθετα να χρησιμοποιηθεί για να μαγειρέψουμε το φαγητό μας. Παρομοίως, αν δεν χρησιμοποιούμε αυτά που ο Θεός μας χάρισε με τον κατάλληλο τρόπο, θα κάνουμε περισσότερο κακό παρά καλό. Όποτε απαιτείται προσπάθεια για να πετύχετε κάτι, κάντε το σαν προσφορά προς το Θεό. Μόνο τότε θα έρθουν τα καλύτερα αποτελέσματα.

Κάποτε, ένας μαθητής πήγε να ζητιανέψει φαγητό. Προσπαθούσε όλη την ημέρα, αλλά δεν βρήκε τίποτα. Επέστρεψε στο δάσκαλό του το βράδυ, κουρασμένος και πεινασμένος. Ένιωθε μάλιστα θυμό απέναντι στο Θεό, γιατί δεν έλαβε ελεημοσύνη από κανέναν. Είπε λοιπόν στο δάσκαλο: «Από δω και πέρα δεν θέλω να εξαρτώμαι από τον Θεό. Πάντα μας λες ότι θα πάρουμε τα πάντα αν παραδοθούμε στο Θεό. Γιατί να παραδοθώ σ' ένα Θεό που δεν μου δίνει ούτε ένα γεύμα; Ήταν λάθος μου να τον εμπιστευθώ!»

Ο δάσκαλος του είπε: «Θα σου δώσω 100 χιλιάδες ρουπίες. Θα μου δώσεις τα μάτια σου σε αντάλλαγμα;»

Ο μαθητής αποκρίθηκε: «Μα θα είμαι τυφλός χωρίς τα μάτια μου! Ποιος θα πουλούσε τα μάτια του για οποιοδήποτε αντίτιμο;»

«Ξέχνα λοιπόν τα μάτια σου. Θα μου δώσεις τη γλώσσα σου;»

«Πώς θα μπορώ να μιλώ χωρίς τη γλώσσα μου;»

«Δώσε μου το χέρι σου τότε. Ή αν προτιμάς, το πόδι σου. Σου δίνω 100 χιλιάδες ρουπίες!»

«Το σώμα μου είναι περισσότερο πολύτιμο από τα χρήματα. Κανείς δεν θα ήθελε να χάσει ένα μέλος του σώματός του.»

Ο δάσκαλος είπε τότε: «Το σώμα σου είναι πράγματι ανεκτίμητο. Αλλά ο Θεός σου το έδωσε χωρίς κανένα αντάλλαγμα. Παρόλα αυτά όμως, εσύ του ασκείς κριτική. Ο Θεός δεν σου έδωσε αυτό το πολύτιμο σώμα για να κάθεσαι αδρανής. Οφείλεις να ζήσεις μια ζωή δράσης με μεγάλη προσοχή και επίγνωση.»

Τρεις άνδρες έλαβαν μερικούς σπόρους. Ο πρώτος τους κλείδωσε σε ένα κουτί για ασφάλεια. Ο δεύτερος τους έφαγε αμέσως για να χορτάσει την πείνα του. Ο τρίτος τους φύτεψε, τους πότισε και τους καλλιέργησε. Εκείνοι που περιφέρονται άπραγοι, υποστηρίζοντας ότι ο Θεός θα φροντίσει για όλα, μοιάζουν με τον πρώτο άνδρα που κλείδωσε τους σπόρους του στο κουτί. Αυτοί οι σπόροι δεν ωφελούν κανέναν. Οι άνθρωποι αυτής της κατηγορίας είναι τεμπέληδες και γίνονται βάρος για τον κόσμο. Δεν χρησιμοποιούν τα δώρα που έλαβαν από το Θεό, δηλαδή το σώμα, το νου και τη διάνοια.

Ο άνθρωπος που έφαγε τους σπόρους, χόρτασε την πείνα του για λίγο. Έτσι είναι τα πλάσματα αυτού του κόσμου. Ο σκοπός

175

τους είναι η εφήμερη απόλαυση. Ο άνδρας όμως, που κατάλαβε πώς να χρησιμοποιήσει σωστά τους σπόρους του, τους φύτεψε, τους καλλιέργησε και κατάφερε να θρέψει τον εαυτό του και την οικογένειά του. Μπόρεσε μάλιστα να φυτέψει κι άλλους σπόρους από τη σοδειά, δίνοντας τροφή και στους γείτονές του. Παρομοίως, όταν κατανοούμε τι είναι αληθινό και χρησιμοποιούμε σωστά τα δώρα που μας δίνει ο Θεός, μπορούμε να είμαστε χρήσιμοι στην κοινωνία και να βαδίζουμε προς την επίτευξη του αληθινού στόχου της ζωής.

Παιδιά μου, παράδοση στο Θεό σημαίνει να χρησιμοποιούμε το σώμα που Εκείνος μας έδωσε με προσοχή και επίγνωση. Το να κάθεται κανείς άπραγος χωρίς να κάνει την παραμικρή προσπάθεια είναι μεγάλη αμαρτία απέναντι στο Θεό.

Τι είπε ο Κύριος Κρίσνα στην Μπαγκαβάτ Γκιτά; Είπε: «Αρτζούνα, πρέπει να πολεμήσεις με το νου σου συγκεντρωμένο σε Εμένα!». Δεν είπε: «Δεν χρειάζεται να κάνεις τίποτα. Κάθισε και Εγώ θα σε προστατέψω». Αν κάνουμε ένα βήμα προς το Θεό, Εκείνος θα κάνει εκατό βήματα προς εμάς. Αλλά συνήθως δεν διαθέτουμε την απαιτούμενη παράδοση για να κάνουμε αυτό το βήμα.

Παιδιά μου, μην ξεχνάτε ότι ο Θεός μάς δίνει τη δύναμη και δημιουργεί τις κατάλληλες συνθήκες για να καταβάλλουμε προσπάθεια. Αλλά η επιτυχία της προσπάθειας αυτής εξαρτάται επίσης από τη χάρη του Θεού. Είναι λοιπόν καθήκον μας να προσπαθούμε, παραδίνοντας τους καρπούς των πράξεών μας, όποιοι κι αν είναι, στα χέρια Του.

Θα πρέπει να είμαστε σαν ένα κομμάτι ξύλο στα χέρια του Θεού. Σε διαφορετικές στιγμές ο Θεός μπορεί να το κόψει κομμάτια ή να φτιάξει ένα παιχνίδι απ' αυτό ή να το ρίξει στο φωτιά. Η παράδοσή μας στο Θεό θα πρέπει να είναι τέτοια που να μπορούμε να πούμε: «Ας γίνει το Θέλημα του Θεού, θα δεχθώ με ευχαρίστηση οτιδήποτε». Όταν έχουμε αυτή τη στάση, οτιδήποτε κάνουμε γίνεται ορθή δράση. Τότε, ούτε η νίκη ούτε η ήττα θα μας επηρεάζουν. Θα βιώνουμε συνεχώς εσωτερική ειρήνη και ικανοποίηση.

Παιδιά μου, θα πρέπει να προσπαθούμε να μεταδίδουμε τις πνευματικές αρχές στους άλλους, εφαρμόζοντάς τις πρώτα στη δική μας ζωή. Δεν μπορούμε να μεταδώσουμε αυτή τη γνώση μόνο με τα λόγια. Ο χρόνος που οι άνθρωποι σπαταλούν φλυαρώντας, θα ήταν αρκετός για να βάλουν σε εφαρμογή τις διδασκαλίες! Οι συνηθισμένοι άνθρωποι έχουν την τάση να μιμούνται τις πράξεις εκείνων που απολαμβάνουν κύρος και κατέχουν υψηλή θέση στην κοινωνία. Γι' αυτό, είναι πολύ σημαντικό οι άνθρωποι που αποτελούν πρότυπα στην κοινωνία, να προσπαθούν να θέτουν υψηλά ιδανικά στη ζωή τους, ώστε να τα ακολουθούν και οι υπόλοιποι.

Κάποτε ένας υπουργός επισκέφτηκε ένα χωριό, το οποίο τύχαινε να είναι το πιο βρώμικο της περιοχής. Πέρασε μια βραδιά στο σπίτι του δημάρχου ως φιλοξενούμενος. Σωροί σκουπιδιών ήταν στοιβαγμένοι στις άκρες των δρόμων και οι αποχετεύσεις είχαν ξεχειλίσει με βρώμικα, στάσιμα νερά. Σε όλη την περιοχή αναδυόταν μια απαίσια μυρωδιά.

Ο υπουργός ρώτησε το δήμαρχο γιατί το μέρος εκείνο ήταν τόσο βρώμικο. Ο δήμαρχος απάντησε: «Οι άνθρωποι εδώ είναι αμόρφωτοι, δεν ξέρουν τίποτα για την καθαριότητα και δεν ενδιαφέρονται να μάθουν. Προσπάθησα να τους διδάξω μερικά πράγματα, αλλά δεν με ακούν. Τους είπα να καθαρίζουν το χωριό, αλλά δεν το κάνουν. Έτσι λοιπόν τα παράτησα.» Ο δήμαρχος συνέχισε να μιλά κατηγορώντας τους χωρικούς. Ο υπουργός άκουγε υπομονετικά χωρίς να μιλά. Μετά το δείπνο ο υπουργός αποσύρθηκε για ύπνο.

Το επόμενο πρωί, όταν ο δήμαρχος σηκώθηκε από το κρεβάτι, αναζήτησε τον υπουργό, αλλά δεν τον έβρισκε πουθενά. Έψαξε στο σπίτι, αλλά ήταν άφαντος. Ρώτησε τους υπηρέτες, κανείς όμως δεν τον είχε δει. Ο δήμαρχος ανησύχησε, βγήκε από το σπίτι και άρχισε να τον ψάχνει. Στο τέλος τον βρήκε. Ο υπουργός είχε βγει στο δρόμο και μάζευε τα σκουπίδια μόνος του. Τα συγκέντρωνε σε μεγάλους σωρούς και τους έβαζε φωτιά. Βλέποντάς τον ο δήμαρχος ένιωσε ντροπή και σκέφτηκε: «Πώς μπορώ εγώ να στέκομαι άπραγος, όταν ο ίδιος ο υπουργός δουλεύει έτσι;» Πήγε λοιπόν κοντά του και άρχισε να τον βοηθά. Όταν οι χωρικοί βγήκαν στους δρόμους, αντίκρισαν έκπληκτοι τους δύο άνδρες να κάνουν αυτή τη σκληρή δουλειά. Γρήγορα σκέφτηκαν ότι δεν ήταν σωστό να αφήσουν τον υπουργό και το δήμαρχο να καθαρίζουν μόνοι τους το χωριό. Έτσι λοιπόν έπιασαν κι εκείνοι δουλειά. Σύντομα όλο το χωριό ήταν πεντακάθαρο. Τα σκουπίδια είχαν μαζευτεί και οι αποχετεύσεις είχαν καθαριστεί. Πουθενά δεν υπήρχε ίχνος βρωμιάς. Το χωριό είχε αλλάξει όψη.

Παιδιά μου, συνήθως παίρνει λιγότερο χρόνο να αφομοιωθεί κάτι διδάσκοντάς το μέσω της πράξης παρά εξηγώντας το με λόγια. Θα πρέπει να είμαστε διατεθειμένοι να αναλάβουμε δράση, χωρίς να περιμένουμε να δούμε αν κάποιος θα έρθει να μας βοηθήσει. Τότε οι άλλοι θα τρέξουν από μόνοι τους να βοηθήσουν. Αν στεκόμαστε με σταυρωμένα χέρια κατηγορώντας τους άλλους, τότε υπάρχει αρνητικότητα στο νου μας, την οποία μεταδίδουμε. Γι' αυτό λοιπόν παιδιά μου, πρέπει να αναλαμβάνουμε δράση και όχι απλά να μιλάμε. Η αλλαγή είναι εφικτή μόνο μέσα από τη δράση.

Ερώτηση: Λέγεται ότι πρέπει να παραμένουμε ατάραχοι, όταν οι άλλοι μας κατηγορούν, αλλά και όταν μας επαινούν. Λέγεται όμως επίσης, ότι ο Κύριος Βίσνου αισθανόταν ικανοποίηση όταν τα ουράνια όντα τραγουδούσαν ύμνους προς αυτόν. Δεν σημαίνει αυτό ότι ο Κύριος επηρεαζόταν από τους επαίνους;

Άμμα: Ο Κύριος ποτέ δεν κολακεύεται από τους επαίνους. Είναι η προσωποποίηση της αταραξίας. Οι έπαινοι και οι κατηγορίες είναι το ίδιο για Εκείνον. Ακόμα κι αν κάποιος έριχνε ακαθαρσίες στον Κύριο, Εκείνος θα του επέστρεφε γλυκίσματα σε αντάλλαγμα. Τέτοια είναι η μεγαλοψυχία του. Αυτό σημαίνει αταραξία. Ο Κύριος δίδαξε στους ντέβα (ουράνια όντα) ένα μάθημα. Για να τους κάνει να υποφέρουν λίγο στην αρχή, ο Κύριος κράτησε τα μάτια Του κλειστά όταν εκείνοι έφτασαν μπροστά Του. Παρόλο που Τον κάλεσαν πολλές φορές, Εκείνος έκανε σαν να μην είχε αντιληφθεί την παρουσία τους. Στο τέλος οι ντέβα προσευχήθηκαν με πόνο καρδιάς και μόνο τότε ο Κύριος άνοιξε τα μάτια Του. Χάρη στις προσευχές τους, μπορούσαν πλέον να Τον διακρίνουν και στις καρδιές τους. Δεν έψαλλαν τα μάντρα με σκοπό να κολακέψουν τον Κύριο ή να λάβουν κάτι που επιθυμούσαν. Τα μάντρα ήταν οι προσευχές των πιστών που απευθύνονταν στον Κύριο. Προσεύχονταν να τους αποκαλυφθεί η πραγματική φύση του Εαυτού. Ως αποτέλεσμα, ο Κύριος ευχαριστήθηκε από τις αθώες καρδιές των πιστών. Αν κάτι δεν προέρχεται από την καρδιά, είναι αδύνατον να ευχαριστήσει τον Κύριο.

Ερώτηση: Πώς βλέπει ένας Μαχάτμα τον κόσμο;

Άμμα: Μια ερωτευμένη γυναίκα πηγαίνει να δει μια θεατρική παράσταση στην οποία παίζει ο αγαπημένος της. Καθώς παρακολουθεί το έργο, απολαμβάνει τον χαρακτήρα που εκείνος υποδύεται σε αυτό. Πάντα όμως βλέπει τον αγαπημένο της πίσω από το ρόλο που παίζει και γι' αυτό της αρέσει τόσο πολύ το έργο. Είναι ενθουσιασμένη με αυτό. Παρομοίως, όλα όσα βλέπει ένας Μαχάτμα στον κόσμο είναι απλά διαφορετικοί ρόλοι που παίζει ο Θεός. Οι Μαχάτμα βλέπουν το Θεό πίσω από τον κόσμο και πίσω από κάθε άτομο.

Ερώτηση: Μπορούμε να αλλάξουμε το πεπρωμένο με τις δικές μας προσπάθειες;

179

Άμμα: Αν εκτελείς τις πράξεις σου ως προσφορά στο Θεό, μπορείς να υπερβείς το πεπρωμένο. Να αποφεύγεις την τεμπελιά πάση θυσία και να κάνεις ό,τι καλύτερο μπορείς χωρίς να ρίχνεις τις ευθύνες στο πεπρωμένο. Ένας άνθρωπος που αρνείται να καταβάλλει την παραμικρή προσπάθεια στη ζωή του και μετά κατηγορεί το πεπρωμένο, είναι απλά ένας τεμπέλης.

Δύο φίλοι ζήτησαν από έναν αστρολόγο να τους φτιάξει το ωροσκόπιό τους. Αποκαλύφθηκε τότε ότι το πεπρωμένο και των δύο ήταν να πεθάνουν από δάγκωμα φιδιού. Από εκείνη την ημέρα και μετά, ο ένας από τους δύο ζούσε με φοβερή αγωνία, σκεφτόμενος συνέχεια τα φίδια και το θάνατο. Έχασε τα λογικά του και έκανε επίσης και την οικογένειά του να υποφέρει. Ο φίλος του όμως, ο οποίος είχε λάβει την ίδια πρόβλεψη, αρνήθηκε να υποκύψει σε αρνητικές σκέψεις και προσπάθησε να βρει μια λύση. Αναζήτησε τρόπους να αποφύγει το δάγκωμα του φιδιού. Όταν ένιωσε ότι δεν μπορούσε να κάνει κάτι παραπάνω, στράφηκε προς το Θεό. Αποφάσισε ωστόσο να χρησιμοποιεί την ευφυΐα και την υγεία που του έδωσε ο Θεός και να παίρνει όλες τις προφυλάξεις για να αποφύγει το πεπρωμένο του. Μια μέρα, την εποχή που θα τον δάγκωνε κάποιο φίδι σύμφωνα με την πρόβλεψη, καθώς προσευχόταν ένιωσε την ανάγκη να σηκωθεί όρθιος. Τότε το πόδι του χτύπησε σε κάτι μυτερό και κόπηκε. Υπήρχε ένα αγαλμάτινο φίδι στο δωμάτιο και το πόδι του είχε χτυπήσει στη μυτερή μεταλλική γλώσσα του. Ο τραυματισμός αυτός συνέβη τότε ακριβώς που είχε προβλεφθεί ότι θα τον δάγκωνε κάποιο φίδι Δεν ήταν όμως ένα αληθινό φίδι αυτό που τον τραυμάτισε ούτε είχε δηλητήριο. Οι προσπάθειες που κατέβαλε για να αντιμετωπίσει την κατάσταση, ενώ ταυτόχρονα εμπιστεύτηκε τη ζωή του στο Θεό, έφεραν αποτέλεσμα. Η ζωή του πρώτου ανθρώπου όμως καταστράφηκε από το φόβο του, προτού τον δαγκώσει κάποιο φίδι. Έτσι λοιπόν κι εμείς, πρέπει να προσπαθούμε να κάνουμε το καλύτερο που μπορούμε ως προσφορά προς το Θεό, χωρίς να κατηγορούμε τη μοίρα. Τότε θα είμαστε ικανοί να υπερβαίνουμε όλα τα εμπόδια.

Ερώτηση: Δεν μπορούσε ο Κύριος Κρίσνα να αλλάξει το νου του Ντουριόντανα και να αποφύγει τον πόλεμο;

Άμμα: Ο Κύριος έδειξε τη Θεϊκή Του μορφή και στους Πάνταβα και στους Καουράβα. Ο Αρτζούνα αντιλήφθηκε το μεγαλείο Του, αλλά ο Ντουριόντανα αντίθετα θεώρησε ότι ήταν κάποιο μαγικό κόλπο του Κρίσνα. Ό,τι κι αν κάνει ένας Μαχάτμα, εκείνοι που αρνούνται να παραδοθούν στο Θεό δεν θα ωφεληθούν. Οι πνευματικές οδηγίες δίνονται μόνο σύμφωνα με την ιδιοσυγκρασία και το χαρακτήρα του πνευματικού αναζητητή. Για τον Ντουριόντανα, τα μόνα πράγματα που είχαν σημασία ήταν τα υλικά αγαθά και η εξουσία. Δεν ήταν έτοιμος να ακούσει καμία πνευματική αλήθεια. Δεν πίστευε ότι ο Κύριος Κρίσνα μιλούσε για το καλό του. Νόμιζε, αντίθετα, ότι πάντοτε ευνοούσε τους Πάνταβα. Ο πόλεμος ήταν η μοναδική λύση για να καταστραφεί το εγώ ενός τόσο διεφθαρμένου ανθρώπου, όπως ο Ντουριόντανα.

Ερώτηση: Δεν είναι μάταιο να προσεύχεται κανείς προτού ο νους του εξαγνιστεί;

Άμμα: Παιδιά μου μην σκέφτεστε ότι: «Έχω διαπράξει τόσα λάθη στη ζωή μου. Δεν μπορώ να προσευχηθώ γιατί ο νους μου δεν είναι αρκετά αγνός. Θα αρχίσω να προσεύχομαι, όταν ο νους μου εξαγνιστεί». Αν αποφασίσετε να κολυμπήσετε στη θάλασσα μόνο όταν δεν υπάρχουν καθόλου κύματα, τότε δεν θα το κάνετε ποτέ. Ούτε επίσης θα μάθετε κολύμπι αν κάθεστε απλά στην ακρογιαλιά και κοιτάτε τη θάλασσα. Πρέπει να μπείτε μέσα στο νερό. Φανταστείτε ένα γιατρό που λέει στον ασθενή του: «Μπορείς να έρθεις σε μένα μόνο όταν σου περάσει η αρρώστια!» Σε τι θα ωφελούσε αυτό; Πηγαίνουμε στο γιατρό για να μας θεραπεύσει από την αρρώστια!

Οδήγησέ μας στο Φως

Ο Θεός εξαγνίζει το νου μας. Γι' αυτό αναζητάμε καταφύγιο σε Εκείνον. Μόνο με τη χάρη του Θεού μπορεί ο νους μας να εξαγνιστεί. Δεν υπάρχει λόγος να αισθανόμαστε τύψεις για τον τρόπο με τον οποίο ζήσαμε μέχρι τώρα. Το παρελθόν είναι σαν μια ακυρωμένη επιταγή.

Πάνω στα μολύβια υπάρχει συνήθως μια γόμα, έτσι ώστε να μπορούμε να σβήνουμε γρήγορα αυτά που γράφουμε. Μπορούμε όμως να σβήσουμε μόνο μια φορά, γιατί αν γράψουμε και σβήσουμε πολλές φορές πάνω σ' ένα σημείο, τότε το χαρτί θα σκιστεί. Ο Θεός μας συγχωρεί για τα σφάλματα που κάνουμε από άγνοια, αλλά αν τα επαναλαμβάνουμε αφότου κατανοήσουμε ότι αυτά είναι λάθος, τότε διαπράττουμε το χειρότερο είδος σφάλματος. Αυτό είναι κάτι που θα πρέπει να αποφεύγουμε.

Ερώτηση: Πολλές φορές παρατηρούμε θυμό σε ανθρώπους που ασκούνται πνευματικά. Πώς μπορεί ο θυμός αυτός να καταπολεμηθεί;

Άμμα: Ο θυμός δεν μπορεί να αντιμετωπιστεί μόνο με το διαλογισμό και την επανάληψη ενός μάντρα. Εκείνοι που περνούν όλο τους το χρόνο ζώντας απομονωμένοι και κάνοντας μόνο πνευματική άσκηση, μοιάζουν με δέντρο που βρίσκεται στον καυτό ήλιο μιας απομονωμένης ερήμου. Ο κόσμος δεν ωφελείται από τη σκιά του. Αυτοί οι άνθρωποι θα πρέπει να βγουν και να ζήσουν μέσα στον κόσμο, προσπαθώντας να βλέπουν το Θεό σε όλους και σε όλα. Αν βάλετε πέτρες μέσα σε ένα κιβώτιο και το κουνήσετε δυνατά για αρκετή ώρα, τότε θα παρατηρήσετε ότι οι πέτρες αρχίζουν να χάνουν τις μυτερές άκρες τους από την τριβή. Σταδιακά θα γίνουν λείες και στρογγυλές. Παρομοίως, ένας πνευματικός αναζητητής θα πρέπει να βγει στον κόσμο, να αγωνιστεί και να ωριμάσει. Μόνο εκείνοι που έχουν επιτύχει ζώντας σ' έναν κόσμο γεμάτο διαφορετικότητα μπορούν να ισχυριστούν ότι πέτυχαν.

Θαρραλέοι είναι εκείνοι που καταφέρνουν να μην θυμώσουν σε καταστάσεις που προκαλούν θυμό. Όταν ένας άνθρωπος που ζει μοναχικά κάνοντας πνευματική άσκηση πει «δεν θυμώνω», αυτό δεν σημαίνει τίποτα, ούτε αποτελεί ένδειξη θάρρους. Οι αρνητικές τάσεις σας δεν θα πεθάνουν απαραίτητα επειδή ασκείστε κάπου απομονωμένοι. Μια παγωμένη κόμπρα δεν θα σηκώσει το κεφάλι της για να επιτεθεί. Μόλις όμως ζεσταθεί από τον ήλιο, εμφανίζεται η πραγματική της φύση. Θα πρέπει να είμαστε ικανοί να διατηρούμε τον έλεγχο του νου μας ακόμα και κάτω από τις δυσμενέστερες συνθήκες. Σ' αυτές μπορεί να μετρηθεί η επιτυχία της πνευματικής σας άσκησης. Ο πνευματικός αναζητητής σε ένα στάδιο της εξέλιξής του μοιάζει με παιδί που το κλείνουν στο δωμάτιό του, οπότε ο θυμός του είναι πιο έντονος. Μπορεί όμως να υπερβεί αυτό το στάδιο καταβάλλοντας προσπάθεια σύμφωνα με τις οδηγίες ενός πνευματικού δασκάλου.

Ερώτηση: Δεν αληθεύει ότι κάποιοι σοφοί μερικές φορές θύμωναν;

Απάντηση: Ο θυμός τους κατέστρεφε το εγώ των ανθρώπων. Ο θυμός αυτός ήταν εκδήλωση της συμπόνιας τους. Δεν μπορεί να συγκριθεί ο θυμός ενός σοφού με τον θυμό ενός κοινού ανθρώπου. Ο σκοπός για τον οποίο ένας σοφός εκδηλώνει θυμό είναι να εξαλείψει την απάθεια των μαθητών και να τους δραστηριοποιήσει. Αν μια αγελάδα τρώει τα φυτά του κήπου σας και την πλησιάσετε λέγοντας «καλή μου αγελάδα, σε παρακαλώ μην τρως τα φυτά, φύγε από εδώ», η αγελάδα δεν θα μετακινηθεί ούτε εκατοστό από τη θέση της. Αν όμως της φωνάξετε με αυστηρό ύφος, τότε θα φύγει. Το έντονο ύφος σας κάνει την αγελάδα, η οποία δεν διαθέτει διάκριση, να σταματήσει να κάνει ζημιά. Παρομοίως, ο θυμός ενός τέλειου δασκάλου είναι μόνο εξωτερικός, δεν έρχεται από μέσα του. Ο θυμός αυτός είναι σαν ένα σαπούνι που καθαρίζει το νου του μαθητή. Ο μοναδικός στόχος του δασκάλου είναι η πνευματική πρόοδος του μαθητή. Ένα καμένο σκοινί ή μια καμένη φλούδα λεμονιού φαίνεται ότι έχουν μορφή. Τη στιγμή όμως που τα ακουμπάτε, διαλύονται. Ο θυμός ενός σοφού δεν είναι αληθινός. Είναι μια συνειδητή πράξη που έχει σκοπό να στρέψει τους μαθητές στο σωστό δρόμο.

Κεφάλαιο Έβδομο

Συζητήσεις με την Άμμα

Ερώτηση: Άμμα, συνηθίζουμε να επισκεπτόμαστε ναούς και να ερχόμαστε εδώ για να σε συναντήσουμε. Είναι αυτά αρκετά για την πνευματική μας πρόοδο ή πρέπει επίσης να διαλογιζόμαστε και να επαναλαμβάνουμε ένα μάντρα;

Άμμα: Παιδιά μου, μη νομίζετε ότι ο νους σας θα γαληνέψει επειδή απλά έρχεστε εδώ, ακόμα κι αν έρχεστε για χρόνια, ή αν επισκεφτείτε ένα ναό χίλιες φορές. Δεν έχει νόημα να κατηγορείτε το Θεό και να παραπονιέστε ότι, παρόλο που πηγαίνετε σε ναούς για σαράντα χρόνια, δεν έχετε ωφεληθεί καθόλου. Αν η καρδιά σας δεν εξαγνιστεί, δεν θα κάνετε καμία πρόοδο. Είναι άσκοπο, ενώ είστε στο άσραμ, να συνεχίζετε να σκέφτεστε τι πρέπει να κάνετε, όταν επιστρέψετε σπίτι, και να αισθάνεστε ανυπομονησία να φύγετε. Όταν επισκέπτεστε ένα ναό ή όταν έρχεστε εδώ, να επαναλαμβάνετε το μάντρα σας, να παρακολουθείτε την άρτσανα (απαγγελία ιερών ονομάτων), να διαλογίζεστε και να τραγουδάτε ύμνους. Μόνο τότε θα ωφεληθείτε. Κανείς δεν φθάνει στη φώτιση απλά πηγαίνοντας στο Μπενάρες ή στο Τιρουπάτι[52] για να κάνει μπάνιο σε ιερά ποτάμια και να επισκεφθεί ναούς. Αν οι άνθρωποι έφθαναν αυτόματα στη φώτιση απλά και μόνο πηγαίνοντας στο Τιρουπάτι, τότε όλοι όσοι μένουν εκεί θα ήταν φωτισμένοι, έτσι δεν είναι; Και κάθε δολοφόνος, ή ληστής που θα τύχαινε να μένει εκεί, δεν θα έφθανε κι αυτός στην απελευθέρωση; Η

---

[52] Ιερά μέρη στην Ινδία. Το Τιρουπάτι είναι ένα από τα γνωστότερα μέρη προσκυνήματος στη νότια Ινδία. Εκεί βρίσκεται ένας ξακουστός ναός αφιερωμένος στον Κύριο Βενκεσβάρα (Βίσνου).

185

καρδιά μας πρέπει να εξαγνιστεί, μόνο τότε θα ωφεληθούμε από οποιοδήποτε προσκύνημα. Η αγνότητα της καρδιάς όμως, είναι κάτι που δύσκολα συναντάμε στις μέρες μας. Μόνο όταν η καρδιά μας είναι αγνή μπορεί ο Θεός να κατοικήσει μέσα μας. Ο νους μας μπορεί να εξαγνιστεί όταν τον συγκεντρώνουμε στο Θεό, επαναλαμβάνοντας για παράδειγμα ένα μάντρα, ή κάνοντας διαλογισμό και προσευχή.

Ένας τηλεοπτικός σταθμός μεταδίδει διάφορα προγράμματα, αλλά για να τα παρακολουθήσουμε πρέπει να βρούμε την κατάλληλη συχνότητα στην τηλεόραση. Αν δεν επιλέξουμε το σωστό κανάλι, γιατί να κατηγορούμε τους άλλους επειδή δεν βλέπουμε τίποτα; Η χάρη του Θεού είναι *πάντα* διαθέσιμη, αλλά για να τη δεχθούμε πρέπει πρώτα να συντονιστούμε με το βασίλειο του Θεού. Αν δεν μπούμε στο κόπο να το κάνουμε αυτό, δεν έχει νόημα να ρίχνουμε το φταίξιμο στο Θεό. Όσο δεν είμαστε συντονισμένοι με το βασίλειο του Θεού, θα ακούγονται μόνο τα παράσιτα της άγνοιας μέσα μας, όχι η ουράνια μελωδία Του. Ο Θεός είναι πάντα συμπονετικός, πρέπει όμως να προσπαθούμε να εξαγνίσουμε την καρδιά μας. Αυτό είναι που χρειάζεται.

Ερώτηση: Άμμα, δεν έχω βρει ούτε ειρήνη ούτε ευτυχία στη ζωή μου. Υπάρχει μόνο θλίψη. Αναρωτιέμαι γιατί πρέπει να συνεχίσω να ζω.

Άμμα: Κόρη μου, το εγώ σου είναι η αιτία που υποφέρεις. Ο Θεός, που είναι η πηγή της ειρήνης και της ευτυχίας, υπάρχει μέσα μας. Μπορούμε να γνωρίσουμε το Θεό μόνο μέσω της πνευματικής άσκησης και της εξάλειψης του εγώ. Ας πούμε ότι περπατάς στον καυτό ήλιο και δεν μπορείς να κάνεις ούτε ένα βήμα περισσότερο, γιατί είσαι εξαντλημένη από τη ζέστη. Φαντάσου όμως ότι όλο αυτό το διάστημα κουβαλάς μαζί σου μια ομπρέλα που δεν την έχεις καν ανοίξει! Αυτή είναι η κατάσταση στην οποία βρίσκεσαι τώρα: αν είχες χρησιμοποιήσει την ομπρέλα κρατώντας την πάνω από το κεφάλι σου, ο ήλιος δεν θα σε είχε εξουθενώσει. Η πνευματική δύναμη και οι αρετές υπάρχουν μέσα σου, αλλά καθώς δεν τις αντιλαμβάνεσαι, βιώνεις μονάχα πόνο. Δεν μπορείς να κατηγορείς τη ζωή γι' αυτό. Αυτό που χρειάζεται να κάνεις, είναι να απαλλαγείς από το εγώ και να τοποθετήσεις το Θεό στη θέση του. Δεν υπάρχει λόγος να πηγαίνεις οπουδήποτε αναζητώντας την ειρήνη. Η αλήθεια και τα ευγενή ιδανικά είναι ο Θεός. Όμως σε ένα νου γεμάτο από την αίσθηση του «εγώ» και του «δικό μου», δεν υπάρχει θέση για τέτοια ιδανικά. Το εγώ πρέπει να εξαλειφθεί με τη βοήθεια της ταπεινότητας. Τότε, μέσω της δύναμης του Θεού που υπάρχει μέσα μας, θα βιώσουμε την ειρήνη. Σφυρηλατώντας ένα κομμάτι σίδερο στη φωτιά, μπορούμε να του δώσουμε όποιο σχήμα θέλουμε. Παρομοίως, προσφέροντας το εγώ μας στη φωτιά του Θεού, μπορούμε να μεταμορφώσουμε τον εαυτό μας σύμφωνα με την αληθινή φύση μας.

Ερώτηση: Άμμα, μπορούμε πραγματικά να βρούμε την εσωτερική γαλήνη μέσω της πνευματικής άσκησης;

Άμμα: Δεν θα βρεις την εσωτερική γαλήνη μέσω της πνευματικής άσκησης μόνο. Πρέπει επίσης να εγκαταλείψεις το εγώ. Μόνο τότε θα βιώσεις τα οφέλη της πνευματικής άσκησης και θα αποκτήσεις ένα γαλήνιο νου. Μπορεί να αναρωτηθείς: «όλοι όσοι προσεύχονται στο Θεό, ή τραγουδούν λατρευτικούς ύμνους, θα βρουν την εσωτερική γαλήνη;».

Μόνο αν κατανοείς τις πνευματικές αρχές και προσεύχεσαι ή τραγουδάς ύμνους, ο νους σου θα δυναμώσει. Η πνευματική άσκηση θα ωφελήσει μόνο εκείνους οι οποίοι, έχοντας μελετήσει τις γραφές ή τις πνευματικές διδασκαλίες, έχουν κατανοήσει σε κάποιο βαθμό τις πνευματικές αρχές και τις εφαρμόζουν στη ζωή τους. Υπάρχει μια ιστορία για έναν ασκητή που μετέτρεψε ένα πουλί σε στάχτη, γιατί τον ενόχλησε στην πνευματική του άσκηση. Είχε υποβάλει τον εαυτό του σε πολλές δοκιμασίες, αλλά χρειάστηκε μονάχα μια στιγμή για να εκραγεί ο θυμός του. Αν ασκείσαι πνευματικά χωρίς καμία κατανόηση της πνευματικότητας και χωρίς να έχεις κατανοήσει τις διδασκαλίες κάποιας μεγάλης ψυχής, τότε το μόνο που θα κερδίσεις θα είναι αλαζονεία και θυμός.

Ερώτηση: Έχω προσευχηθεί στις περισσότερες θεότητες που γνωρίζω. Λάτρεψα τον Σίβα, τη Ντέβι και άλλους απαγγέλλοντας πολλά διαφορετικά μάντρα. Ακόμα όμως αισθάνομαι ότι δεν έχω ωφεληθεί καθόλου.

Άμμα: Ένας άνθρωπος ήταν πολύ διψασμένος, αλλά δεν έβρισκε νερό πουθενά. Κάποιος του είπε: «Σκάψε εδώ και σύντομα θα βρεις νερό». Έτσι λοιπόν έσκαψε σε εκείνο το σημείο για λίγο, αλλά δεν βρήκε νερό. Μετά έσκαψε πιο πέρα, αλλά και πάλι δεν βρήκε νερό. Μετακινήθηκε σε άλλο σημείο και έσκαψε ξανά, πάλι όμως χωρίς αποτέλεσμα. Συνέχισε να σκάβει εδώ κι εκεί, αλλά νερό δεν βρήκε πουθενά. Στο τέλος κατάρρευσε από την εξάντληση. Ένας περαστικός τον είδε σωριασμένο στο έδαφος και τον ρώτησε τι συνέβη. Εκείνος απάντησε: «Έσκαβα παντού να βρω νερό και στο τέλος σωριάστηκα από την εξάντληση. Τώρα υποφέρω περισσότερο από πριν, γιατί στην αρχή ήμουν μόνο διψασμένος, τώρα όμως είμαι εξουθενωμένος, γιατί εξάντλησα όλες μου τις δυνάμεις σκάβοντας». Ο περαστικός του είπε: «Αν είχες λίγη υπομονή και έσκαβες βαθύτερα σε ένα μονάχα σημείο, θα είχες βρει όσο νερό χρειαζόσουν από την αρχή. Εσύ, αντίθετα, έσκαψες από λίγο σε πολλά σημεία και δεν κατάφερες τίποτα».

Αυτό είναι το αποτέλεσμα όταν προσεύχεται κάποιος σε πολλές θεότητες, τις οποίες τις θεωρεί διαφορετικές. Δεν θα ωφεληθεί καθόλου. Μόνο όταν σκέφτεσαι ότι όλες οι θεότητες είναι διαφορετικές όψεις του ενός Θεού, υπάρχει όφελος. Αν

189

όμως μεταφέρεις συνεχώς την προσοχή σου από τη μία θεότητα στην άλλη, δεν πετυχαίνεις τίποτα.

Ένας άνδρας αγόρασε σπόρους μιας συγκεκριμένης ποικιλίας του δέντρου μάνγκο, οι οποίοι χρειάζονταν τρία χρόνια για να δώσουν καρπούς. Τους φύτεψε και τους καλλιέργησε όπως έπρεπε. Ενώ όμως το δέντρο ετοιμαζόταν να ανθίσει, εκείνος το ξερίζωσε και φύτεψε ένα άλλο στη θέση του. Δύο μέρες μόνο είχαν απομείνει για να κλείσουν τα τρία χρόνια! Δεν είχε την υπομονή να περιμένει, πώς θα μπορούσε λοιπόν να πάρει τους καρπούς; Έτσι κι εσύ κόρη μου, δεν είχες την υπομονή να περιμένεις όσο χρειαζόταν. Πήγες σε πολλά μέρη, απήγγειλες διαφορετικά μάντρα και διαλογίστηκες σε πολλές θεότητες. Έτσι, δεν είδες κανένα αποτέλεσμα. Προσευχήθηκες επίσης στο Θεό για υλική ευημερία, όχι επειδή ένιωθες κάποια αληθινή λαχτάρα για τον ίδιο το Θεό. Η αφοσίωση που αποσκοπεί στην ικανοποίηση υλικών επιθυμιών, δεν είναι αληθινή αφοσίωση. Κόρη μου, διαλογίστηκες στα αντικείμενα που επιθυμούσες, όχι στο Θεό. Γι' αυτό συνέχισες να περιφέρεσαι σε τόσα πολλά μέρη. Επαναλάμβανες ένα μάντρα, αλλά, όταν δεν έβλεπες το επιθυμητό αποτέλεσμα, το άφηνες για κάποιο άλλο. Όταν ξανά αποτύγχανες, ξεκινούσες ένα τρίτο. Τι κατάφερες στο τέλος; Απλά έχασες το χρόνο σου!

Κόρη μου, ήθελες μόνο το χρυσό που υπάρχει στο παλάτι του βασιλιά. Δεν αγάπησες το βασιλιά. Αν τον αγαπούσες, θα είχες λάβει και το χρυσό αλλά και τον ίδιο το βασιλιά. Αν αγαπούσες μονάχα το Θεό, θα είχες κερδίσει τα πάντα.

Δεν αγάπησες όμως το Θεό, λαχταρούσες να βρεις μόνο το χρυσό. Αν είχες ασκηθεί πνευματικά χωρίς καμιά προσκόλληση, αν είχες εγκαταλείψει όλες τις επιθυμίες σου παραδίνοντας τα πάντα στο Θεό, με τη στάση ότι όλα είναι θέλημα του Θεού, θα είχες ήδη γίνει βασίλισσα και των τριών κόσμων. Επιθυμούσες όμως μόνο υλικά οφέλη. Έτσι έγινες σαν τον Ντουριόντανα, ο οποίος επιθυμούσε μονάχα το βασίλειο και την εξουσία πάνω στους υπηκόους του. Τι κέρδισε στο τέλος; Εκείνος και οι οπαδοί του έχασαν τα πάντα. Σε αντίθεση με αυτόν, τι κατάφεραν οι Πάνταβα; Θεωρούσαν τον Κύριο ως το μοναδικό τους καταφύγιο. Χάρη στη στάση τους αυτή, έλαβαν και τον Κύριο και το βασίλειό τους επίσης. Γι' αυτό λοιπόν σταμάτα να αναζητάς την ευτυχία στον εξωτερικό κόσμο! Όταν έχεις το Θεό, όλα θα έρθουν σ' εσένα. Παράδωσε πραγματικά τα πάντα στο Θεό. Κάνε την πνευματική σου άσκηση με υπομονή. Τότε θα φθάσεις στο στόχο σου και θα λάβεις και τα υλικά πράγματα που χρειάζεσαι. Δεν έχει νόημα να περιμένεις άμεσα αποτελέσματα έχοντας ασκηθεί με το μάντρα για ένα μικρό χρονικό διάστημα. Χρειάζεται να έχεις υπομονή και παράδοση στο Θεό.

Ερώτηση: Άμμα, μερικοί άνθρωποι υποστηρίζουν ότι το να κλαίει κανείς καθώς προσεύχεται στο Θεό, ή τραγουδά λατρευτικούς ύμνους, είναι ένδειξη αδυναμίας. Λένε επίσης ότι η ενέργειά μας σπαταλείται με αυτό τον τρόπο, όπως συμβαίνει και όταν μιλάμε.

Άμμα: Ένα αυγό καταστρέφεται από τη θερμοκρασία της φωτιάς, αλλά εκκολάπτεται από τη ζεστασιά της κλώσας. Στις δύο αυτές περιπτώσεις τα αποτελέσματα της θερμότητας είναι πολύ διαφορετικά, έτσι δεν είναι; Η άσκοπη κουβέντα εξαντλεί την ενέργειά μας, ενώ η προσευχή και τα λατρευτικά τραγούδια μας βοηθούν να συγκεντρωθούμε και να αποκτήσουμε νοητική δύναμη. Είναι αυτό ένδειξη αδυναμίας; Καθώς ένα κερί λιώνει, η φλόγα του γίνεται πιο λαμπερή. Παρομοίως, κάνοντας προσευχή και τραγουδώντας ύμνους με καρδιά που λιώνει από αγάπη, προσεγγίζουμε την κατάσταση της Υπέρτατης Αλήθειας. Το να κλαίει κανείς για το Θεό δεν είναι αδυναμία.

Ερώτηση: Άμμα, είναι αλήθεια ότι χάνουμε ενέργεια μέσα από τις σκέψεις μας;

Άμμα: Μέσω των πνευματικών σκέψεων κερδίζουμε ενέργεια και δυναμώνουμε το νου μας. Ο Θεός συμβολίζει όλες τις αρετές, όπως την ανιδιοτέλεια, την αγάπη και τη συμπόνια. Όταν σκεφτόμαστε το Θεό, οι αρετές αυτές αφυπνίζονται μέσα μας και ο νους μας διευρύνεται. Όταν όμως σκεφτόμαστε υλικά πράγματα, ο νους μας προσκολλάται στον εξωτερικό κόσμο και περιφέρεται από το ένα αντικείμενο στο άλλο. Οι αισθήσεις μας ακολουθούν το νου στην περιπλάνησή του, τα ελαττώματα αναπτύσσονται μέσα μας και χάνουμε νοητική δύναμη. Επιπλέον, όταν δεν μπορούμε να αποκτήσουμε αυτό που επιθυμούμε, γινόμαστε περισσότερο αδύναμοι και κυριευόμαστε από θυμό.

Ένας αναπτήρας χάνει λίγη από την καύσιμη ύλη του κάθε φορά που τον χρησιμοποιούμε. Παρομοίως, όποτε μιλάμε για κάτι που δυναμώνει τις υλιστικές μας επιθυμίες, ο νους μας εξασθενεί και η ενέργειά μας διασπάται. Όταν, αντίθετα, σκεφτόμαστε και μιλάμε για πνευματικά θέματα, είναι σαν να φορτίζουμε τις μπαταρίες μας. Στην πρώτη περίπτωση λοιπόν, χάνουμε ενέργεια και στη δεύτερη κερδίζουμε.

Ερώτηση: Λέγεται ότι μια γυναίκα δεν πρέπει να μπαίνει σε ναούς ή να συμμετέχει σε τελετουργίες κατά τη διάρκεια της περιόδου της. Ισχύει αυτό; Δεν βρίσκεται ο Θεός παντού; Σίγουρα ο Θεός δεν περιορίζεται σε ένα συγκεκριμένο μέρος.

Άμμα: Ο Θεός είναι πανταχού παρών, βρίσκεται παντού και πάντοτε. Πρέπει όμως να λαμβάνουμε υπόψη ορισμένα ζητήματα, όπως είναι η αγνότητα. Η εξωτερική καθαριότητα οδηγεί στην εσωτερική αγνότητα. Ο νους της γυναίκας, κατά τη διάρκεια της περιόδου της, δεν είναι ήρεμος. Το σώμα της αισθάνεται κούραση, όπως και κατά την εγκυμοσύνη. Συνήθως τις μέρες της περιόδου, η γυναίκα δεν μπορεί να προσευχηθεί ή να εκτελέσει τελετουργικά με την απαιτούμενη συγκέντρωση. Γι' αυτό είναι καλό να ξεκουράζεται τις μέρες αυτές. Αν όμως έχει τη δύναμη και τη συγκέντρωση που χρειάζονται, τότε δεν υπάρχει πρόβλημα.

Κατά τη διάρκεια της περιόδου της γυναίκας, πολλές αλλαγές συμβαίνουν στο σώμα της. Αναπτύσσονται επίσης στο σώμα της ορισμένα επιβλαβή βακτήρια. Ένας από τους αμερικανούς γιους της Άμμα, αρνιόταν αρχικά να το πιστέψει αυτό. Όταν όμως επέστρεψε στην Αμερική, διάβασε για μια επιστημονική έρευνα, κατά την οποία ζητήθηκε από ορισμένες γυναίκες να κόψουν λουλούδια από το ίδιο φυτό. Ορισμένες από αυτές είχαν περίοδο και άλλες όχι. Τα λουλούδια που κόπηκαν από τις γυναίκες που είχαν περίοδο, μαράθηκαν γρηγορότερα από εκείνα που κόπηκαν από τις υπόλοιπες. Μόνο αφού διάβασε για την έρευνα αυτή, ο άνθρωπος αυτός πείστηκε για τα λόγια της Άμμα.

Η Άμμα έχει συναντήσει πολλούς ανθρώπους. Γι' αυτό μιλά λαμβάνοντας υπόψη και τις δικές τους εμπειρίες. Στις μέρες μας οι άνθρωποι πιστεύουν κάτι μόνο αν το διαβάσουν σε κάποια εφημερίδα. Ακόμα κι αν κάποιος έρθει και τους πει ότι είδε ένα μωρό να πέφτει μέσα στο νερό, δεν θα τον πιστέψουν, αλλά θα πουν: «ας δούμε αν το γράφει η εφημερίδα, μόνο τότε θα το πιστέψουμε».

Είναι καλό να συνεχίζει η γυναίκα να επαναλαμβάνει το μάντρα της κατά τη διάρκεια της περιόδου της, αλλά είναι προτιμότερο να μην επισκέπτεται ναούς. Η Άμμα το λέει αυτό έχοντας κατά νου την αγνότητα των δονήσεων σε ένα ναό. Όταν επισκέπτεσαι ένα ναό, δεν έχεις την ίδια νοητική στάση όπως όταν πηγαίνεις σε ένα εστιατόριο ή σε ένα γραφείο. Η ατμόσφαιρα σ' ένα ναό είναι διαφορετική και αυτή η ιερότητα πρέπει να διατηρείται.

Ο άνεμος φυσάει το ίδιο πάνω από τα λουλούδια και πάνω από τις ακαθαρσίες. Ο Θεός είναι σαν τον άνεμο. Για το Θεό δεν υπάρχουν διαφορές, όπως η αγνότητα και η ρυπαρότητα. Εμείς όμως, πρέπει να αντιλαμβανόμαστε αυτές τις διαφορές, γιατί μόνο έτσι μπορούμε να προοδεύσουμε.

Ερώτηση: Άμμα, γιατί οι άνθρωποι συνεχίζουν να υποφέρουν ακόμα κι αφού αναζητήσουν καταφύγιο στο Θεό; Γιατί ο Θεός δεν ικανοποιεί τις επιθυμίες όλων;

Άμμα: Στις μέρες μας, οι περισσότεροι άνθρωποι προσεύχονται στο Θεό μόνο για να ικανοποιηθούν οι επιθυμίες τους. Αυτό δεν είναι αγάπη για το Θεό, είναι αγάπη για τα αντικείμενα του κόσμου. Εξαιτίας των εγωιστικών τους επιθυμιών, οι άνθρωποι δεν έχουν συμπόνια για τους άλλους. Πώς λοιπόν, μπορεί η χάρη του Θεού να κατέβει στην καρδιά κάποιου, που δεν δείχνει συμπόνια; Πώς ένας τέτοιος άνθρωπος θα σταματήσει να υποφέρει; Αν προσεύχεσαι στο Θεό μόνο για να ικανοποιήσει τις επιθυμίες σου, δεν θα ελευθερωθείς από τον πόνο και τη θλίψη. Αν πραγματικά θέλεις να σταματήσεις να υποφέρεις, θα πρέπει να προσεύχεσαι να εξαλειφθούν οι επιθυμίες σου και να αυξηθεί η πίστη και η αγάπη σου προς το Θεό. Τότε ο Θεός θα καλύψει όλες σου τις ανάγκες. Η αγάπη μας δεν θα πρέπει να κατευθύνεται προς τα ασήμαντα αντικείμενα που βρίσκονται στο παλάτι του βασιλιά. Πρέπει να αγαπάμε τον ίδιο το βασιλιά. Έχοντας αγαπήσει το βασιλιά, όλοι οι θησαυροί του παλατιού θα είναι δικοί μας. Όταν προσευχόμαστε στο Θεό, δεν θα πρέπει να ζητάμε δουλειά, σπίτια ή παιδιά. Η προσευχή μας θα πρέπει να είναι: «Θεέ μου, θέλω να γίνω δικός Σου». Αν έχουμε το Θεό, αν κερδίσουμε τη χάρη του Θεού, τότε και οι τρεις κόσμοι θα βρίσκονται στα πόδια μας. Θα έχουμε τη δύναμη να κυβερνήσουμε και τους τρεις κόσμους. Για να το πετύχουμε όμως αυτό, πρέπει οι σκέψεις μας, τα λόγια μας και οι πράξεις μας να είναι καλές.

Παιδιά μου, πρέπει να προσεύχεστε για το Θεό μονάχα. Μόνο τότε θα νιώθετε πλήρως ολοκληρωμένοι. Οτιδήποτε πέφτει μέσα στη ζάχαρη γίνεται γλυκό. Κατά τον ίδιο τρόπο, εφόσον ο

Θεός είναι ευδαιμονία, όταν βρισκόμαστε κοντά Του βιώνουμε ευδαιμονία. Σε μια κυψέλη αν πάρεις τη βασίλισσα, όλες οι άλλες μέλισσες θα την ακολουθήσουν. Ζήτησε καταφύγιο στο Θεό και όλα τα πνευματικά και υλικά αγαθά θα είναι δικά σου.

Η πίστη και η αφοσίωση εκείνων που στρέφονται στο Θεό για να ικανοποιήσει τις επιθυμίες τους, αυξάνονται μόνο αν πάρουν αυτό που ζητούν. Σε αντίθετη περίπτωση, η πίστη τους χάνεται.

Πώς είναι δυνατόν να ικανοποιηθούν οι επιθυμίες όλων των ανθρώπων; Ένας γιατρός επιθυμεί να έχει πολλούς ασθενείς για πελάτες. Προσεύχεται γι' αυτό καθημερινά. Δεν θα χάσει την πίστη του αν μείνει χωρίς ασθενείς; Παράλληλα, οι ασθενείς προσεύχονται για να βρουν την υγεία τους. Η προσευχή του ιδιοκτήτη ενός γραφείου τελετών είναι να υπάρχουν πολλοί νεκροί καθημερινά, ώστε να έχει δουλειά, και η προσευχή του μαραγκού που φτιάχνει φέρετρα είναι η ίδια. Οι υπόλοιποι άνθρωποι όμως, προσεύχονται να μην πεθάνουν! Πώς μπορούν να ικανοποιηθούν οι επιθυμίες και των δύο πλευρών; Ένας δικηγόρος επιθυμεί να γίνονται πολλές μηνύσεις, ενώ οι πολίτες δεν θέλουν μπλεξίματα με τα δικαστήρια. Ο κόσμος που ζούμε περιέχει αμέτρητες τέτοιες αντιφάσεις. Θα ήταν δύσκολο να ικανοποιηθούν ταυτόχρονα οι επιθυμίες όλων των ανθρώπων. Παρόλα αυτά, είναι εφικτό να ζει κανείς ευτυχισμένος, με γαλήνιο νου σ' αυτό τον κόσμο των αντιθέσεων. Γι' αυτό, πρέπει να κατανοήσουμε τις αρχές της πνευματικότητας και να ζούμε ανάλογα, αυτό είναι όλο. Αν είμαστε εξοικειωμένοι με τις πνευματικές αρχές και ζούμε σύμφωνα με αυτές, θα γνωρίζουμε πώς να προχωράμε στη ζωή χωρίς να κλονιζόμαστε, όταν αντιμετωπίζουμε δυσκολίες.

Όταν αγοράζετε κάποιο μηχάνημα, αυτό συνοδεύεται από τις οδηγίες χρήσης. Αν δεν είστε εξοικειωμένοι με αυτό και αρχίσετε να το χρησιμοποιείτε χωρίς να διαβάσετε τις οδηγίες, το μηχάνημα μπορεί να χαλάσει. Οι Μαχάτμα και τα πνευματικά κείμενα μας διδάσκουν πώς να ζούμε σωστά σ' αυτόν τον κόσμο. Αν ακολουθούμε τις διδασκαλίες τους, θα εκπληρώσουμε το σκοπό της ζωής μας, αλλιώς θα την αφήσουμε να πάει χαμένη.

Ερώτηση: Άμμα, λέγεται ότι ο Θεός είναι η πηγή της συμπόνιας. Γιατί λοιπόν ο Θεός δίνει στους ανθρώπους φοβερές αρρώστιες και τους κάνει να υποφέρουν;

Άμμα: Ο Θεός δεν είναι η αιτία καμιάς αρρώστιας, ούτε τιμωρεί κανέναν. Ο εγωισμός των ανθρώπων προκαλεί τις αρρώστιες. Σκέψου μόνο τα αμέτρητα σφάλματα που διαπράττουν οι άνθρωποι εξαιτίας του εγωισμού τους! Εξαιτίας αυτών των σφαλμάτων υποφέρουν οι άνθρωποι.

Οι άνθρωποι δημιουργούν τεχνητά περιβάλλοντα για να αυξήσουν τις ανέσεις τους. Χημικά λιπάσματα και ουσίες χρησιμοποιούνται για να αυξηθεί η σοδειά και να μειωθεί ο χρόνος της καλλιέργειας. Τα φρούτα δεν μπορούν να δώσουν τα θρεπτικά συστατικά τους, όταν καλλιεργούνται με τεχνητά μέσα. Τα ζώα έχουν κι αυτά την ίδια μεταχείριση στα χέρια του ανθρώπου. Τα φυτά και τα ζώα δεν είναι τα μόνα που υποφέρουν από την κατάχρηση των χημικών ουσιών. Και οι ίδιοι άνθρωποι υφίστανται τις συνέπειες, εξαιτίας των μολυσμένων τροφών που καταναλώνουν.

Οι τοξικές ουσίες προκαλούν επίσης ασθένειες. Το αλκοόλ και η κάνναβη καταστρέφουν ορισμένα συστατικά στο σπέρμα του άνδρα και το κάνουν αδύναμο. Πολλά από τα παιδιά που γεννιούνται υποφέρουν από ασθένειες και δυσπλασίες. Η μολυσμένη ατμόσφαιρα είναι μια ακόμα αιτία ασθενειών. Ο αέρας και το νερό έχουν μολυνθεί από τοξικές ουσίες και απόβλητα. Αναπνέουμε μολυσμένο αέρα και πίνουμε μολυσμένο νερό. Τίποτα δεν είναι αγνό σήμερα και αυτό οφείλεται στον εγωισμό του ανθρώπου. Δεν είναι λοιπόν ο Θεός που προκαλεί τόσες πολλές ασθένειες, αλλά οι λανθασμένες πράξεις των ανθρώπων, οι οποίες πηγάζουν από τον εγωισμό και την αφύσικη συμπεριφορά τους. Δεν έχει νόημα να ρίχνουμε το φταίξιμο στο Θεό για όλα αυτά.

Με τον εγωισμό του, που αυξάνει ολοένα και περισσότερο, το ανθρώπινο γένος οδεύει προς την καταστροφή. Οι άνθρωποι σκάβουν στο σημείο που στέκονται και κάποια στιγμή θα πέσουν μέσα στο λάκκο. Δεν το συνειδητοποιούν αυτό. Εκείνοι που επιζητούν ολοένα και περισσότερα πράγματα, είτε είναι τροφή είτε πλούτος, στην πραγματικότητα κλέβουν αυτά που ανήκουν σε άλλους. Εξαιτίας της απληστίας τους κάποιοι συνάνθρωποί τους δεν μπορούν να καλύψουν τις βασικές τους ανάγκες. Οι εγωιστές δεν βιώνουν γαλήνη ούτε στη ζωή τους, ούτε και μετά το θάνατο. Βρίσκονται στην κόλαση ενώ ζουν και θα βρεθούν σε ακόμα χειρότερη κόλαση, όταν πεθάνουν[53].

Η φύση έχει χάσει το ρυθμό και την αρμονία της εξαιτίας του εγωιστικού τρόπου ζωής των ανθρώπων. Ενός τρόπου ζωής από τον οποίο έχει εκλείψει κάθε έννοια αλήθειας και συμπόνιας. Είναι καθήκον των ανθρώπων να προστατεύουν τη φύση. Ποιος όμως νοιάζεται στην εποχή μας; Αν συνεχίσουμε να αγνοούμε το ντάρμα μας και να βλάπτουμε τη Μητέρα Φύση, οι συνέπειες θα είναι δέκα φορές χειρότερες απ' ότι σήμερα. Ακόμα και τότε όμως, οι άνθρωποι θα συνεχίζουν να κατηγορούν το Θεό, αντί να προσπαθήσουν να βελτιωθούν!

Παιδιά μου, πραγματική γνώση είναι η γνώση του νου, η γνώση του Εαυτού. Μας διδάσκει πώς να εφαρμόζουμε τις θεϊκές αρχές στη ζωή μας. Ελάχιστοι προσπαθούν να αποκτήσουν τη γνώση αυτή στις μέρες μας. Και όμως, αυτή είναι η γνώση που χρειαζόμαστε περισσότερο απ' οτιδήποτε άλλο. Μάθε πώς να κυνηγάς προτού πας για κυνήγι και δεν θα σπαταλήσεις τα τόξα

---

[53] Η Άμμα δεν αναφέρεται εδώ στην κόλαση σαν μια αιώνια καταδίκη. Είναι μια προσωρινή κατάσταση, στην οποία ο άνθρωπος πρέπει να υποφέρει και να δρέψει τους καρπούς των αρνητικών του πράξεων.

σου, ούτε θα κινδυνέψεις από τα άγρια θηρία. Αν κατανοήσεις πώς πρέπει να ζεις, η ζωή σου μπορεί να έχει πραγματικό νόημα. Αν γνωρίζεις τη διαδρομή προτού ξεκινήσεις ένα ταξίδι, δε θα χαθείς και δε θα αναγκαστείς να περιφέρεσαι άσκοπα. Επίσης, αν έχεις ένα αρχιτεκτονικό σχέδιο προτού ξεκινήσεις να χτίζεις ένα σπίτι, το σπίτι θα χτιστεί σωστά. Παρομοίως, εκείνοι που έχουν κατανοήσει πραγματικά τον Εαυτό τους, θα ζουν πάντα ειρηνικά. Οι εγωκεντρικοί άνθρωποι όμως δεν ενδιαφέρονται γι' αυτό. Αδιαφορούν για την ευημερία του κόσμου. Το μόνο που τους απασχολεί είναι η δική τους ευτυχία. Στο τέλος ούτε αυτό δεν κατορθώνουν να πετύχουν.

Παιδιά μου, πραγματική αγάπη προς το Θεό σημαίνει να έχετε συμπόνια για τους φτωχούς και να τους υπηρετείτε. Ο κόσμος ολόκληρος θα γονατίσει μπροστά σε εκείνους που ζουν ανιδιοτελώς και παραδίδουν το εγώ τους στο Θεό. Όταν προσευχόμαστε, μόνο ο Θεός πρέπει να βρίσκεται στην καρδιά μας. Σε τίποτα άλλο δεν θα πρέπει να επιτρέπουμε να εισχωρήσει στην καρδιά μας. Η Άμμα έχει δει πολλούς να προσεύχονται στο ναό και μετά να τρέχουν στο κοντινότερο μαγαζί για να βρουν αλκοόλ. Έχει δει ανθρώπους που ήρθαν να την επισκεφθούν, να βγαίνουν έξω κάθε λίγα λεπτά για να καπνίσουν. Δεν μπορούν να εγκαταλείψουν τέτοια ασήμαντα πράγματα. Πώς, λοιπόν, μπορούν να περιμένουν ότι θα φθάσουν στο Θεό;

Ερώτηση: Διαφορετικοί άνθρωποι αντιλαμβάνονται το Θεό με διαφορετικό τρόπο. Τι είναι ο Θεός πραγματικά;

Άμμα: Δεν είναι δυνατό να περιγραφεί η φύση του Θεού ή τα γνωρίσματά Του. Ο Θεός πρέπει να γίνει βίωμα. Μπορούμε με λόγια να μεταδώσουμε την γλυκύτητα του μελιού ή την ομορφιά της φύσης; Με τη γεύση και την όραση μπορούμε να γνωρίσουμε τις ιδιότητές τους. Ο Θεός είναι πέρα από λόγια, πέρα από κάθε περιορισμό. Ο Θεός βρίσκεται παντού, σε όλα τα έμψυχα όντα και τα άψυχα αντικείμενα. Δεν μπορούμε να πούμε ότι ο Θεός έχει κάποια συγκεκριμένη μορφή. Ούτε μπορούμε να πούμε ότι ο Θεός είναι ακριβώς αυτό, ή εκείνο. Αυτό που αποκαλούμε Μπράχμαν είναι το ίδιο με το Θεό. Το Μπράχμαν διαπερνά κάθε χώρο που μπορεί να συλλάβει ο νους μας, αλλά και πάλι δεν περιορίζεται εκεί, είναι άπειρο.

Ερώτηση: Αλλά για να σκεφτούμε το Θεό, πρέπει να τον αντιληφθούμε με κάποιο συγκεκριμένο τρόπο, έτσι δεν είναι;

Άμμα: Ο Θεός είναι πέρα απ' όλες τις ιδιότητες. Κανείς δεν μπορεί να Τον περιγράψει. Αλλά για να βοηθήσουμε το νου μας να αντιληφθεί το Θεό, λέμε ότι ο Θεός έχει ορισμένες ιδιότητες. Οι ιδιότητες αυτές αντανακλώνται στους Μαχάτμα που έχουν αποβάλει πλήρως το εγώ, όπως ο Σρι Ράμα και ο Σρι Κρίσνα. Οι ιδιότητες του Θεού περιλαμβάνουν την αλήθεια, το ντάρμα, την αυτοθυσία, την αγάπη και τη συμπόνια. Αυτές οι ιδιότητες είναι ο Θεός. Όταν τις καλλιεργούμε μέσα μας, αρχίζουμε να γνωρίζουμε τη φύση του Θεού. Όμως, μόνο όταν εγκαταλείψουμε το εγώ, θα αντανακλούμε κι εμείς αυτές τις ιδιότητες. Παρόλο που οι καρποί και τα άνθη περιέχονται μέσα στο σπόρο, ο σπόρος πρέπει να φυτευτεί στο έδαφος και το περίβλημά του (το εγώ) να σπάσει, προτού εμφανιστούν οι καρποί και τα άνθη. Όταν σπάσει το περίβλημα και ο σπόρος αναπτυχθεί και γίνει δέντρο, όλοι θα ωφεληθούν. Ένα δέντρο εξακολουθεί να χαρίζει τον ίσκιο του, ακόμα κι όταν το κόβουμε.

Όταν η αποστασιοποίησή σας από τα εγκόσμια είναι τέτοια που η καρδιά σας γίνει σαν καθρέφτης, θα γνωρίσετε τη μορφή του Θεού και θα βιώσετε την ομορφιά Του. Οι ιδιότητες του Θεού θα αντανακλώνται τότε μέσα από εσάς.

Ερώτηση: Γιατί λοιπόν λέγεται ότι ο Θεός δεν έχει ιδιότητες;

Άμμα: Ο Θεός πράγματι δεν έχει ιδιότητες. Αλλά οι κοινοί άνθρωποι χρειάζονται κάποιο μέσο, ή σύμβολο, για να Τον προσεγγίσουν. Ας υποθέσουμε ότι διψάτε και χρειάζεστε νερό. Θα χρειαστείτε ένα παγούρι να βάλετε το νερό. Όταν ξεδιψάσετε, δεν θα χρειάζεστε πια το παγούρι. Είναι πολύ δύσκολο να αντιληφθεί κανείς το Θεό χωρίς ιδιότητες. Γι' αυτό λοιπόν ο Θεός παίρνει τη μορφή εκείνη με την οποία ο πιστός Τον οραματίζεται. Είναι ευκολότερο για εμάς να προσεγγίσουμε το Θεό αποδίδοντάς Του κάποιες ιδιότητες. Όπως μια σκάλα μας βοηθά να ανεβούμε σ' ένα δέντρο, έτσι και η προσέγγιση αυτή μας βοηθά να φθάσουμε στο στόχο.

Επίσης, όταν κάποιος δεν μπορεί να σκαρφαλώσει στο δέντρο, μπορεί να μαζέψει τα μάνγκο με ένα μακρύ ραβδί. Παρομοίως, χρειαζόμαστε ένα εργαλείο που θα μας βοηθήσει να καλλιεργήσουμε τις αρετές που υπάρχουν μέσα μας. Μέσω αυτών των εργαλείων, ή συμβόλων εκδηλώνεται η δύναμη του Θεού. Στην πραγματικότητα ο Θεός είναι δίχως ιδιότητες. Ας υποθέσουμε ότι ρίχνουμε ζεστή σοκολάτα σ' ένα καλούπι και της δίνουμε μια συγκεκριμένη μορφή. Όταν όμως η σοκολάτα ζεσταθεί ξανά, λιώνει και η μορφή που της δώσαμε εξαφανίζεται.

Ερώτηση: Λέγεται ότι ο Θεός κατοικεί στην καρδιά μας. Είναι αυτό αλήθεια;

Άμμα: Πώς μπορούμε να πούμε ότι ο Θεός, που είναι παντοδύναμος και πανταχού παρών, κατοικεί σε κάποιο συγκεκριμένο μέρος; Φαντάσου ότι προσπαθείς να χωρέσεις μια μεγάλη σακούλα σ' ένα μικρό ποτήρι. Το μεγαλύτερο μέρος της σακούλας θα βρίσκεται έξω από το ποτήρι και θα το κρύβει. Αν βυθίσεις έναν κουβά μέσα σ' ένα ποτάμι, θα υπάρχει νερό μέσα και έξω από αυτόν. Παρομοίως, ο Θεός δεν μπορεί να περιοριστεί σε καμιά μορφή. Ο Θεός είναι πέρα απ' όλες τις μορφές. Πώς είναι λοιπόν δυνατόν να συλλάβουμε το Θεό, ο οποίος βρίσκεται πέρα απ' όλα τα σύμβολα και όλους τους περιορισμούς; Για δική μας ευκολία, για να μπορούμε να οραματιστούμε το Θεό, λέμε ότι κατοικεί σε ένα μέρος. Υπάρχουν εκείνοι που πιστεύουν ότι ο Θεός κατοικεί στην καρδιά. Για εκείνους, ο Θεός βρίσκεται όντως στην καρδιά. Για κάποιον άλλο που πιστεύει ότι ο Θεός κατοικεί σ' ένα ναό, ο Θεός βρίσκεται πράγματι εκεί. Αυτό λοιπόν εξαρτάται από τη φαντασία του κάθε ανθρώπου. Όταν έδωσαν στη Μίρα δηλητήριο και εκείνη το θεώρησε ως ευλογία από το Θεό, το δηλητήριο έπαψε να είναι δηλητήριο. Ο Πράλαντα έβλεπε το Θεό παντού, ακόμα και σ' ένα κομμάτι άχυρο. Εκείνοι που καταλαβαίνουν ότι ο Θεός διαπερνά τα πάντα, θα βιώσουν πραγματικά το Θεό. Αντίθετα, εκείνοι που δεν έχουν τέτοια πίστη, ποτέ δεν θα συνειδητοποιήσουν το Θεό.

Ερώτηση: Γιατί λέγεται ότι ανάμεσα σε όλα τα ζωντανά πλάσματα ο Θεός αντανακλάται πιο καθαρά στους ανθρώπους;

Άμμα: Μόνο ο άνθρωπος διαθέτει την ικανότητα της διάκρισης. Όταν μια νυχτοπεταλούδα βλέπει φωτιά, νομίζει ότι εκεί θα βρει φαγητό, πέφτει μέσα της και πεθαίνει. Ο άνθρωπος όμως μπορεί να χρησιμοποιήσει τη διάκρισή του. Οι άνθρωποι αντιλήφθηκαν τη χρησιμότητα της φωτιάς και έμαθαν να μαγειρεύουν την τροφή τους με αυτήν. Τη χρησιμοποίησαν επίσης για να φωτίζουν στο σκοτάδι. Για εκείνους που έχουν την ικανότητα της διάκρισης, η φωτιά είναι χρήσιμη. Για άλλους, είναι επικίνδυνη. Η φωτιά είναι χρήσιμη στον άνθρωπο, αλλά θανάσιμη για τη νυχτοπεταλούδα. Σε όλα τα πράγματα στο σύμπαν υπάρχει μια καλή και μια κακή πλευρά. Εκείνοι που αναγνωρίζουν την καλή πλευρά σε όλα, καταλαβαίνουν πραγματικά την έννοια του Θεού. Μόνο τέτοια όντα μπορούν να ευεργετούν τον κόσμο.

Ερώτηση: Άμμα, τι σημαίνει μόκσα (απελευθέρωση);

Άμμα: Η αιώνια ευδαιμονία είναι γνωστή ως μόκσα. Μπορούμε να φτάσουμε στην κατάσταση αυτή ενόσω ζούμε στον κόσμο. Ο παράδεισος και η κόλαση υπάρχουν εδώ. Αν οι πράξεις μας είναι καλές, θα είμαστε ευτυχισμένοι σ' αυτή τη ζωή αλλά και μετά το θάνατο. Εκείνοι που γνωρίζουν τον Εαυτό, απολαμβάνουν αυτή την ευδαιμονία κάθε στιγμή. Τη βρίσκουν μέσα τους και τη βιώνουν σε κάθε τους πράξη. Αυτοί είναι πραγματικά θαρραλέοι. Πράττουν μόνο το καλό και δεν ανησυχούν για τη ζωή ή το θάνατο. Δεν ανησυχούν για κανένα εμπόδιο που μπορεί να εμφανιστεί μπροστά τους και δεν φοβούνται ότι κάποιος θα τους κάνει κακό. Όπου κι αν βρίσκονται, ζουν σύμφωνα με την αλήθεια.

Αν βάλετε στη φυλακή έναν Μαχάτμα, αυτός θα βρίσκει χαρά ακόμα κι εκεί. Τέτοιοι άνθρωποι βλέπουν το Θεό παντού. Καμιά φυλακή δεν μπορεί να τους περιορίσει. Ποτέ δεν παραπονιούνται για τίποτα. Ζουν την κάθε στιγμή έχοντας επίγνωση του Εαυτού.

Ένας βάτραχος, όσο ακόμα είναι γυρίνος και έχει ουρά, μπορεί να ζήσει μονάχα στο νερό. Όταν η ουρά του εξαφανιστεί, ο βάτραχος μπορεί να ζει και στο νερό και στη στεριά. Δεν μπορείτε να ελευθερωθείτε από τη σαμσάρα (τον κύκλο της γέννησης, του θανάτου και της επαναγέννησης), μέχρι να απαλλαγείτε από την ουρά σας, δηλαδή το εγώ σας. Όποιος ελευθερώνεται απ' αυτή την ουρά, θα βιώνει ευδαιμονία, είτε παραμένει στο σώμα του είτε όχι.

Μια λαστιχένια μπάλα επιπλέει όταν πέσει στο νερό. Αλλά και στη στεριά δεν έχει κανένα πρόβλημα, δεν περιορίζεται από τίποτα. Παρομοίως, η φύση εκείνων που έχουν επίγνωση του Εαυτού είναι ξεχωριστή. Νύχτα και μέρα είναι το ίδιο γι' αυτούς. Η ευδαιμονία που βιώνουν βρίσκεται μέσα τους, όχι σε εξωτερικά αντικείμενα. Αυτή η νοητική στάση είναι η απελευθέρωση.

Όταν γεννιέστε σ' ένα σώμα, είστε υποχρεωμένοι να βιώνετε ευτυχία και δυστυχία, γιατί αυτή είναι η φύση της ζωής. Η ευτυχία και η δυστυχία εναλλάσσονται ανάλογα με τις πράξεις σας. Η φύση του νερού είναι η υγρασία και η φύση της φωτιάς είναι η θερμότητα. Η φύση ενός ποταμού είναι να ρέει. Ο ποταμός συνεχίζει να ρέει και δεν σταματά μόνιμα πουθενά. Παρομοίως, η ευτυχία και η δυστυχία είναι η φύση της ζωής. Αν το κατανοήσετε αυτό, μπορείτε να καλοδέχεστε και την ευχαρίστηση και τον πόνο, όταν βρίσκονται στο δρόμο σας. Εκείνοι που το καταφέρνουν αυτό, δεν επηρεάζονται από κανένα από τα εμπόδια που εμφανίζονται σ' αυτόν τον κόσμο. Ζουν πάντα σε ευδαιμονία. Αυτή είναι η απελευθέρωση.

Δύο ταξιδιώτες πέρασαν μια νύχτα σ' ένα πανδοχείο δίπλα σε μια λίμνη. Για τον έναν η παραμονή εκεί ήταν ανυπόφορη, γιατί τον ενοχλούσαν οι ήχοι των βατράχων και των γρύλων. Βλέποντας τη δυσαρέσκειά του ο φίλος του τού είπε: «Οι βάτραχοι και οι γρύλοι κάνουν θόρυβο το βράδυ, αυτή είναι η φύση τους. Δεν μπορούμε να την αλλάξουμε. Γιατί λοιπόν να ενοχλούμαστε; Ας πάμε να κοιμηθούμε.» Και πήγε για ύπνο. Αλλά ο φίλος του δεν μπορούσε να κοιμηθεί. Έφυγε από το πανδοχείο και έψαξε ένα πιο ήσυχο μέρος να μείνει. Όμως δεν μπορούσε να κοιμηθεί πουθενά, γιατί όπου κι αν πήγαινε, υπήρχε πάντα ένας θόρυβος που τον ενοχλούσε. Ο φίλος του, που αγνόησε τους θορύβους, καθώς ήξερε ότι ήταν η φύση των βατράχων και των γρύλων να θορυβούν, κοιμήθηκε χωρίς πρόβλημα. Παρομοίως, όταν καταλάβουμε ότι, οτιδήποτε κι αν λένε οι άλλοι οφείλεται στη φύση τους, δεν υπάρχει λόγος να αισθανόμαστε δυστυχισμένοι γι' αυτό. Αν καλλιεργήσουμε αυτή τη στάση, μπορούμε να υπερβαίνουμε με αδιατάρακτο νου όλα τα εμπόδια.

Στις μέρες μας οι άνθρωποι δεν βιώνουν εσωτερική ειρήνη εξαιτίας των συγκρούσεων που υπάρχουν στο νου τους. Για να αποφύγετε τέτοιες συγκρούσεις, πρέπει να αποκτήσετε γνώση του νου, η οποία είναι πνευματική γνώση. Δεν είναι δύσκολο για ένα γεωπόνο να φυτέψει και να καλλιεργήσει φυτά, ή να θεραπεύσει την ασθένεια ενός δέντρου. Αν κάποιος όμως προσπαθήσει να φυτέψει δέντρα χωρίς να έχει τις απαιτούμενες γνώσεις, τα εννιά από τα δέκα δέντρα πιθανότατα θα ξεραθούν. Παρομοίως, αν καταλαβαίνετε τη φύση της ζωής σ' αυτόν τον κόσμο, τότε η ζωή σας δεν θα πάει χαμένη. Γι' αυτό λοιπόν, αποκτήστε την πνευματική γνώση και τότε θα βιώνετε ελευθερία και σε αυτό τον κόσμο αλλά και μετά από το θάνατο.

Αν κάποιος ξέρει καλά το δρόμο όταν ταξιδεύει, τότε δεν θα χάσει καθόλου χρόνο. Διαφορετικά, θα χρειαστεί πολύ περισσότερο χρόνο για να φτάσει στον προορισμό του. Αν χαθεί και περιφέρεται στο άγνωστο, δεν θα είναι ήρεμος και θα ανησυχεί συνεχώς για το αν θα καταφέρει να βρει το δρόμο του. Είναι καλύτερο να ταξιδεύει γνωρίζοντας πλήρως το δρόμο, γιατί τότε το ταξίδι του θα είναι ήρεμο και ευχάριστο.

Στο μακρινό παρελθόν, η πνευματική γνώση διδασκόταν στα γκουρούκουλα, μαζί με τις γνώσεις που χρειάζονται στον κόσμο. Εκείνοι που εκπαιδεύονταν στις πνευματικές αρχές δεν βίωναν εσωτερικές συγκρούσεις και δεν ένιωθαν καμία έλλειψη εσωτερικής ειρήνης. Οι άνθρωποι αυτοί δεν ήταν άπληστοι και ήταν ελεύθεροι από ψευδαισθήσεις. Σήμερα όμως, η κατάσταση είναι πολύ διαφορετική. Οι άνθρωποι έχουν μάθει καλά να δημιουργούν τεχνητά περιβάλλοντα, αλλά δεν γνωρίζουν πώς να διαχειρίζονται το νου τους. Δεν μπορούν να κοιμηθούν ούτε στα κλιματιζόμενα δωμάτιά τους. Χρειάζονται χάπια, αλκοόλ ή ναρκωτικά για να ξεχάσουν τα προβλήματά τους. Αν έχεις αποκτήσεις πνευματική γνώση, δεν χρειάζεσαι τίποτα από αυτά. Ο νους σου θα είναι πάντα ειρηνικός, είτε μένεις μέσα σε καλύβα είτε σε παλάτι, γιατί αληθινή σοφία είναι η κατανόηση του νου.

Αν θέλεις να βιώνεις ειρήνη δίχως τέλος, πρέπει να κατανοείς τι είναι αιώνιο και τι εφήμερο. Αν δίνουμε γάλα σ' ένα μικρό φίδι, πρέπει να θυμόμαστε ότι μπορεί να μας δαγκώσει, γιατί κάποια στιγμή θα εκδηλώσει τη φύση του. Αν καταλαβαίνουμε την πραγματική φύση των ανθρώπων όταν συναναστρεφόμαστε μαζί τους, τότε δεν θα απογοητευόμαστε. Καθώς ζούμε στον κόσμο, πρέπει να έχουμε υπόψη την αληθινή του φύση.

Ένας διευθυντής τράπεζας γνωρίζει ότι τα χρήματα που διαχειρίζεται δεν είναι δικά του. Γι' αυτό δεν ενοχλείται όταν δίνει τεράστια χρηματικά ποσά σε άλλους. Γνωρίζει ότι καθήκον του είναι να φροντίζει για τη σωστή διαχείριση των χρημάτων. Πολλοί άνθρωποι τον πλησιάζουν για να ζητήσουν δάνεια. Του προσφέρουν δώρα και του φέρονται με πολύ ευγενικό τρόπο. Δεν πρόκειται όμως για έκφραση αληθινής αγάπης. Αυτοί οι άνθρωποι δεν είναι πραγματικοί του φίλοι. Γνωρίζει ότι δεν θα δίσταζαν να τον κατηγορήσουν ψευδώς για κάτι και να τον βάλουν φυλακή, προκειμένου να εξυπηρετήσουν τα συμφέροντά τους. Αυτή είναι η φύση της αγάπης των ανθρώπων. Όποτε δείχνουν αγάπη, το κάνουν για τη δική τους ευτυχία και μόνο. Θα μπορούσαν ακόμα και να καταστρέψουν τη ζωή μας, αν αυτό τους συνέφερε. Ο Θεός είναι η μόνη πραγματική μας οικογένεια. Ο Εαυτός είναι ο μοναδικός μας φίλος. Αν κατανοήσουμε αυτή την αλήθεια, δεν θα αντιμετωπίσουμε κανένα πρόβλημα. Θα μπορέσουμε να βαδίσουμε στο μονοπάτι της απελευθέρωσης. Ελευθερία απ' όλες τις προσκολλήσεις, αυτό είναι η απελευθέρωση. Γι' αυτό λοιπόν, να εκτελείτε όλες τις πράξεις σας σαν καθήκον, χωρίς καμιά προσδοκία, ούτε για την ίδια την απελευθέρωση. Απλά κρατείστε το νου σας εστιασμένο στο Θεό.

Ερώτηση: Άμμα, τι είναι η μάγια[54];

---

[54] Ψευδαίσθηση, το πέπλο της άγνοιας που αποκρύπτει την Πραγματικότητα και δημιουργεί την ψευδαίσθηση της πολλαπλότητας και της ατομικότητας που είναι αποκομμένη από το Ένα. Καθώς η μάγια καλύπτει την Πραγματικότητα, μας κάνει να πιστεύουμε ότι η τελειότητα και η ολοκλήρωση βρίσκονται έξω από τον εαυτό μας.

Άμμα: Ό,τι δεν σου δίνει διαρκή ειρήνη, είναι μάγια (ψευδαίσθηση). Κανένα από τα πράγματα που αντιλαμβανόμαστε μέσω των αισθήσεων δεν μπορεί να μας δώσει ειρήνη. Τα αντικείμενα των αισθήσεων μάς κάνουν μόνο να υποφέρουμε. Στην πραγματικότητα είναι μη υπαρκτά, όπως τα όνειρα.

Ένας φτωχός άνθρωπος κέρδισε μια περιουσία στο λαχείο. Χάρη στον πλούτο που απέκτησε, παντρεύτηκε μια όμορφη πριγκίπισσα της περιοχής του και για προίκα πήρε και το μισό βασίλειο. Μια μέρα πήγε μαζί με την πριγκίπισσα μια βόλτα με τα άλογα στο βουνό. Ξαφνικά μια πολύ δυνατή ριπή αέρα παρέσυρε τα άλογα μαζί με τους αναβάτες σ' ένα γκρεμό. Η πριγκίπισσα και τα άλογα σκοτώθηκαν, αλλά ο άνδρας κατόρθωσε να κρατηθεί από ένα κλαδί δέντρου και επέζησε. Κατάφερε να βρει σταθερό έδαφος κάτω από τα πόδια του, έκλεισε τα μάτια και πήδηξε από το δέντρο. Όταν όμως άνοιξε τα μάτια του, δεν υπήρχε ούτε βουνό, ούτε πριγκίπισσα, ούτε άλογα, ούτε και παλάτι! Υπήρχαν μονάχα οι τοίχοι και το λασπωμένο πάτωμα της καλύβας του. Λιμοκτονούσε για δύο μέρες. Είχε σωριαστεί στο πάτωμα από την πείνα και την εξάντληση και είχε αποκοιμηθεί. Τη στιγμή που ξύπνησε συνειδητοποίησε ότι όλα όσα είχε δει ήταν απλά ένα όνειρο. Δεν πένθησε για την απώλεια της πριγκίπισσας ή του βασιλείου, γιατί κατάλαβε ότι δεν ήταν πραγματικά.

Κατά τη διάρκεια του ονείρου, όλα μοιάζουν αληθινά. Μόνο αν ξυπνήσεις από το όνειρο στο οποίο βρίσκεσαι τώρα, θα γνωρίσεις την πραγματικότητα.

Εκείνοι που ζουν κοντά σ' ένα νεκροταφείο, δεν φοβούνται να περπατούν στην περιοχή αυτή. Γι' αυτούς είναι απλά ένα μέρος που θάβουν τους νεκρούς. Άλλοι άνθρωποι όμως φοβούνται να πλησιάσουν και θεωρούν την περιοχή στοιχειωμένη. Αν τύχει να περπατήσουν εκεί το βράδυ και σκοντάψουν σε μια πέτρα, ή δουν κάποιο φύλλο να κουνιέται από τον άνεμο, θα τρέμουν από το φόβο τους. Ό,τι κι αν δουν, θα νομίσουν ότι είναι φάντασμα και θα λιποθυμήσουν. Παρομοίως, οι άνθρωποι αυτοκαταστρέφονται εξαιτίας των λανθασμένων υποθέσεων που κάνουν.

Ένας άνθρωπος που περπατά μέσα σ' ένα δάσος όπου υπάρχουν πολλά φίδια, θα ουρλιάξει από το φόβο του αν τύχει να τρυπηθεί από ένα αγκάθι. Θα νομίσει ότι τον δάγκωσε φίδι. Μπορεί ακόμα και να παρουσιάσει τα συμπτώματα του δαγκώματος φιδιού, μέχρι να έρθει ένας γιατρός και να του εξηγήσει ότι δεν τον δάγκωσε φίδι. Πολλοί άνθρωποι έχουν τέτοιου είδους εμπειρίες. Χάνουν τη δύναμή τους, επειδή ο νους τους εστιάζεται σε πράγματα που δεν υπάρχουν. Έτσι ζουν οι άνθρωποι σήμερα εξαιτίας της αδυναμίας τους να δουν την αλήθεια.

Για το λόγο αυτό δεν πρέπει να προσκολλούμαστε σε υλικά πράγματα. Εκείνοι που προσκολλούνται σε τέτοια πράγματα, θα βιώνουν μονάχα πόνο. Αυτή είναι η μάγια. Αν όμως βλέπουμε στα πάντα την ουσία του Θεού, δεν θα βιώνουμε πόνο, θα υπάρχει μονάχα ευδαιμονία στη ζωή μας.

Ερώτηση: Είναι αυτό το σύμπαν μάγια;

Άμμα: Ναι, το σύμπαν είναι πράγματι μια ψευδαίσθηση. Εκείνοι που εγκλωβίζονται στην ψευδαίσθηση βιώνουν μόνο προβλήματα και πόνο. Όταν θα είστε ικανοί να διακρίνετε το αιώνιο από το εφήμερο, θα δείτε καθαρά ότι πρόκειται για ψευδαίσθηση. Λέμε ότι το σύμπαν είναι μάγια. Αλλά αν επιλέξουμε μόνο αυτά που είναι θετικά στη ζωή μας, δεν θα δεσμευόμαστε από την ψευδαίσθηση. Αυτό θα μας βοηθήσει να βαδίζουμε στο σωστό μονοπάτι.

Ας υποθέσουμε ότι βαδίζεις μέσα σ' ένα λασπωμένο χωράφι, σκοντάφτεις και πέφτεις μέσα στη λάσπη. Για σένα η λάσπη είναι βρωμιά που θέλεις να καθαρίσεις αμέσως. Για έναν όμως αγγειοπλάστη που δουλεύει με πηλό, η λάσπη δεν είναι βρωμιά, αλλά ένας εξαιρετικός τύπος πηλού που μπορεί να χρησιμοποιήσει στη δουλειά του.

Μια γυναίκα που μαζεύει ξύλα στο δάσος βρίσκει μια πέτρα. Σκέφτεται ότι το μέγεθός της είναι κατάλληλο για να την χρησιμοποιήσει ως μυλόπετρα και την παίρνει μαζί της. Κάποιος άλλος όμως, που γνωρίζει από πετρώματα, βλέπει την πέτρα και καταλαβαίνει ότι αποτελείται από ένα σπάνιο ορυκτό. Την τοποθετεί σε ένα ναό και τη χρησιμοποιεί ως θεϊκό σύμβολο. Προσφέρει φρούτα και πετράδια στη θεότητα και τη λατρεύει. Για εκείνους όμως που δεν αναγνωρίζουν την ιδιαίτερη αξία της, είναι απλά μια πέτρα.

Μπορείς να μαγειρέψεις το φαγητό σου στη φωτιά. Μπορείς επίσης να κάψεις το σπίτι σου με την ίδια φωτιά. Μπορείς να ράψεις με μια βελόνα. Μπορείς όμως να τραυματίσεις το μάτι σου με αυτήν. Για ένα γιατρό, το νυστέρι είναι ένα χειρουργικό όργανο που χρησιμοποιείται για να σώσει τον ασθενή. Για έναν εγκληματία, είναι ένα φονικό εργαλείο. Γι' αυτό λοιπόν, αντί να απορρίπτουμε τα πάντα ως μάγια, πρέπει να αξιολογούμε επίσης τη σωστή θέση κάθε αντικειμένου και να το χρησιμοποιούμε ανάλογα. Η αρνητική πλευρά των πραγμάτων πρέπει να απορρίπτεται. Οι μεγάλοι σοφοί έβλεπαν μόνο καλοσύνη στα πάντα μέσα στο σύμπαν.

Όσοι έχουν πλήρη επίγνωση της μάγια, δεν υποκύπτουν σε αυτήν. Αυτοί είναι που προστατεύουν τον κόσμο. Από την άλλη πλευρά, όσοι δεν καταλαβαίνουν τη μάγια, όχι μόνο καταστρέφουν τον εαυτό τους, αλλά γίνονται και βάρος για τους υπόλοιπους. Αυτό που κάνουν είναι μια μορφή αυτοκτονίας. Αν πορεύεστε στη ζωή σας βλέποντας μόνο την καλή πλευρά των πραγμάτων, δεν θα θεωρείτε τίποτα ως ψευδαίσθηση. Τα πάντα έχουν τη δυνατότητα να μας οδηγήσουν στην καλοσύνη.

Ένας σκύλος βλέπει την αντανάκλαση του φεγγαριού σε μια λακκούβα με νερό και πέφτει μέσα γαυγίζοντας. Ο σκύλος δεν κοιτάει ψηλά στο αληθινό φεγγάρι. Ένα παιδί πηδάει μέσα σ᾽ ένα πηγάδι να πιάσει το φεγγάρι και πνίγεται. Ο σκύλος και το παιδί δεν έχουν επίγνωση της πραγματικότητας. Στη ζωή υπάρχει και το αιώνιο και το εφήμερο, πρέπει να κάνουμε τη διάκριση ανάμεσα στα δύο. Τι νόημα έχει να προσπαθούμε να πιάσουμε τη σκιά, ενώ αγνοούμε την πραγματικότητα; Η σκιά, η μάγια, διαρκεί μόνο όσο διαρκεί η αίσθηση του εγώ. Όταν δεν υπάρχει «εγώ», δεν υπάρχει σύμπαν, δεν υπάρχει ψευδαίσθηση.

Καθώς η γνώση μας είναι ατελής, νομίζουμε ότι η ψευδαίσθηση είναι πραγματική. Το μεσημέρι, όταν ο ήλιος έχει φτάσει στο ζενίθ του, δεν υπάρχει σκιά. Όταν φτάσουμε στο ζενίθ της γνώσης (φώτιση), θα βλέπουμε μόνο την Πραγματικότητα.

Ερώτηση: Λέγεται ότι πιστεύουμε ότι το σύμπαν υπάρχει μόνο εξαιτίας της μάγια. Τότε, γιατί μοιάζει τόσο πραγματικό στην εμπειρία μας;

Άμμα: Η Δημιουργία υπάρχει μόνο όσο διατηρείται η έννοια του «εγώ». Χωρίς αυτήν, δεν υπάρχει δημιουργία, δεν υπάρχουν ζωντανά όντα. Μόνο το Μπράχμαν παραμένει για πάντα Μπράχμαν.

Ένα κορίτσι θέλει μια κούκλα τόσο πολύ, που κλαίει για πολλή ώρα. Τελικά, αποκτά την κούκλα και παίζει μ᾽ αυτήν αρκετά. Δεν αφήνει κανέναν άλλον να την ακουμπήσει. Πηγαίνει για ύπνο κρατώντας την σφιχτά. Όταν όμως αποκοιμάται, η κούκλα φεύγει από τα χέρια του και πέφτει στο πάτωμα, χωρίς εκείνο να το αντιληφθεί.

Ένας άνδρας κρύβει το χρυσό του κάτω από το μαξιλάρι του και πηγαίνει για ύπνο. Το κεφάλι του ακουμπά σ᾽ αυτό το μαξιλάρι. Καθώς όμως κοιμάται, ένας κλέφτης έρχεται και το κλέβει. Όσο ήταν ξύπνιος, ο άνδρας δεν μπορούσε να σκεφτεί τίποτα άλλο εκτός από το χρυσό, και γι᾽ αυτό δεν μπορούσε να ηρεμήσει ούτε λεπτό. Στον ύπνο του όμως, ξέχασε τα πάντα, δεν είχε συνείδηση ούτε του εαυτού του, ούτε της οικογένειάς του, ούτε του θησαυρού του. Υπήρχε μόνο ευδαιμονία. Η ευδαιμονία που αισθανόμαστε στον βαθύ ύπνο, είναι αυτή που μας δίνει την ενέργεια που αισθανόμαστε το πρωί. Μόλις ξυπνήσουμε, τότε η «κούκλα μου», η «οικογένειά μου», ο «χρυσός μου», όλα αυτά επιστρέφουν. Καθώς η αίσθηση του «εγώ» επανέρχεται, όλα τα υπόλοιπα την ακολουθούν.

Το Μπράχμαν πάντοτε υπάρχει ως Μπράχμαν. Αλλά εμείς θα το βιώσουμε μόνο όταν οι σκέψεις μας καταλαγιάσουν.

Ερώτηση: Άμμα, αν όλοι οι άνθρωποι ακολουθούσαν το πνευματικό μονοπάτι και γίνονταν σαννυάσιν, πώς θα επιβίωνε ο κόσμος; Ποιο είναι το όφελος της σαννυάσα;

Άμμα: Δεν μπορούν όλοι να γίνουν σαννυάσιν. Από ένα εκατομμύριο ανθρώπους που προσπαθούν, μόνο λίγοι θα πετύχουν. Αλλά επειδή δεν μπορούν όλοι να πάρουν πτυχίο ιατρικής, ή να εξασφαλίσουν μια καλή δουλειά, αυτό δεν σημαίνει ότι κάποιος πρέπει να σταματήσει την προσπάθεια.

Η Άμμα δεν ισχυρίζεται ότι όλοι πρέπει να γίνουν σαννυάσιν. Αν όμως κατανοήσετε την αρχή στην οποία στηρίζεται η σαννυάσα και ζήσετε ανάλογα, τότε θα αποφύγετε τη δυστυχία. Θα είστε επίσης ικανοί να υπερβείτε οποιοδήποτε εμπόδιο εμφανιστεί μπροστά σας.

Αυτό που εννοεί η Άμμα, είναι ότι πρέπει να εγκαταλείψουμε την αίσθηση του «εγώ» και «δικό μου». Για οτιδήποτε επιθυμούμε, πρέπει να κατανοήσουμε το ρόλο του στη ζωή. Επιπλέον, οι πράξεις μας θα πρέπει να εκτελούνται χωρίς καμία προσδοκία για τα αποτελέσματά τους, γιατί οι προσδοκίες είναι η αιτία της δυστυχίας.

Ένας άνδρας που έκανε έρανο, πήγε σ' ένα πλούσιο σπίτι για να ζητήσει μια δωρεά. Προσδοκούσε τουλάχιστον χίλιες ρουπίες, αλλά η οικογένεια του έδωσε μόνο πέντε! Οργίστηκε πολύ και αρνήθηκε να πάρει τη δωρεά. Ένα χρόνο αργότερα ήταν ακόμα θυμωμένος! Διατηρούσε μέσα του θυμό. Καθώς δεν έλαβε αυτό που περίμενε, δεν μπόρεσε να δεχτεί αυτό που του προσφέρθηκε. Το απέρριψε, γιατί ήταν απογοητευμένος. Αν δεν είχε προσδοκίες, δεν θα είχε νιώσει όλο αυτό το θυμό και δεν θα είχε υποφέρει. Θα ήταν ικανοποιημένος και με τα λίγα που θα έπαιρνε. Μπορούμε να αποφύγουμε τέτοια δυστυχία στο ταξίδι της ζωής μας, αν έχουμε τη στάση του επαίτη. Ένας επαίτης ξέρει ότι ζητιανεύει και γι' αυτό, αν δεν του δώσουν τίποτα, δεν παραπονιέται. Αν σε ένα μέρος δεν πάρει ελεημοσύνη, δεν στεναχωριέται, γιατί ξέρει ότι πιθανότατα θα πάρει σε κάποιο άλλο. Γνωρίζει ότι τόσο η γενναιοδωρία των ανθρώπων όσο και η έλλειψή της, είναι μέρος του ταξιδιού του στη ζωή. Έτσι λοιπόν δεν θυμώνει με κανέναν. Όταν έχετε αυτή τη στάση, αντιμετωπίζετε τα πάντα ως Θέλημα του Θεού. Στηριχτείτε λοιπόν μονάχα στο Θεό, αυτό λέει η Άμμα. Οι αληθινοί πνευματικοί άνθρωποι δεν γνωρίζουν θλίψη και δυστυχία.

Στην εποχή μας οι άνθρωποι είναι προσκολλημένοι σε εξωτερικά πράγματα. Η στάση που έχουν απέναντι στην οικογένειά τους νιώθοντας οτι πρόκειται για την «οικογένειά τους», τους κάνει να κοπιάζουν γι' αυτήν νύχτα και μέρα χωρίς ξεκούραση. Ξεχνούν έτσι τον εαυτό τους, δεν μπορούν να ανακαλύψουν το ντάρμα τους και να ζήσουν ανάλογα. Ξεχνούν το Θεό. Όταν ζείτε κατ' αυτόν τον τρόπο, δεν βρίσκετε ειρήνη στη ζωή σας, αλλά ούτε και μετά το θάνατο. Αυτό δεν σημαίνει βέβαια ότι δεν θα έπρεπε να δουλεύουμε, αλλά ότι οφείλουμε να εκτελούμε τις πράξεις μας χωρίς να καλλιεργούμε προσδοκίες και επιθυμίες. Η ευτυχία δεν βρίσκεται στα εξωτερικά πράγματα. Η ευτυχία βρίσκεται μέσα μας.

Αν έχετε φάει μια μεγάλη μερίδα από το αγαπημένο σας γλύκισμα, δεν επιθυμείτε να φάτε κι άλλο απ' αυτό. Αν το κάνατε, θα αρχίζατε να το μισείτε. Αν κάποιος σας έβαζε κι άλλο μπροστά σας, θα το κάνατε πέρα. Αν πραγματικά το γλυκό σάς έκανε ευτυχισμένους, θα υπήρχε λόγος να το διώξετε μακριά; Δεν θα τρώγατε κι άλλο απ' αυτό; Επομένως, η αιτία βρίσκεται στο νου. Όταν ο νους έχει χορτάσει, αρχίζουμε να αντιπαθούμε το αντικείμενο. Όλα εξαρτώνται από το νου. Η ευτυχία δεν βρίσκεται κάπου έξω, αλλά μέσα σας. Ψάξτε την λοιπόν εκεί! Αν αναζητάτε την ευτυχία στον εξωτερικό κόσμο – στις σχέσεις σας με τους ανθρώπους και σε εξωτερικά αντικείμενα – η ζωή σας χαραμίζεται. Αυτό δεν σημαίνει ότι πρέπει να κάθεστε αδρανείς, χωρίς να κάνετε τίποτα. Όποτε μπορείτε, κάνετε πράγματα για τους άλλους. Υπηρετείστε αυτούς που έχουν ανάγκη. Επαναλαμβάνετε ένα μάντρα. Αφιερώσετε τη ζωή σας στον πνευματικό στόχο.

Ερώτηση: Άμμα, πώς μπορούμε να εξαλείψουμε τα βασάνα (λανθάνουσες νοητικές τάσεις) που μας κρατούν προσκολλημένους στον κόσμο;

Άμμα: Δεν μπορείς απλά να εντοπίσεις ένα βασάνα και να το εξαφανίσεις, όπως δεν μπορείς να αφαιρέσεις μια φυσαλίδα από το νερό. Η φυσαλίδα θα σπάσει αν προσπαθήσεις να την πιάσεις. Οι φυσαλίδες δημιουργούνται από τα κύματα. Αν δεν υπάρχουν κύματα, δεν θα δημιουργούνται και φυσαλίδες. Μέσω των θετικών σκέψεων και του διαλογισμού μειώνουμε τα κύματα που δημιουργούνται στο νου από τα βασάνα. Σε ένα νου που έχει ησυχάσει λόγω των θετικών σκέψεων, δεν υπάρχει χώρος για να εκδηλωθούν τα βασάνα.

Ερώτηση: Λέγεται ότι τα αντικείμενα που απολαμβάνουμε μέσω των αισθήσεων δεν μας δίνουν ευτυχία. Εντούτοις, εξακολουθώ να αντλώ ικανοποίηση από τα υλικά αντικείμενα.

Άμμα: Η ευτυχία δεν βρίσκεται έξω από τον εαυτό σου. Μερικοί άνθρωποι, για παράδειγμα, λατρεύουν τη σοκολάτα, αλλά όσο υπέροχη κι αν είναι, όταν έχουν φάει δέκα κομμάτια, θα αρχίσουν να νιώθουν αποστροφή γι' αυτήν. Από το ενδέκατο κομμάτι δεν θα λάβουν την ίδια ικανοποίηση, όπως από το πρώτο. Επιπλέον, σε μερικούς ανθρώπους, η σοκολάτα δεν αρέσει καθόλου. Ακόμα και η μυρωδιά της τους αηδιάζει. Η σοκολάτα όμως παραμένει η ίδια, είτε αρέσει στους ανθρώπους είτε όχι. Αν η σοκολάτα μας έκανε πραγματικά ευτυχισμένους, δεν θα νιώθαμε την ίδια ικανοποίηση ανεξάρτητα από την ποσότητα που τρώμε; Δεν θα έκανε επίσης ευτυχισμένους όλους τους ανθρώπους; Επομένως, η ικανοποίηση που νιώθουμε δεν εξαρτάται από τη σοκολάτα αυτή καθεαυτή, αλλά από το νου μας. Οι άνθρωποι πιστεύουν ότι η ευτυχία τους εξαρτάται από εξωτερικούς παράγοντες και περνούν ολόκληρη τη ζωή τους προσπαθώντας να αποκτήσουν τα αντικείμενα των επιθυμιών τους. Στο τέλος όμως, όταν οι αισθήσεις εξασθενήσουν, γίνονται αδύναμοι και καταρρέουν.

Η ευτυχία πρέπει να αναζητηθεί εντός, όχι εκτός. Μόνο αν βασιζόμαστε στην εσωτερική ευτυχία μπορούμε να απολαμβάνουμε πάντοτε ευδαιμονία και ικανοποίηση. Τα υλικά αντικείμενα και οι αισθήσεις που τα αντιλαμβάνονται έχουν περιορισμούς. Αυτό δεν σημαίνει ότι πρέπει να απορρίπτουμε την υλική πλευρά της ζωής, αλλά ότι πρέπει να κατανοήσουμε ποια είναι η σωστή χρήση κάθε αντικειμένου και να του δίνουμε μόνο τη σημασία που του αρμόζει στη ζωή μας. Οι περιττές σκέψεις και οι προσδοκίες είναι που δημιουργούν τα προβλήματα.

Για τους περισσότερους ανθρώπους, τίποτα δεν είναι σημαντικότερο από τη δική τους ευτυχία. Πέρα απ' αυτήν, δεν αγαπούν κανέναν. Ένας άνδρας ήρθε να δει την Άμμα στην Αμερική. Η σύζυγός του είχε πεθάνει πρόσφατα. Εκείνη ήταν η ζωή του. Όταν εκείνη έλειπε από το σπίτι, αυτός έμενε άγρυπνος όλο το βράδυ. Αν δεν είχε φάει εκείνη, έμενε κι αυτός νηστικός. Όταν πήγαινε κάπου, την περίμενε να επιστρέψει. Τη λάτρευε, αλλά η κοινή ζωή τους δεν διήρκεσε πολύ. Ξαφνικά η σύζυγός του αρρώστησε από μια φαινομενικά ακίνδυνη ασθένεια και μέσα σε μια βδομάδα πέθανε. Το σώμα της μεταφέρθηκε στο νεκροταφείο για την κηδεία. Πολλοί φίλοι και συγγενείς είχαν συγκεντρωθεί εκεί. Για να γίνει η ταφή, έπρεπε όλοι οι παρευρισκόμενοι να δουν τη σωρό. Εν τω μεταξύ, ο σύζυγος είχε πεινάσει πάρα πολύ. «Ας τελειώνουμε γρήγορα!» σκεφτόταν, για να πάει για φαγητό. Περίμενε μια-δυο ώρες ακόμα, αλλά και πάλι δεν φαινόταν ότι η κηδεία θα τελείωνε σύντομα. Κάποια στιγμή, δεν μπόρεσε να συγκρατήσει την πείνα του, έτρεξε σ' ένα κοντινό εστιατόριο και παρήγγειλε ένα γεύμα. Ο ίδιος διηγήθηκε στην Άμμα αυτό το περιστατικό και μετά πρόσθεσε: «Άμμα, ήμουν πρόθυμος να θυσιάσω τη ζωή μου για τη σύζυγό μου, τόσο πολύ την αγαπούσα. Αλλά τα ξέχασα όλα, όταν ήμουν πεινασμένος!».

Αυτό συνέβη στην Αμερική. Θέλετε τώρα ν' ακούσετε τι συνέβη στην Ινδία; Την ιστορία, που θα σας πω, τη διηγήθηκε μια γυναίκα που ήρθε στο άσραμ. Ο σύζυγός της σκοτώθηκε σε τροχαίο ατύχημα. Αυτή η γυναίκα ήταν η δεύτερη σύζυγός του. Η πρώτη είχε πεθάνει μερικά χρόνια νωρίτερα. Από τον πρώτο του γάμο είχε δύο ενήλικα παιδιά. Όταν η δεύτερη σύζυγος λοιπόν, πληροφορήθηκε το θάνατο του άνδρα της, το πρώτο πράγμα που έκανε δεν ήταν να πάει να βρει τη σωρό του, αλλά να ψάξει για το κλειδί του χρηματοκιβωτίου του. Ώσπου να το βρει, κάποιοι συγγενείς έφεραν τη σωρό του συζύγου της στο σπίτι. Σύντομα κατέφθασαν και τα παιδιά του από τον πρώτο γάμο. Μόλις έμαθαν κι αυτά τα νέα για το θάνατο του πατέρα τους, η πρώτη σκέψη τους δεν ήταν να πάνε να βρουν τη σωρό του. Αντίθετα, έσπευσαν να αναζητήσουν το κλειδί του χρηματοκιβωτίου προτού το βρει η μητριά τους. Φοβούνταν ότι εκείνη θα έπαιρνε όλη την περιουσία του πατέρα τους. Έφτασαν όμως αργά. Η μητριά τους το είχε ήδη βρει και το είχε κρύψει. Τα παιδιά αυτά είχαν μεγαλώσει με πολλή αγάπη. Πού πήγε η αγάπη τους, όταν σκοτώθηκε ο πατέρας τους; Η σύζυγος έλεγε ότι αγαπούσε τον άνδρα της περισσότερο κι από τη ζωή της.

214

Πού πήγε η αγάπη της, όταν εκείνος χάθηκε; Η σκέψη όλων πήγε κατευθείαν στα χρήματα. Παιδιά μου, έτσι είναι αυτός ο κόσμος. Οι άνθρωποι έχουν την τάση να αγαπούν τους άλλους μόνο από εγωιστικά κίνητρα. Μερικοί άνδρες απειλούν ότι θα σκοτώσουν τις συζύγους τους αν μιλήσουν με άλλους άνδρες. Όταν ένας πατέρας ξεψυχά, τα παιδιά του ανυπομονούν να μοιράσουν την περιουσία του. Σε κάποιες περιπτώσεις, αν η κληρονομιά είναι μεγάλη, το παιδί δεν θα διστάσει να πάρει τη ζωή του πατέρα του. Είναι αυτό αγάπη;

Το συμπέρασμα απ' όλα αυτά, δεν είναι βέβαια ότι θα πρέπει να μένουμε απαθείς και να μην κάνουμε τίποτα, επειδή ο κόσμος είναι όπως είναι, αλλά ότι δεν θα πρέπει να έχουμε προσδοκίες όπως, για παράδειγμα, ότι «η γυναίκα μου ή ο άνδρας μου και τα παιδιά μου θα παραμείνουν μαζί μου για πάντα».

Να γνωρίζετε το ντάρμα σας και να προσπαθείτε να ζείτε σύμφωνα με αυτό. Να εκτελείτε τις πράξεις σας χωρίς καμιά προσδοκία. Μην περιμένετε αγάπη, πλούτη, δόξα ή οτιδήποτε άλλο. Ο σκοπός των πράξεών σας πρέπει να είναι ο εξαγνισμός του εσωτερικού σας εαυτού. Να προσκολλείστε μόνο σε ό,τι είναι πνευματικό, γιατί μόνο έτσι θα βιώσετε αληθινή ευτυχία. Αν εκτελείτε τις πράξεις σας με την προσδοκία ότι θα λάβετε κάτι ως αντάλλαγμα από άλλους, τότε ο πόνος θα είναι ο μοναδικός σας σύντροφος. Αν όμως ζείτε σύμφωνα με τις πνευματικές αρχές, θα βρίσκεστε στον παράδεισο ενόσω ζείτε εδώ στη γη, αλλά και μετά θάνατον. Θα ωφελήσετε τον εαυτό σας, αλλά και τον κόσμο.

Ερώτηση: Ο Εαυτός δεν έχει μορφή. Πώς μπορούμε λοιπόν να αναγνωρίσουμε την επιρροή του;

Άμμα: Ο αέρας επίσης δεν έχει μορφή, αλλά αν τον βάλεις μέσα σ' ένα μπαλόνι, αυτό φουσκώνει και μπορείς να παίξεις μαζί του. Παρομοίως, ο Εαυτός δεν έχει μορφή, αλλά διαπερνά τα πάντα. Μπορούμε να καταλάβουμε την επιρροή του μέσα από τους τρόπους με τους οποίους εκδηλώνεται στον κόσμο.

Ερώτηση: Είναι εφικτό για έναν άνθρωπο να βρίσκεται συνεχώς στην κατάσταση της μη δυαδικότητας; Μόνο στην κατάσταση του σαμάντι δεν γίνεται αυτό; Όταν κάποιος βγει από το σαμάντι, δεν επιστρέφει στον κόσμο της δυαδικότητας;

Άμμα: Ο άνθρωπος φαίνεται οτι βρίσκεται στην κατάσταση της δυαδικότητας, μόνο επειδή εσύ τον βλέπεις από τη δική σου οπτική γωνία. Η μη δυαδική, άμεση εμπειρία της Πραγματικότητας, υπάρχει πάντοτε. Όταν ανακατέψεις το αλεύρι με τη ζάχαρη, δεν μπορείς πια να τα ξεχωρίσεις και μόνο η γλυκύτητα παραμένει. Παρομοίως, όταν φτάσεις στην κατάσταση της μη δυαδικότητας – στο επίπεδο της άμεσης εμπειρίας – τότε είσαι Εκείνο. Στο κόσμο σου δεν υπάρχει δυαδικότητα, βλέπεις τα πάντα μέσα από το φως της εμπειρίας της ενότητας.

Ένα πλήρως φωτισμένο ον μοιάζει με καμένη φλούδα λεμονιού ή με καμένο σχοινί. Φαίνεται να έχει μια συγκεκριμένη μορφή, αλλά η μορφή αυτή εξαφανίζεται τη στιγμή που την αγγίζεις. Οι πράξεις ενός φωτισμένου όντος φαίνεται να μοιάζουν με τις πράξεις των συνηθισμένων ανθρώπων, αλλά ο φωτισμένος άνθρωπος είναι πάντα εδραιωμένος στον Εαυτό. Είναι πραγματικά ο ίδιος ο Εαυτός.

Ερώτηση: Άμμα, μπορείς να περιγράψεις με κάποιο τρόπο τη μη δυαδική εμπειρία;

Άμμα: Είναι κάτι πέρα από λόγια. Δεν μπορείς να γευτείς τη ζάχαρη και να εξηγήσεις ακριβώς πόσο γλυκιά είναι. Δεν περιγράφεται. Όταν τρως το φαγητό σου, βλέπεις το όφελος της τροφής μετά, έτσι δεν είναι; Το όφελος του ύπνου είναι η ενέργεια και η ηρεμία που νιώθεις όταν ξυπνάς. Η βαθιά, ανείπωτη

216

γαλήνη που βιώνει κάποιος στο σαμάντι, παραμένει ακόμα κι όταν βγει απ' αυτή την κατάσταση.

Ερώτηση: Μερικοί άνθρωποι γεννιούνται πλούσιοι. Μεγαλώνουν σε περιβάλλον αφθονίας. Άλλοι γεννιούνται σε καλύβες, όπου οι άνθρωποι δυσκολεύονται να εξασφαλίσουν έστω και ένα γεύμα. Ποιος είναι ο λόγος γι' αυτή τη διαφορά;

Άμμα: Κάθε άνθρωπος γεννιέται ξανά σύμφωνα με τις πράξεις των προηγούμενων ζωών του. Μερικοί γεννιούνται κατά την περίοδο της κέσαρι γιόγκα[55] και θα ευημερούν πάντα. Η Θεά της ευημερίας κατοικεί μέσα τους. Σύμφωνα με τις πράξεις των προηγούμενων ζωών τους, γεννήθηκαν τώρα σε ιδιαίτερα ευνοϊκές συνθήκες. Στις προηγούμενες ζωές τους λάτρευαν το Θεό με πίστη και έδιναν γενναιόδωρα στους άλλους. Εκείνοι που έκαναν κακές πράξεις, τώρα υποφέρουν.

Ερώτηση: Αλλά εμείς δεν αντιλαμβανόμαστε τίποτα απ' αυτά.

Άμμα: Μήπως μπορείς να θυμηθείς ό,τι έκανες όταν ήσουν παιδί; Οι μαθητές, κατά τη διάρκεια των εξετάσεων, ξεχνούν μερικές φορές ακόμα και αυτά που μελέτησαν την προηγούμενη μέρα. Παρομοίως, αυτά τα πράγματα έχουν ξεχαστεί. Παρόλα αυτά, με το μάτι της σοφίας, μπορούμε να δούμε τα πάντα.

Ερώτηση: Πώς μπορούμε να απελευθερωθούμε από τη δυστυχία;

Άμμα: Εκείνοι που αφομοιώνουν τις αρχές της πνευματικότητας και ζουν σύμφωνα με το ντάρμα τους δεν βιώνουν δυστυχία. Σε τι ωφελεί να κάθεσαι και να κλαις αν το χέρι σου είναι πληγωμένο; Πρέπει να φροντίσεις την πληγή και να βάλεις επίδεσμο.

---

[55] Στην αστρολογία, η κέσαρι γιόγκα είναι μια ειδική διάταξη της σελήνης και του Δία τη στιγμή της γέννησης ενός ανθρώπου, η οποία προοιωνίζει ευτυχία και ευημερία στο μέλλον.

Αν κάθεσαι και παραπονιέσαι χωρίς να κάνεις τίποτα, η πληγή θα μολυνθεί και μπορεί ακόμα και να πεθάνεις. Ποιος είναι, λοιπόν, ο λόγος να προσπαθείς να αναλύσεις τι έγινε – ποιος τύπος μαχαιριού προκάλεσε τον τραυματισμό και άλλα παρόμοια – χωρίς να φροντίζεις την πληγή;

Ας υποθέσουμε ότι κάποιος σου μιλάει προσβλητικά κι εσύ αντιδράς κλαίγοντας, καθισμένος σε μια γωνιά. Είσαι δυστυχισμένος, γιατί δέχτηκες την προσβολή. Αν όμως δεν την δεχτείς, το πρόβλημα είναι του άλλου ατόμου, όχι δικό σου. Αν ενεργείς με διάκριση κατ' αυτό τον τρόπο, θα απελευθερωθείς από τη δυστυχία.

Αν ένας άνθρωπος που έχει δεχθεί δάγκωμα από δηλητηριώδες φίδι, τρέξει στο σπίτι του, ανοίξει την εγκυκλοπαίδεια προσπαθώντας να βρει πληροφορίες για το φίδι και το είδος του αντίδοτου που απαιτείται, θα πεθάνει προτού καταφέρει να το ανακαλύψει. Σε μια τέτοια περίπτωση το αντίδοτο πρέπει να δοθεί το συντομότερο δυνατό.

Όταν βρισκόμαστε αντιμέτωποι με τη δυστυχία, πρέπει να προσπαθούμε να την υπερβαίνουμε, αντί να αφήνουμε τις σκέψεις σχετικά με αυτή να μας καταβάλλουν. Ορισμένοι σοφοί της αρχαιότητας ανακάλυψαν τις πνευματικές αλήθειες και τις εφάρμοσαν στη ζωή τους. Αν ακολουθήσουμε τις οδηγίες τους και ζήσουμε σύμφωνα με τις πνευματικές αρχές, τότε μπορούμε να αντιμετωπίσουμε οποιαδήποτε κατάσταση χωρίς πρόβλημα. Η πνευματική γνώση είναι σημαντικότερη στη ζωή μας από οποιαδήποτε άλλη γνώση, γιατί μας διδάσκει πώς να ζούμε στον κόσμο. Αν δεν εφαρμόζουμε αυτή τη σοφία στη ζωή μας, τότε κατευθυνόμαστε προς την κόλαση και σε αυτή τη ζωή και μετέπειτα.

Οι πνευματικοί δάσκαλοι διδάσκουν στους ανθρώπους πώς να βιώνουν ειρήνη σε αυτό τον κόσμο, πώς να ζουν χωρίς δυστυχία. Αυτοί είναι οι γιατροί του νου.

Ερώτηση: Οι ψυχίατροι δεν είναι γιατροί του νου;

Άμμα: Προσπαθούν να θεραπεύσουν το νου, αφού αυτός χάσει την ισορροπία του. Ένας πνευματικός δάσκαλος μας διδάσκει πώς να ζούμε, προκειμένου να αποφύγουμε κάτι τέτοιο.

Ερώτηση: Λέγεται ότι οι επιθυμίες είναι η αιτία της δυστυχίας. Με ποια μέθοδο μπορούμε να απαλλαγούμε από τις επιθυμίες μας;

Άμμα: Θα αφήναμε ποτέ έναν άνθρωπο, που θέλει να μας κάνει κακό, να ζήσει μαζί μας; Θα τολμούσαμε να κοιμηθούμε κοντά σ' έναν επικίνδυνο, παρανοϊκό άνθρωπο; Όχι, γιατί θα ξέραμε ότι ο νους ενός τέτοιου ανθρώπου είναι ασταθής και ότι θα μπορούσε να μας βλάψει. Παρομοίως, αν μεγαλώσουμε ένα φίδι, ό,τι και να το ταΐζουμε, το φίδι κάποια στιγμή θα εκδηλώσει αναπόφευκτα την πραγματική του φύση. Κανένας, επίσης, δεν θα κρατούσε ένα λυσσασμένο σκυλί στο σπίτι του. Αν ο σκύλος μας μολυνθεί από λύσσα, δεν θα διστάσουμε να του κάνουμε ευθανασία, ακόμα κι αν τον αγαπάμε πολύ. Προσπαθούμε λοιπόν, να αποφύγουμε αυτά τα πλάσματα, γιατί ξέρουμε ότι θα μας δημιουργήσουν σοβαρά προβλήματα.

Αν μελετήσουμε τη φύση όλων των πραγμάτων κατ' αυτόν τον τρόπο, και δεχτούμε μονάχα ό,τι είναι πραγματικά ωφέλιμο, δεν θα βιώνουμε δυστυχία. Οι επιθυμίες ποτέ δεν μπορούν να μας οδηγήσουν στην τελειότητα. Οι άνθρωποι αδυνατούν να καταλάβουν το γεγονός αυτό και έτσι αφήνουν ανεξέλεγκτες τις αρνητικές τους τάσεις. Κατά συνέπεια, αντιμετωπίζουν πολλά προβλήματα οι ίδιοι και προκαλούν δυστυχία και σε άλλους επίσης. Θα έπινες ποτέ εσκεμμένα δηλητήριο; Ακόμα κι αν ήσουν πολύ πεινασμένος και μια δηλητηριώδης αράχνη έπεφτε μέσα στο φαγητό σου, σίγουρα δεν θα το ακουμπούσες. Παρομοίως, μόλις κατανοήσεις πλήρως ότι οι επιθυμίες για υλικά πράγματα προκαλούν δυστυχία, τότε ο νους σου δεν θα έλκεται προς τα αντικείμενα των επιθυμιών. Επομένως, αν πορεύεσαι στη ζωή σου με επίγνωση, μπορείς να ελευθερωθείς από τις επιθυμίες. Αυτό είναι κάτι πολύ δύσκολο. Εντούτοις, με αρκετή επιμονή, διάκριση, αποστασιοποίηση, στοχασμό και πρακτική, είναι εφικτό.

Ερώτηση: Λέγεται ότι υπάρχουν πολλοί Μαχάτμα προικισμένοι με πνευματικές δυνάμεις, οι οποίοι ζουν τώρα στην Ινδία. Λέγεται επίσης, ότι τίποτα δεν είναι αδύνατο γι' αυτούς. Όταν όμως οι άνθρωποι υποφέρουν και πεθαίνουν από πλημμύρες, ξηρασίες και σεισμούς, γιατί οι Μαχάτμα δεν τους σώζουν;

Άμμα: Παιδί μου, στον κόσμο ενός Μαχάτμα δεν υπάρχει γέννηση ή θάνατος, ούτε ευτυχία ή δυστυχία. Αν οι άνθρωποι υποφέρουν, αυτό οφείλεται αποκλειστικά στο κάρμα τους, το οποίο πρέπει να εξαντλήσουν. Είναι αλήθεια ότι το κάρμα ενός ανθρώπου μπορεί να μειωθεί με τη χάρη ενός Μαχάτμα. Αλλά για να λάβει κάποιος αυτή τη χάρη, θα πρέπει να το αξίζει. Οι Μαχάτμα υπάρχουν, αλλά οι άνθρωποι δεν επωφελούνται από την παρουσία τους όπως θα έπρεπε. Ένα βέλος μπορεί να βρει το στόχο του μόνο αν τεντώσεις το τόξο. Οι Μαχάτμα μας δείχνουν το σωστό δρόμο. Γιατί να τους κατηγορούμε εφόσον δεν ακολουθούμε τις συμβουλές τους;

Πολλοί άνθρωποι γεννιούνται σ' αυτή τη γη και κάποια μέρα θα πρέπει επίσης να πεθάνουν, έτσι δεν είναι; Ο θάνατος όμως υπάρχει μόνο για το σώμα, όχι για την ψυχή. Το ανθρώπινο σώμα, προήλθε από το χώμα και στο χώμα θα επιστρέψει. Όλοι οι άνθρωποι θερίζουν τους καρπούς του κάρμα τους.

Παιδιά μου, μόνο όπου υπάρχει η αίσθηση του «εγώ» μπορεί να υπάρξει θάνατος. Εκείνοι που έχουν την αίσθηση του «εγώ», ζουν μόνο για ένα περιορισμένο χρονικό διάστημα. Πέρα απ' αυτόν τον κόσμο όμως, βρίσκεται ένας άλλος, στον οποίο υπάρχει μονάχα ευδαιμονία. Για να φθάσουμε σε εκείνον τον κόσμο, πρέπει να ζήσουμε τώρα με τον καλύτερο δυνατό τρόπο τη ζωή που μας δόθηκε.

Η ιδέα ότι αυτός ο κόσμος δεν είναι πραγματικός, δεν είναι κάτι που χρειάζεται να απασχολεί την πλειοψηφία των ανθρώπων. Είναι προτιμότερο να προσπαθούν να καλλιεργούν αρετές μέσω καλών πράξεων. Έτσι θα φθάσουν και θα εδραιωθούν στην κατάσταση της ευδαιμονίας.

Ερώτηση: Είναι σωστό κάποιοι άνθρωποι να έρχονται να ζήσουν στο άσραμ, ενώ έχουν γονείς τους οποίους κάποτε θα πρέπει να φροντίσουν; Δεν είναι αυτό εγωιστικό; Ποιος θα φροντίζει τους γονείς τους στα γεράματα;

Άμμα: *Υπάρχουν πολλοί άνθρωποι που δεν έχουν καθόλου παιδιά. Έτσι δεν είναι; Ποιος τους φροντίζει όταν γεράσουν; Ένας νέος ή μια νέα έρχεται να μείνει στο άσραμ για να φροντίσει αμέτρητους ανθρώπους. Τι από τα δύο είναι λοιπόν εγωισμός; Να θυσιάσει κανείς τη ζωή του στους γονείς του ή να την αφιερώσει σε όλο τον κόσμο; Ένας νέος ή μια νέα μπορεί να χρειαστεί να αφήσει την οικογένειά του για να σπουδάσει ιατρική σε άλλη χώρα. Όταν ολοκληρώσει τις σπουδές του και επιστρέψει, θα μπορεί να θεραπεύσει πολλούς ανθρώπους. Τι θα γινόταν όμως, αν δεν πήγαινε στην ιατρική σχολή έχοντας την πεποίθηση ότι θα έπρεπε να φροντίζει τους γονείς του; Ούτως ή άλλως, δεν θα μπορέσει να τους σώσει από τον θάνατο όταν έρθει εκείνη η ώρα. Αν όμως επιστρέψει με το πτυχίο της ιατρικής, θα μπορεί τουλάχιστον να τους βοηθά όταν αρρωσταίνουν.*

Οι άνθρωποι έρχονται να μείνουν στο άσραμ για να αποκτήσουν τη δύναμη, μέσω της πνευματικής άσκησης, να ζήσουν μια ζωή υπηρεσίας προς την ανθρωπότητα. Δείχνουν το σωστό δρόμο, όχι μόνο στους γονείς τους, αλλά και σε ολόκληρο τον κόσμο. Ο δρόμος που δείχνουν στους άλλους, με το παράδειγμά τους, είναι ο δρόμος της πλήρους απελευθέρωσης από τη δυστυχία. Για να επιτύχουν όμως, πρέπει να μάθουν να ελέγχουν το νου τους και να εγκαταλείψουν όλες τις προσκολλήσεις τους. Αργότερα, θα είναι ικανοί να αγαπούν και να υπηρετούν τους πάντες. Η κάθε τους αναπνοή θα αποσκοπεί στην ευημερία όλου του κόσμου.

Ερώτηση: Αν λέγοντας την αλήθεια προκαλούμε πόνο σε άλλους, θα πρέπει να τη λέμε;

Άμμα: Το ζήτημα της αλήθειας και της μη αποκάλυψής της, είναι πολύ σημαντικό. Δεν υπάρχει τίποτα υψηλότερο από την αλήθεια, ποτέ δεν θα πρέπει να την εγκαταλείπουμε. Αυτό όμως, δεν σημαίνει ότι θα πρέπει όλες οι αλήθειες να λέγονται οπωσδήποτε ανοικτά στον οποιονδήποτε. Πρέπει να εξετάζετε προσεκτικά τις καταστάσεις και να κρίνετε αν είναι απαραίτητο να αποκαλύψετε κάτι. Σε ορισμένες περιπτώσεις, ακόμα και η αλήθεια είναι προτιμότερο να παραμένει κρυφή. Πάρτε το παράδειγμα μιας γυναίκας που διέπραξε ένα ηθικό σφάλμα σε κάποια στιγμή αδυναμίας. Αν ο κόσμος το μάθει, θα καταστραφεί το μέλλον της και μπορεί να κινδυνέψει και η ζωή της. Αν όμως το σφάλμα της παραμείνει κρυφό, μπορεί να αποφύγει την επανάληψή του και ίσως καταφέρει να φτιάξει τη ζωή της. Σ' αυτή την περίπτωση, είναι προτιμότερο να παραμείνει κρυφή η αλήθεια παρά να αποκαλυφθεί. Κατ' αυτό τον τρόπο, θα σωθεί η ζωή της γυναίκας και θα προστατευθεί η οικογένειά της. Σε κάθε περίπτωση όμως, θα πρέπει κανείς να ζυγίζει σωστά τις περιστάσεις προτού πάρει μια απόφαση.

Εντούτοις, με τον τρόπο αυτό, ποτέ δεν θα πρέπει να ενθαρρύνεται κάποιος να επαναλαμβάνει ένα σφάλμα. Το ζητούμενο είναι να ωφελούνται όλοι από αυτά που λέμε. Αν κάτι που πρόκειται να πούμε ενδέχεται να προκαλέσει πόνο σε κάποιον, είναι προτιμότερο να μην το πούμε, ακόμα κι αν είναι η αλήθεια.

Η Άμμα θα σας δώσει ένα άλλο παράδειγμα. Ένα παιδί σκοτώνεται σε τροχαίο δυστύχημα εκατό χιλιόμετρα μακριά από το σπίτι του. Για τη μητέρα του, η απώλεια θα είναι τεράστια, γιατί ήταν το μοναχοπαίδι της. Αν κάποιος της τηλεφωνήσει και της πει απλά τι συνέβη, θα μπορούσε να πεθάνει από το σοκ ή από καρδιακό επεισόδιο. Για το λόγο αυτό της λένε στο τηλέφωνο: «Το παιδί σας είχε ένα μικρό ατύχημα και βρίσκεται τώρα στο νοσοκομείο. Παρακαλούμε ελάτε γρήγορα!» Παρόλο που δεν είναι αλήθεια, αυτό θα της δώσει το κουράγιο να αντέξει στο ταξίδι μέχρι να πάει στο νοσοκομείο. Θα γλυτώσει από τον αβάσταχτο πόνο, τουλάχιστον μέχρι να πάει εκεί. Όταν φτάσει, θα μάθει ούτως ή άλλως τι συνέβη πραγματικά.

Αν της πουν αρχικά για ένα μικρό ατύχημα και έχει χρόνο να συνηθίσει την ιδέα, όταν τελικά μάθει την αλήθεια, το σοκ θα είναι μικρότερο. Σ' αυτή την περίπτωση, θα μπορούσαμε λοιπόν να σώσουμε τη ζωή της μητέρας κρύβοντάς της προσωρινά την αλήθεια. Το παιδί έχει χαθεί έτσι κι αλλιώς, υπάρχει λόγος να στείλουμε και τη μητέρα του στον τάφο; Για τέτοιες περιπτώσεις μιλά η Άμμα. Αυτό βέβαια δεν σημαίνει ότι πρέπει να λέτε ψέματα.

Ένας άνδρας με αδύναμη καρδιά διαγνώστηκε ότι πάσχει από μια σοβαρή ασθένεια. Αν το μάθει απότομα, θα μπορούσε να πάθει καρδιακή ανακοπή. Ο γιατρός λοιπόν, δεν θα του πει τη διάγνωση αμέσως. Θα του πει μονάχα: «Δεν είναι κάτι σοβαρό, πρέπει απλά να ξεκουράζεσαι και να παίρνεις τα φάρμακα». Αυτό δεν μπορεί να θεωρηθεί ένα κοινό ψέμα. Ο γιατρός δεν το λέει για εγωιστικούς λόγους. Κρατά ένα γεγονός προσωρινά κρυφό για το καλό κάποιου άλλου.

Η Άμμα θυμάται μια ιστορία. Κάποτε ζούσε σ' ένα χωριό ένας πλούσιος επιχειρηματίας που μοίραζε το μεγαλύτερο μέρος από τα κέρδη του στους φτωχούς. Πολλοί άνθρωποι πήγαιναν σ' αυτόν για βοήθεια. Είχε επίσης αρκετές γνώσεις για τα

πνευματικά θέματα και συνήθιζε να λέει: «Δεν έχω τη δυνατό-
τητα να κάνω πολύ πνευματική άσκηση. Μου μένει πολύ λίγος
χρόνος για τζάπα (επανάληψη ενός μάντρα) και διαλογισμό. Γι'
αυτό δίνω τα κέρδη από την επιχείρησή μου στους φτωχούς,
έτσι ώστε να ωφελούνται αυτοί. Η υπηρεσία προς τους φτωχούς
είναι ο τρόπος με τον οποίο λατρεύω το Θεό. Αυτό μου δίνει την
ευτυχία και την ικανοποίηση που χρειάζομαι. Η επιχείρησή μου
επίσης πηγαίνει πολύ καλά».

Σ' ένα άλλο χωριό που βρισκόταν πιο μακριά, ζούσε ένας
πολύ φτωχός άνθρωπος. Αποφάσισε μια μέρα να πάει στο χωριό
του πλουσίου, γιατί η οικογένειά του λιμοκτονούσε και έψαχνε
απεγνωσμένα για βοήθεια. Ήταν όμως τόσο αδύναμος από την
πείνα, που ίσα-ίσα μπορούσε να περπατήσει. Αφού περπάτησε
για λίγο, αισθάνθηκε ζάλη και έπεσε στο έδαφος. Η κατάστασή
του ήταν απελπιστική. Σκέφτηκε τότε: «Θεέ μου, ξεκίνησα να
ζητήσω βοήθεια και κοίτα με τώρα, σωριάστηκα στο δρόμο!
Μπορεί να πεθάνω εδώ». Εκείνη τη στιγμή κοίταξε στην άκρη
του δρόμου και είδε ένα ρυάκι να κυλά λίγο πιο πέρα. Μαζεύο-
ντας όλες τις δυνάμεις του κατάφερε να σηκωθεί και να φτάσει
εκεί. Ήπιε νερό από το ρυάκι και το νερό του φάνηκε εξαιρετικά
γλυκό. Ήπιε άφθονο νερό και ένιωσε ανανεωμένος. Το νερό ήταν
υπέροχο. Έφτιαξε μάλιστα ένα πρόχειρο δοχείο από μεγάλα φύλ-
λα δέντρων και πήρε λίγο μαζί του. Ένιωθε τώρα πιο δυνατός
και σιγά σιγά συνέχισε το ταξίδι του κρατώντας το αυτοσχέδιο
δοχείο με το νερό. Τελικά έφτασε στο σπίτι του πλούσιου άνδρα.
Εκεί βρήκε μια μεγάλη ουρά ανθρώπων που περίμεναν να λάβουν
τη βοήθεια που μοίραζε. Οι περισσότεροι είχαν φέρει κάτι να
προσφέρουν σαν δώρο στον ευεργέτη τους. Ο φτωχός άνδρας
σκέφτηκε: «Είμαι ο μόνος που δεν έφερα τίποτα να του δώσω!
Θα του προσφέρω λοιπόν αυτό το υπέροχο νερό».

Όταν ήρθε η σειρά του, πρόσφερε πράγματι το δοχείο
με το νερό στον πλούσιο άνδρα. Εκείνος ήπιε μια γουλιά και

αναφώνησε από ευχαρίστηση: «Είναι πραγματικά υπέροχο! Πόσο ευλογημένο είναι αυτό το νερό!» Ο φτωχός χάρηκε πάρα πολύ. Οι βοηθοί του πλούσιου, που στέκονταν κοντά του, θέλησαν να δοκιμάσουν κι εκείνοι λίγο από το νερό, αλλά εκείνος δεν τους το επέτρεψε. Το έβαλε στην άκρη λέγοντας: «Το νερό αυτό είναι πολύ ιερό». Έδωσε στον φτωχό άνδρα όλα όσα χρειαζόταν και μετά εκείνος έφυγε. Τότε οι βοηθοί του πλούσιου επιχειρηματία τον ρώτησαν: «Μοιράζεσαι χωρίς δισταγμό όλα όσα έχεις με τους άλλους. Γιατί λοιπόν δεν μας άφησες να δοκιμάσουμε αυτό το αγιασμένο νερό;» Ο πλούσιος απάντησε: «Παρακαλώ συγχωρέστε με. Αυτός ο άνδρας ήταν εξαντλημένος και ήπιε το νερό που βρήκε κάπου στο δρόμο. Λόγω της εξάντλησής του, το νερό του φάνηκε πολύ γευστικό και σκέφτηκε ότι ήταν κάτι το ιδιαίτερο. Γι' αυτό το έφερε εδώ. Στην πραγματικότητα το νερό αυτό δεν είναι πόσιμο. Αν όμως αφού το δοκίμασα του έλεγα ότι δεν είναι καλό, ο ταλαίπωρος άνθρωπος θα αισθανόταν πολύ άσχημα. Ό,τι και να του έδινα στη συνέχεια, δεν θα αισθανόταν πραγματική ικανοποίηση και θα έφευγε δυστυχισμένος. Για να μην τον πληγώσω λοιπόν, του είπα ότι το νερό ήταν εξαιρετικό».

Παιδιά μου, σε περιπτώσεις σαν κι αυτήν δεν θα πρέπει να λέμε την αλήθεια, επειδή αυτή μπορεί να πληγώσει κάποιον. Επαναλαμβάνω ξανά, αυτό δεν σημαίνει ότι πρέπει να λέμε ψέματα. Ένας πνευματικός άνθρωπος ποτέ δεν πρέπει να λέει ψέματα για το δικό του συμφέρον. Τα λόγια μας και οι πράξεις μας δεν θα πρέπει να βλάπτουν ούτε έναν άνθρωπο. Υπάρχει μόνο ένα πράγμα που δεν ξεθωριάζει ποτέ, που γεμίζει τη ζωή μας με φως, και αυτό είναι η αγάπη. Παιδιά μου, αυτή η αγάπη είναι ο Θεός.

Ερώτηση: Αν ο Θεός και ο πνευματικός δάσκαλος βρίσκονται μέσα μας, ποια είναι η ανάγκη για έναν εξωτερικό δάσκαλο;

Απάντηση: Μέσα σε κάθε πέτρα, βρίσκεται κρυμμένο ένα άγαλμα. Το άγαλμα αυτό μπορεί να εμφανιστεί μόνο όταν ένας γλύπτης σμιλέψει την πέτρα. Παρομοίως, ο πνευματικός δάσκαλος αναδεικνύει την πραγματική φύση του μαθητή, ο οποίος αρχικά είναι παγιδευμένος στις ψευδαισθήσεις, σε μια κατάσταση βαθιάς λήθης. Για όσο καιρό δεν είμαστε σε θέση να αφυπνιστούμε από μόνοι μας, ο εξωτερικός δάσκαλος είναι απαραίτητος. Αυτός είναι που θα μας βγάλει από την κατάσταση της λήθης.

Μια μαθήτρια μελετούσε εντατικά ένα μάθημα. Όταν όμως ο δάσκαλος την φώναξε στην τάξη, ήταν τόσο αγχωμένη που δεν μπορούσε να θυμηθεί τίποτα. Μια συμμαθήτριά της που καθόταν κοντά της, τής υπενθύμισε την πρώτη γραμμή ενός ποιήματος και τότε ξαφνικά ολόκληρο το ποίημα επανήλθε στη μνήμη της και μπόρεσε να το απαγγείλει αλάνθαστα. Παρομοίως, η γνώση της Αλήθειας βρίσκεται σε λανθάνουσα κατάσταση μέσα μας. Τα λόγια του δασκάλου έχουν τη δύναμη να αφυπνίσουν αυτή τη γνώση.

Όταν ένας μαθητής ασκείται πνευματικά κοντά σε ένα δάσκαλο, ό,τι είναι ψεύτικο μέσα του διαλύεται και ο αληθινός Εαυτός του βγαίνει στο προσκήνιο. Όταν μια εικόνα που καλύπτεται από κερί πλησιάζει κοντά σε φωτιά, το κερί διαλύεται και η μορφή της εικόνας εμφανίζεται ξανά. Το γεγονός ότι υπάρχουν ελάχιστοι άνθρωποι που συνειδητοποίησαν την αλήθεια χωρίς τη βοήθεια κάποιου πνευματικού δασκάλου, δεν σημαίνει ότι και οι υπόλοιποι δεν έχουν ανάγκη τον δάσκαλο.

Η παρουσία του Θεού και του πνευματικού δασκάλου μέσα μας μοιάζει με σπόρο. Ο σπόρος αυτός χρειάζεται το κατάλληλο κλίμα για να αναπτυχθεί και να γίνει δέντρο. Δεν μπορεί να ευδοκιμήσει σε οποιοδήποτε έδαφος. Κατά τον ίδιο τρόπο, για να λάμψει η έμφυτη θεϊκότητα που υπάρχει μέσα μας, χρειάζεται το κατάλληλο περιβάλλον. Ο δάσκαλος είναι εκείνος που δημιουργεί αυτό το περιβάλλον.

Στην περιοχή του Κασμίρ τα μήλα ευδοκιμούν σε μεγάλη αφθονία. Το κλίμα εκεί είναι ιδιαίτερα ευνοϊκό για τις μηλιές. Και στην Κεράλα είναι δυνατόν να παραχθούν μήλα, αλλά η καλλιέργειά τους είναι δύσκολη και πολλά από τα δέντρα ξεραίνονται. Καθώς το κλίμα δεν ευνοϊκό, τα δέντρα που επιβιώνουν δεν δίνουν πολλούς καρπούς. Όπως το κλίμα στο Κασμίρ ευνοεί την καλλιέργεια μήλων, έτσι και η παρουσία ενός φωτισμένου δασκάλου είναι ευνοϊκή για την πνευματική ανάπτυξη του μαθητή. Ο δάσκαλος δημιουργεί ένα ευνοϊκό περιβάλλον για την αφύπνιση του εσωτερικού δασκάλου, που βρίσκεται σε λανθάνουσα κατάσταση στο μαθητή, έτσι ώστε να συνειδητοποιήσει τον αληθινό Εαυτό του.

Στα πνευματικά ζητήματα πρέπει να είμαστε πρακτικοί, όπως και στα εγκόσμια. Η μητέρα κρατά το μπιμπερό του μωρού της και το ντύνει. Σταδιακά το παιδί, καθώς μεγαλώνει, μαθαίνει να κάνει τέτοια πράγματα μόνο του. Μέχρις ότου οι άνθρωποι να είναι σε θέση να αποκτήσουν αυτάρκεια, χρειάζονται τη βοήθεια των άλλων.

Οι ταξιδιώτες που ξεκινούν ένα ταξίδι έχοντας μόνο τη βοήθεια ενός χάρτη, μπορεί να χάσουν κάποια στιγμή το δρόμο τους και να ταλαιπωρηθούν. Αν έχουν όμως μαζί τους έναν έμπειρο οδηγό, τότε δεν θα χαθούν. Αν έχεις μαζί σου κάποιον που ξέρει το δρόμο, το ταξίδι θα είναι γρήγορο και ευχάριστο. Παρόλο που το Υπέρτατο Ον βρίσκεται μέσα σε όλους μας, για όσο καιρό είμαστε παγιδευμένοι στην ταύτιση με το σώμα, έχουμε ανάγκη έναν πνευματικό δάσκαλο. Όταν ο αναζητητής εγκαταλείψει την ταύτιση με το σώμα και το νου του, δεν έχει πια ανάγκη εξωτερικής καθοδήγησης, γιατί ο Θεός και ο εσωτερικός δάσκαλος έχουν αφυπνιστεί μέσα του.

Ένας πνευματικός δάσκαλος είναι ένας *ταπάσβι* (κάποιος που έχει υποβάλει τον εαυτό του σε αυστηρή πειθαρχία). Αν παρομοιάσουμε έναν κοινό άνθρωπο με κερί, ο δάσκαλος συγκριτικά

227

μοιάζει με τον ήλιο. Όσο βαθιά κι αν σκάψουμε σε μερικά μέρη, δεν είναι σίγουρο ότι θα βρούμε νερό. Αν όμως σκάψουμε δίπλα σε ένα ποταμό, θα βρούμε εύκολα νερό. Παρομοίως, η συναναστροφή με έναν πραγματικό δάσκαλο, κάνει το δρόμο ευκολότερο για τον μαθητή. Θα μπορέσει να απολαύσει τους καρπούς της πνευματικής του άσκησης χωρίς πολλή προσπάθεια. Η ένταση του κάρμα και η προσπάθεια που θα πρέπει να καταβάλλει ο μαθητής, αμβλύνονται στην παρουσία ενός δασκάλου.

Η σύγχρονη επιστήμη δέχεται ότι αν συγκεντρώσουμε το νου μας σε ένα σημείο, διατηρούμε τη νοητική μας δύναμη. Εφόσον αυτό ισχύει, σκεφτείτε πόση δύναμη θα έχει ένας γιόγκι που έχει περάσει πολλά χρόνια πνευματικής άσκησης στο διαλογισμό και άλλες πρακτικές! Αυτό εξηγεί το γεγονός ότι με ένα απλό άγγιγμα ενός γιόγκι μεταβιβάζεται πνευματική δύναμη σε άλλους, όπως συμβαίνει με το ηλεκτρικό ρεύμα. Ένας τέλειος δάσκαλος είναι ικανός, όχι μόνο να δημιουργήσει ευνοϊκές συνθήκες για την πνευματική πρόοδο του μαθητή, αλλά επίσης και να του μεταβιβάσει πνευματική δύναμη. Μόνο κάποιος που έχει περάσει μέσα από τα διάφορα στάδια της πνευματικής άσκησης, είναι σε θέση να καθοδηγήσει σωστά έναν αναζητητή.

Μέσω της μελέτης οι φοιτητές μπορούν από μόνοι τους να μάθουν τη θεωρία ενός μαθήματος, αλλά για να πετύχουν στις εξετάσεις της πρακτικής εφαρμογής της θεωρίας, χρειάζονται τη βοήθεια ενός καθηγητή. Κατά τον ίδιο τρόπο, ενώ μπορούμε σε κάποιο βαθμό να μάθουμε για την πνευματικότητα μέσα από βιβλία, χρειαζόμαστε τη βοήθεια ενός ζωντανού δασκάλου, προκειμένου να μεταφέρουμε στην πράξη αυτές τις πνευματικές διδασκαλίες. Οι πνευματικοί αναζητητές θα συναντήσουν στο δρόμο τους αμέτρητα εμπόδια και θα αντιμετωπίσουν πολλά προβλήματα. Αν δεν χειριστούν σωστά τα προβλήματα αυτά, τότε υπάρχει ο κίνδυνος να χάσουν τη νοητική τους ισορροπία. Όταν κάποιος δίνει συμβουλές σε έναν αναζητητή, είναι απαραίτητο να λαμβάνει υπόψη τη φυσική και νοητική του ιδιοσυγκρασία. Μόνο ένας αληθινός δάσκαλος είναι σε θέση να το κάνει αυτό. Ο σκοπός ενός φαρμάκου είναι να θεραπεύσει το σώμα του ασθενή, αλλά αν το φάρμακο αυτό δεν ληφθεί σύμφωνα με τις οδηγίες, μπορεί να κάνει περισσότερο κακό παρά καλό. Το ίδιο ισχύει και για την πνευματική άσκηση. Επομένως, η καθοδήγηση ενός πνευματικού δασκάλου είναι απολύτως απαραίτητη για έναν αναζητητή.

Ερώτηση: Είναι δυνατόν να φθάσουμε στο στόχο διαβάζοντας μόνο πνευματικά κείμενα, χωρίς τη βοήθεια των γιάμα και νιγιάμα (κανόνες ηθικής συμπεριφοράς), του διαλογισμού και της ανιδιοτελούς υπηρεσίας;

Άμμα: Μελετώντας τις γραφές μπορούμε να καταλάβουμε ποιος είναι ο δρόμος που οδηγεί στο Θεό. Μπορούμε να μάθουμε τις αρχές του Εαυτού. Εντούτοις, η απλή γνώση σχετικά με τους τρόπους και τα μέσα δεν αρκεί. Για να φθάσουμε στο στόχο, πρέπει να ακολουθήσουμε στην πράξη το μονοπάτι που υποδεικνύεται στις γραφές.

Ας υποθέσουμε ότι ένας άνθρωπος χρειάζεται ένα συγκεκριμένο αντικείμενο. Ζητά σχετικές πληροφορίες και μαθαίνει ότι αυτό βρίσκεται σ' ένα μακρινό μέρος. Βρίσκει σε ένα χάρτη το δρόμο και την τοποθεσία όπου βρίσκεται το αντικείμενο αυτό. Δεν θα το βρει όμως αν δεν πάει εκεί σύμφωνα με τις οδηγίες.

Ας φανταστούμε ότι ένας άνθρωπος θέλει να αγοράσει κάποιο φάρμακο. Το φαρμακείο βρίσκεται στην άλλη όχθη μιας λίμνης. Μπαίνει λοιπόν σε μια βάρκα, αλλά όταν φθάσει στην απέναντι όχθη αρνείται να βγει απ' αυτήν. Απλά κάθεται εκεί και δεν πηγαίνει στο φαρμακείο να πάρει το φάρμακο. Έτσι είναι μερικοί άνθρωποι. Δεν είναι διατεθειμένοι να εγκαταλείψουν το σημείο στο οποίο βρίσκονται στο μονοπάτι. Ακόμα κι όταν φτάσουν στην απέναντι όχθη, συνεχίζουν να παραμένουν προσκολλημένοι στη βάρκα! Η τυφλή προσκόλληση στο μονοπάτι, αντί για την πρόοδο πάνω σε αυτό, θα δημιουργήσει μόνο νέα δεσμά.

Αν θέλουμε να φθάσουμε στο στόχο, είναι καθήκον μας να ακολουθούμε το μονοπάτι που περιγράφεται στις γραφές, καθώς και να ασκούμαστε πνευματικά με τον ενδεδειγμένο τρόπο. Δεν είναι αρκετό απλά να μελετάμε τις γραφές. Πρέπει επίσης, να καλλιεργούμε την αρετή της ταπεινότητας. Προς το παρόν, το εγώ είναι εκείνο που υπερισχύει μέσα μας. Πρέπει να μάθουμε να είμαστε ταπεινοί. Όταν σε ένα φυτό ο καρπός του ωριμάζει, τότε αυτό χαμηλώνει προς το έδαφος. Έτσι κι εμείς, καθώς ωριμάζουμε και αναπτύσσουμε την αρετή της σοφίας, γινόμαστε αυθόρμητα ταπεινοί.

Η μελέτη των γραφών μπορεί να συγκριθεί με το φράχτη που περιβάλλει ένα περιβόλι, ενώ η πνευματική άσκηση με την καλλιέργεια των δέντρων μέσα σε αυτό. Ο φράχτης παρέχει προστασία στα δέντρα, αλλά για να πάρουμε τους καρπούς τους, είναι απαραίτητο να φυτέψουμε τα δενδρύλλια και να τα καλλιεργήσουμε. Επομένως, η μελέτη των γραφών δεν αρκεί από μόνη της. Η τήρηση των ηθικών κανόνων στο πνευματικό μονοπάτι, ο διαλογισμός, η επανάληψη ενός μάντρα και άλλες πνευματικές πρακτικές, είναι επίσης απαραίτητες.

Όταν αφυπνιστεί στον αναζητητή η αγνή αγάπη για το Θεό, τότε οι διάφοροι περιορισμοί και κανόνες δεν είναι τόσο σημαντικοί. Μπροστά στη θεϊκή αγάπη, όλοι οι περιορισμοί και οι κανόνες εξαφανίζονται. Για έναν πραγματικό πιστό που έχει αναπτύξει αυτή την αγάπη, υπάρχει μονάχα ο Θεός. Μέσα σε όλο το σύμπαν ένας τέτοιος αναζητητής βλέπει μόνο το Θεό. Όπως μια νυχτοπεταλούδα πέφτει μέσα στη φωτιά και γίνεται ένα με τις φλόγες, έτσι και ο πιστός μέσα στην αγάπη του για το Θεό, γίνεται η ουσία του Θεού. Ο πιστός, το ίδιο το σύμπαν, όλα είναι

Θεός. Ποιοί κανόνες και περιορισμοί μπορούν να ισχύσουν για μια τέτοια ψυχή;

Μέσω του διαλογισμού μπορείτε να αναπτύξετε απεριόριστη δύναμη. Όπως όλη η ποσότητα του νερού σε μια δεξαμενή μπορεί να περάσει μέσα από έναν απλό σωλήνα, έτσι και η Υπέρτατη Δύναμη ρέει μέσα από έναν ταπάσβι. Ένας σοφός δεν κάθεται απλά ισχυριζόμενος ότι είναι το Μπράχμαν. Χάρη στη συμπόνια του σοφού, η Δύναμη που ρέει μέσα του ευεργετεί ολόκληρο τον κόσμο.

Ερώτηση: Άμμα, γιατί δίνεις τόσο μεγάλη σημασία στην ανιδιοτελή υπηρεσία;

Άμμα: Ο διαλογισμός και η μελέτη των γραφών είναι όπως οι δύο όψεις ενός νομίσματος. Τα γράμματα και τα σχέδια που βρίσκονται πάνω σ' αυτό είναι η ανιδιοτελής υπηρεσία, και είναι αυτά που δίνουν πραγματική αξία στο νόμισμα.

Ένας φοιτητής που μόλις ολοκλήρωσε τις σπουδές του στην ιατρική, δεν έχει ακόμα επαρκείς γνώσεις για να θεραπεύσει ασθενείς. Πρέπει πρώτα να δουλέψει σαν μαθητευόμενος για μια χρονική περίοδο. Η εμπειρία, που θα αποκομίσει από την πρακτική του, θα τον εφοδιάσει με την απαραίτητη γνώση που θα του επιτρέψει να εφαρμόσει όλα όσα σπούδασε. Η θεωρητική γνώση δεν αρκεί, πρέπει να μετατραπεί σε πράξη.

Όσο κι αν έχεις μελετήσει τις γραφές, όποιο επίπεδο γνώσεων σε πνευματικά θέματα κι αν έχεις, πρέπει να εκπαιδεύσεις το νου σου να υπερβαίνει τις δύσκολες καταστάσεις. Ο καλύτερος τρόπος για να το πετύχεις αυτό, είναι μέσω της ανιδιοτελούς υπηρεσίας (κάρμα γιόγκα). Όταν βγαίνεις έξω στον κόσμο και δουλεύεις κάτω από διαφορετικές συνθήκες, τότε μπορείς να παρατηρήσεις πώς αντιδρά ο νους σου σε αυτές. Δεν μπορούμε να γνωρίσουμε τον εαυτό μας, μέχρι να αναγκαστούμε να αντιμετωπίσουμε διάφορες καταστάσεις. Όταν δημιουργηθούν

231

οι κατάλληλες συνθήκες, τα βασάνα που υπάρχουν στο νου θα αναδυθούν. Καθώς τα βλέπουμε να ανασύρονται από τα βάθη του νου, ένα προς ένα, τότε μπορούμε να τα εξαλείψουμε. Η ανιδιοτελής υπηρεσία δυναμώνει το νου τόσο, ώστε να μπορούμε να υπερβαίνουμε οποιαδήποτε δυσκολία στη ζωή. Η συμπόνια και η ανιδιοτέλεια μας οδηγούν στις βαθύτερες αλήθειες της ζωής. Μέσω της ανιδιοτελούς δράσης μπορούμε να εξαλείψουμε το εγώ που κρύβει τον Εαυτό. Η ανιδιοτελής, δίχως προσκόλληση, δράση οδηγεί στην απελευθέρωση. Η δράση αυτή δεν είναι απλά κάποια δουλειά, είναι κάρμα γιόγκα.

Ο Κύριος Κρίσνα είπε στον Αρτζούνα: «Και στους τρεις κόσμους δεν υπάρχει τίποτα για μένα που να χρειάζεται να κάνω. Εντούτοις, είμαι πάντα απασχολημένος σε δράση». Οι πράξεις του Κυρίου ήταν νηφάλιες και ανιδιοτελείς. Αυτό ήταν το μονοπάτι που ο Κρίσνα συμβούλεψε τον Αρτζούνα να ακολουθήσει.

Κάποτε ένας λάτρης του Θεού χρειαζόταν μια λεία, στρογγυλή πέτρα για να τη χρησιμοποιήσει σε μια ειδική θρησκευτική τελετουργία. Περιπλανώμενος σε αναζήτηση μιας τέτοιας πέτρας, ο αναζητητής τελικά σκαρφάλωσε στην κορυφή ενός βουνού, ελπίζοντας να τη βρει εκεί. Όταν έφτασε εκεί, ανακάλυψε απογοητευμένος ότι δεν υπήρχαν τέτοιες όμορφες, λείες πέτρες. Μέσα στην απελπισία του άρπαξε ένα βράχο και τον άφησε να κατρακυλήσει στη βουνοπλαγιά. Όταν αργότερα κατέβηκε από την κορυφή και έφτασε στους πρόποδες του βουνού, ανακάλυψε έκπληκτος μια όμορφη, λεία πέτρα, με τέλειο στρογγυλό σχήμα να βρίσκεται εκεί. Ήταν ακριβώς η πέτρα που έψαχνε! Συνειδητοποίησε τότε, ότι ήταν η ίδια πέτρα που έριξε από το βουνό. Καθώς κατρακυλούσε, τριβόταν πάνω στις άλλες πέτρες και έχασε τις μυτερές γωνίες της. Αν είχε παραμείνει στην κορυφή, δεν θα γινόταν ποτέ λεία και στρογγυλή.

Παρομοίως, όταν μετακινούμαστε από την κορυφή του βουνού, δηλαδή από το επίπεδο του εγώ, στην πεδιάδα της ταπεινότητας, οι σκληρές και μυτερές γωνίες του εγώ εξαλείφονται και ο νους μας υιοθετεί μια στάση λατρείας. Αν επιμένουμε να καλλιεργούμε το εγώ, δεν θα κερδίσουμε τίποτα. Με την ταπεινότητα, αντίθετα, κερδίζουμε τα πάντα. Μια ανιδιοτελής στάση, ελεύθερη από επιθυμίες, μας βοηθά να εξαλείψουμε το εγώ. Γι' αυτό δίνουμε στις ανιδιοτελείς πράξεις τόσο μεγάλη σημασία.

Για όσο διάστημα το εγώ εξακολουθεί να υφίσταται, η καθοδήγηση ενός πνευματικού δασκάλου είναι απαραίτητη. Για ένα μαθητή που ζει σύμφωνα με τη θέληση του δασκάλου του, κάθε πράξη είναι ένα μέσο για να εξαλείψει τις μυτερές γωνίες του εγώ. Ένας αληθινός δάσκαλος δεν έχει ούτε ίχνος εγωισμού. Ο δάσκαλος ζει για τον μαθητή. Ο μαθητής όμως πρέπει να παραδοθεί ολοκληρωτικά στο δάσκαλο. Όπως ένας ασθενής παραμένει ξαπλωμένος, χωρίς να προβάλει αντίσταση στο γιατρό που τον θεραπεύει, έτσι και ο μαθητής πρέπει να παραδίδεται πλήρως στη θέληση του δασκάλου.

Η Άμμα δεν ισχυρίζεται ότι η δράση από μόνη της είναι εκείνη που μας οδηγεί στο στόχο. Κάρμα (δράση), γκυάνα (γνώση) και μπάκτι (αφοσίωση) γιόγκα, έχει καθεμιά τη δική της σημασία. Αν τα δυο φτερά ενός πουλιού είναι η αφοσίωση και η δράση, η γνώση είναι η ουρά του. Μόνο με τη βοήθεια και των τριών, μπορεί το πουλί να πετά ψηλά στον ουρανό.

Για να είμαστε ικανοί να αντιμετωπίζουμε τις διάφορες καταστάσεις της ζωής με επίγνωση και νοητική σταθερότητα, πρέπει πρώτα να εκπαιδεύσουμε το νου μας. Το πεδίο της δράσης είναι ιδανικό για μια τέτοια εκπαίδευση. Οτιδήποτε κάνει ο πνευματικός αναζητητής, όταν ο νους του είναι εστιασμένος στο στόχο του, δεν είναι απλή εργασία, είναι κάρμα γιόγκα. Για τον πνευματικό αναζητητή, κάθε πράξη είναι πνευματική άσκηση. Ως μαθητής υπηρετεί το δάσκαλό του, ως πιστός λατρεύει το Θεό. Ο δάσκαλος δεν είναι απλά ένα άτομο αλλά η ενσάρκωση

233

όλων των θεϊκών αρετών. Ο δάσκαλος είναι το Φως. Μοιάζει με το θυμίαμα, που τη μια στιγμή έχει μορφή και άρωμα και την επόμενη εξαφανίζεται. Ο δάσκαλος, μολονότι λαμβάνει μια μορφή, είναι ουσιαστικά άμορφος. Βρίσκεται πέρα απ' όλες τις μορφές και τις ιδιότητες. Ο δάσκαλος ζει για τον μαθητή, ποτέ για τον εαυτό του. Κάθε πράξη του μαθητή που εκτελείται με αυτή την κατανόηση είναι κάρμα γιόγκα και οδηγεί στην απελευθέρωση. Υπηρετώντας το δάσκαλο κατ' αυτό τον τρόπο, ο μαθητής φθάνει στην κατάσταση της υπέρτατης συνείδησης.

Ερώτηση: Ποια είναι η βασικότερη προϋπόθεση για να προοδεύσει κάποιος στην πνευματική ζωή;

Άμμα: Όταν ένα λουλούδι είναι ακόμα μπουμπούκι, δεν μπορούμε να δούμε την ομορφιά του και να μυρίσουμε το άρωμα του. Το λουλούδι πρέπει να ανθίσει. Θα ήταν άσκοπο να προσπαθούμε να το ανοίξουμε πρόωρα. Πρέπει να περιμένουμε υπομονετικά, ώστε το μπουμπούκι να ξεδιπλωθεί μόνο του. Μόνο τότε θα βιώσουμε πλήρως την ομορφιά και το άρωμά του. Η υπομονή είναι λοιπόν απαραίτητη.

Σε κάθε πέτρα βρίσκεται κρυμμένο ένα άγαλμα. Όταν ο γλύπτης σμιλέψει την πέτρα, το άγαλμα αναδύεται από μέσα της. Το όμορφο γλυπτό γεννιέται, γιατί η πέτρα προσφέρει υπομονετικά τον εαυτό της στον καλλιτέχνη για μεγάλο χρονικό διάστημα.

Μια πέτρα που βρίσκεται στους πρόποδες του βουνού Σαμπαριμάλα[56], παραπονιέται στο άγαλμα του Κυρίου που γίνεται αντικείμενο λατρείας μέσα στο ναό: «Είσαι κι εσύ πέτρα όπως κι εγώ, αλλά εσένα σε λατρεύουν όλοι, ενώ εμένα με ποδοπατούν. Τι αδικία είναι αυτή;» Το άγαλμα απαντά: «Τώρα βλέπεις ότι όλοι με λατρεύουν. Προτού έρθω όμως εδώ, ένας γλύπτης με λάξευσε εκατοντάδες χιλιάδες φορές. Όλο αυτό το

---

[56] Ένα ιερό βουνό στην Κεράλα, στην κορυφή του οποίου βρίσκεται ένας φημισμένος ναός.

234

διάστημα στεκόμουν υπομονετικά μπροστά στο γλύπτη χωρίς την παραμικρή αντίσταση. Το αποτέλεσμα ήταν να βρίσκομαι τώρα εδώ και να με λατρεύουν εκατομμύρια άνθρωποι». Η υπομονή της πέτρας την μετέτρεψε σε άγαλμα στο ναό.

Πρέπει πάντα να έχουμε τη στάση του αρχάριου, τη στάση ενός αθώου παιδιού. Μόνο ένας αρχάριος έχει την υπομονή και την προσοχή που απαιτούνται για να μάθει πραγματικά κάτι καινούργιο. Μέσα σε όλους μας υπάρχει ένα παιδί. Προς το παρόν βρίσκεται σε λήθαργο, αυτό είναι όλο. Πρέπει να ξυπνήσουμε αυτό το παιδί. Η αίσθηση του «εγώ» είναι αυτό που μας εμποδίζει. Όταν το παιδί αφυπνιστεί, η αθωότητα επανέρχεται με φυσικό τρόπο. Θα αισθανόμαστε την επιθυμία να μαθαίνουμε από τα πάντα. Η υπομονή, η επίγνωση και η προσοχή, θα ακολουθήσουν αυθόρμητα. Όταν λοιπόν το εσωτερικό παιδί αφυπνιστεί, οι αρετές αυτές θα ανθίσουν μέσα μας. Η αίσθηση του «εγώ» και «δικό μου» δεν θα έχει πια θέση στο νου μας. Αν έχουμε πάντα τη στάση ενός αρχάριου, κάθε κατάσταση θα είναι μια ευκαιρία για μάθηση. Ό,τι χρειαζόμαστε θα έρχεται μόνο του σε εμάς. Αν διατηρήσουμε αυτή τη στάση σε όλη μας τη ζωή, μέχρι το τέλος, όχι μόνο δεν θα χάσουμε τίποτα, αλλά θα έχουμε κερδίσει τα πάντα.

Στις μέρες μας οι περισσότεροι άνθρωποι ξέρουν μόνο το προσποιητό χαμόγελο που σχηματίζεται μηχανικά στο πρόσωπο. Το αληθινό χαμόγελο έρχεται απ' την καρδιά. Μόνο μια αθώα καρδιά μπορεί να βιώσει αληθινή χαρά και να τη μεταδώσει στους άλλους. Γι' αυτό πρέπει να αφυπνίσουμε την καρδιά του αθώου παιδιού μέσα μας. Πρέπει να αφήσουμε αυτό το παιδί να αναπτυχθεί.

Ερώτηση: Άμμα, φαίνεται ότι δίνεις μεγαλύτερη σημασία στο μονοπάτι της αφοσίωσης (μπάκτι) σε σχέση με τα υπόλοιπα. Ποιος είναι ο λόγος γι' αυτό;

Άμμα: Παιδιά μου, όταν λέτε «αφοσίωση», μήπως εννοείτε μόνο την επανάληψη ενός μάντρα και το τραγούδι των λατρευτικών ύμνων; Αληθινή αφοσίωση είναι η διάκριση ανάμεσα στο αιώνιο και στο εφήμερο, είναι η παράδοση του μικρού εαυτού μας στο Άπειρο. Η Άμμα δίνει σημασία στην πρακτική πλευρά της αφοσίωσης.

Τα παιδιά που ζουν εδώ (οι μπραχματσάρι, άνδρες και γυναίκες, που ζουν στο άσραμ της Άμμα), μελετούν πολλά πνευματικά βιβλία και κάνουν ερωτήσεις στην Άμμα. Η Άμμα, συνήθως, τους δίνει απαντήσεις σύμφωνα με το πνεύμα της Βεδάντα. Όταν όμως μιλά σε ευρύτερο κοινό, η Άμμα δίνει μεγαλύτερη έμφαση στην αφοσίωση, γιατί το ενενήντα τοις εκατό των ανθρώπων, δεν έχειν αναπτύξει σε επαρκή βαθμό τη δυνατότητα κατανόησης. Δεν έχουν μελετήσει πνευματικά βιβλία προτού έρθουν εδώ και δεν είναι δυνατόν να τους διδάξει κανείς τις πνευματικές αρχές σε μια μόνο μέρα ή κατά τη διάρκεια ενός ντάρσαν. Γι' αυτό είναι προτιμότερο να λάβουν συμβουλές τις οποίες θα μπορέσουν να εφαρμόσουν στη ζωή τους. Η Άμμα τους παροτρύνει επίσης να μελετούν και πνευματικά βιβλία.

Η αντβάιτα (μη δυισμός) είναι το θεμέλιο των πάντων. Η Άμμα διδάσκει την αφοσίωση στην πράξη, η οποία είναι ριζωμένη στην αντβάιτα.

ΟΙ περισσότεροι άνθρωποι που έρχονται εδώ αγνοούν τις πνευματικές αρχές. Έχουν μόνο συνηθίσει να επισκέπτονται ναούς. Το δέκα τοις εκατό μονάχα απ' αυτούς μπορεί να ενδιαφερθεί για την πνευματική γνώση και ενδέχεται να ακολουθήσει ένα διαφορετικό μονοπάτι. Δεν μπορούμε όμως να αγνοήσουμε τους υπόλοιπους. Δεν πρέπει κι αυτοί να εξυψωθούν πνευματικά; Γι' αυτό λοιπόν η Άμμα συμβουλεύει κάθε άτομο ανάλογα με το επίπεδο της κατανόησής του.

Οι προσευχές και οι λατρευτικοί ύμνοι στο άσραμ δεν είναι απλά προσευχές. Είναι πνευματικές πρακτικές που γίνονται για

236

να αφυπνιστεί ο πραγματικός Εαυτός μέσα μας. Πρόκειται για μια διαδικασία ευθυγράμμισης της ατομικής συνείδησης με την Παγκόσμια Συνειδητότητα, καθώς και εξύψωσης του ατόμου από το επίπεδο του σώματος και του νου, όπου βρίσκεται, στον Παγκόσμιο Εαυτό.

Δεν χρειάζεται να αναζητάμε ένα Θεό που κάθεται κάπου ψηλά, πέρα από τον ουρανό. Ο Θεός είναι η Παγκόσμια Συνειδητότητα που διαπερνά τα πάντα. Εντούτοις, συμβουλεύουμε τους ανθρώπους να διαλογίζονται σε μια μορφή, γιατί, προκειμένου ο νους να αποκτήσει συγκέντρωση, είναι απαραίτητο να χρησιμοποιούμε κάποια μέθοδο. Σε μια οικοδομή, για να κατασκευάσουμε μια πλάκα από τσιμέντο, χρειάζεται να φτιάξουμε ένα ξύλινο καλούπι, μέσα στο οποίο ρίχνουμε το τσιμέντο. Όταν αυτό έχει σταθεροποιηθεί, τότε αφαιρούμε το καλούπι. Αυτή η διαδικασία μπορεί να συγκριθεί με τη λατρεία μιας θεϊκής μορφής. Η μορφή είναι απαραίτητη στην αρχή, μέχρι να αφομοιωθούν οι πνευματικές αρχές. Όταν ο νους εδραιωθεί στον Παγκόσμιο Εαυτό, δεν υπάρχει πια ανάγκη για τέτοιες μεθόδους.

Μόνο εκείνοι που είναι ταπεινοί μπορούν να δεχτούν τη χάρη του Θεού. Σε κάποιον που αντιλαμβάνεται την παρουσία του Θεού στα πάντα, δεν υπάρχει θέση για το εγώ. Γι’ αυτό λοιπόν η πρώτη αρετή, που πρέπει να καλλιεργήσουμε στον εαυτό μας, είναι η ταπεινότητα. Αυτός είναι ο σκοπός των προσευχών και των λατρευτικών ύμνων στο άσραμ. Πρέπει να είμαστε ταπεινοί σε κάθε ματιά, λέξη και πράξη μας.

Όταν ένας ξυλουργός πιάνει ένα κοπίδι για να ξεκινήσει τη δουλειά του, το αγγίζει με σεβασμό και υποκλίνεται σε αυτό για να λάβει την ευλογία. Το κοπίδι είναι απλά ένα εργαλείο, και όμως ο ξυλουργός υποκλίνεται σε αυτό. Προτού ξεκινήσουμε να τραγουδάμε τους λατρευτικούς ύμνους, αγγίζουμε το αρμόνιο με σεβασμό και υποκλινόμαστε σε αυτό. Είναι μέρος της κουλτούρας μας να δείχνουμε σεβασμό σε ένα αντικείμενο προτού το χρησιμοποιήσουμε. Γιατί δείχνουμε τέτοιο σεβασμό στα αντικείμενα που χρησιμοποιούμε; Είναι κάτι που μας βοηθά να μάθουμε να βλέπουμε το Θεό στα πάντα. Αυτό που οι πρόγονοί μας προσπαθούσαν να πετύχουν μέσω αυτής της συνήθειας, ήταν η εξάλειψη του εγωισμού. Κατά τον ίδιο τρόπο, η προσευχή είναι μια έκφραση ταπεινότητας, είναι ένας τρόπος να απαλλαγούμε από το εγώ.

Πολλοί ρωτούν αν οι προσευχές πρέπει να γίνονται σιωπηλά. Για μερικούς ανθρώπους ίσως είναι απαραίτητο να διαβάζουν σιωπηλά, ενώ άλλοι συνηθίζουν να διαβάζουν δυνατά, γιατί μόνο έτσι μπορούν να καταλάβουν αυτό που διαβάζουν. Δεν μπορούμε να πούμε σε κάποιον που έχει μάθει να διαβάζει δυνατά: «Μην διαβάζεις τόσο δυνατά! Πρέπει να διαβάζεις από μέσα σου, όπως εγώ!» Μερικοί άνθρωποι συγκεντρώνονται περισσότερο προσευχόμενοι δυνατά, ενώ άλλοι προτιμούν τη σιωπή. Παρομοίως, για ανθρώπους με διαφορετική ιδιοσυγκρασία, χρειάζονται διαφορετικά πνευματικά μονοπάτια. Όλα τα μονοπάτια οδηγούν τελικά στην υπέρτατη γαλήνη.

Αρκετοί άνθρωποι λένε: «Άμμα, όταν διαλογίζομαι με τα μάτια κλειστά, πολλές σκέψεις εμφανίζονται ακατάπαυστα στο νου μου, όταν όμως τραγουδώ μπάτζαν και προσεύχομαι, μπορώ να συγκεντρωθώ πλήρως». Ο σκοπός της πνευματικής άσκησης είναι να αποκτήσει ο νους συγκέντρωση. Όταν λέμε «δεν είμαι το σώμα, ούτε ο νους» ακολουθώντας το μονοπάτι του «νέτι νέτι», χρησιμοποιούμε έναν άλλο τρόπο προκειμένου να φθάσουμε στο Υπέρτατο Ον. Ο σκοπός των προσευχών και των λατρευτικών ύμνων είναι ο ίδιος.

Υπάρχει μήπως κάποια θρησκεία στην οποία να μην έχουν θέση η αφοσίωση και η προσευχή; Αυτά τα δύο στοιχεία θα τα βρείτε στο Βουδισμό, στο Χριστιανισμό και στο Ισλάμ. Και σε αυτές τις θρησκείες υπάρχει επίσης η σχέση δασκάλου και μαθητή. Η σχέση αυτή υπάρχει ακόμα και στο μη δυιστικό μονοπάτι.

Επομένως, ακόμα και σ' αυτό το μονοπάτι, στη σχέση δασκάλου και μαθητή, εμφανίζεται ο δυισμός. Δεν είναι και η αφοσίωση στο δάσκαλο μια μορφή αφοσίωσης;

Μέσω της προσευχής προσπαθούμε να αφομοιώσουμε τις θεϊκές αρετές, προσπαθούμε να συνειδητοποιήσουμε το Απόλυτο. Η προσευχή δεν είναι ένδειξη αδυναμίας, είναι ένα μεγάλο βήμα προς το Θεό.

Ερώτηση: Μπορεί ο διαλογισμός να βλάψει; Μερικοί άνθρωποι λένε ότι ανεβαίνει η θερμοκρασία στο κεφάλι τους κατά τη διάρκεια του διαλογισμού.

Άμμα: Είναι πάντοτε καλύτερο να μάθουμε τον τρόπο να διαλογιζόμαστε κατευθείαν από ένα δάσκαλο. Ο διαλογισμός μοιάζει με φάρμακο, το οποίο συνοδεύεται από οδηγίες χρήσης. Αν αγνοήσετε τη δοσολογία και καταπιείτε όλο το περιεχόμενο μονομιάς, είναι πολύ πιθανό να σας βλάψει. Παρομοίως, πρέπει να διαλογίζεστε ακολουθώντας τις οδηγίες ενός πνευματικού δασκάλου. Ο δάσκαλος αξιολογεί πρώτα τη διανοητική και σωματική σας κατάσταση, υποδεικνύοντας τις πνευματικές πρακτικές που είναι καταλληλότερες για εσάς. Μερικοί άνθρωποι, μπορούν να διαλογιστούν για πολλή ώρα χωρίς κανένα πρόβλημα. Αλλά αυτό δεν ισχύει για όλους. Άλλοι άνθρωποι παρασύρονται από τον ενθουσιασμό τους και διαλογίζονται για πολύ ώρα, χωρίς να ακολουθούν καμιά οδηγία ή κανόνα. Δεν θέλουν ούτε να κοιμηθούν. Η πρακτική τους δεν βασίζεται σε καμιά κατανόηση των πνευματικών κειμένων ή στις οδηγίες κάποιου δασκάλου, αλλά μονάχα στον αρχικό ενθουσιασμό τους. Αυτοί οι άνθρωποι δεν κοιμούνται αρκετά και η θερμοκρασία στο κεφάλι τους μπορεί να ανέβει. Αυτό συμβαίνει γιατί διαλογίζονται περισσότερο απ' όσο αντέχει το σώμα τους. Το κάθε άτομο έχει συγκεκριμένες δυνατότητες, ανάλογα με τη σωματική και νοητική του κατάσταση. Αν σ' ένα όχημα που χωράει εκατό ανθρώπους, στριμωχτούν πεντακόσιοι, τότε αυτό δεν θα μπορεί να κινηθεί φυσιολογικά. Κατά τον ίδιο τρόπο, αν λόγω του αρχικού ενθουσιασμού, κάνετε τζάπα και διαλογισμό για ώρες, το κεφάλι σας μπορεί να ζεσταθεί και να ακολουθήσουν και άλλα προβλήματα. Γι' αυτό είναι σημαντικό η πνευματική άσκηση να γίνεται κάτω από την καθοδήγηση ενός αληθινού δασκάλου.

Υπάρχουν άνθρωποι που λένε: «Τα πάντα βρίσκονται μέσα μου. Είμαι Θεός». Αυτά όμως είναι απλά λόγια που δεν προέρχονται από την εμπειρία τους. Οι δυνατότητες κάθε συσκευής, ή μηχανής, είναι συγκεκριμένες. Μια λάμπα ισχύος δέκα βατ δεν μπορεί να δώσει το φως μιας λάμπας εκατό βατ. Μια γεννήτρια παράγει ρεύμα, αλλά αν υπερφορτωθεί στο τέλος θα καεί. Παρομοίως, υπάρχει ένα όριο στην ποσότητα της πνευματικής άσκησης που μπορεί να κάνει κάποιος. Εξαρτάται από τις δυνατότητες του νου και του σώματος του κάθε ατόμου. Πρέπει λοιπόν να προσέχετε να μην υπερβαίνετε τα όρια αυτά.

Αν αγοράσετε ένα καινούργιο αυτοκίνητο, στην αρχή δεν θα πρέπει να το οδηγείτε γρήγορα. Για να αντέξει πολλά χρόνια και να λειτουργεί ομαλά, θα πρέπει να το οδηγείτε προσεκτικά. Το ίδιο ισχύει για τον αναζητητή σε ό,τι αφορά την πνευματική του άσκηση. Η τζάπα και ο διαλογισμός δεν θα πρέπει να γίνονται σε υπερβολικό βαθμό και χωρίς ύπνο. Ο διαλογισμός, η τζάπα, η μελέτη των γραφών και η σωματική εργασία, πρέπει να γίνονται με ισορροπημένο τρόπο. Υπάρχουν άνθρωποι που είναι επιρρεπείς σε νοητικές διαταραχές. Αν διαλογιστούν για πολύ ώρα, αυξάνεται η θερμοκρασία του σώματός τους και η νοητική τους κατάσταση επιδεινώνεται. Αυτοί είναι προτιμότερο να απασχολούνται περισσότερο σε χειρωνακτική εργασία, γιατί έτσι μπορούν να ξαναβρούν την ισορροπία τους. Ο νους τους θα περιπλανιέται λιγότερο και σταδιακά θα είναι σε θέση να τον ελέγξουν. Αν όμως κάθονται άπραγοι, χωρίς να εργάζονται καθόλου, η κατάστασή τους σίγουρα θα επιδεινωθεί. Δέκα με δεκαπέντε λεπτά διαλογισμού είναι αρκετά για αυτούς, αν είναι ήρεμοι. Υπάρχουν λοιπόν πολλές διαφορετικές κατηγορίες ανθρώπων. Σε κάθε άτομο πρέπει να δίνονται οι κατάλληλες οδηγίες. Αν κάποιος μάθει μια πρακτική, όπως ο διαλογισμός, από βιβλία, τότε δεν θα γνωρίζει ποιοι περιορισμοί ισχύουν για την περίπτωσή του, κι αυτό μπορεί να δημιουργήσει προβλήματα. Ας υποθέσουμε ότι πρόκειται να επισκεφθείτε ένα σπίτι, στην αυλή του οποίου βρίσκεται ένας άγριος σκύλος. Σ' αυτή την περίπτωση θα φωνάξετε τον ιδιοκτήτη έξω από την αυλόπορτα και θα περιμένετε μέχρι να έρθει να δέσει τον σκύλο, ώστε να μην κινδυνεύσετε. Μόνο τότε θα μπείτε μέσα. Αν δεν έχετε υπομονή και προσπαθήσετε να μπείτε μέσα, τότε ο σκύλος είναι πιθανόν να σας δαγκώσει. Παρομοίως, μπορεί να είναι επικίνδυνο να συνεχίσετε την πνευματική άσκηση χωρίς να συμβουλευτείτε ένα σοφό, έμπειρο δάσκαλο.

Ο πνευματικός αναζητητής μοιάζει με ταξιδιώτη που διασχίζει ένα πυκνό δάσος γεμάτο κινδύνους και άγρια θηρία. Ο ταξιδιώτης αυτός χρειάζεται τη βοήθεια ενός οδηγού που να γνωρίζει το μονοπάτι που πρέπει να ακολουθήσει μέσα στο δάσος. Δεν είναι προτιμότερο να έχουμε κάποιον μαζί μας που να μπορεί να μας πει: «Υπάρχει κίνδυνος μπροστά σου! Πρόσεξε! Μην πας απ' εδώ! Είναι προτιμότερο να ακολουθήσεις το άλλο μονοπάτι!»

Δεν έχει νόημα να κατηγορούμε το Θεό, όταν αγνοούμε τις οδηγίες που μας δίνονται και υποφέρουμε από τις συνέπειες της απερισκεψίας μας. Όταν ρίχνουμε το φταίξιμο στο Θεό για τη δική μας επιπολαιότητα, μοιάζουμε με εκείνο τον μεθυσμένο οδηγό που όταν τράκαρε και τον συνέλαβε η αστυνομία είπε: «Δεν φταίω εγώ για το τρακάρισμα με το άλλο αυτοκίνητο. Σίγουρα η βενζίνη του αυτοκινήτου μου είναι υπεύθυνη γι'

241

αυτό!» Όταν κι εμείς κατηγορούμε το Θεό για τις δυσκολίες που συναντάμε εξαιτίας της απροσεξίας μας, κάνουμε ακριβώς το ίδιο.

Τα πάντα έχουν το δικό τους ντάρμα – τους δικούς τους κανόνες και περιορισμούς και τη δική τους φύση – κι εμείς πρέπει να σεβόμαστε το ντάρμα αυτό. Και ο διαλογισμός επίσης έχει τη δική του μεθοδολογία. Οι δάσκαλοι έχουν καθορίσει τους κανόνες και τις μεθόδους για κάθε είδος πνευματικής άσκησης. Κάθε πρακτική θα πρέπει να επιλέγεται λαμβάνοντας υπόψη τη σωματική και νοητική κατάσταση του αναζητητή. Η ίδια πρακτική δεν είναι κατάλληλη για όλους.

Ο καθένας μπορεί να μάθει θεωρία διαβάζοντας ένα βιβλίο. Για να πετύχει όμως ο μελετητής στην πρακτική εφαρμογή της θεωρίας, χρειάζεται τη βοήθεια ενός καταρτισμένου εκπαιδευτή, γιατί είναι δύσκολο να κατανοήσει τις πρακτικές εφαρμογές της θεωρίας από μόνος του. Το ίδιο ισχύει και στο πνευματικό μονοπάτι, ο μαθητής χρειάζεται την καθοδήγηση ενός έμπειρου δασκάλου.

Ερώτηση: Αν ο μη-δυϊσμός (αντβάιτα) είναι η έσχατη αλήθεια, ποια είναι η ανάγκη του ντέβι μπάβα;

Άμμα: Η Άμμα δεν περιορίζεται σε κανένα συγκεκριμένο μπάβα (θεϊκή διάθεση, συνταύτιση με κάποια θεότητα). Είναι πέρα από όλα τα μπάβα. Δεν είναι άλλωστε η αντβάιτα μια εμπειρία; Όπου υπάρχει ενότητα τα πάντα είναι η ουσία του Εαυτού και μόνο, τα πάντα είναι Θεός. Για την Άμμα δεν υπάρχουν διακρίσεις. Γνωρίζει τα πάντα ως τον Εαυτό της. Η Άμμα ήρθε για το καλό του κόσμου. Η ζωή της είναι αφιερωμένη στον κόσμο.

Ένας ηθοποιός, όποιο ρόλο κι αν παίζει, γνωρίζει ποιος είναι. Γι' αυτόν δεν έχει ιδιαίτερη σημασία ο ρόλος. Παρομοίως, όποιο ρόλο κι αν παίζει η Άμμα, γνωρίζει τον Εαυτό της και δεν δεσμεύεται από τίποτα. Δεν ανέλαβε το ρόλο αυτό από μόνη της, αλλά αποκλειστικά και μόνο για να ικανοποιήσει την επιθυμία των πιστών. Εκείνοι εμπνέονται από το ρόλο αυτό και βρίσκουν αγαλλίαση.

Η Άμμα επισκέπτεται πολλά μέρη στη βόρεια Ινδία. Εκεί πολλοί πιστοί του Κρίσνα έρχονται να τη συναντήσουν. Τοποθετούν στο κεφάλι της Άμμα μια κορώνα με φτερά παγονιού, της δίνουν μια φλογέρα να κρατά στα χέρια, την ντύνουν με κίτρινο μετάξι, της δίνουν βούτυρο και εκτελούν την τελετή άρτι[57]. Ενθουσιάζονται με αυτή τη διαδικασία και η Άμμα τη δέχεται, γιατί τους κάνει ευτυχισμένους. Η Άμμα δεν θα τους έλεγε ποτέ «διδάσκω τη Βεδάντα και δεν μπορώ να δεχτώ αυτά τα πράγματα!»

Ο Θεός είναι δίχως μορφή και ιδιότητες. Ταυτόχρονα όμως, λαμβάνει μέσα στον κόσμο μορφή και ιδιότητες. Ο Θεός είναι η Συνειδητότητα που βρίσκεται παντού και πάντοτε. Για το λόγο αυτό μπορούμε να διακρίνουμε την παρουσία του σε οποιοδήποτε μπάβα.

Η Άμμα τον πρώτο καιρό δεν φορούσε καμιά ιδιαίτερη φορεσιά. Οι πιστοί άρχισαν να της φέρνουν αυτά τα ρούχα και τα αντικείμενα, ένα προς ένα. Για δική τους ικανοποίηση η Άμμα άρχισε να τα φορά και σιγά σιγά αυτό εξελίχθηκε σε τελετουργία.

Μέσα σ' ένα ναό υπάρχει πάντοτε η εικόνα ή το άγαλμα κάποιας θεότητας, αλλά οι πιστοί τιμούν ιδιαίτερα τη θεότητα κατά τη διάρκεια της καθημερινής λατρείας που αφιερώνεται σ' αυτήν. Τότε στολίζουν και ντύνουν τη θεότητα με έναν ιδιαίτερο τρόπο κι αυτό τους δίνει μεγαλύτερη χαρά και συγκέντρωση. Πολλοί άνθρωποι επισκέπτονται ναούς καθημερινά, αλλά όταν γιορτάζει η θεότητα ενός ναού, μεγάλα πλήθη συρρέουν σε αυτόν. Ολόκληρη η περιοχή όπου βρίσκεται ο ναός γιορτάζει.

[57] Τελετή κατά την οποία προσφέρεται φως σε μια θεότητα, ή σε κάποιον πνευματικό δάσκαλο. Ο πιστός που την εκτελεί καίει ένα κομμάτι καμφοράς και χτυπά ταυτόχρονα ένα μικρό καμπανάκι, κάνοντας κυκλικές κινήσεις μπροστά στην τιμούμενη θεότητα, ή στο τιμούμενο πρόσωπο. Η καμφορά έχει την ιδιότητα να καίγεται χωρίς να αφήνει ίχνη, κάτι που συμβολίζει την πλήρη εξάλειψη του εγώ μπροστά στη θεϊκή συνειδητότητα.

Παρομοίως, μολονότι πολλοί άνθρωποι επισκέπτονται την Άμμα καθημερινά, το ντέβι μπάβα είναι σαν μια ιδιαίτερη γιορτή γι' αυτούς.

Οι τελετές στους ναούς δεν γίνονται για να ωφεληθεί ο Θεός, αλλά για την ευτυχία και την ευημερία των πιστών. Παρομοίως, η Άμμα φορά όλες αυτές τις φορεσιές για να ευχαριστήσει τα παιδιά της και ταυτόχρονα αφαιρεί τα πέπλα της άγνοιας από το νου τους. Η Άμμα τα εξυψώνει σταδιακά στην εμπειρία της αληθινής τους φύσης.

Στον κόσμο μας όλοι οι άνθρωποι υιοθετούν κάποιο τρόπο ντυσίματος και χτενίσματος, ακολουθώντας πολλές φορές τη μόδα της εποχής. Ο τρόπος ενδυμασίας είναι αναπόσπαστο κομμάτι της ζωής. Κάθε ενδυμασία έχει τη δική της σημασία. Η φορεσιά ενός μοναχού, ενός δικηγόρου ή ενός αστυνομικού προκαλούν διαφορετικές αντιδράσεις μέσα μας.

Κάποτε ένας άνδρας έκοβε ξύλα παράνομα σ' ένα δάσος. Ένας αστυνομικός με πολιτικά τον πλησίασε και προσπάθησε να τον σταματήσει, ο άνδρας όμως τον αγνόησε. Τότε ο αστυνομικός έφυγε, φόρεσε τη στολή του και επέστρεψε. Βλέποντάς τον από μακριά, ο άνδρας το έβαλε αμέσως στα πόδια. Αυτή είναι η σημασία της ενδυμασίας.

Σ' ένα σπίτι γινόταν μια μεγάλη δεξίωση. Όλοι οι καλεσμένοι φορούσαν ακριβά ρούχα και κοσμήματα. Ένας καλεσμένος όμως ήρθε φορώντας τα καθημερινά του ρούχα. Ο θυρωρός δεν τον άφησε καν να μπει μέσα. Τότε ο άνδρας επέστρεψε στο σπίτι του, φόρεσε το επίσημο κοστούμι του και πήγε ξανά στη δεξίωση. Αυτή τη φορά έγινε αμέσως δεκτός. Όταν έφτασε στην τραπεζαρία, έβγαλε το σακάκι του και το τοποθέτησε μπροστά από ένα πιάτο. Έβγαλε το καπέλο του και το ακούμπησε δίπλα στο πιάτο και μετά τοποθέτησε τη γραβάτα του μπροστά από μια κούπα. Οι άλλοι καλεσμένοι τον πέρασαν για τρελό. Εκείνος τότε τους είπε: «Όταν έφτασα εδώ με τα καθημερινά μου ρούχα, δεν με άφησαν να μπω. Όταν επέστρεψα μ' αυτό το κοστούμι, έγινα αμέσως δεκτός. Έτσι λοιπόν, κατέληξα στο συμπέρασμα ότι δεν ήμουν εγώ καλεσμένος στη δεξίωση, αλλά αυτά τα ρούχα». Έτσι είναι ο κόσμος σήμερα. Οι άνθρωποι αποδίδουν μεγάλη σημασία στην εξωτερική εμφάνιση. Προσπαθούν να ελκύσουν τους άλλους με την ενδυμασία τους. Σπάνιοι είναι εκείνοι που αναζητούν την εσωτερική ομορφιά. Ο σκοπός της φορεσιάς της Άμμα είναι να αφαιρέσει όλα τα πέπλα της άγνοιας, να βοηθήσει τους ανθρώπους να συνειδητοποιήσουν την αληθινή τους φύση. Όταν ένα αγκάθι έχει μπει στο πόδι σου, το αφαιρείς με ένα άλλο αγκάθι.

Οι υπέρμαχοι της Βεδάντα που μιλούν για τον μη δυισμό δεν περιφέρονται γυμνοί. Φορούν ρούχα, τρώνε και κοιμούνται όπως και οι υπόλοιποι. Γνωρίζουν ό,τι είναι απαραίτητο για την συντήρηση του σώματος και ντύνονται σύμφωνα με τις συνήθειες της κοινωνίας στην οποία ζουν.

Οι Μαχάτμα γεννιούνται σύμφωνα με τις ανάγκες των καιρών. Ο Σρι Ράμα και ο Σρι Κρίσνα ήρθαν σε διαφορετικές εποχές. Οι πράξεις τους ήταν σύμφωνες με τις απαιτήσεις της εποχής τους. Δεν έχει νόημα να λέμε ότι ο Κρίσνα θα έπρεπε να είναι ακριβώς ίδιος με τον Ράμα. Κάθε θεϊκή ενσάρκωση είναι μοναδική.

Ένας γιατρός έχει πολλούς ασθενείς. Δεν δίνει το ίδιο φάρμακο όμως σε όλους. Αφού κάνει διάγνωση της ασθένειας και αξιολογήσει την κατάσταση της υγείας του ασθενή, θα αποφασίσει ποια θεραπευτική αγωγή είναι κατάλληλη για το συγκεκριμένο άτομο. Για ορισμένους τα χάπια είναι αρκετά, για άλλους μπορεί να χρειάζονται ενέσεις. Κατά τον ίδιο τρόπο, οι ανάγκες κάθε ατόμου στο πνευματικό μονοπάτι ποικίλουν. Πρέπει να κατέβουμε στο επίπεδο κάθε ανθρώπου που έρχεται εδώ, προκειμένου να τον εξυψώσουμε πνευματικά.

Οι ίδιες καραμέλες, πολλές φορές, τυλίγονται σε συσκευασίες με διαφορετικά χρώματα. Ενώ εξωτερικά φαίνονται διαφορετικές, εσωτερικά είναι οι ίδιες. Παρομοίως, είναι η ίδια Συνειδητότητα που κατοικεί μέσα σ' όλα. Δεν είναι δυνατό να διδαχθεί αυτή η αλήθεια στους ανθρώπους που έρχονται εδώ, αν δεν κατεβούμε πρώτα στο επίπεδό τους. Αλλά αντί να μείνουμε απλά στο επίπεδο αυτό μαζί τους, ο στόχος μας είναι να τους βοηθήσουμε να συνειδητοποιήσουν την ενότητα. Αυτό είναι που κάνει η Άμμα.

Δεν μπορείς να μιλήσεις σε όλους για τον μη δυϊσμό (αντβάιτα). Δεν είναι δυνατόν να καταλάβουν όλοι οι άνθρωποι την έννοια του Θεού χωρίς μορφή και ιδιότητες. Υπάρχουν ορισμένα σπάνια άτομα που μπορούν να προοδεύσουν στο μονοπάτι της αντβάιτα, όταν τους το υποδείξει κάποιος δάσκαλος. Έχουν γεννηθεί με τη νοητική ιδιοσυγκρασία που απαιτείται γι' αυτό. Οι περισσότεροι άνθρωποι όμως, δεν μπορούν να κατανοήσουν την αντβάιτα σε όλο της το βάθος.

Σε μερικούς πιστούς αρέσει ο Ράντα-Κρίσνα (ο Κρίσνα ως ο αγαπημένος της γκόπι Ράντα), άλλοι προτιμούν τον Γιασόντα-Κρίσνα (τον Κρίσνα ως το παιδί της Γιασόντα), ενώ κάποιοι λατρεύουν τον Μουράλι-Κρίσνα (τον Κρίσνα που παίζει φλάουτο). Όλοι οι άνθρωποι έχουν κάποιες προτιμήσεις που τους δίνουν χαρά. Οι άνθρωποι βιώνουν την Άμμα με διαφορετικούς επίσης τρόπους. Η Άμμα δεν ισχυρίζεται ότι όλοι πρέπει να χαίρονται με κάποια συγκεκριμένη όψη της.

Η Άμμα υιοθετεί ορισμένα μπάβα, προκειμένου να βρεθεί στο επίπεδο των ανθρώπων. Προσπαθεί να τους κάνει να καταλάβουν την ενότητα που βρίσκεται πέρα απ' όλα τα μπάβα και η οποία αποτελεί το υπόβαθρό τους. Η Άμμα πρέπει να ενεργεί σύμφωνα με τη φύση των ανθρώπων. Σκοπός της είναι να οδηγήσει τους ανθρώπους στην Αλήθεια με κάθε μέσο. Η μόνη έγνοια της είναι η πνευματική τους εξύψωση. Αυτό θέλει μονάχα. Η Άμμα δεν χρειάζεται κανένα πιστοποιητικό αποδοχής από τον κόσμο.

Ας υποθέσουμε ότι ένας άνθρωπος στέκεται πάνω σε μια βεράντα και κοιτά κάτω. Κάποια στιγμή βλέπει έναν περαστικό να σωριάζεται στο έδαφος. Δεν μπορεί να βοηθήσει τον περαστικό απλώνοντας το χέρι του από εκεί που βρίσκεται. Πρέπει να κατέβει κάτω, να τον πιάσει από τα χέρια και να τον σηκώσει όρθιο. Παρομοίως, για να εξυψώσουμε πνευματικά τους ανθρώπους, πρέπει να κατέβουμε στο επίπεδό τους.

Για να φθάσουμε σε μια μεγάλη λεωφόρο, πρέπει να διασχίσουμε ορισμένα στενά δρομάκια. Όταν βγούμε στη λεωφόρο, θα μπορέσουμε να βρούμε κάποιο λεωφορείο για να πάμε γρήγορα στον προορισμό μας. Μπορεί όμως να χρειαστούμε κάποιο μέσο, όπως το ποδήλατο, για να φθάσουμε στη λεωφόρο. Κατά τον ίδιο τρόπο, είναι απαραίτητο να χρησιμοποιήσουμε διάφορα μέσα για να οδηγήσουμε τους ανθρώπους μέσα από τους στενούς δρόμους των περιορισμών τους στη φαρδιά λεωφόρο της Βεδάντα.

Ερώτηση: Άμμα, είναι αλήθεια ότι μπορούμε να απολαύσουμε την πνευματική ευδαιμονία μόνο όταν απαρνηθούμε τον κόσμο και τον αντιμετωπίζουμε ως μη πραγματικό;

Άμμα: Η Άμμα δεν ισχυρίζεται ότι θα πρέπει να απορρίπτουμε τον κόσμο ως απολύτως μη πραγματικό. «Μη πραγματικός» σημαίνει ότι υπόκειται σε συνεχείς αλλαγές. Αν βασιζόμαστε σε εφήμερα πράγματα, αν προσκολλούμαστε σε αυτά, θα βιώνουμε μονάχα δυστυχία. Αυτό εννοεί η Άμμα. Το σώμα επίσης αλλάζει. Μην προσκολλείστε υπερβολικά στο σώμα. Κάθε κύτταρο του σώματος αλλάζει κάθε στιγμή. Η ίδια η ζωή περνά από διαφορετικά στάδια – βρέφος, παιδί, έφηβος, ενήλικας, ηλικιωμένος. Μην θεωρείται το σώμα πραγματικό και μην συγκεντρώνετε όλη την προσοχή σας σε αυτό. Καθώς προχωράτε στη ζωή σας, να προσπαθείτε να κατανοείτε τη φύση όλων των πραγμάτων. Τότε δεν θα χρειάζεται να βιώνετε δυστυχία.

Φανταστείτε ότι έχετε ένα πολύτιμο διαμάντι. Θα μπορούσατε να φτιάξετε ένα όμορφο κόσμημα με αυτό. Αν όμως το καταπίνατε, ενδεχομένως να πεθαίνατε. Παρομοίως, για κάθε πράγμα στη ζωή υπάρχει η ενδεδειγμένη χρήση του. Αν το καταλάβουμε αυτό, δεν θα υπάρχει λόγος να υποφέρουμε. Γι' αυτό συμβουλεύουμε τους ανθρώπους να μάθουν τις αρχές της πνευματικότητας. Δεν είναι καλύτερο να μάθουμε πώς να αποφεύγουμε ένα ατύχημα, αντί να προσπαθούμε να γίνουμε καλά αφού το πάθουμε; Η κατανόηση των αρχών της πνευματικότητας είναι η σημαντικότερη γνώση που μπορούμε να αποκτήσουμε στη ζωή μας.

Ένας σκύλος μασουλάει ένα κόκκαλο. Απολαμβάνει τη γεύση του αίματος και συνεχίζει να μασουλάει. Μόνο στο τέλος, όταν τα ούλα του αρχίσουν να πονούν, ο σκύλος καταλαβαίνει ότι η γεύση του αίματος προέρχεται από τα πληγωμένα ούλα του. Έτσι μοιάζει η αναζήτηση της ευτυχίας στα εξωτερικά πράγματα στη ζωή. Μας κάνει να χάσουμε όλη μας τη δύναμη. Στην πραγματικότητα η ευτυχία δεν βρίσκεται στα εξωτερικά αντικείμενα, αλλά μέσα μας. Η κατανόηση της αρχής αυτής πρέπει να καθοδηγεί τη ζωή μας.

Ερώτηση: Η μεγάλη πλειοψηφία των ανθρώπων σήμερα ενδιαφέρεται μόνο για εγκόσμια ζητήματα. Ελάχιστοι ενδιαφέρονται για την εσωτερική αναζήτηση. Ποιο είναι το μήνυμα της Άμμα για την κοινωνία;

Άμμα: Εμείς οι άνθρωποι δεν θα πρέπει να μοιάζουμε με το σκυλί που γαυγίζει, όταν βλέπει την αντανάκλαση του εαυτού του σ' ένα καθρέφτη νομίζοντας ότι είναι αληθινή. Δεν θα πρέπει να κυνηγάμε σκιές, αλλά να στραφούμε στον εσωτερικό εαυτό μας. Η Άμμα έχει ένα μήνυμα να μεταδώσει. Ένα μήνυμα που προέρχεται από την εμπειρία της με τα εκατομμύρια ανθρώπων που έχει συναντήσει, είτε αυτοί είναι στραμμένοι προς τα εγκόσμια είτε προς τον πνευματικό στόχο, και αυτό είναι ότι αν δεν εγκαταλείψουμε την υπερβολική προσκόλληση στον εξωτερικό κόσμο, είναι αδύνατο να βιώσουμε ειρήνη και ευτυχία σ' αυτή τη ζωή.

Ερώτηση: Είναι δυνατό να βιώσουμε την πνευματική ευδαιμονία ενόσω ζούμε σ' αυτόν τον κόσμο;

Άμμα: Βεβαίως. Η ευδαιμονία αυτή μπορεί να γίνει βίωμα, όσο βρισκόμαστε σ' αυτόν τον κόσμο με το φυσικό μας σώμα. Δεν είναι κάτι στο οποίο φθάνουμε μετά το θάνατο.

Όπως ο νους και το σώμα, έτσι και η υλική και η πνευματική διάσταση του ανθρώπου είναι αναπόσπαστα στοιχεία της ζωής του. Δεν μπορούν να υπάρξουν πλήρως απομονωμένα το ένα από το άλλο. Η πνευματικότητα είναι η επιστήμη που μας διδάσκει πώς να ζούμε ευτυχισμένοι στον κόσμο.

Υπάρχουν δύο τύποι εκπαίδευσης. Ο ένας μας βοηθά να βρούμε το κατάλληλο επάγγελμα. Ο άλλος μας δείχνει πώς να ζούμε με ειρήνη και ευτυχία. Ο δεύτερος τύπος εκπαίδευσης είναι η πνευματικότητα. Είναι η γνώση του νου.

Όταν ταξιδεύετε σε ένα νέο μέρος, δεν υπάρχει κανένας λόγος ανησυχίας αν έχετε μαζί σας έναν καλό χάρτη. Παρομοίως, αν χρησιμοποιείτε τις αρχές της πνευματικότητες ως οδηγό και ζείτε σύμφωνα με αυτές, καμία κρίση της ζωής δεν θα σας καταβάλλει ποτέ. Θα ξέρετε πώς να προβλέψετε, αλλά και πώς να αντιμετωπίσετε κάθε κατάσταση. Η πνευματικότητα είναι η πρακτική επιστήμη της ζωής. Μας διδάσκει τη φύση του κόσμου, πώς να κατανοούμε τη ζωή και να ζούμε με τον καλύτερο δυνατό τρόπο.

Κάνουμε μπάνιο στο νερό για να βγούμε ανανεωμένοι και καθαροί. Δεν σκοπεύουμε να μείνουμε πάντα μέσα σ' αυτό. Παρομοίως, ένας οικογενειάρχης πρέπει να εκτελεί τα καθήκοντά του με τέτοιο τρόπο, ώστε να απομακρύνει σταδιακά τα εμπόδια από το δρόμο που οδηγεί στο Θεό. Όποιος επιλέξει το δρόμο του οικογενειάρχη, θα πρέπει να γνωρίζει τον αληθινό σκοπό της ζωής και να προχωρά μπροστά. Η ζωή μας δεν πρέπει να τελειώνει εκεί απ' όπου άρχισε. Ο προορισμός μας είναι να ελευθερωθούμε απ' όλα τα εμπόδια και να συνειδητοποιήσουμε το Θεό.

Η νοοτροπία του «εγώ» και «δικό μου» είναι η αιτία όλων των δεσμών που μας περιορίζουν. Η οικογενειακή ζωή πρέπει να θεωρείται ως ευκαιρία να απαλλαγούμε απ' αυτή τη νοοτροπία. Όταν λέτε «η γυναίκα μου, ο άντρας μου, τα παιδιά μου, οι γονείς μου» και τα λοιπά, έχετε αναρωτηθεί αν πράγματι σας ανήκουν; Αν ήταν όντως δικοί σας, δεν θα έπρεπε να παραμείνουν για πάντα κοντά σας; Μόνο αν ζούμε σύμφωνα με αυτή τη συνειδητοποίηση μπορούμε να αφυπνιστούμε πνευματικά. Αυτό βέβαια δεν σημαίνει ότι πρέπει να παραμελούμε τα καθήκοντά μας. Αντίθετα, θα πρέπει να κάνουμε με χαρά ό,τι χρειάζεται να γίνει στη ζωή, θεωρώντας το ως καθήκον μας και προσέχοντας ταυτόχρονα να μην προσκολλούμαστε σε αυτό.

Υπάρχει μια διαφορά ανάμεσα στη στάση ενός ατόμου που ψάχνει για εργασία και παρουσιάζεται σε μια συνέντευξη και ενός άλλου που έχει εξασφαλίσει ήδη τη θέση και ετοιμάζεται να πιάσει δουλειά. Το πρώτο άτομο, που πηγαίνει στη συνέντευξη, θα ανησυχεί για τις ερωτήσεις που θα του κάνουν, για τις απαντήσεις που θα δώσει και για την τελική έκβαση της συνέντευξης. Ο νους του θα είναι πολύ ανήσυχος. Το άλλο άτομο όμως, που έχει ήδη επιλεγεί, θα είναι χαλαρό και θα πηγαίνει στη δουλειά με χαρά. Έτσι κι εμείς θα βιώνουμε χαρά στη ζωή μας αν έχουμε κατανοήσει τις αρχές της πνευματικότητας, διότι, όπως το άτομο που εξασφάλισε τη δουλειά, δεν θα έχουμε πια κανένα λόγο ανησυχίας.

Ας υποθέσουμε ότι χρειάζεστε χρήματα και σκοπεύετε να ζητήσετε δανεικά από ένα φίλο. Ξέρετε ότι μπορεί να σας δώσει τα χρήματα, αλλά δεν είναι και σίγουρο. Αν φανεί γενναιόδωρος μπορεί να σας δώσει και παραπάνω απ' αυτά που περιμένετε, μπορεί όμως να αρνηθεί, ή ακόμα χειρότερα, να κάνει ότι δεν σας ξέρει. Αν γνωρίζετε εκ των προτέρων όλες αυτές τις πιθανότητες, τότε δεν θα απογοητευτείτε, ή δεν θα ενθουσιαστείτε υπέρμετρα, όποιο κι αν είναι το αποτέλεσμα.

Ένας έμπειρος κολυμβητής απολαμβάνει το παιχνίδι με τα κύματα της θάλασσας, ενώ κάποιος άλλος που δεν γνωρίζει κολύμπι, κινδυνεύει να πνιγεί στα ίδια κύματα. Παρομοίως, όσοι κατανοούν τις αρχές της πνευματικότητας απολαμβάνουν κάθε στιγμή της ζωής. Αντιμετωπίζουν κάθε κατάσταση με χαμόγελο, τίποτα δεν μπορεί να τους ταράξει. Κοιτάξτε για παράδειγμα τη ζωή του Κυρίου Κρίσνα. Ακόμα κι όταν η οικογένειά Του και οι συγγενείς Του πολεμούσαν μεταξύ τους, το χαμόγελο δεν έσβησε από τα χείλη Του ούτε στιγμή. Το χαμόγελο αυτό παρέμεινε ακόμα κι όταν συζητούσε με τους Καουράβα, ως απεσταλμένος των Πάνταβα. Όταν οδηγούσε το άρμα του Αρτζούνα στο πεδίο της μάχης, ένα υπέροχο χαμόγελο φώτιζε επίσης το πρόσωπό Του. Ακόμα κι όταν η Γκάνταρι τον καταράστηκε, το ίδιο χαμόγελο υπήρχε στο πρόσωπό Του. Ολόκληρη η ζωή του Κρίσνα ήταν ένα μεγάλο χαμόγελο. Αν επιτρέψουμε στην πνευματικότητα να καθοδηγεί τη ζωή μας, θα βιώνουμε αληθινή χαρά.

Η ζωή πρέπει να μοιάζει με ταξίδι αναψυχής. Όταν βλέπουμε ένα όμορφο τοπίο, ένα γραφικό σπίτι ή ένα λουλούδι στο δρόμο μας, το παρατηρούμε και το απολαμβάνουμε. Τα αξιοθέατα μας δίνουν ευχαρίστηση, αλλά δεν παραμένουμε σ' αυτά, απλά προχωράμε μπροστά. Όταν έρθει η ώρα να επιστρέψουμε, όσο όμορφα κι αν ήταν αυτά, τα αφήνουμε πίσω και πηγαίνουμε στο σπίτι μας, γιατί δεν υπάρχει τίποτα πιο σημαντικό για εμάς από την επιστροφή στο σπίτι. Κατά τον ίδιο τρόπο, όπως και να ζούμε σ' αυτόν τον κόσμο, δεν θα πρέπει να ξεχνάμε το αληθινό σπίτι μας, δεν θα πρέπει να ξεχνάμε τον στόχο μας. Όσα όμορφα πράγματα κι αν έχουμε δει στο ταξίδι της ζωής μας, υπάρχει μόνο ένα μέρος που μπορούμε να αποκαλέσουμε δικό μας, στο οποίο μπορούμε να αναπαυθούμε πραγματικά. Το μέρος αυτό είναι και ο τόπος καταγωγής μας, το μέρος αυτό είναι ο Εαυτός.

Ένας πατέρας είχε τέσσερα παιδιά. Τα χρόνια περνούσαν και κάποια στιγμή τα παιδιά, που είχαν όλα ενηλικιωθεί, πίεσαν τον πατέρα τους να τους μοιράσει την περιουσία του. Το κάθε παιδί ήθελε πια να χτίσει το δικό του σπίτι. «Εμείς θα σε φροντίζουμε» του είπαν. «Είμαστε τέσσερις, οπότε θα μένεις από τρεις μήνες το χρόνο στο κάθε σπίτι. Έτσι θα είσαι ευτυχισμένος». Ο πατέρας χάρηκε όταν άκουσε αυτά τα λόγια από τα τέσσερα παιδιά του. Μοίρασε λοιπόν την περιουσία του. Ο μεγάλος γιος πήρε το οικογενειακό σπίτι και τη γη γύρω απ' αυτό, ενώ τα άλλα τρία παιδιά πήραν το μερίδιο γης που τους αναλογούσε και έχτισαν τα σπίτια τους σε αυτό. Μετά τη μοιρασιά, ο πατέρας πήγε να μείνει με τον μεγάλο του γιο και τη νύφη του. Τις πρώτες λίγες μέρες του φέρονταν με μεγάλη ζεστασιά και σεβασμό. Ο ενθουσιασμός της οικογένειας όμως για τη φροντίδα του ηλικιωμένου πατέρα σύντομα άρχισε να μειώνεται. Καθώς περνούσαν οι μέρες, τα πρόσωπα του γιου και της νύφης του σκοτείνιαζαν. Ο πατέρας ένιωθε άβολα, αλλά πιέστηκε να μείνει για ένα μήνα, μέχρι να καταλάβει πια ότι ήταν έτοιμοι να τον πετάξουν έξω. Έφυγε λοιπόν και πήγε να μείνει με τη δευτερότοκη κόρη του και το σύζυγό της. Και αυτοί έδειξαν στην αρχή κάποιον ενθουσιασμό, σύντομα όμως η συμπεριφορά τους άλλαξε και ο πατέρας μετά από δεκαπέντε μέρες αναγκάστηκε να φύγει ξανά. Πήγε λοιπόν στο σπίτι του τρίτου παιδιού του, αλλά κι εκεί έμεινε μόνο δέκα μέρες, γιατί ήταν ξεκάθαρο ότι η παρουσία του ήταν ανεπιθύμητη. Στο τέλος, πήγε και στο τέταρτο παιδί του, αλλά μόλις πέντε μέρες μετά κατάλαβε ότι ήταν έτοιμοι να τον πετάξουν στο δρόμο. Έφυγε λοιπόν και μέχρι το τέλος της ζωής του περιφερόταν μόνος από μέρος σε μέρος.

Όταν ο πατέρας μοίρασε την περιουσία του στα τέσσερα παιδιά του, έλπιζε ότι εκείνα θα τον φρόντιζαν στα γεράματά του.

Η ελπίδα του όμως διαψεύστηκε. Μόλις δύο μήνες μετά, όλη η οικογένεια τον είχε εγκαταλείψει. Πρέπει να καταλάβουμε ότι έτσι μοιάζει συχνά η αγάπη των ανθρώπων. Αν έχουμε την προσδοκία ότι κάποιοι άνθρωποι θα μας φροντίσουν, όταν τους χρειαστούμε, θα απογοητευθούμε και θα είμαστε δυστυχισμένοι. Γι' αυτό λοιπόν, πρέπει να εκτελούμε με χαρά τα καθήκοντά μας, χωρίς προσδοκίες, και όταν έρθει η κατάλληλη ώρα, να στραφούμε στον αληθινό μας δρόμο, στον πνευματικό δρόμο.

Αυτό βέβαια, δεν σημαίνει ότι θα αμελούμε τις υποχρεώσεις μας. Αντιθέτως, πρέπει να ακολουθούμε το ντάρμα μας. Είναι, παραδείγματος χάριν, καθήκον των γονιών να φροντίζουν τα παιδιά τους, αλλά όταν αυτά μεγαλώσουν και αποκτήσουν αυτάρκεια, οι γονείς δεν θα πρέπει να παραμένουν προσκολλημένοι σε αυτά και να έχουν την προσδοκία ότι εκείνα θα τους φροντίζουν. Οφείλουμε να συνειδητοποιήσουμε τον αληθινό στόχο της ζωής και να συνεχίζουμε το ταξίδι μας προς αυτόν. Δεν θα πρέπει να περιορίζουμε τον εαυτό μας δίνοντας όλη την προσοχή μας μόνο στα παιδιά και στα εγγόνια μας.

Το πουλί που κάθεται πάνω σ' ένα ξερό κλαρί, βρίσκεται πάντα σε εγρήγορση, έτοιμο να πετάξει, γιατί ξέρει ότι το κλαρί μπορεί να σπάσει ανά πάσα στιγμή. Παρομοίως, καθώς ζούμε σ' αυτόν τον κόσμο, εκτελώντας διάφορες πράξεις, θα πρέπει πάντα να βρισκόμαστε σε εγρήγορση, έτοιμοι να πετάξουμε στο βασίλειο του Εαυτού, γνωρίζοντας ότι τίποτα σ' αυτόν τον κόσμο δεν είναι αιώνιο. Αν ζούμε έτσι, τίποτα δεν θα μπορεί να μας δεσμεύσει και να μας κάνει δυστυχισμένους.

Ερώτηση: Άμμα, αναφέρεις συχνά ότι αν κάνουμε ένα βήμα προς το Θεό, ο Θεός θα κάνει εκατό βήματα προς εμάς. Αυτό σημαίνει ότι ο Θεός βρίσκεται μακριά μας;

Άμμα: Όχι. Σημαίνει ότι αν προσπαθήσεις να καλλιεργήσεις μια αρετή, τότε όλες οι άλλες αρετές θα αναπτυχθούν αυθόρμητα μέσα σου.

Μια γυναίκα κέρδισε έναν υπέροχο κρυστάλλινο πολυέλαιο σαν πρώτο βραβείο σε έναν καλλιτεχνικό διαγωνισμό. Τον κρέμασε στο δωμάτιο όπου ζωγράφιζε. Καθώς απολάμβανε την ομορφιά του, πρόσεξε ότι η μπογιά σε ένα μέρος του τοίχου είχε αρχίσει να ξεθωριάζει. Αποφάσισε λοιπόν να βάψει τον τοίχο. Όταν τέλειωσε το βάψιμο, κοίταξε το δωμάτιο και πρόσεξε ότι μια κουρτίνα ήταν βρώμικη. Αμέσως έπλυνε όλες τις κουρτίνες. Τότε η ματιά της έπεσε στο παλιό χαλί που υπήρχε στο πάτωμα και πρόσεξε ότι είχε ξεφτίσει. Έτσι λοιπόν, αποφάσισε να αντικαταστήσει το χαλί με ένα καινούργιο. Σύντομα, ολόκληρο το δωμάτιο ήταν σαν καινούργιο. Όλα ξεκίνησαν από τον καινούργιο πολυέλαιο και στο τέλος το δωμάτιο ήταν πεντακάθαρο και όμορφο, πλήρως μεταμορφωμένο. Κατά τον ίδιο τρόπο, αν αναπτύξεις σταθερά μια καλή συνήθεια, πολλά καλά πράγματα θα ακολουθήσουν από μόνα τους. Θα είναι σαν να γεννιέσαι ξανά. Ο Θεός είναι η πηγή όλων των αρετών. Αν καλλιεργήσουμε μια απ' αυτές, όλες οι υπόλοιπες θα ακολουθήσουν. Μόνο με τον τρόπο αυτό είναι δυνατή η αλλαγή του χαρακτήρα μας.

Οι καθηγητές συχνά βοηθούν στις εξετάσεις τους φοιτητές να περάσουν ένα μάθημα, όταν το γραπτό τους βρίσκεται κοντά στη βάση. Αν και όλοι οι φοιτητές μπορούν να ωφεληθούν, μόνο όσοι έχουν προσπαθήσει μπορεί να λάβουν αυτή τη βοήθεια. Παρομοίως, η χάρη του Θεού είναι πάντα διαθέσιμη για όλους, αλλά για να τη λάβουμε είναι απαραίτητο να καταβάλουμε κάποια προσπάθεια. Αν ο νους μας δεν έχει τη δεκτικότητα που απαιτείται, τότε, παρόλο που η χάρη του Θεού ρέει διαρκώς, δεν πρόκειται να ωφεληθούμε. Για ποιο λόγο να παραπονούμαστε για την έλλειψη ήλιου, όταν εμείς οι ίδιοι έχουμε κλείσει όλα τα παράθυρα στο δωμάτιο μας; Ο ήλιος λάμπει παντού. Χρειάζεται μόνο να ανοίξουμε πόρτες και παράθυρα για τον υποδεχτούμε. Κατά τον ίδιο τρόπο, ο Θεός συνεχώς μας περιβάλλει με τη χάρη Του, αλλά πρέπει να ανοίξουμε τις πόρτες της καρδιάς μας για να υποδεχτούμε τη χάρη αυτή. Αυτό σημαίνει ότι, προτού δεχτούμε τη χάρη του Θεού, θα πρέπει πρώτα να δεχτούμε τη χάρη του ίδιου μας του νου. Η συμπόνια του Θεού είναι απεριόριστη. Είναι ο δικός μας ο νους που δεν δείχνει συμπόνια απέναντί μας και δημιουργεί εμπόδια που δεν μας αφήνουν να δεχτούμε τη χάρη του Θεού.

Αν κάποιος απλώσει το χέρι του προς εμάς προσφέροντάς μας ένα δώρο, αλλά εμείς δείξουμε αλαζονεία απέναντί του, τότε εκείνος θα τραβήξει πίσω το χέρι του και θα σκεφτεί: «Τι μεγάλος εγωισμός! Δεν νομίζω ότι θα του δώσω το δώρο, καλύτερα να το πάρει κάποιος άλλος». Σε αυτή την περίπτωση, εμείς οι ίδιοι αρνηθήκαμε στον εαυτό μας τη χάρη που χρειαζόταν για να λάβουμε αυτό το δώρο. Υπεύθυνο είναι το εγώ μας. Δεν μπορέσαμε να δεχθούμε αυτό που μας προσφέρθηκε, γιατί ο δικός μας νους δεν έδειξε καμιά συμπόνια απέναντί μας.

Σε μερικές περιπτώσεις, η ανώτερη διάνοια μας λέει να κάνουμε κάτι, αλλά ο νους μας αρνείται να υποχωρήσει. Η ανώτερη διάνοια λέει «να είσαι ταπεινός», ενώ ο νους απαντά «Όχι! Δεν θα ταπεινωθώ μπροστά σ' αυτούς τους ανθρώπους!» Το αποτέλεσμα είναι ότι πολλά απ' αυτά που θα μπορούσαμε να κερδίσουμε, χάνονται για εμάς. Αυτά που θα μπορούσαμε να πετύχουμε παραμένουν απλησίαστα.

Για να λάβουμε τη χάρη του Θεού χρειαζόμαστε πρώτα τη χάρη του εαυτού μας. Γι' αυτό η Άμμα λέει πάντα: «παιδιά μου, πάντα να έχετε τη στάση του αρχάριου!» Υιοθετώντας αυτή τη στάση δεν αφήνουμε το εγώ να σηκώσει κεφάλι.

Μπορεί να ρωτήσετε: «Αν πάντα παραμένω αρχάριος, μήπως δεν θα μπορέσω να προοδεύσω ποτέ;» Όχι, καθόλου. Το να έχετε τη νοοτροπία του αρχάριου, σημαίνει ότι διατηρείτε τη δεκτικότητα, την προσοχή και την προθυμία ενός αρχάριου. Αυτός είναι ο μόνος τρόπος για να αφομοιώσουμε τη γνώση και να φθάσουμε στη σοφία.

Μπορεί επίσης να αναρωτηθείτε πώς θα λειτουργείτε μέσα στην κοινωνία και θα κάνετε τη δουλειά σας, αν διατηρείτε συνεχώς την αθωότητα ενός παιδιού. Αλλά το είναι κάποιος αθώος σαν παιδί δεν σημαίνει ότι είναι αδύναμος – κάθε άλλο μάλιστα! Πρέπει να δείχνετε αποφασιστικότητα και δύναμη όταν το απαιτούν οι περιστάσεις. Αλλά ταυτόχρονα, θα πρέπει πάντα να είστε, στο μέτρο του δυνατού, ανοιχτοί και δεκτικοί όπως ένα παιδί.

Τα πάντα έχουν το δικό τους ντάρμα και εμείς πρέπει να ενεργούμε σύμφωνα με αυτό. Αν μια αγελάδα μασουλάει ένα φυτό στον κήπο μας και εμείς της ζητήσουμε ευγενικά να φύγει, λέγοντας «καλή μου αγελάδα, μπορείς σε παρακαλώ να πας πιο πέρα;», είναι σίγουρο ότι αυτή δεν θα μετακινηθεί από τη θέση της. Αν όμως, της φωνάξουμε άγρια «φύγε από 'δω τώρα!», τότε η αγελάδα θα φύγει. Η στάση αυτή δεν είναι εγωιστική, είναι ένας ρόλος που πρέπει να παίξουμε για να διορθώσουμε την άγνοια ενός άλλου όντος, και δεν υπάρχει τίποτα το μεμπτό σε αυτό. Πρέπει όμως πάντα να υιοθετούμε βαθιά μέσα μας τη στάση του αρχάριου, διατηρώντας την παιδική αθωότητα.

Στην εποχή μας τα σώματα των ανθρώπων αναπτύσσονται, αλλά ο νους τους παραμένει περιορισμένος. Για να διευρύνετε το νου σας, ώστε να αγκαλιάσει όλο το σύμπαν, πρέπει πρώτα να γίνετε σαν παιδιά. Μόνο ένα παιδί μπορεί να αναπτυχθεί. Ο νους του σύγχρονου ανθρώπου όμως είναι γεμάτος εγωισμό. Οι προσπάθειές μας πρέπει να κατευθύνονται προς την εξάλειψη του εγώ. Αυτό σημαίνει ότι θα είμαστε τέλεια συντονισμένοι με τους άλλους. Ας υποθέσουμε ότι δύο αυτοκίνητα έρχονται αντιμέτωπα μέσα σ' ένα στενό δρόμο. Αν και οι δύο οδηγοί αρνηθούν να κάνουν πίσω, κανείς τους δεν θα προχωρήσει. Αν όμως ο ένας είναι διατεθειμένος να κάνει λίγο στην άκρη, τότε και οι δύο θα πάνε μπροστά.

Σ' αυτό το παράδειγμα, τόσο εκείνος που υποχωρεί όσο και εκείνος που δέχεται αυτή την κίνηση καλής θέλησης, είναι σε θέση να πάνε μπροστά. Γι' αυτό λέγεται ότι όταν υποχωρείς, προχωράς μπροστά. Μια τέτοια κίνηση εξυψώνει όχι μόνο εκείνον που την κάνει, αλλά και τον άλλο που γίνεται αποδέκτης της. Πρέπει πάντα να κοιτάμε την πρακτική πλευρά του ζητήματος. Το εγώ είναι εκείνο που στέκεται εμπόδιο στην πρόοδο.

Ο Θεός είναι πάντοτε συμπονετικός απέναντί μας. Μας στέλνει τη χάρη του αδιάλειπτα, περισσότερο απ' ότι αξίζουμε σύμφωνα με τις πράξεις μας. Ο Θεός δεν είναι δικαστής που μας ανταμείβει για τις καλές μας πράξεις και μας τιμωρεί για τις αμαρτίες μας – ο Θεός είναι η ίδια η συμπόνια, η Πηγή της άπειρης χάρης. Συγχωρεί τα λάθη μας και μας περιβάλλει με τη χάρη Του. Αλλά ο Θεός μπορεί να μας σώσει μόνο αν γίνεται έστω και λίγη προσπάθεια από μέρους μας. Αν δεν καταβάλλουμε καμία προσπάθεια, δεν είμαστε σε θέση να δεχθούμε τη χάρη που μας προσφέρει ο Θεός, ο οποίος είναι ο Ωκεανός της Συμπόνιας. Γι' αυτό λοιπόν, δεν μπορούμε σε καμία περίπτωση να ρίξουμε το φταίξιμο στο Θεό. Τα σφάλματα προέρχονται μόνο από την πλευρά μας.

Όταν η πριγκίπισσα Ρουκμίνι[58] επρόκειτο να δοθεί σε γάμο παρά τη θέλησή της, ο Κύριος Κρίσνα μπόρεσε να την αρπάξει και να την βάλει στο άρμα Του, μόνο επειδή εκείνη άπλωσε τα χέρια της προς το μέρος Του. Είναι απαραίτητο κι εμείς να απλώσουμε τα χέρια μας προς την πλευρά του Θεού για να λάβουμε τη χάρη Του.

---

[58] Η πριγκίπισσα Ρουκμίνι του Βιντάρμπα αγαπούσε τον Κρίσνα και τον ήθελε για σύζυγό της. Έστειλε έναν αγγελιοφόρο στον Κρίσνα, καλώντας Τον να ζητήσει το χέρι της την ημέρα που θα την ανάγκαζαν να παντρευτεί τον βασιλιά Σισουπάλα. Ο Κρίσνα πήγε στην τελετή και την ανέβασε στο άρμα Του, δίνοντας μάχη με όλους όσους προσπάθησαν να Τον εμποδίσουν.

257

Κατά τη διάρκεια μιας συνέντευξης για ανεύρεση εργασίας, μερικοί υποψήφιοι μπορεί να επιλεγούν παρόλο που δεν απάντησαν σωστά σε όλες τις ερωτήσεις. Αυτό οφείλεται στη συμπόνια του εξεταστή και κατ' επέκταση στη θεϊκή χάρη. Αντιθέτως, πολλοί υποψήφιοι μπορεί να μην επιλεγούν, παρόλο που απάντησαν σωστά σε όλες τις ερωτήσεις και παρά το γεγονός ότι διαθέτουν όλα τα απαιτούμενα προσόντα και τις κατάλληλες συστάσεις. Η θεϊκή χάρη που μεταβιβάστηκε μέσα από τον εξεταστή δεν ήταν διαθέσιμη σε εκείνους. Αυτό μας διδάσκει ότι η θεϊκή χάρη είναι επίσης απαραίτητη όταν καταβάλλουμε εμείς κάποια προσπάθεια για να πετύχουμε κάτι. Η χάρη αυτή εξαρτάται από τις προηγούμενες πράξεις μας. Το εγώ μας εμποδίζει να δεχτούμε τη χάρη αυτή.

Δεν είμαστε απομονωμένα νησιά. Οι ζωές μας αλληλοσυνδέονται σαν τους κρίκους μιας αλυσίδας. Είμαστε μέρος της αλυσίδας της ζωής. Είτε το αντιλαμβανόμαστε, είτε όχι, κάθε πράξη μας επηρεάζει τους άλλους.

Δεν είναι σωστό να σκεφτόμαστε ότι θα γίνουμε καλοί μόνο όταν όλοι οι υπόλοιποι αλλάξουν. Θα πρέπει να είμαστε πρόθυμοι να αλλάξουμε, ακόμα κι όταν κανείς άλλος δεν το κάνει. Το να σκεφτόμαστε ότι θα αλλάξουμε προς το καλύτερο μόνο όταν το κάνουν και οι άλλοι γύρω μας, είναι σαν να ελπίζουμε ότι θα μπούμε στη θάλασσα μόνο όταν δεν υπάρχουν καθόλου κύματα. Αντί να περιμένουμε τους άλλους να βελτιωθούν, θα πρέπει να προσπαθούμε εμείς να βελτιώσουμε τον εαυτό μας. Τότε θα αρχίσουμε να βλέπουμε αλλαγές και στους άλλους επίσης. Όταν καλλιεργούμε μονάχα την καλοσύνη στον εαυτό μας, θα βλέπουμε μόνο καλοσύνη και στους άλλους. Γι' αυτό πρέπει να είμαστε προσεκτικοί σε κάθε σκέψη και πράξη μας.

Ας είναι η ζωή μας γεμάτη συμπόνια. Ας είμαστε πάντα έτοιμοι να βοηθούμε τους φτωχούς. Κανείς δεν είναι τέλειος. Όποτε βλέπουμε κάποιο σφάλμα σε οποιονδήποτε άλλον, θα πρέπει αμέσως να κοιτάμε μέσα μας. Τότε θα αναγνωρίσουμε ότι το σφάλμα βρίσκεται μέσα μας.

Αν κάποιος θυμώνει, θα πρέπει να καταλαβαίνουμε ότι αυτό οφείλεται στα σαμσκάρα του (το σύνολο των εντυπώσεων και βαθιά ριζωμένων τάσεων που αποκτήθηκαν κατά τη διάρκεια αμέτρητων ζωών). Τότε θα μπορούμε να συγχωρέσουμε το θυμωμένο άτομο. Θα έχουμε τη δύναμη να το κάνουμε. Η στάση της συγχώρεσης θα κάνει τις σκέψεις, τα λόγια και τις πράξεις μας καλές. Οι καλές πράξεις μας θα ελκύουν τη χάρη του Θεού σε εμάς. Όπως οι καλές πράξεις φέρνουν καλούς καρπούς, έτσι και οι αρνητικές πράξεις μπορούν να φέρουν μόνο αρνητικά αποτελέσματα. Οι αρνητικές πράξεις είναι η αιτία της δυστυχίας. Γι' αυτό θα πρέπει πάντα να φροντίζουμε ώστε οι πράξεις μας να είναι καλές. Τότε η θεϊκή χάρη θα ρέει προς εμάς. Όταν λάβουμε αυτή τη χάρη, δεν θα έχουμε κανένα λόγο να παραπονιόμαστε ότι η ζωή είναι γεμάτη θλίψη.

Η ζωή μοιάζει με το εκκρεμές ενός ρολογιού που συνέχεια κινείται μπρος πίσω σε αντίθετες κατευθύνσεις, από τη δυστυχία στην ευτυχία και το αντίθετο. Για να είμαστε ικανοί να δεχόμαστε και τη χαρά και τη θλίψη και να προοδεύουμε πνευματικά, πρέπει να κατανοήσουμε την πνευματικότητα. Έτσι θα μπορούμε εύκολα να υπερβαίνουμε την ορμή που δημιουργείται σε κάθε μία από τις αντίθετες κατευθύνσεις. Θα καταλάβουμε την αληθινή φύση όλων των πραγμάτων. Ο διαλογισμός είναι η μέθοδος που χρησιμοποιούμε γι' αυτό.

Ακόμα και ένα άτομο που εκδηλώνει κακία, έχει έμφυτη τη δυνατότητα να γίνει καλό. Δεν υπάρχει κανένα ανθρώπινο ον που να μην διαθέτει ούτε μία τουλάχιστον θεϊκή αρετή. Με υπομονή μπορούμε να αφυπνίσουμε τη θεϊκότητα σε κάθε άνθρωπο. Πρέπει να προσπαθούμε να καλλιεργούμε αυτή τη στάση. Όταν αντιλαμβανόμαστε την καλοσύνη στα πάντα, θα γεμίσουμε με τη χάρη του Θεού. Αυτή η χάρη είναι η πηγή κάθε επιτυχίας στη ζωή.

Αν όλοι γυρίζουμε την πλάτη σε έναν άνθρωπο, σκεπτόμενοι μόνο τα κακά που έχει κάνει, τι μέλλον έχει ο άνθρωπος αυτός; Αν, αντιθέτως, επικεντρωθούμε στο μικρό καλό που υπάρχει ακόμα μέσα του και τον ενθαρρύνουμε να καλλιεργήσει αυτή την αρετή, τότε θα τον εξυψώσουμε πνευματικά. Αυτή η στάση μπορεί να έχει τέτοιο αποτέλεσμα, που στο τέλος ο άνθρωπος αυτός να γίνει πραγματικά μεγάλος. Ο Σρι Ράμα ήταν πρόθυμος να υποκλιθεί μπροστά στην βασίλισσα Καϊκέγι, η οποία ήταν υπεύθυνη για την εξορία του στο δάσος. Ο Χριστός έπλυνε τα πόδια του Ιούδα, παρόλο που ήξερε ότι επρόκειτο να τον προδώσει. Όταν η γυναίκα που είχε ρίξει χώμα στον προφήτη Μωάμεθ αρρώστησε, εκείνος έτρεξε κοντά της και την φρόντισε χωρίς να του ζητηθεί να το κάνει. Αυτά είναι τα παραδείγματα που μας έδωσαν οι μεγάλες ψυχές. Ο ευκολότερος τρόπος για να βιώνουμε πάντοτε γαλήνη και ευτυχία στη ζωή μας, είναι να ακολουθούμε το μονοπάτι που μας έδειξαν.

Η θεϊκότητα υπάρχει σε λανθάνουσα μορφή μέσα σε όλους. Προσπαθώντας να αφυπνίσουμε τη θεϊκότητα μέσα στους άλλους, αφυπνίζουμε στην πραγματικότητα τη θεϊκότητα που υπάρχει μέσα μας.

Υπήρχε κάποτε ένας δάσκαλος, που ήθελε να εγκατασταθεί σε ένα συγκεκριμένο χωριό. Έστειλε λοιπόν δύο από τους μαθητές του στο χωριό αυτό για να μάθουν τι λογής άνθρωποι ζούσαν εκεί. Ένας από τους μαθητές πήγε στο χωριό και σύντομα επέστρεψε λέγοντας στο δάσκαλο: «Οι άνθρωποι στο χωριό αυτό είναι οι πιο διεστραμμένοι που έχω γνωρίσει! Είναι ληστές, φονιάδες και πόρνες! Πουθενά αλλού δεν θα βρεις τόσο κακές ψυχές».

Όταν ο δεύτερος μαθητής επέστρεψε, είπε στο δάσκαλο: «Οι άνθρωποι σ' αυτό το χωριό είναι πολύ καλοί. Ποτέ στο παρελθόν δεν συνάντησα τόσο καλούς ανθρώπους». Ο δάσκαλος ζήτησε από τους δύο μαθητές να του εξηγήσουν πως ήταν δυνατόν να σχηματίσουν τόσο διαφορετικές απόψεις για τους ίδιους ανθρώπους. Τότε ο πρώτος μαθητής απάντησε: «Στο πρώτο σπίτι που μπήκα συνάντησα ένα φονιά, στο δεύτερο ζούσε ένας ληστής και στο τρίτο είδα μια πόρνη. Ένιωσα τέτοια απογοήτευση που δεν πήγα πιο πέρα. Έφυγα γρήγορα και ήρθα πίσω. Πώς μπορώ να πω κάτι καλό για ένα χωριό όπου ζουν τόσο κακοί άνθρωποι;»

Ο δάσκαλος στράφηκε τότε προς τον δεύτερο μαθητή και του ζήτησε να περιγράψει τι είδε. Εκείνος αποκρίθηκε: «Πήγα κι εγώ στα ίδια σπίτια. Στο πρώτο σπίτι συνάντησα ένα ληστή. Εκείνη τη στιγμή έδινε φαγητό στους φτωχούς. Συνηθίζει να ψάχνει ανθρώπους που λιμοκτονούν στο χωριό και να τους δίνει τροφή. Όταν είδα αυτή τη συμπεριφορά ενθουσιάστηκα».

«Στο δεύτερο σπίτι που επισκέφθηκα ζούσε ένας φονιάς. Όταν έφτασα εκεί, βοηθούσε έναν ανήμπορο άνθρωπο που βρισκόταν πεσμένος στο δρόμο. Μου έκανε εντύπωση το γεγονός ότι, παρόλο που ήταν φονιάς, είχε ακόμα συμπόνια μέσα του, η καρδιά του δεν είχε γίνει πέτρα. Όταν το είδα αυτό, ένιωσα αγάπη για τον άνθρωπο εκείνον. Πήγα μετά στο τρίτο σπίτι, όπου έμενε μια πόρνη. Υπήρχαν τέσσερα παιδιά μέσα στο σπίτι. Όταν ρώτησα γι' αυτά, μου είπαν ότι ήταν ορφανά τα οποία είχε αναλάβει η πόρνη να τα αναθρέψει. Όταν ανακάλυψα ότι οι άνθρωποι που θεωρούνταν ως οι χειρότεροι του χωριού, διέθεταν τόσο υπέροχες αρετές, φαντάστηκα πόσο καλοί θα ήταν οι υπόλοιποι χωριανοί! Έτσι λοιπόν, αφού επισκέφθηκα τα τρία αυτά σπίτια, κατάλαβα τι άνθρωποι ζουν σ' αυτό το χωριό».

Το να γυρνάει κανείς την πλάτη στους ανθρώπους, λέγοντας ότι υπάρχει μόνο κακό παντού, αυτό είναι ένδειξη τεμπελιάς. Αν, αντί να μιλάμε για το κακό που υπάρχει στους άλλους, βάζαμε τα δυνατά μας για να αφυπνίσουμε την καλοσύνη μέσα μας, τότε θα μπορούσαμε να δώσουμε το φως στους άλλους. Αυτός είναι ο ευκολότερος τρόπος να αλλάξουμε τον εαυτό μας – και την κοινωνία επίσης – προς το καλύτερο. Αντί να ρίχνετε το φταίξιμο στο σκοτάδι που σας περιβάλλει, ανάψτε το δικό σας κεράκι.

Μην απογοητεύεστε με τη σκέψη ότι προσπαθείτε να διαλύσετε το σκοτάδι του κόσμου με το μικρό φως που έχετε μέσα σας. Αν απλά ανάψετε το φως αυτό και προχωρήσετε μπροστά, αυτό θα φωτίζει το κάθε σας βήμα και θα ευεργετεί και τους άλλους γύρω σας.

Γι' αυτό λοιπόν παιδιά μου ας ανάψουμε το κερί της αγάπης μέσα μας κι ας προχωρήσουμε μπροστά. Αν κάνουμε το κάθε μας βήμα με θετικές σκέψεις και μ' ένα χαμόγελο στα χείλη, τότε όλες οι αρετές θα έρθουν σε εμάς και θα γεμίσουν το είναι μας. Τότε θα είναι αδύνατο ο Θεός να βρίσκεται μακριά μας. Θα μας πάρει στα χέρια Του και θα μας κρατά. Κάθε στιγμή της ζωής μας θα είναι γεμάτη με αρμονία και γαλήνη.